INFORMATION OF CHINA TOURIST ATTRACTIONS

中国旅游景区纵览

2018~2019

中国旅游出版社
CHINA TRAVEL & TOURISM PRESS

风丨帆丨白丨浪丨花丨千丨片　雁丨点丨青丨天丨字丨一丨行

雁栖湖

雁栖湖位于燕山脚下，长城之边，每年春秋两季常有成群的大雁来湖中栖息，故而得名。1987年正式对外开放接待游客。2001年雁栖湖被评定为国家4A级旅游景区；2014年亚太经合组织（APEC）领导人非正式会议在此召开，2017年5月“一带一路”国际合作高峰论坛在雁栖湖成功召开，共商合作大计，共建合作平台，共享合作成果，雁栖湖再次成为举世瞩目的焦点。

雁栖湖由东、西两个湖区组成，湖面230公顷，水面宽阔,非常适合开展各类水上、陆地娱乐项目，是京郊著名的旅游风景区和水上乐园。APEC会议后以雁栖湖为核心，在21平方公里范围内，建设完善的导览导视系统，打造13公里环湖慢行系统和骑行系统，设置观光车和摆渡车、摆渡船。便捷的交通体系和完善的服务体系，极大地方便在雁栖湖地区游览和开展健身活动。随着服务功能的完善和接待水平的提高，雁栖湖已成为体育健身、休闲度假、旅游观光和举办大型旅游活动、赛事活动的理想场所，并将逐步建设成为国际一流的生态发展示范新区、首都国际交往的重要窗口、世界城市旅游目的地和生态文化休闲胜地。

Yanqi Lake is located on the edge of the Great Wall at the foot of Yanshan Mountain. The name comes from the fact that flock of geese come to inhabit at the lake in spring and autumn every year. Approved by the Beijing Municipal Government in 1985, Yanqi Lake was listed as a key tourism development project in Beijing during the Seventh five-year Plan period. In 1987, it was officially opened to tourists and in 2001, Yanqi Lake was rated as an international AAAA tourism scenic spot. The 22ed APEC was held here in 2014, during which time President Xi Jinping cited the poetry of Bai Juyi's "Sailing with thousands of white waves, while flock of geese flying in a line in the blue sky" to praise the beautiful scenery of Yanqi Lake. In May 2017, "Belt and Road" International Forum was held here, discussing cooperation plans, jointly building cooperation platform, sharing the results of cooperation, Yanqi Lake has once again become the focus of worldwide attention.

Yanqi Lake is composed of east and west lake areas, with wide water surface, storage capacity of 38millon cubic meters, 230 hectares of water surface and maximum water depth of 25 meters. Yanqi Lake is a famous tourist scenic spot and water park in the suburbs of Beijing because of its flat terrain and wide water area. Various entertainment projects on water and land are served here like dragon boat, speedboat, self-driving speedboat, bumper car, Merry-go-round and so on, which can surely meet the entertainment needs of different groups.

湘湖

国家旅游度假区

浙江省萧山湘湖国家旅游度假区位于杭州市钱塘江南岸，与西湖隔钱塘江南北相望。度假区规划面积35平方公里，以历史文化、自然生态、休闲度假为总体定位，旅游资源丰富、配套设施齐全、地方特色鲜明，是全国首批17家国家旅游度假区之一。

湘湖是浙江文明的发祥地，这里挖掘的8000年前的跨湖桥文化遗址，是浙江乃至长江下游历史文明的源头。古老的湘湖，见证了吴越争霸的历史烽烟，城山之巅的越王城遗址，距今有2500多年的历史。湘湖还是唐代诗人贺知章的故乡，李白、贺知章、陆游、文天祥、刘基等历代名人都在湘湖留有不朽诗文。

如今的湘湖，山水自然景观与人文景观融洽和美，被誉为杭州西湖的“姊妹湖”。度假区内拥有湘湖景区、杭州乐园、东方文化园和极地海洋公园四家国家4A级旅游景区，形成了城山、下孙、跨湖桥、湖山、老虎洞、石岩山、定山7大景群，108座形态各异的石拱桥构成了江南桥梁博物园的独特景观。度假区内多规格宾馆住宿一应俱全，世外桃源君澜度假酒店、第一世界大酒店、太虚湖假日酒店三家五星级酒店坐落其中，更有富有地方特色的餐饮茶楼掩映在碧水山林间，各具风味。与旅游相关的金融服务、智慧健康、文化创意、高新技术，正在成为度假区的特色产业。

2016年10月，湘湖三期正式建成开园，湖面面积达到6.1平方公里，恢复了古湘湖葫芦状大而开阔的历史形态，如今的湘湖已是古貌换新颜，这里演绎着自然界的神工造化、天地间的沧海桑田，湘湖的发展变迁孕育着新的城市传奇。这一处自然惬意的所在，已经迎来了新的纪年。

湘湖，杭州“东方休闲之都”的又一颗璀璨明珠。

联系单位：浙江省萧山湘湖国家旅游度假区管理委员会
官方网址：http://www.xianghu.gov.cn
联系电话：0571-82360666　传真：0571-82300070
地址：浙江省杭州市萧山区湘湖路 3368 号
邮编：311258

纯净抚仙湖 梦开始的地方

抚仙湖国家旅游度假区位于云南省玉溪市澄江县。澄江地处滇中腹地，位于滇中一小时经济圈核心区内，是三湖生态城市群、昆玉红旅游文化产业经济带的关键节点，是承接昆明政治、经济、文化和对外开放交流的重要门户，被誉为昆明的大花园、云南的会客厅和云南醉美县城。

抚仙湖国家旅游度假区自然资源独具优势，生态环境良好，历史文化底蕴深厚，旅游资源丰富，有幽蓝深邃的万顷碧水，幽缈的海底蕴藏，天下罕有的抗浪鱼。因湖水清澈见底、晶莹剔透，抚仙湖被古人称为“琉璃万顷”。

抚仙湖国家旅游度假区坐拥三张世界名片：第一张名片是世界深蓝湖区。抚仙湖是我国极大的深水型淡水湖泊和重要的战略备用水资源，被誉为“玉溪的眼睛、云南的名片、全国的财富”。湖岸线总长100.8公里，平均水深95.2米，最大水深158.9米，平均透明度为5~6米，蓄水量达206.2亿立方米，相当于13个滇池、7个洱海、4个太湖、6.4个巢湖，占云南省九大高原湖泊总蓄水量的68.2%，相当于为全国13亿人每人储备了15.8吨优质淡水资源。第二张名片是地球生命起源。澄江化石地是化石类世界自然遗产，这里发现了5.3亿年前的澄江动物化石群，共涵盖16个门类、200余个物种，是迄今为止地球上发现的分布集中、保存完整、种类丰富的“寒武纪生命大爆发”例证。这里发现的目前极其古老的脊索动物——云南虫，被专家认为是所有脊椎动物包括人类的祖先，所以澄江被誉为地球生命的摇篮。第三张名片是古滇文化印迹。度假区所在的澄江历史文化悠久，是古滇国发源地之一，拥有金莲山墓葬群、学山遗址、新街下石山遗址等多处文化古迹，清晰反映了新石器时代、春秋战国时期、秦汉时期古滇文化的发展和演变脉络，境内有云南省第二大文庙、云南龙化石、国家非物质文化遗产戏剧活化石关索戏、神秘的抚仙湖湖底古城等多种特殊的历史人文资源景观。

目前，抚仙湖国家度假区有世界自然遗产1处，国家A级旅游景区5家（其中4A级景区1家，3A级景区4家），国家旅游生态示范区1个，全国传统古村落1个，云南省旅游小镇2个，省级特色旅游村5个（其中省级民族特色旅游村1个），全国休闲农业与乡村旅游示范点1个，省级休闲农业与乡村旅游示范企业1家。度假区所在澄江县先后荣获全国休闲农业与乡村旅游示范县、国家卫生县城、中国（云南）极具投资价值的文化旅游县和省级园林城市称号。

仙湖色似碧醍醐，万顷烟波际绿芜，只少楼台相掩映，天然图画胜西湖！抚仙湖欢迎您的到来！

洪洞大槐树寻根祭祖园

洪洞大槐树寻根祭祖园是国家5A级旅游景区、山西省重点文物保护单位，也是全球华人寻根祭祖的圣地，几个世纪以来，一直被移民后裔当作“家”、称作“祖”、看作“根”。景区由“移民古迹区”“祭祖活动区”“民俗游览区”“汾河生态区”四大主题板块组成，共60余处风景文化景点，是全国以“寻根”和“祭祖”为主题的民祭圣地，被誉为“根祖圣地、华人老家”。

“问我祖先在何处，山西洪洞大槐树。祖先故居叫什么？大槐树下老鹳窝。”经过600年的辗转迁徙、繁衍生息，而今全球凡有华人的地方就有洪洞大槐树的移民后裔。从1991年起，每年清明前后景区都会举办以清明节为主祭日的“洪洞大槐树文化节”，至今已成功举办了29届。每届文化节都有数以万计的大槐树移民后裔前来寻根祭祖，表达对大槐树老家浓浓的爱、深深的情。

大槐树文化研究中心不断挖掘移民文化、姓氏文化，收集家谱、族谱1000余册，整理《洪洞大槐树志》等文化书籍100余种，开发《竹简家训》等文创产品400余种，编排上演《大槐树移民》实景演出等文化演艺节目15种，全年表演达5500余场，每年举办诗词、摄影、楹联、中国年、孝文化节、小吃节等文化主题活动。每年春节、清明节、中元节、寒衣节都会举办大规模的祭祖活动，其中影响最为深远的清明节祭祖大典已经成为中华民间祭祖文化的亮丽名片。

2018年10月29日，洪洞大槐树寻根祭祖园正式晋升为国家5A级旅游景区，并于11月16日举办国家5A级旅游景区揭牌仪式，成为山西省第八家、晋南和临汾市首家5A级旅游景区。

山东省泰安市泰山宝泰隆度假区

· 国家4A级旅游景区
· 上海大世界基尼斯之最
· 中国风景名胜区协会单位
· 山东省文化产业示范基地
· 泰山石敢当故乡
· 美丽山东品牌景区

国家旅游名片

泰山地下大裂谷

The Great Rift Valley of the Taishan

登泰山保平安　必游地下龙宫奇观

泰山地下大裂谷景区地处泰山脚下、汶水之畔，北依省会泉城济南，南邻孔子故里曲阜，处于“好客山东”山水圣人旅游热线的核心位置。

泰山地下大裂谷依托泰山山脉、徂徕山山脉，于泰山第三次造山运动时形成距今5亿年左右的巨型溶洞，洞内四季恒温18℃。自2009年开始筹建，2013年正式对外开放。截至2019年上半年总投资近25亿元，景区以地下五彩溶洞漂流探秘、地上慢调休闲观光体验为主题，辅以锦鲤观赏、候鸟放飞表演、湿地美景、七彩亲子游乐场等游玩项目。产品涵盖观光娱乐、休闲度假、餐饮购物、文化体验、特色演出五大板块，是一家集食、住、行、游、购、娱于一体的大型综合性绿色环保休闲度假区。

（快速通道）

地址：山东省泰安市邱家店镇南800米

电话：400-0812345　0538-6577777

传真：0538-8662752

网站：http://tsbaotailong.com

全域旅游精品目的地

大美桂林

山清 水秀 洞奇 石美

大美桂林以山清、水秀、洞奇、石美而闻名天下，具有独特的多元化旅游产品体系，初步完成了从单一观光型向多元复合型旅游转型，形成了山水风光体验之旅、历史文化追寻之旅、休闲度假浪漫之旅、体育运动时尚之旅、民俗风情精彩之旅、动感漓江欢乐之旅、特色乡村感受之旅、幸福婚典甜蜜之旅八大旅游精品线路。

美丽的桂林喀斯特景观被列入世界自然遗产名录，桂林漓江被全球著名媒体美国有线电视新闻网 CNN 评选为全球 15 条“值得一去”的“全球至美河流”。原联合国世界旅游组织秘书长塔勒布·瑞法依说：“桂林是发展经济和保护环境平衡的典范。桂林山水太神奇了！我认为一个人一辈子至少要来一次桂林。”

旅游综合实力与风向标作用显著增强，世界一流的旅游目的地、全国生态文明建设示范区、全国旅游创新发展先行区、区域性文化旅游中心和国际交流的重要平台加速形成，桂林市乘着国际旅游胜地建设的东风，坚持“一本蓝图绘到底”，正在掀开新的发展篇章！

全域旅游精品目的地
黄浦最上海
Huangpu The Shanghai
黄浦，上海都市旅游的核心区，旅游资源丰富，商贸经济繁荣，海派文化底蕴深厚，见证了上海国际化大都市发展的历史变迁，承载了上海700余年的建城史和170余年的开埠史。
旅游资源丰富，拥有上海博物馆、上海城市规划展示馆、上海豫园、杜莎夫人蜡像馆、老码头、田子坊6个国家A级旅游景区，31家星级饭店、百余家旅行社和9个旅游咨询服务中心。
红色资源独特，拥有中共一大会址、孙中山故居、周公馆、上海人民英雄纪念碑等众多红色旅游资源、爱国主义教育基地。
“城市名片”集中，拥有外滩、外滩源、南京路步行街、人民广场、淮海中路商业街、新天地、思南路历史风貌保护区、8号桥、豫园、老码头、田子坊和世博滨江12张“城市名片”。
文化设施齐备，拥有由上海大剧院、上海音乐厅、文化广场等22个专业剧场及32家展演空间所组成的“演绎大世界”。
商业购物便捷，拥有南京路商圈、淮海路商圈等时尚消费地标。
旅游节庆有特色，拥有上海旅游节开幕大巡游、豫园新春民俗艺术灯会、上海新年倒计时、玫瑰婚典、上海各国文化周等众多知名文化旅游节庆活动。
黄浦区文化和旅游局

近代中国看天津 近代天津看和平

天津市和平区人文旅游资源丰富，区内现有各级文物保护单位502处，其中国家文物保护单位43处，市级文物保护单位83处，区级文物保护单位15处，尚未核定为文物保护单位的不可移动文物361处，同时，区内还有风貌建筑671处，为文旅产业发展奠定了良好的基础。近年来，天津市和平区紧紧围绕六大历史片区提升改造，以“打造品质和平、创建全域旅游”为目标，精心培育“近代中国看天津，近代天津看和平”旅游品牌。

1860年之后，天津成为近代风云变幻的舞台，许多耳熟能详的重大历史事件在这里演绎，许多近代名人在天津留下了足迹。“北京的四合院、天津的小洋楼”道出了天津城市建筑特色的文化韵味和风格。

天津五大道文化旅游区是指由马场道、西康路、贵州路、成都道、南京路相接合围内的长方形区域，纵横23条道路， 五大道文化旅游区完整保存着各式风格建筑2185栋，有“万国建筑博览会”之称，是中国近现代百年历史风云变幻的见证，是国家4A级旅游景区。和平区被评为“中国国家旅游2017年度至佳文化旅游目的地”“2018年至佳全域旅游目的地”“2019年中国特色旅游休闲示范城市。

打 造 品 质 和 平　创 建 全 域 旅 游

悠然阳城

◎ 美丽中国十佳旅游县　◎ 全国旅游标准化示范县

◎ 全国休闲农业与乡村旅游示范县

◎ 国家全域旅游示范区

山村秋色

九女仙湖

莲花山

蟒河

阳城县位于山西省东南部，地处太行、太岳、中条三山余脉交会处，全县文化底蕴厚重，文物古迹繁多，先后出过120余名进士，其中4名尚书、2名宰相，曾涌现出南宋著名画家萧照，明万历改革家、吏部尚书王国光，明成化“天下第一清官”杨继宗，南明吏部尚书张慎言，清康熙帝师、《康熙字典》总阅官陈廷敬等历史文化名人，是个典型的资源型经济县份。

近几年，阳城县全力实施“乡村旅游、全域旅游、全民旅游、四季旅游”的富民强县战略，加快旅游立县步伐，大力实施“五十百千万”旅游振兴计划，即：在巩固提升皇城、蟒河、析城山、天官王府等骨干景区的同时，新开发50家特色休闲农庄、10家国家A级旅游景区、100个乡村旅游示范村、1000种旅游商品和1万户农家乐，形成科普游、生态游、健康游、体验游、休闲游、文化游、工业游、乡村游等一批精品线路，加速推进全域旅游，培育壮大泛旅游产业。将集中在演礼、固隆、次营三个乡镇启动建设“中国农业公园”，继续做好“农业嘉年华——农创汇”“中国阳城（国际）徒步大会”，努力促进休闲农业和乡村旅游上档升级，力争成为华北乃至全国的优秀旅游目的地，真正实现大旅游、大产业、大市场的宏伟目标！

葛洪故里　秦淮源头

全域旅游　福地句容

相约句容 "域"见美好

A Place Where Nostalgia Is Preserved

句容·茅山（郑军摄）

在江苏省会南京的东郊，坐落着一座被誉为"石头城边现宝玉"的小城——句容。不同于相毗邻的繁华金陵，这里绿水环抱青山，苍松掩映古寺，远离尘嚣，古老安宁。

句容，拥有国家5A级旅游景区1家、4A级2家，全国休闲农业与乡村旅游五星级园区2家，省级旅游度假区1个，江苏省星级乡村旅游点33家，荣膺全国"至佳旅游目的地城市""中国优秀旅游城市"称号，入选国家首批"全域旅游示范区创建单位"，是画家陈逸飞眼中"中国美丽乡村"。

句容，旅游资源丰富，不仅拥有"南道北佛"，还包括红色文化、高效农业等多种旅游资源。依托良好的山水生态资源，近年来，句容坚持把旅游业作为调结构、促转型的重要抓手，全力打造全景化体验、全业化融合、全时化产品、全民化共享的"四全"旅游，努力把旅游作为"生态领先、特色发展"的聚焦点，坚持用"全域"的理念来谋划推进，牢牢抓住国家旅游度假区、全域旅游示范区两大创建，按照"景城、特色镇、美丽乡村"三个层级来构建"城市有底蕴、小镇有情趣、乡村有风味"的全域旅游格局，把"山水林田湖"作为有机生命体来打造，突出重点、整体推进，厚植全域旅游新优势。

游福地，问道茅山，慢步绿道，寻佛宝华，赏湖光山色，观四季花海，游生态农园，品乡野美食，叹自然灵秀，悟宗教神奇。葛洪故里、秦淮源头，福地句容欢迎您！

天下赤壁
茶香万里

“天下赤壁，茶香万里。”赤壁，是一座充满传奇色彩的城市，不仅有着厚重的三国文化，还有着悠久的茶路文明。1800多年前这里见证了震古烁今的赤壁之战，1650年前道教名家葛洪在此修炼飞仙，300年前赤壁砖茶踏上了欧亚万里茶叶之路，谱写了欧亚万里茶道源头的传奇。这里有历史上以少胜多、以弱胜强的国家5A级旅游景区三国赤壁古战场，有“万里茶道源头”羊楼洞明清古街，有陆水湖风景区、龙佑赤壁温泉度假区、赤壁市博物馆、三峡试验坝、玄素洞、雪峰山等众多国家A级旅游景区，还有万亩竹海、万亩茶园、万亩猕猴桃园等自然风光，如诗如画、交相辉映。羊楼洞万里茶道被列入《中国世界文化遗产预备名单》。

如今，赤壁这片古老而又年轻的城市在全域旅游的规划下，春赏花、夏避暑、秋摘果、冬踏雪，绿水青山好生态，一年四季各有滋味。

全域旅游精品目的地

国家4A级旅游景区
老君洞

国家4A级旅游景区
双龙沟玻璃悬索桥

国家4A级旅游景区
龙女沟龙女潭

中国芦笙 斗马文化之乡

融水苗族自治县位于广西北部，成立于1952年，是全国较早成立、广西唯一的苗族自治县。全县总面积4664平方公里，县辖20个乡镇、207个行政村（社区），居住着苗、瑶、侗、壮、汉等13个民族，总人口50万，少数民族人口占75.27%，其中主体民族苗族人口21.86万。

融水山水秀丽，生态环境优美，民族风情浓郁，旅游资源十分丰富，境内有元宝山国家森林公园（元宝山国家自然保护区）和九万山国家自然保护区，森林覆盖率达81%，素有“杉木王国”“毛竹之乡”之称。享有“百节之乡”“中国芦笙·斗马文化之乡”的美誉，“融水苗族系列坡会群”被列为国家首批非物质文化遗产，先后荣获“中国百节民俗之乡”“广西优秀旅游县”“全国绿化模范县”“中国绿色生态旅游目的地”“中国民俗风情旅游目的地”“广西特色旅游名县”“中国生态文化旅游名县”等多项荣誉称号。

全县有11家国家A级旅游景区，其中，国家4A级旅游景区4家（龙女沟景区、民族体育公园景区、老君洞景区、双龙沟景区），国家3A级旅游景区7家（老子山景区、田头苗寨景区、雨卜苗寨景区、石上人家景区、龙宝大峡谷景区、田塘瑶寨景区、西洞景区），广西生态旅游示范区1个（双龙沟景区），三星级汽车旅游营地2个（田塘汽车旅游营地、大方汽车旅游营地），四星级乡村旅游区2个（四荣归报乡村旅游区、芳馨农庄）。

吹地筒

融水苗族大型芦笙踩堂舞

融水苗族斗马

旅游热线：0772-6608120
网址：http://www.rongshui.gov.cn/whly

天境祁连

雪山 峡谷 冰川 森林 草原 丹霞地貌

祁连县位于青海省海北藏族自治州境内，因地处祁连山中段而得名，县域由多条西北—东南走向的平行山脉和宽谷组成。“祁连”是古匈奴语，意为“天山”，因其历史悠久、境域辽阔、风光旖旎，素有“天境祁连”之美誉，具有类型多、品位高、功能齐、组合好、特色浓和原始性、神秘性、多样性兼容的特点，境内融雪山、峡谷、冰川、森林、草原、丹霞地貌等原始生态为一体，是一个旅游资源十分富集的地区，是青藏高原自然风光的浓缩版、精华版，更是众多游客理想的避暑胜地。

祁连旅游资源禀赋有世界名山祁连山、中国六大美丽草原之一的祁连山草原、赤壁丹崖的卓尔山、恢宏磅礴的八一冰川、全国鲜有的树种龙鳞大白杨、亚洲较大的半野生鹿驯养基地祁连鹿场、全国第二大内陆河黑河、世界第三大峡谷黑河大峡谷、藏传佛教格鲁派寺院阿柔大寺、雪域温泉天境祁连水世界、中国工农红军西路军解放军二军纪念苑、宋代三角城、元代峨堡古城等。近年来，借助这些丰富的旅游资源，祁连县连续举办了中国美丽草原——祁连山草原风情文化旅游节、全国露营大会、环青海湖自行车赛祁连赛段、中国祁连国际飞行节、祁连麻拉河“玩偶狂欢节”、天境祁连——绿色清真美食文化节等各类旅游文化体育活动。

祁连山作为河西走廊重要的生态屏障，是中国五大山脉之一，是青藏高原与河西走廊的分界线、草原景观和荒漠景观的分界线，连接着丝绸之路南线和青藏线。2008年祁连山风光旅游区被评定为国家4A级旅游景区，2014年被评为“至美观景拍摄点”和“中国美丽田园”。2016年被纳入国家祁连山风景道建设序列，同时被划入青海省“一圈三线三廊道三板块”发展构建格局中，祁连县成为“祁连山风光旅游服务经济带”和“青藏高原生态旅游目的地”建设的重要载体。2016年，祁连县被评为首批国家全域旅游示范区创建单位，2017年，卓尔山·阿咪东索景区通过了国家5A级旅游景区景观质量专家评审，进入5A级景区创建名单，“天境祁连”的影响力和知名度不断扩大。祁连县成为高原旅游的理想之地，吸引着无数游客前来观光旅游、避暑度假、摄影创作、科考探险。

地址：青海省祁连县广电大厦三楼文体旅游广电局　联系电话：0970-8672109

CHONGZUO! 崇左 | 魅力中国城

山水崇左　甜蜜边关　魅力壮乡

崇左位于广西西南部，全市辖七个县（市、区），总面积1.73万平方公里，总人口250万，壮族人口占全市总人口的89.43%，是全国壮族人口比例最高的地级市，素有“中国糖都”“中国锰都”“中国红木之都”的美称。2018年以年度总成绩第一名的优异成绩荣膺“2018年《魅力中国城》十佳魅力城市”榜首。

崇左是中国的南大门，沿边、近海、邻首府、连东盟，“打开门就是越南，走两步就进东盟”，有4个县（市）与越南接壤，边境线长533公里，是广西陆地边境线最长的地级市，是中国通往东盟陆路通道上重要的节点城市。2019年8月，中国（广西）自由贸易试验区崇左片区落户凭祥市。

奇特的山水、灿烂的民族文化、多样的生物、神秘的边关风情构成了崇左市独特的旅游资源；滔滔奔腾的左江水孕育着两岸如诗如画的风景；自然保护区里的珍稀动物白头叶猴与多样生物和谐相处；气势磅礴、飞流直下的德天跨国瀑布，神秘的世界文化遗产花山岩画记录了一个古代民族的文明；巍峨屹立的中国古代九大名关之一的友谊关见证了边关的风云变幻；矗立左江边的世界八大斜塔之一的左江斜塔凝结了壮族先民超人的智慧；延绵起伏的大小连城铸就了一个民族不屈的气节。优越的区位，便利的交通……所有这一切，无不在诉说着一个古老的民族灿烂辉煌的历史，造就了神奇美丽、魅力十足的南国边关风情旅游。

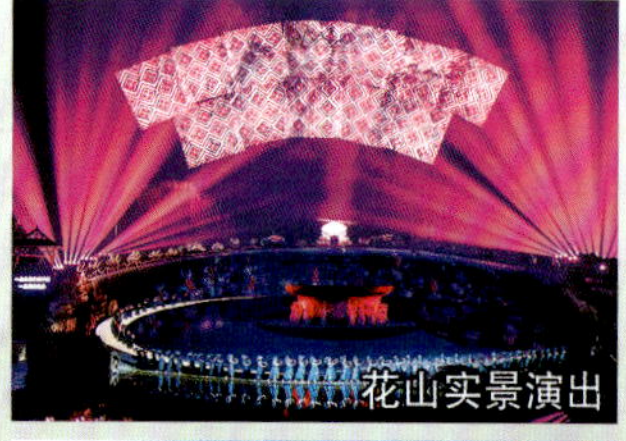
花山实景演出

明仕田园景区

发现弄岗

德天跨国瀑布景区

壮美红城 千姿百色

革命老区·百色新貌

百色位于中国西南地区，地处广西西部，北与贵州接壤，西与云南毗邻，南与越南交界。2002年经国务院批准撤地设市，全市辖12个县（市、区）135个乡（镇、街道），总人口418万，总面积3.63万平方公里，是广西面积最大的地级市，是全国生态型铝产业示范基地、“中国优秀旅游城市”“全国双拥模范城”“国家园林城市”“国家卫生城市”“国家森林城市”和国家全域旅游示范区创建市。

百色是旅游资源的富集区，山水组合度好，品种类型多样，拥有红色、绿色、长寿养生、民族风情、边关探奇、休闲乡村等众多旅游资源，有条件建成世界一流山水奇观旅游目的地。百色市地处云贵高原向广西丘陵过渡地带，总面积中山区占95.4%、喀斯特地貌占1/3。广泛分布的喀斯特峰林峰丛地貌造就了百色如诗如画的山水胜境。一是百色已成为全国12个重点红色旅游区之一，以百色起义纪念园为核心的邓小平足迹之旅堪称红色旅游经典。二是百色市有得天独厚的山地旅游资源，天坑、峡谷、溶洞等地质景观俱全。其中，乐业—凤山地质公园是广西唯一的世界地质公园；乐业大石围天坑是世界三大超大天坑之一，堪称“天坑之都”；靖西通灵—古龙山峡谷群被专家誉为“国内原生态峡谷的代表”。岑王老山、大王岭、仙人桥、吉星岩等也已具有一定知名度。三是百色市有丰富的水文旅游资源。澄碧河、盘阳河、右江河、归春河四大河流流域各具特色，具有独特空气、水、地磁、景致等自然生态资源；百色水库、澄碧湖、浩坤湖、惠洞水库、渠洋湖、布镜湖、芦仙湖等湖泊镶嵌其中，形成了遍布全域的水文景观。经过旅游资源普查，百色1153个旅游资源单体中，五级旅游资源有9个，四级旅游资源有53个，三级旅游资源有380个，二级旅游资源有418个，一级旅游资源有293个。百色市委、市政府高度重视旅游事业发展，着力将百色打造成为“区域性休闲旅游健康养生中心”。目前，百色对外开放景区景点50多家，其中世界地质公园1家（乐业凤山世界地质公园），国家4A级旅游景区18家（百色起义纪念公园、靖西通灵大峡谷等），国家3A级旅游景区17家（乐业布柳河仙人桥景区等），自治区生态旅游示范区5家，自治区休闲农业与乡村旅游示范点15家；自治区三星以上乡村旅游区16家、农家乐51家。

百色欢乐小镇景区

德保红叶森林公园景区

凌云浩坤湖旅游景区

乐业大石围天坑群景区

百色起义纪念馆

极受欢迎的魅力文旅目的地

昭君旅游 美好之旅

昭君村景区

朝天吼漂流景区

神农架九湖山居

神农架巴桃园景区

湖北昭君旅游文化发展有限公司（以下简称昭君旅游）坐落于中国古代四大美女之一王昭君的故乡——湖北省兴山县,隶属于中国500强兴发集团，是集团旗下一家集酒店、景区、商贸、旅行社、码头等配套服务于一体的大型旅游企业。主要从事旅游项目投资、旅游资源开发和旅游景区景点等旅游产品的经营以及酒店经营管理、旅游景区管理、旅游文化产品开发、旅游线路策划、旅游运输服务等。2012年昭君旅游通过了ISO9001/14001质量环境体系认证，标志着公司管理、服务与国际社会的接轨及管理服务水平的全面提升。先后被表彰为“湖北省十强旅游集团”“湖北省十强体育企业”。

昭君旅游地处“鄂西生态文化旅游圈”核心区域，位于3个世界旅游名片——世界规模超大的水电站三峡大坝、世界地质公园神农架、道教圣地武当山（简称“两山一江”）的中间位置，周边线路上拥有8个国家5A级旅游景区、2个世界文化遗产、1个世界非物质文化遗产、9个国家自然保护区、35个国家非物质文化遗产、3个国家地质公园，具有得天独厚的旅游产业发展优势。昭君旅游从2002年开始涉足旅游产业，自2010年开始将旅游产业作为主导产业来打造，注册成立湖北昭君旅游文化发展有限公司、湖北神农架旅游发展股份有限公司、湖北武陵山旅游开发有限公司三个投资主体，到2018年年底旅游总资产超30亿元，拥有14家中高档酒店、6家景区、2家旅行社、1个旅游码头、3个知名旅游商贸品牌，客房总量2574间，位居湖北省客房总数前列，年可综合接待游客200万人次，挺进湖北省文化旅游企业第一方阵。

未来5~10年，昭君旅游将以“鄂西生态文化旅游圈”为依托，按照兴山、神农架、五峰三区联动，景区、宾馆、旅行社、文化创意四业提升的总体目标，以三峡香溪（兴山、神农架、秭归）国际旅游休闲区、武陵山（五峰）生态旅游区项目为重点，持续加大旅游产业的投入，新增投资40亿元以上，建成昭君村、朝天吼和北风垭三个国家5A级旅游景区，形成经营收入10亿元，利税1.5亿元，接待游客500万人次的规模，建成集旅游景区、宾馆饭店、旅行社、旅游商贸、旅游文化等产业为一体的大型旅游企业集团，将旅游产业培育成为兴发集团的支柱产业，在湖北省规划的“1~3家大型旅游企业上市”中率先实现上市，并争取在国际上具有一定的影响力。

五峰长生洞景区

五峰长生洞景区

五峰后河天门峡景区

五峰后河天门峡景区

地址：湖北省兴山县古夫镇高阳大道58号　　全国统一服务热线：400-99-56789

唐山南湖旅游景区

清风吹着湖水，闪出粼粼的波光。龙泉湾南侧的滨湖栈道上，五只雏燕一字排开，张开嫩黄的小嘴儿，仰着头等待着来回飞翔捕食的燕妈妈……栈道那头，几位游客或注目观赏，沉醉其中，或拿着手机，悄悄地记录着这温馨的一刻。这样人与自然和谐相处的场景，在唐山南湖旅游景区随处可见。

唐山南湖旅游景区位于唐山市中心，面积30平方公里，是融自然生态、历史文化和现代文化为一体的大型城市中央生态景区。2004年，这里被联合国授予"迪拜国际改善居住环境至佳范例奖"，并先后荣获"中国人居环境范例奖""全国生态文化示范基地""中国至佳休闲中央公园"等殊荣。2009年晋级国家4A级旅游景区。2016年，成功举办了唐山世界园艺博览会。为确保世园会"永不落幕"，在保持世园会会址原有生态的基础上，打造城市会客厅，做大做强文化旅游产业，在景区内已经成功举办多届"南湖春节灯会"等一系列大型文化活动。

随着2018年4月15日南湖景区的免费开放，花香弥漫的"城市会客厅"完整地交给了百姓。唐山，再次敞开博大的胸怀，站在"文化+旅游"高质量发展的新起点上。景区自免费开放以来，基础设施不断完善，服务设施不断提升，景区业态逐渐丰富。铂尔曼酒店、南湖国际会展酒店、南湖足球主题酒店、唐山宴文旅酒店围绕在景区的各个门区和出入口；景区内的国际园、国内园、皮影乐园、植物馆、龙山阁、九孔桥、凤凰台、光影水舞秀，景色宜人，美不胜收；城市足球广场、足球公园，国际、国内赛事不断，已成为北京国安等4个职业俱乐部、2个省市级足协及京唐乌拉圭国际足球学校的训练基地。

无论白天还是夜晚，今天的南湖，给你足以留下来的理由！

景区热线电话：400-988-2016

巴山大峡谷

——文旅扶贫景区

巴山大峡谷文旅扶贫景区，前身为“宣汉百里峡”，地处四川省达州市宣汉县东北部，成都、重庆、西安“西三角经济圈”的腹心地带，属于国家秦巴重点扶贫区域。褶皱构造景观带千姿百态、喀斯特地貌景观奇特、崖柏群落世所罕见、巴文化人文风情川内仅有，是一个以地质地貌景观为核心，集多样性生物景观、水体景观、天气天象景观、土家风情和巴文化景观于一体的山地峡谷型景区，为国家4A级旅游景区、省级自然保护区、省级风景名胜区，是大巴山国家地质公园的重要组成部分、国家非物质文化遗产土家薅草锣鼓所在地，是全国优选旅游项目、全国“景区带村”旅游扶贫示范项目，也是四川100个省级重点推进项目和达州市宣汉县脱贫攻坚的“头号工程”。景区突出文化、康养、运动、亲水“四大卖点”，致力于打造中国较大的文旅扶贫实验区、国家旅游度假区、国家5A级旅游景区、全国巴文化高地“四大品牌”。

巴山大峡谷处于四川省唯一的土家族聚居区，是全县最边远、最贫困的地区，因为缺乏有效开发，加之交通条件受限，导致贫困人口多、贫困程度深，2014年年底，仅核心区就有建档立卡贫困村32个、贫困人口2.2万。2015年宣汉县第十二届四次党代会提出“开发扶贫”“全域旅游”战略，在原百里峡景区基础上，重新高标准规划巴山大峡谷文旅扶贫景区，景区总体规划面积575.1平方公里，其中核心区面积298.3平方公里，由溪口湖生态观光区、巴人谷民俗休闲区、罗盘顶养生养心区、桃溪谷体验度假区“四大板块”组成。从2016年9月开始按照国家5A级旅游景区标准进行闭园改造提升，经过一年多努力，打造大象洞、桃溪谷、画架沟、悬崖栈道、罗盘顶滑雪场、巴部落亲子乐园、桑树坪露营地、巴人山寨、九龙民俗体验一条街等自然人文景观，景区于2018年7月通过创建国家5A级旅游景区省级景观质量评价验收，并于2018年8月28日正式对外开放。

大美莲台山(程志远 摄)

罗盘红叶

山路不止十八弯(王利、向海涛 摄)

发展目标：到2020年争创国家5A级旅游景区，实现年接待游客200万人次以上、旅游收入20亿元以上，直接带动巴山大峡谷片区102个贫困村、9万多贫困人口脱贫，辐射带动周边21个乡镇46万余人增收致富。

天堂寨

桃花潭

安徽省旅游集团有限责任公司是以旅游及地产、粮食和商贸为主业的省属国有独资企业。下设二级企业20家、三四级企业36家，共有在岗职工4500余人，资产总额逾150亿元，年营业收入近50亿元。经历十余年的改革、探索和实践，安徽省旅游集团日益发展成为一个产业化经营、多元化投资、多业态发展、专业化协作的大型现代服务企业。

作为安徽省属企业中唯一一家从事旅游产业经营的综合性企业集团，安徽省旅游集团大力实施“旅游主业优先、三大板块融合”的总体发展战略，认真践行“开启幸福之旅，引领品质生活”的企业使命，坚持走“整合资源、优化结构、重构链条、协同创新”的发展路径，形成了“旅游景区、宾馆酒店、旅行接待、粮食收储经营、旅游地产开发、城建规划设计”六大经营业态。

以天堂寨国家5A级旅游景区、唐模国家5A级旅游景区、桃花潭国家4A级旅游景区、淮北隋唐运河古镇、天堂寨国际度假山庄、唐模法国家庭旅馆、安徽饭店、齐云山庄酒店、安徽海外旅游公司、安徽友谊外事旅游汽车公司、安徽省旅游规划设计院等为代表的旅游业板块，涵盖旅游景区、古街小镇、宾馆酒店、精品民宿、旅游客运、旅行接待、养老养生、规划设计、智慧旅游等相关旅游业态，形成了食、住、行、游、购、娱为一体的多业态、系列化的产业链条，初步形成了观光旅游和休闲度假旅游并重、传统业态和新型业态齐升共进的新气象。以安徽省粮食集团所属合肥新桥粮食产业园、安徽省机械化粮库、安徽省粮油储运公司、安徽省双凤粮库为重点的粮食商贸板块，不断整合和延伸粮食价值链，主动顺应粮食收储制度改革深入推进的趋势，加快发展粮食产业经济，成功构建了政策性储备、托市收购、粮食加工、物流贸易等多元化的发展格局。以安兴发展公司为龙头的房地产板块，投资开发的安徽高端商业综合体项目代表合肥CBD中央广场，银泰中心，安徽首个超高层、地标性国际5A甲级写字楼——IFC安徽国际金融中心，省内首个公益服务与市场运作相结合的新型养老项目——太阳湾养生公馆，文化景区和地产开发深度融合的典范——淮北隋唐运河古镇，形成了以文化旅游带动地产开发的融合发展新模式，成为所在城市的新地标、新商圈、新亮点，

通过促改革、调结构、补短板、强党建，安徽省旅游集团基本形成了协同、融合、跨界发展的产业化经营格局，市场化投融资能力、专业化运营能力和品牌化国企影响力得到了明显提升，多次荣登“中国旅游集团20强”“中国服务业500强”“安徽省百强企业”榜单，获得“中国旅游投资企业百强”“享誉中国的100个安徽品牌”“中国旅游投资金奖”等诸多荣誉称号，成为安徽旅游强省建设和粮食安全保障中的一支重要力量。

安徽饭店

隋唐运河古镇

国际金融中心

唐模景区大门

桂林旅游 20周年

1998—2018

桂林旅游发展总公司
桂林旅游股份有限公司

桂林旅游，让旅行更享受！

桂林旅游发展总公司、桂林旅游股份有限公司（统称：桂林旅游）在桂林市领导下，进行了大刀阔斧的整合升级工作，共同努力打造“桂林旅游”这一金字招牌。

目前桂林旅游旗下运营着两江四湖·象山景区、伏波山、叠彩山、七星景区、漓江游船、银子岩、芦笛岩、丰鱼岩、冠岩景区、龙胜温泉、丹霞温泉、贺州温泉、资江天门山、漓江大瀑布饭店、桂林城市旅游巴士、桂林一城游等众多旅游核心资源。桂林旅游致力于通过资源的整合创新升级，为中外游客提供更完善、更个性化的旅游体验，让旅行更享受。

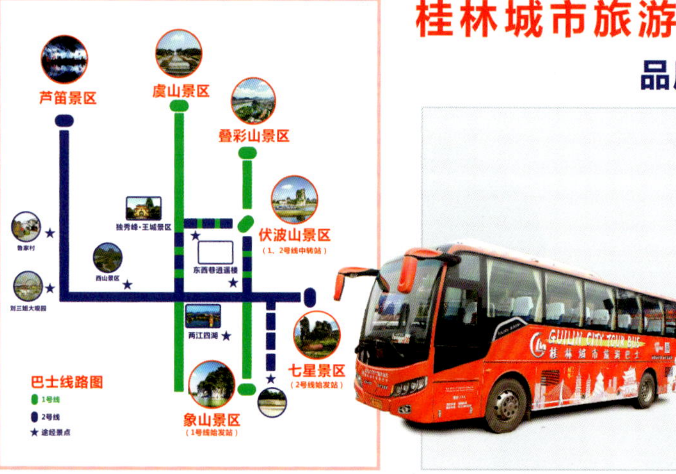

桂林城市旅游巴士

品质旅游　景区直达　自由放心

桂林旅游发展总公司、桂林旅游股份有限公司致力于提升全域旅游建设水平，完善桂林国际旅游胜地配套设施，优化落地散客旅游交通服务，提升桂林旅游服务品质，目前已开通桂林城市旅游巴士1、2号线，游客凭官方指定景区纸质门票以及乘车券乘坐。

（景区包括：两江四湖·象山景区、七星景区、伏波山景区、叠彩山景区、芦笛景区、虞山景区）

桂林旅游服务平台

咨询热线：4009910978

桂林一城游
GUILIN CITY TOUR

郑州旅游职业学院

★全国职业教育先进单位　★河南省职业教育品牌示范院校　★河南极具就业竞争力示范院校
★河南省极具特色的十佳职业院校　★中国旅游院校"五星联盟"单位　★中国旅游协会教育分会副会长单位

郑州旅游职业学院是一所公办高等职业院校。学校占地1251亩，总建筑面积57万平方米。现设8系、3部和1个继续教育学院，开设44个高职专业、10个五年制大专专业。全日制在校生10945人，教职工597人，现有教授8人、副教授105人。馆藏图书87万册，校内实训室118个，校外实训基地141个。近年来，学校坚持开放办学，深化校企合作，积极主动服务地方经济建设，为社会培养近4万名高素质技能型人才，为社会和行业培训人员近10万人次，为经济社会发展做出了积极贡献。

学校坚持专业建设龙头地位，不断提高人才培养质量，集中建设、倾力打造并不断增强以旅游管理和酒店管理专业为龙头，以景区开发与管理、旅行社经营与管理、烹饪工艺与营养、旅游英语等专业为重点的旅游类专业群；坚持服务发展促进就业的办学方向，坚持理论教学和实践教学"双教"融合，建设中央财政支持重点建设专业2个、全国旅游类专业建设示范点2个、省级专业综合改革试点4个和省级特色专业4个、市级重点专业8个。强化科研，不断增强社会服务能力，成立旅游规划中心、酒店管理咨询中心和职业教育研究中心，长期引导和组织教师进行教学改革和直接服务于经济社会发展的技术开发、新产品开发等"立地式"应用性研究。重视实训，不断提升实训室建设力度，规划建设各类教学实训中心27个，专业实训室和实训场地362个，实训用房总面积118502平方米（不含待建场地）。坚持开放办学，加大校企合作力度，与洲际酒店集团、希尔顿国际酒店管理集团、美国皇家加勒比邮轮公司、美国奥兰多迪士尼等国内外高端企业合作，建立实习就业基地150个；加强国际合作与交流，每年200多名学生赴美国、新加坡、日本、韩国等多个国家研修、实习或就业，实现出国就业梦想。不断扩大就业渠道，保障毕业生高标准就业，学校多次荣获国家及河南省大中专毕业生就业工作先进集体。学校设成为省级品牌示范性职业院校，探索出了一条内涵发展、建设同步、开放办学、特色明显的发展道路。

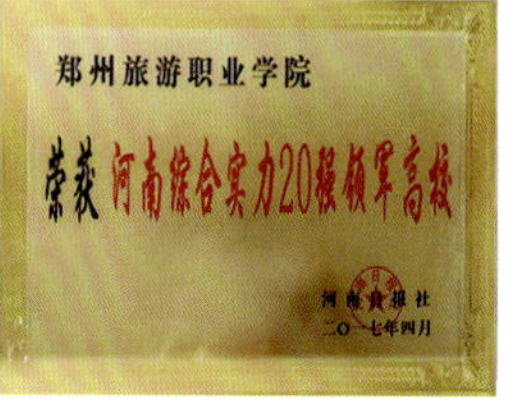
郑州旅游职业学院
荣获河南综合实力20强领军高校
河南商报社
二〇一七年四月

美丽中国编辑部

编　　辑：王　军　王　丛　张　旭　陈　冰

撰　　稿：郭　强

特约编辑：战冬梅　赵永芬　杨素珍　李盼盼

摄　　影：董　清　陈　杰　郭北洋　杨树田　吴多明　张永富
汪炳奎　何立新　江　煌　卢　进　冷新宇　李　刚
朱兴宇　王达军　张　华　卞志武　陈晓冰　杨振一
陈碧信　车　刚　滕卫华　周　杰　闻家麟　王卫东
蔡　健　殷锡翔　范学锋　马培华　马福江　罗德林

目　录

旅游景区发展概况

旅游景区基本资讯

宣传版目录

旅游景区发展概况

Development Situation of Tourist Attractions

中华人民共和国成立七十年以来旅游景区发展历程及现状

战冬梅

旅游资源和景区是自然界的造化和人类文明的成果，是旅游业发展的先决条件和核心载体，是最主要和最根本的旅游供给。我国是旅游资源大国，从历史上来看，帝王封禅也好，文人游历也罢，多为名山大川和历史遗迹，辅以风俗民情的体验。清末民初时期，权贵和精英阶层为了避暑，在庐山、北戴河、莫干山、鸡公山等地开发夏季度假地，也是利用了气候气象和地质地貌等本底资源，这些也成为我国近代早期旅游景区的雏形。虽然中华民族自古以来就有“读万卷书，行万里路”的传统，但是在相当长的历史时期，耗时费财的旅游活动终究还是少数人的权利，绝大多数人终其一生与这些景区都是没有交集的。

一、景区发展历程

中华人民共和国成立以后，工业是国家经济发展的重中之重，旅游业在当时既没有产业概念，也没有经济属性，国家首要解决的是填饱肚子的问题，旅游甚至被视作资本主义腐朽生活方式。只是为了国家形象和统战工作的需要，也为了满足海外华人华侨回国探亲访友和来访外宾接待，才开始了旅游事业的萌芽。而景区作为这一时期旅游事业的核心资源，在扩大对外政治影响，为国家吸取外汇等方面发挥了重要的作用。

改革开放以后，旅游业进入发展的快车道，旅游景区日益成为满足人民对美好旅游生活需要的本底资源和经典空间。早期的长江、长城、黄山、黄河，还有故宫、兵马俑和桂林山水等依托自然和历史文化遗产建立起来的景区，是入境旅游接待的基础。在交通、住宿、餐饮、购物等商业环境和公共服务尚不完善的情况下，没有这些举世闻名的人间盛景，入境旅游很难顺利起步。直到今天，串联这些旅游景区的“京沪桂广”仍然是欧美旅游者首选的经典线路。1999 年的国庆“黄金周”标志着国民旅游时代的到来，绝大多数游客也是奔着这些地方去的。每逢假期，我们常常从媒体上看到“某某景区沦陷了”的消息，也会从朋友圈里读到

“下次坚决待在家里，再好的景区也不去了”的“誓言”。可是下个假期，这些“誓言者”还是会去景区。应当说，景区对于培育旅游意识、满足大众旅游的基本消费和国民休闲的基本需求功不可没。

旅游景区规模持续扩大、景区类型不断丰富，作为旅游的典型业态，市场支撑力和社会影响力日益扩大。从早期的山山水水和历史文化遗产，到主题公园的兴起，再到今天的古村古镇、历史文化街区和优秀旅游城市，景区景点的内涵不断丰富，外延不断拓展，一直与旅游需求特别是观光旅游需求的变迁同步发展。截至2018年年底，全国共有旅游景区景点3万多家。国内游客消费结构中，景区游览的消费一直保持稳定的增长。多年来，旅游景区一直是投资热点。在旅游类上市公司中，景区类企业业绩表现突出。可以说，了解旅游景区的变迁历程，就能更深刻地理解旅游消费变迁和产业发展的历史脉络。

旅游景区管理体制持续改革、管理机制持续创新，文化创意不断为景区发展注入新动能。自1979年邓小平同志发表“黄山讲话”开始，我国旅游景区步入市场化发展新阶段。各地方、各部门和各领域发展旅游的积极性空前高涨，理顺相关部门对旅游景区的管理体制的呼声也随之增大。为满足消费、市场、行政、社区居民等多元主体对景区的现实诉求，国家一直在努力调整和优化景区管理体制。1999年开始推行的旅游区（点）质量等级评定制度，如今已经成为旅游景区资源、管理和服务品质的典范和标杆。当前，以文旅融合为新动能，旅游景区的改革、开放和创新正在迈向新的历史高度。

二、发展环境变化要求旅游景区业做出战略调整

目前旅游景区面临大众旅游发展阶段的新需求、社会资本投资、移动手机和互联网商业模式创新、当地社区居民权益诉求、游客对公共资源权利意识觉醒、旅游法颁布实施等发展环境的变化，国有自然资源景区涨价现象及其引起的广泛争议，投资主体多元化、环球影城、迪士尼等国际品牌进入国内市场，都使旅游景区业面临前所未有的复杂局面，承载着前所未有的重负和重任。“春江水暖鸭先知”，中国旅游景区业到了必须回应这些变化和挑战、重新认识景区、重新审视发展理念的时候。

1.“玩得起”依然是老百姓最强烈的呼声

每到旅游旺季、大小长假，景区价格就会成为电视、报纸等各类媒体上铺天盖地的宣传点，直至2018年的政府工作报告提出“将推进降低重点国有景区门票价格等工作”。媒体、大众和政府的关注充分说明，老百姓对景区的态度是积极的，是“愿意玩”的，但围绕“谁是景区的主人”“该不该收费”“收费的依据和程序是什么”等问题，利益相关者各说各话。一些地方政府与经营者的目标趋同，导致包括国有自然资源景区在内的景区连续涨价。相对昂贵的景区门票，不仅低收入群体望而却步，中高收入群体也感叹“玩不起”，这已成为景区业的

突出矛盾。当前各部门、各地区在考虑景区的经济效益时，往往忽略综合考虑其环境效益、社会效益等，而环境效益和社会效益是景区长期健康发展的关键。门票经济越来越成为我国旅游市场发展中的一个严重问题和发展瓶颈，客源向国外或其他地方流失，目的地各方最终得不偿失。对景区门票和发展导向问题的拷问就周而复始地重复，究其深层次的原因，不在于价格的高低，不在于资本的流向，不在于管理体制的顺畅与否，而在于我们的景区业迅速发展的过程中，忽视了大众旅游时代更高的品质分享、更多的国民参与这样一个基本需求，我们发展景区应该是围绕满足老百姓的旅游权利而展开，而不是为了满足政府的 GDP 偏好，更不是为了满足政绩需要和少数人的权利。

2.“玩得好”是我国旅游景区业发展的必然方向

在旅游市场发展的初级阶段，很多人是初次出游，旅游者更愿意感受异地美丽风景，追求“我来了，我看了，我标记了”。而在目前的国民旅游市场构成中，初次出游者仅占 2 成左右，也就是说，约 40 亿人次的基础旅游市场是由相对成熟的旅游者构成的。如此量级的成熟旅游者必然引起景区的消费决策、购买行为、组织方式和购后评价等方面质的变化，并对景区的旅游宣传推广和发展模式带来根本性的冲击。

当旅游逐渐成为生活方式，旅游经验越来越成熟的国民在欣赏异地美丽风景的同时，更愿意去体验和分享目的地的美好生活。特别是年轻人主导的散客化、去中心化、“小确幸”生活方式的变化，游客的出游动机、组织方式、消费内容与消费模式发生了根本性变化。人们在旅程中不仅要看不一样的美丽风景，还要分享高品质的生活方式。“景观之上是生活”“最美的风景是人”“品质、便利、善意，主客共享的生活空间”“美好生活是优质旅游新动力”等观点已经形成了广泛的共识。过去只要有长城、故宫、兵马俑这样的世界自然和文化遗产，不用宣传，游客就会来了；只要有权威机构发个牌子或者有领导人肯定，市场就认同了，游客就觉得值了。现在呢？一方面是“世界那么大，我要去看看”，另一方面是“我的行程我做主”。这意味着旅游经济运行的主导权已经从资源方转向了需求方，或者说游客主权的时代来临了。无论是消费能力高的城市居民，还是消费相对较弱的农村居民，都更加强调景区旅游所提供的休闲和度假感受。

三、旅游景区发展现状

旅游景区仍然是大众旅游时代游客观光和本地人需求满足的基本载体。从这两年国庆、春节等假日旅游经济运行的检测情况来看，景区依然是旅游消费的重要领域，全国热门景区景点依然是游客的首选。文化类景区增幅明显，本地人对景区的休闲需求日益增加。景区供给基本面不变的同时，景区的需求发生了前所未有的变化。游客越来越倾向于对目的地生活方式的整体体验。这些需求侧的变化正深刻影响着供给侧的变革。

新业态、新市场的持续崛起为旅游景区发展注入新动力。夜间游、避暑游、冰雪游、低空旅游、亲子游等特种旅游市场正引领新的景区建设方向。产业要素推动景区深度融合，文化和科技为景区发展带来新动能。大众旅游新时期，旅游业的驱动要素已经从单一的资源驱动过渡到创意、技术和资本综合驱动的阶段。创意不但体现在旅游商品和旅游纪念品的设计上，而且现在已经成为景区开发的主要生产要素，形成了一系列风格迥异的景区类型。景区投资方面，优质自然资源受投资方青睐，主题公园持续高速增长。在强劲的旅游需求驱动下，景区投资规模不断扩大，除传统投资模式外，创新型投资方式不断涌现。政府、国企、民企等多主体合作投资持续增加。

在中国特色社会主义新时代，在进一步深化全域旅游战略、大众旅游从初级阶段向中高级阶段演化的进程中，旅游景区仍然是旅游的核心载体，而游客对旅游景区的需求则变化明显，越来越倾向于对目的地生活方式的整体体验。在新的历史时期，旅游景区业需要把握大众旅游的新需求，培育旅游景区发展的新动能，继续以人民群众对美好生活的向往作为动力和目标，踏上新征程。

（作者单位：中国旅游研究院）

2018 年中国博物馆概况

赵永芬　王　超

2018 年，中国博物馆工作者认真贯彻习近平总书记关于文物工作的重要指示精神，深入落实《关于进一步加强文物工作的指导意见》《关于加强文物保护利用改革的若干意见》，取得了丰硕的成果，截至 2018 年年末，全国共有各类博物馆 4918 家；其中国家一级博物馆 130 家、国家二级博物馆 286 家，国家三级博物馆 439 家，约占全国博物馆总数的 1/5。非国有博物馆超过 1400 家，行业博物馆超过 800 家，成为博物馆建设快速发展的重要力量。全国博物馆文物藏品 3754.25 万件 / 套，占文物藏品总量的 75.7%；第一次全国可移动文物普查登录文物 1.08 亿件 / 套，首次全面摸清文物家底，一大批反映现当代经济社会发展变迁的见证物入藏博物馆中，丰富了国家藏品体系。自国家实行博物馆全面免费开放政策以来，我国博物馆年参观人数从 2.8 亿人次增长到 10 亿人次以上，数十家博物馆年参观人数超过百万人次，居于世界领先水平。2018年，博物馆接待观众104436万人次，比2017年增长7.5%，占文物机构接待观众总数的85.3%。党的十八大以来，博物馆公共服务效能显著提升，社会关注度不断提高。博物馆在经济社会发展中的作用持续显现，给人民群众带来的获得感、幸福感不断增强，已经成为人民向往的美好生活的一部分。

5.18 国际博物馆日

2018年5月18日，是第42个国际博物馆日，国际博物馆协会（ICOM）确立的主题是“超级连接的博物馆：新方法、新公众”。该主题强调博物馆创新发展理念，发挥与当地社群、文化景观、自然环境之间的纽带作用，通过技术、方法的进步，不断拓展观众群体并增强与他们的联系，提升公共文化服务水平，促进社会可持续发展。全国各地文物部门围绕“国际博物馆日”主题举办了多种系列活动。

国际博物馆日中国主会场活动开幕式在上海市历史博物馆举行。

上海市为配合国际博物馆日中国主会场活动，组织百家博物馆免费开放，并举办210场文化活动，其中50余家博物馆在5月18日夜间开放，为白天紧张忙碌的市民和匆忙观光的游客提供独特参观体验，感受别样的博物馆之美。

由全国138家交通广播电台联合开展的“百城百台——我为国宝点赞”大型主题活动也在5月18日推出，活动汇集31个省（自治区、直辖市）级博物馆的“镇馆之宝”，与亿万听众“超级连接”，共同传承弘扬中华优秀传统文化。

5月18日，故宫博物院举办了大型艺术创作、小学生入队仪式与实践拓展、“我在故宫洗石头”遗产保护体验、志愿者咨询讲解和国家大剧院民乐公益演出共五大主题宣教活动，为观众奉上一场场精彩的文化大餐，也让故宫博物院成为公众与多元文化连接的纽带。

中国国家博物馆按照《国务院关于开展第一次全国可移动文物普查的通知》要求，历时3年完成了馆内可移动文物普查。5月18日，通过官网对外公布《中国国家博物馆藏品总目》，以满足公众的查阅需要，并将分批次更新完善总目，陆续公布更多藏品信息。

首都博物馆围绕国际博物馆日主题，举办一系列丰富的馆内外展览和线上线下互动活动，通过与社会不同群体多种方式的连接，迎接和庆祝第42个国际博物馆日。

除在国际博物馆日到来之际开幕的“畿辅通会——通州历史文化展”外，首都博物馆在当天还举办了“读城——发现四合院之美”的互动式展览，其在千里之外的厦门举办巡展，两地青少年可以用互动参与的方式，展示城市与城市之间的连接。

5月18日，内蒙古自治区国际博物馆日主会场暨全区打击文物犯罪专项行动启动仪式在赤峰市博物馆举行。全区打击文物犯罪专项行动从5月18日开始至8月20日结束，以侦破一批案件、打掉一批团伙、抓获一批犯罪分子、摧毁一批倒卖文物犯罪网络为工作目标，确保全区文物安全。

5月18日，吉林省博物院全天不间断地上演了一系列丰富多彩的文化活动，为观众呈献了多彩的文化盛宴。当天，吉林省博物院还与四家共建基地单位签约授牌，召开了“超级连接的博物馆：新方法、新公众”座谈会。4月~6月，全省107家博物馆围绕本届国际博物馆日主题，推出上百场展览、讲座、鉴宝、社教等活动。

5月18日，杭州市余杭区举办学术报告会，专家与业内人士就国际博物馆日主题进行了探讨交流。当晚，中国江南水乡文化博物馆推出“博物馆奇妙夜”夜游活动，通过视听体验、角色体验、味觉体验、购物体验和答题有礼等方式，让公众感受“让文物活起来”的魅力。

多元文化碰撞的展览、时尚生动的“国宝”情景剧、华夏心灵之声古乐复原展演、虚拟展览、智慧导览、公众文化讲座、博物馆研学体验学程……5月18日，河南博物院主展馆、多功能厅以及共建基地等同时举办多项活动，为公众送上一套丰富的博物馆“超级连接”。

5月18日，湖南省文物局在韶山毛泽东同志纪念馆举办了国际博物馆日宣传活动。活动当天宣布了“弘扬优秀传统文化、培育社会主义核心价值观”主题陈列展览策划活动评选结果，湖南省博物馆推荐的“湖南人——三湘历史文化陈列”等10个展览获得优秀策划方案；由湖南省文物局指导湖南和光传媒有限责任公司与创维集团共同打造的“湖南文博联播网”正式启动。

5月18日，四川全省263家博物馆开展了丰富多彩、趣味横生的活动。国际博物馆日期间，各博物馆纷纷减免门票，悬挂标语横幅，组织互动节目，发放宣传资料，开展馆内馆外活动，营造了浓郁的节日气氛。据初步统计，全省博物馆共举办了210余项主题活动，包括30余项讲座、50多项展览和130余项教育活动。

成都五大博物馆“馆长讲解日”在5月18日拉开序幕，成都博物馆、成都武侯祠博物馆、成都杜甫草堂博物馆、成都金沙遗址博物馆、成都永陵博物馆五馆联合，由各馆馆长为预约观众进行免费的公益讲解。

5月18日，陕西历史博物馆现场举行了陕西第一次可移动文物普查丛书——《文物陕西》图书首发式；为15家社区博物馆授牌，为“我心中的博物馆”有奖征文大赛和首届陕西历史文化动漫大赛获奖者颁奖。同时，省文物局与中国移动通信集团陕西有限公司启动陕西“互联网＋文物教育”平台。博物馆日期间，陕西各地文物部门和文博单位同步开展丰富多彩的博物馆日宣传活动，开展免费文物鉴赏、免费讲解、历史文化进校园等活动，全省共举办63个展览和228场活动。

5月18日，青海省博物馆、青海省藏医药博物馆、青海柳湾彩陶博物馆、青海省民俗博物馆以及黄南州民族博物馆围绕博物馆主题，举行了文创产品成果展示和文物保护成果展，生动地展示了富有特色的文化遗址及文化内涵。活动现场还举办了文艺演出、消防安全演练、消防器械展示以及有奖问答等一系列活动，鼓励和动员更多群众参与博物馆文化体验，营造了全民关心并参与博物馆事业的良好社会氛围。

5月18~20日，宁夏全区具备开放条件的博物馆纷纷向公众免费开放，并组织义务讲解，接待公众1.8万余人次。西夏王陵景区免费开放；石嘴山市结合国际博物馆日又是宁夏长城保护日的实际，组织中小学生长城保护志愿者参观境内长城；吴忠市组织近千名学生参观博物馆。固原市在全市重要文博单位和文物旅游景区开展宣传活动，免费发放博物馆宣传册；中卫市组织全国第一次可移动文物普查成果展，向公众展示文物资源家底。宁夏博物馆组织了丰富的馆内馆外活动；宁夏固原博物馆面向全市公众组织开展“我和博物馆”照片征集、评选、展示活动。

第十三届全国博物馆十大陈列展览精品评选

由中国博物馆协会、中国文物报社主办的第十五届（2017年度）全国博物馆十大陈列展览精品推介活动，得到了各地的积极响应。2018年共有82个项目通过审核，取得参评资格，其中，境外展览73项，出入境展览9项。

5月18日，由中国博物馆协会、中国文物报社主办的第十五届（2017年度）全国博物馆十大陈列展览精品推介活动颁证仪式，在“国际博物馆日”中国主会场上海市历史博物馆举行。

本届活动评选出10个精品奖、11个优胜奖、2个国际及港澳台合作奖和2个国际及港澳台合作入围奖。获得精品奖的展览是：“大辽契丹——辽代历史文化陈列”“文明的阶梯——科举文化专题展”“动・境——中华古代体育文物展”“明月入怀・中国团扇文化印象展”“谁调清管度新声——丝绸之路音乐文物展”“长安丝路东西风”“南昌起义伟大开端”“圆梦——从北洋铁甲到航母舰队”“南溟泛舸——南海海洋文明陈列”“惊世大发现——南昌汉代海昏侯国考古成果展”。

获得优胜奖的展览是：“寻找致远舰——2015年度全国十大考古新发现”“湘江北去・中流击水——长沙历史文化陈列”“黑龙江俄侨文化文物展”“古道新知——丝绸之路文化遗产保护科技成果展”“靖江遗韵——桂林出土明代梅瓶陈列”“美・好・中华——近二十年考古成果展”“如何复活一只恐龙”“艺术涅槃——大足石刻艺术展”“CHINA与世界——海上丝绸之路沉船与贸易瓷器大展”“家和万事兴——家教家风主题展”“铸魂——延安时期的从严治党”。

获得国际及港澳台合作奖的展览是：“大英博物馆百物展：浓缩的世界史”“绵亘万里：世界遗产丝绸之路”。

获得国际及港澳台合作入围奖的展览

是:"东西汇流——13至17世纪的海上丝绸之路""现代之路——法国现当代绘画艺术展"。

本届活动获奖展览内容丰富、题材多样，注重挖掘藏品资源，呼应公众文化需求，具有较强的时代性、思想性和艺术性，产生了良好的社会反响，反映了博物馆陈列展览水平的持续提升。

全国抗战类纪念馆弘扬"抗战精神"座谈会在京召开

1月18日，中国博物馆协会纪念馆专业委员会、中国人民抗日战争纪念馆联合举办的全国抗战类纪念馆弘扬"抗战精神"座谈会在京召开，来自全国24个省、自治区、直辖市的27家抗战类纪念馆馆长及相关负责人参加座谈会，中央文献研究室、中央党史研究室、军事科学院相关专家学者参加会议。中宣部、北京市文物局、中国博物馆协会等单位相关领导出席会议。

与会代表在发言中表示，抗战精神是以爱国主义为核心的民族精神的时代体现，深植于博大厚重的中华文化土壤，是中国共产党团结带领全国各族人民在实现民族独立和民族解放的伟大实践中逐渐形成的。抗战类纪念馆是弘扬抗战精神，加强社会教育的重要阵地。展示抗战历史，传播抗战文化，开展形式多样的爱国主义教育活动成为新时代纪念馆的光荣使命。在新时代如何继承、贯彻、发扬、丰富、发展抗战精神是抗战类纪念馆永远的课题和责任。纪念馆人应更加自觉地把"抗战精神"作为前行的精神动力，把弘扬"抗战精神"同学习宣传贯彻党的十九大精神结合起来，让"抗战精神"在新时代焕发出更加璀璨夺目的光芒。

"新时代新气象新作为：全国博物馆馆长论坛"在京举办

3月30日，"新时代新气象新作为：全国博物馆馆长论坛"在中国国家博物馆举办。此次论坛是在中国特色社会主义进入新时代，党和国家对文化事业进行重大布局和调整，博物馆事业走向高质量发展新时期而召开的一次盛会。与会嘉宾围绕新时代博物馆的发展趋势、推动中华优秀传统文化创造性转化和创新性发展、智慧博物馆建设、公共文化服务均等化公益化便捷化、加强博物馆人才培养等方面交流了经验，并就新时代博物馆事业发展方向、交流合作、改革创新等达成共识。

论坛期间，国家博物馆与故宫博物院，与首都博物馆、天津博物馆、河北博物院，与中国社会科学院研究生院，分别签订战略合作协议。

第17届中日韩博物馆国际学术研讨会在首都博物馆召开

8月15日，第17届中日韩博物馆国际学术研讨会在首都博物馆召开。中日韩博物馆国际学术研讨会是2002年由中国首都博物馆、日本江户东京博物馆和韩国首尔历史博物馆三个国家的首都城市博物馆共同发起。2007年沈阳故宫博物院加入。每年轮流在中、日、韩三国举办。自创办以来，学术水平不断提高，对参会各博物馆的发展建设发挥了积极作用。

本次研讨会的主题为“资源共享与学术联合——“首都学”语境下的博物馆‘超级连接’”。特邀北京联大作为合作单位参会，利用联大北京学研究所在“北京学”研究方面的学术优势，充实中日韩博物馆的学术力量，与首尔历史博物馆“首尔学”的学术成果呼应。

境外展览在国内博物馆展出

1月30日，中国国家博物馆与巴黎国立高等美术学院等联合举办的“学院与沙龙——法国国家造型艺术中心、巴黎国立高等美术学院珍藏展”开幕，集中呈现学院派这一法国艺术史上重要流派的炫彩篇章。本次展览的展品来源于巴黎国立高等美术学院和法国国家造型艺术中心。参展的103件学院派艺术精品包括杰出的艺术大师多米尼克·安格尔、威廉－阿道夫·布格罗、帕斯卡·达仰－布弗莱、弗朗索瓦·吕德和保尔·郎度斯基等人的重量级作品。

1月26日，“在最遥远的地方寻找故乡——13～16世纪中国与意大利的跨文化交流”展在湖南省博物馆开展。展览聚集了湖南省博物馆、首都博物馆、内蒙古博物院、湖北省博物馆、广东省博物馆、国家博物馆等22家国内博物馆以及美国大都会艺术博物馆、意大利乌菲齐美术馆、意大利罗马国家博物馆等26家国外博物馆近250件/套文物精品。展览分“从四海到七海”“指南针指向东方”“大都的日出”“马可·波罗的行囊”“来而不往非礼也”五部分，为观众讲述一段多元共生的中西文化交融故事，带领观众体验一场跨越亚欧大陆的时空旅行。

2月8日，“庞贝：瞬间与永恒——庞贝出土文物特展”在金沙遗址博物馆正式开幕。本次展览是由金沙遗址博物馆、秦始皇帝陵博物院、天津博物馆、盘龙城遗址博物院等与意大利文化遗产、活动和旅游部合作，展出意大利那不勒斯国家考古博物馆珍藏的120件/套庞贝古城出土文物精品，结合大量3D建模、多媒体视频等高科技复原展示手段，以全新的视角再现庞贝古城的真实面貌。

3月27日，由意大利文化遗产、活动和旅游部，中国国家文物局，北京市文物局主办，首都博物馆承办的“文艺复兴时期意大利艺术、文化和生活”展在首博开展。展览甄选了102件/套来自意大利17家博物馆和机构的展品，绝大部分是第一次与中国观众见面。这些展品不仅包括提香、波提切利、佩鲁吉诺、丁托列托和老帕尔马等大批艺术家的绘画作品，还涵盖了像章、服装、日常生活用品、建筑构件和模型。

4月17日上午，“铭心撷珍——卡塔尔阿勒萨尼收藏展”在故宫博物院开幕。本次展览设“瑰丽梵星：印度高级珠宝展”和“皇室臻选：艺术珍品展”两大部分。“瑰丽梵星：印度高级珠宝展”带来了一系列印度珠宝艺术的巅峰之作，总计270余件/套，呈现了从莫卧儿王朝直至现代的印度珠宝艺术。“皇室臻选：艺术珍品展”展出共计280余件来自世界各古代文明的文物和现代艺术佳品，前后跨越

5000年历史，其中多件艺术珍品均为世界范围内首次向公众展出。

5月11日，由广东省博物馆与荷兰阿美里斯维尔特庄园博物馆联合举办的“意象之间——荷兰艺术家阿曼多作品展”在粤博展出。

5月25日，“阿富汗国家宝藏”展在郑州博物馆开幕。展览共展出阿富汗国家博物馆收藏的231件/套珍贵文物，以法罗尔丘地、阿伊·哈努姆、蒂拉丘地和贝格拉姆4处考古遗址为线索，勾勒出古代阿富汗的早期历史进程，展现出古代阿富汗多元的文明图景。

1978年，在阿富汗北部的蒂拉丘地发掘出土了古代黄金制品21618件，在阿富汗长期战乱中，阿富汗国家博物馆员工始终对文物的下落守口如瓶。经历多年的动荡纷争，这批沉睡的文物，终于再次被世人看到了它们的光芒。这批文物不仅代表阿富汗的过去，也见证了阿富汗包括文博工作者在内的人们守护文明的历史。

6月12日，苏州博物馆举办的“墨西哥之窗”风光艺术展开幕，展览以图片形式，为观众展现神秘的玛雅文化遗址、旖旎的坎昆风光、迥异的乡村风情、醇厚的龙舌兰酒、丰富的墨西哥美食及不同时代艺术家的代表作品，努力为观众打开一扇了解墨西哥的窗户。

7月12日，由陕西省文物局与哈萨克斯坦文化体育部主办，陕西历史博物馆、哈萨克斯坦国家博物馆承办，国际古迹遗址理事会西安国际保护中心协办的“伟大草原遗产：珍宝艺术”展在陕西历史博物馆开幕，展品共119类370件，其中原件196件、复制品174件。所有展品均来自哈萨克斯坦国家博物馆，为该国伊塞克墓出土文物和复制品，主要是铁器时代早期至中世纪时期首饰艺术品，材质包括黄金、白银、丝绸、皮革、绿松石、玻璃等。这些展品展现了亚欧草原游牧民族特有的文化和工艺传统。

8月14日至10月7日，“都市·生活——18世纪的东京与北京”展在首都博物馆举办。此展是在“中日韩国际博物馆学术研讨会”合作模式下，由两馆策展人员共同策划完成，策划重点是展现中日同一时期历史文化和人民生活一个时代、两座城市，物质生活所呈现的异与同，折射出两个国家文化的个性与共性。展览共展出展品181件/套，其中日方展品112件/套。以18世纪的北京与东京（江户）为背景，通过两个国家城市博物馆所藏精品文物，从宏观城市功能与规划到百姓的城市生活，再到丰富多彩的城市艺术，多视角、多维度地展示了清前期盛极一时的北京和幕府时期繁花似锦的江户。

赴境外举办的陈列展览

1月26日，由中国“侵华日军第七三一部队罪证陈列馆”和同为国际“二战”博物馆协会成员单位、世界上最大的军事历史博物馆之一的“俄罗斯卫国战争纪念馆”共同举办的“反人类暴行——侵华日军第七三一部队罪证展”在莫斯科开幕。展览包括侵华日军细菌战、七三一部队、人体实验、研制细菌武器、实施细菌战、毁证和审判六个部分，通过历史图片、图表和档案，全面、客观、真实地展示和揭露日军实施细菌战的阴谋，揭露七三一部队进行细菌研究并使用健康活人进行大规模人体实验的罪恶行径。

2月8日下午，由陕西省文物局与英国利物浦国家博物馆共同举办的“秦始皇和兵马俑展”，在利物浦国家博物馆举行了盛大的开幕式。

本次展览参展展品共125件/套，其中120件/套为文物展品、5件/套为辅助展品，以大型秦代兵马俑为主，并兼有春秋战国及汉代时期的陶器、青铜器、金银器、玉器等，历史跨度近1000年，集中展现秦在统一中国前后以及汉代的政治、经济、军事、文化等社会面貌。展品来自秦始皇帝陵博物院、陕西历史博物馆、陕西省考古研究院、汉景帝阳陵博物院等陕西13家文博单位。

6月2日下午，由中国文化和旅游部中外文化交流中心、故宫博物院、中国文物交流中心及曼谷中国文化中心共同主办的“故宫文化创意产品国际综合展”在泰国开幕。

6月11日，中国文物交流中心主办的“感知中国——中国文博创意作品海外巡展”在法国巴黎装饰艺术博物馆开幕。此次展览以中国人的“家庭、工作、社会生活”为主题，汇集故宫博物院、恭王府博物馆、上海博物馆、秦始皇帝陵博物院、湖北省博物馆等根据所典藏的中国不同历史时期、各地不同风俗的文化艺术元素进行了创新的产品。同时还展出深圳萃华珠宝首饰有限公司的掐丝工艺展品、腾讯科技（深圳）有限公司数字互动平台等创新产品。展览通过文化创意产品与科技融合，拓宽对外文化交流的渠道，将具有中国文化特色的优秀品牌推向世界，探索国际文化产业合作联动的新模式。

9月12日晚，由国家文物局、沙特旅游与民族遗产总机构主办，中国文物交流中心、沙特阿拉伯利雅得国家博物馆承办的“华夏瑰宝展”在沙特利雅得国家博物馆开幕。这次展览是2016年在北京举行的“阿拉伯之路”出土文物展的回访展，是两国文化交流与合作中的大事，必将为中沙友谊与合作创造更好的条件，打下更坚实的基础。

11月20日，由河南省文物局主办、河南博物院承办的“华夏文明之源——河南文物珍宝展”在卢森堡国家历史与艺术博物馆展出。本次展览以华夏文明发展历程为主线，精选河南出土的文物精品145件/套，时代上自夏商，下至宋金，器物质地主要有青铜、陶瓷、玉石、金银、玻璃等。从帝国形成和匠作技艺两部分展现华夏文明诞生、演变、发展的历史进程，展示中原大地自古形成的繁荣祥和、包容大气的物质与精神面貌。

作为葡萄牙“中国文化节”的重要内容，12月3日晚，“东风西韵——紫禁城与海上丝绸之路”展在葡萄牙里斯本阿茹达国家宫开幕。此次展览精心遴选故宫博物院馆藏的陶瓷、玉器、科学仪器和玻璃器、珐琅器等各类文物共66件/套，集中反映了明清两朝与外部世界的交流与互动，诠释了丝绸之路不仅是繁荣的商贸之路，更是联系古代中国与世界文明的纽带。

一批新建、维修后的博物馆陆续开放

1 月 19 日，位于北京智化寺的北京文博交流馆已完成电增容及电缆更换和基本陈列改造，重新对外开放。智化寺建成于明正统九年（1444 年），为明英宗宠信的司礼监太监王振所建，是北京市内较完整的明代木结构建筑群。

1 月 31 日，深圳市南山博物馆首展开幕，首展常设展览“南山故事”系列，分“古代南山”“近代南山”“南山改革开放史”三个部分，全面讲述了南山从深港文化之根到改革开放先锋，并发展成为粤港澳大湾区重要节点的光辉历程。

2 月 22 日，中国证券博物馆在 1990 年上海证券交易所成立时的原址——浦江饭店揭牌，举办的“中国资本市场改革开放历程展”“世界与‘一带一路’交易所文化展”“湘财历道藏品精华展”同期开幕。

4 月 4 日，东北烈士纪念馆分馆（杨靖宇烈士纪念馆）开馆仪式在哈尔滨市举行。该馆是东北烈士纪念馆馆校联合建立的首个分馆。2018 年正值东北烈士纪念馆建馆 70 周年，分馆的成立为东北烈士纪念馆发展历程增添浓墨重彩的一笔。

4 月 26 日，中国（海南）南海博物馆开馆仪式在海南省琼海市举行。中国（海南）南海博物馆自 2016 年开工建设，总建筑面积 7 万余平方米，伴随着它的开馆，“南海人文历史陈列”“南海自然生态陈列”等多个展览正式与公众见面。

5 月 14 日，长沙铜官窑博物馆在万众期待中对外开放，展现新颜。长沙铜官窑博物馆是一座以“诗意的彩瓷”为主题，展现 1200 多年前唐代长沙铜官窑陶瓷文化发展史的专题博物馆，建于长沙铜官窑国家考古遗址公园西北角。全馆以褐色为主色调，由序厅、千年的积淀、瓦渣坪往事、土火之艺、教育互动区、彩韵唐风、世界的长沙窑七个展厅组成，共展出文物 1000 余件。

8 月 17 日，备受关注的辽宁省博物馆“中国古代书法展”“中国古代绘画展”“中国古代缂丝刺绣展”正式对外试运行，至此，辽博新馆布展工程已全部结束，标志着历经 3 年试运行的辽宁省博物馆新馆迎来全面开馆。

8 月 27 日，河北定州博物馆开馆仪式暨古城旅游发展推介会在定州博物馆举办。定州博物馆常设展览分为“天下大白”“北朝佛陀”“汉家陵阙”“尘外千年”“畿南文献”“故乡星空”六部分。其中,“天下大白”展出 186 件定瓷精品文物，展厅布展面积达 840 平方米，是目前国内最大的定瓷文物展厅。

定州博物馆于 2014 年 7 月开工建设，馆藏 5 万余件文物中，国家一级文物 107 件、二级文物 214 件、三级文物 644 件，藏品多以汉代和宋代为主，涉及陶、瓷、玉、石、金、银、铜、骨、木等种类。定州博物馆的建成开放，对于提升改善定州市文物展藏、保护和研究条件，弘扬中华优秀传统文化具有重要意义。

第八届“博博会”在福州成功举办

11 月 23~25 日，由国家文物局指导，

中国博物馆协会、中国自然科学博物馆协会主办的第八届“博博会”在福州海峡国际会展中心成功举办。

本届“博博会”以“博物馆：新时代·新征程”为主题，全面呈现我国博物馆发展的新理念、新面貌、新技术。来自42个国家的60余名重要外宾出席，613家博物馆和企业参展。

首次设立非国有博物馆展区是本届“博博会”的一大特点，24个省份的76家非国有博物馆参展，内容涵盖遗址遗迹、书法艺术、青铜器、铜镜、陶瓷、钱币、拓片、贝壳、金银器等20余个门类。

“博博会”期间举办了“变革中的博物馆青年”论坛、“文物保护装备发展论坛”等23场论坛、22场项目推介会，集中展示博物馆及可移动文物保护、管理、服务的新技术、新方法、新产品，推动博物馆技术融合创新，同时推出包括文物展览、文化讲座、社教活动在内的12场大型公益活动。

11月23日，中国博物馆协会志愿者工作委员会年会暨第九届“牵手历史——中国博物馆十佳志愿者之星”推介活动在“博博会”展场举行。来自91家文博单位近130名代表参会。推介会上，博物馆志愿服务组织工作者和志愿者集聚一堂，共同学习优秀志愿服务项目案例，分享志愿者工作心得，探讨如何更好地发挥博物馆志愿者在传承发展中华优秀文化中的作用。

11月23日晚，福建博物院举办了“博物馆之夜”专场活动，国内外嘉宾共聚一堂，欣赏国内各大博物馆精心准备的地域特色文艺表演，交流观展。

全国博物馆工作座谈会在京召开

12月25日，全国博物馆工作座谈会在北京召开，会议旨在以习近平新时代中国特色社会主义思想为指导，深入贯彻党的十九大精神，安排部署下一阶段博物馆改革发展任务。文化和旅游部部长雒树刚出席并发表讲话，他强调，要从坚持中国特色社会主义文化发展道路、牢牢把握博物馆工作的正确方向，坚持以人民为中心的工作导向，坚持改革创新、进一步提升博物馆建设管理水平，坚持交流互鉴、充分发挥博物馆在促进民心相通、提升国家文化软实力方面的积极作用等四个方面，深入贯彻习近平新时代中国特色社会主义思想，落实中央决策部署，开创博物馆事业发展新局面。

改革开放40年来，我国博物馆事业发生了历史性变革。博物馆数量从1978年的349家增长到现在的近5000家，年参观人数超过10亿人次，年举办展览2万余个，教育活动20万次。特别是党的十八大以来，博物馆免费开放深入推进，公共服务效能显著提升，社会关注度不断提高。博物馆在经济社会发展中的作用持续显现，已经成为人民向往的美好生活的一部分。

（作者单位：中国文物学会、中国文物报社）

红色旅游彰显时代魅力 文旅融合带来全新体验

杨素珍

红色旅游作为具有特殊教育意义的旅游活动，是展现爱国主义和革命传统精神、讲述革命历史重大事件和重要任务的历史故事、传递社会主义核心价值观的重要载体。在中国特色社会主义进入新时代、文旅融合上升为国家战略的背景下，红色旅游市场供需日益活跃。

一是红色旅游市场快速发展，综合效益逐步显现。从2004年开始，国家先后发布和实施了三期红色旅游发展规划纲要。随着多个红色旅游利好政策陆续发布，红色旅游市场得到快速发展。爱国主义和革命传统教育呈现大众化、常态化趋势，红色旅游的规模和热度不断攀升，渐成为民众出游的重要选项。2019年上半年，国家A级旅游景区、爱国主义教育基地、文保单位吸纳就业人员的比重分别增长了4.2、3.3和1.3个百分点，政治效益、社会效益和经济效益愈发明显。

二是出游吸引力提升，红色旅游成为热门主题。在全域旅游推动下，红色旅游需求稳定增长，市场规模逐渐扩大，呈现大众化、常态化趋势。2018年全国红色旅游出游达6.60亿人次，占全国国内旅游总人数的11.92%；旅游收入达4257.78亿元，占同期全国国内旅游总收入的7.13%。2018年农村居民参与红色旅游人数和消费占全国的比重分别达30.6%和27.1%，2019年上半年进一步较2018年全年提升2.6和4.5个百分点，参与红色旅游的农村游客比例高于国内旅游市场整体水平。根据中国旅游研究院与中国电信联合实验室数据，游客重复体验红色旅游景区比例较高，2018年上半年，红色旅游景区游客人均游览1.05个经典景区，复游率达到32.44%。红色旅游以短期休闲度假为主，参与红色旅游的游客一次出游在外平均停留时间3.38天，海南、西藏、四川、广西、青海、贵州、重庆、福建、北京、甘肃十省区市的红色旅游游客停留时间较长。红色旅游已经成为游客出游的重要选择，拥有广泛的受众覆盖面和良好的群众基础。

三是文旅体验融合，年轻一族成为红色旅游主力军。由于红色旅游所蕴含的时代特殊性，红色旅游景区与文化、创意和科技的融合创新对年轻游客形成较强吸引力。红色旅游游客群体年轻化趋势日益明显，游客平均年龄为35岁，“80后”“90后”“00后”逐渐成为红色旅游的中坚力量。红色旅游的游客群体低龄化特征日渐突出，以父母带孩子感受红色氛围群体居多，尤其是“80后”父母更愿意携带“10后”小朋友到访红色旅游景区，了解革命历史文化，特别是法定节假日和寒暑假，14岁及以下人群数量明显增多。北京奥林匹克公园、南京大屠杀遇难同胞纪念馆、广安邓小平故里等经典景区以及广州起义烈士陵园、南京雨花台烈士陵园、石家庄西柏坡纪念馆等爱国主义教育基地均深受14岁及以下游客青睐，爱国主义教育基地、国家A级旅游景区、全国重点文物保护单位尤其受青少年喜爱。2019年上半年，14岁及以下游客参与红色旅游接待量按可比口径同比增长17.23%。青少年群体参与红色旅游的比例逐渐上升，对历史文化的记忆认同和情感认同也逐渐增强。

四是文化特质突出，红色旅游教育功能备受关注。红色旅游承载着优良的革命传统和伟大精神，大多数红色旅游景区通过纵向比较历史数据和静态展示历史遗存，引导广大党员干部群众和青少年感受革命历史文化，接受革命传统教育，升华爱国情感。数据显示，爱国主义教育基地的游客接待量占据了红色旅游的半壁江山，是接待青少年、党员干部爱国主义和革命传统教育的主要场所。在党和国家重要节事活动期间，企事业单位、院校干部职工前往纪念馆、博物馆、烈士陵园、展览馆等红色旅游景区参观学习活动明显增多。寒、暑假期间，学生研学教育实践需求旺盛，半数以上的研学旅行包含红色旅游目的地，或融入红色文化元素，丰富了研学旅行文化内涵。红色旅游已经成为国内研学旅行的重要组成部分，是爱国主义和革命传统教育、红色文化传承的生动课堂。

五是旅游诉求升级，红色旅游产品创新加速。国民旅游诉求正在从美丽风景转向美好生活，游客在出游过程中比较看重出游品质，对文化、体验、休闲、品质的旅游需求更为迫切，对红色文化的展现形式有了更高的要求。北京奥林匹克公园、南京中山陵、长沙岳麓山风景区等与自然风光、休闲度假融合紧密的红色旅游目的地更能得到游客的喜爱。国家博物馆、圆明园遗址、南京大屠杀纪念馆等具有历史教育意义的目的地受到游客密切关注，而遵义会议会址、西柏坡纪念馆、广州起义纪念馆等以重大历史转折点为主题的红色旅游目的地的游客关注度也很高。红色旅游景区与当地文化、餐饮、休闲等旅游业态融合度越来越高，与商业中心距离较近的景区逐渐成为游客休闲的好去处。

目前，红色旅游已经形成了以经典景区、精品线路为代表的发展格局，纪念馆、博物馆、科技馆等红色文化景区受到游客喜爱，角色扮演、沉浸式体验等创新模式成为游客新宠，红色旅游供给侧结构性改革与游客诉求相互促进，红色旅游整体发展态势强劲。遵义、石家庄、六安、龙岩、瑞金、临沂等地形成了一批“红色旅游＋乡村旅游、生态旅游、休闲观光、工业旅游”，以及“红色旅游＋影视＋乡村旅游”等旅游产品，为游客提供了新的出游体验，也带动了红色文化的传播。

（作者单位：中国旅游研究院）

2018 年中国森林公园发展情况简述

李盼盼

2018 年，我国森林公园保持健康发展态势。全国新建各类森林公园 43 家，森林公园总数达 3548 家，森林公园总面积达 1864.09 万公顷。全国森林公园共接待游客 9.86 亿人次（其中海外游客 1565 万人次），旅游收入 943.2 亿元，接待游客数量和旅游收入分别比 2017 年度增长 3.72% 和 11.31%。

森林公园建设投入持续增长

2018 年，新增设立河北怀来等 17 家国家级森林公园，国家级森林公园数量达到 897 家，囊括了各类森林景观的精华。各地积极整合资金投入森林公园建设，森林公园体系日趋完善。北京市按照“一环、六区、百园”的布局要求，积极构建“整体成环、分段成片”的“链状集群式”结构的城郊森林公园体系，绿化隔离地区“公园环”已有公园 82 家，总面积达到 7.68 万亩；黑龙江省争取中央转移支付国家森林公园禁止开发区域补偿资金 2412 万元，覆盖 38 处国家级森林公园；陕西省落实贫困林场扶贫资金 1050 万元，涉及 20 家森林公园。

森林公园监督管理持续增强

2018 年年初，国家林业局发布《关于进一步加强国家级森林公园管理的通知》，要求各级林业主管部门全面提升国家级森林公园管理能力，随后各省陆续开展了排查整改工作。广东省林业厅对辖区内国家级和省级森林公园界限不清、管理机构和管理人员缺失、未按要求编制总体规划、违规建设等问题开展全面排查；湖南省林业厅对 2017 年森林公园质量管理不合格单位负责人进行约谈，责令抓好整改，同时开展了 2018 年森林公园质量管理评估工作；陕西省组织县级以上地方政府林业主管部门与辖区森林公园被许可人全部签订了保护管理目标责任书；贵州省下发《关于切实抓好森林公园整改等相关问题的通知》；四川省开展全省森林公园矢量图编制工作，已基本收集完成全省森林公园矢量图。

森林公园休闲游憩功能凸显

2018 年，我国森林公园全年接待游客近 10 亿人次，其中 200 余家森林公园的年接待量超过百万人次。近 1/3 的森林公园免费向公众开放，免票游客近 3 亿人次。城郊型森林公园数量近 1000 家，为广大城镇居民提供了大量生态游憩服务。依托于森林公园，森林体验、森林养生、自然教育、森林疗养、冰雪旅游、山地运动、森林步道、生态露营等多种新业态蓬勃发展。江西武功山等 100 余家国家级森林公园串联入国家森林步道，为公众提供走入森林、与自然融合的通道；北京西山国家森林公园举办森林音乐节；江苏东台黄海海滨国家森林公园举行了森林马拉松赛；山西太行洪谷国家森林公园开展了暗夜星空科普活动。

森林公园自然教育成效显著

自然教育作为森林公园开展生态教育功能的主要形式，受到社会广泛关注和支持。国家林业和草原局投入资金支持湖南天际岭、合肥大蜀山、河北塞罕坝、重庆仙女山、福建福州 5 家国家级森林公园开展自然教育示范建设，并委托中国林业科技大学培训森林解说员近 120 人。教育部命名北京西山等 5 家国家级森林公园为“全国中小学生研学实践教育基地”。中国林业教育学会自然教育分会、中国林业与环境促进会自然资源营地委员会等 4 家协会联合举办了全国小学生自然教育征文活动，随后在中国森林旅游节上开展了“美丽中国少年说”特色活动，受到广泛好评。各地自发开展了大量的特色自然教育活动，北京市依托森林体验中心开展生态工作假期、森林文化体验之旅、林间读书会、森林讲堂等森林体验教育活动；重庆市在国际森林日、五一节、国庆节等重要节点开展森林旅游与科普宣教工作，组织了“森林旅游地自然讲解志愿服务活动”。

森林公园宣传活动特色鲜明

依托 2018 年在广州举办的中国森林旅游节，森林公园的社会影响力大幅提升，各省森林公园在展会上精心挑选特色风光进行展示，受到广泛好评。在国家林业和草原局推出的新兴森林旅游品牌和全国特色森林旅游线路中，森林公园已成为重要组成部分。此外，各地也纷纷开展了特色宣传活动，进一步扩大了森林公园的影响力。北京市推出“月月有活动、四季有特色”活动，全市 27 家森林公园举办了 70 余项 400 余次活动；湖南省组织了中国湖南张家界森林保护节、乡村旅游节、杜鹃花节等森林旅游节庆活动；湖北省举办了“房车节”“万人年猪宴”“菊花节”“采茶节”“帐篷节”等一系列特色乡土节庆活动；山西省组织全省各级森林公园参加科技周生态文化宣传活动。

森林公园扶贫增收行动有力

在经济欠发达地区分布着大量的森林公

园，通过聘用当地居民进行生态保护、发展森林旅游，森林公园在扶贫增收方面起到了积极作用。湖南通过发展森林旅游吸引森林公园周边乡村农民群众参与旅游接待服务，使近200多万名林农受益，提供就业岗位近8万个，其中怀化市通过森林旅游实施生态扶贫，参与的贫困农户有2491人，脱贫2059人；贵州省围绕“做好旅游促扶贫，抓住扶贫促发展”，开展森林旅游扶贫；甘肃冶力关国家森林公园以森林资源保护为前提，以旅游产业发展为切入点，带动藏乡群众脱贫致富；黑龙江桦川国家森林公园通过提供旅游服务及发展特色种植产业，成为辐射百村的聚宝园。

黄浦最上海

——探索打造都市中心城区全域旅游发展标杆

2016年2月，黄浦区成为首批国家全域旅游示范区创建单位，是上海市唯一入选的都市中心区。自创建以来，黄浦区以改革创新为主线，紧紧围绕游客需求，规划先行，党政统筹推进，结合黄浦自身特色和实际，在管理体制、产业融合、品牌塑造、公共服务等方面进行了诸多实践，探索将黄浦区打造成为都市中心城区全域旅游发展的标杆。

一、基本情况

黄浦区位于上海市中心，是中国共产党的诞生地、海派文化的发源地、民族工业的发祥地。全区面积为20.52平方公里，常住人口85万多，2018年旅游接待人数2.29亿人次。

从小旅游角度讲，黄浦区现有国家4A级旅游景区4家，3A级旅游景区2家；星级饭店32家，其中五星级饭店16家，四星级饭店6家，三星级饭店6家，二星级饭店4家；区内有旅行社188家，其中A级旅行社32家。

从全域旅游角度讲，黄浦区是商业大区、文化大区和旅游大区，拥有外滩、人民广场、南京路、淮海路、豫园、新天地、田子坊、8号桥、外滩源、世博滨江、思南公馆、老码头12张城市名片，商旅文资源丰富，是一个景城一体的全域旅游目的地。

二、主要做法

（一）体制机制

2016年以来，黄浦区围绕创建“国家全域旅游示范区”的总体要求，区委、区政府高度重视，成立了党政统筹下的全域旅游示范区创建领导小组及办公室，区长担任组长，分管产业和分管城建的两位副区长担任副组长，办公室设在原区旅游局，有 33 个成员单位共同合力推动全域旅游建设，并成立了“市场监管”“公共服务”和“产业融合”三个小组，每个小组成立联席工作会议制度，相关部门联合聚焦推进和解决全域旅游发展中的重点和难点问题，全域旅游工作纳入区政府年度目标考核，并由区委、区政府联合进行督查，同时积极调动商旅文市场主体、行业组织和社区居民积极参与，形成“旅游 +”和“+ 旅游”工作融合发展格局，取得良好发展成效。

（二）政策保障

黄浦区是旅游大区，是上海 8 个中心城区中唯一将休闲旅游业列入区域经济主导产业的城区，且与区域其他主导产业如金融服务业、商贸流通业、文化创意产业等密不可分，尽管休闲旅游业直接贡献相对不高，但其带来的间接贡献和社会影响力不容低估。

区政府相关产业政策均向旅游重点项目和创新企业倾斜，形成“+ 旅游”产业政策融合创新。

区政府各项产业规划已经实现和旅游融合，同时无论是总体空间规划还是单独区域空间规划，都融合进旅游功能，逐步形成大都市中心城区“+ 旅游”多规融合特色。

区文化局和区旅游局因机构改革合并，区文化和旅游局成立伊始，就开始着手成立“黄浦区文化旅游专项发展资金”，对文化产业、旅游产业重点项目、创新企业进行支持，尤其是对文旅融合重点项目进行支持，以促进区域文旅产业大发展。

（三）公共服务

依托城区精细化管理服务和智慧城区建设，黄浦区旅游公共服务以旅游咨询、厕所革命、旅游交通、智慧旅游等作为切入点，引领上海旅游公共服务的发展和提供。

旅游咨询：黄浦区通过整合各种社会资源，完善黄浦区三级旅游咨询服务网络和“咨询 +”服务功能体系，努力将黄浦区旅游咨询中心打造成为全域旅游的创新平台、都市旅游的互动空间、上海服务的情感体验。

厕所革命：根据各级部门要求，黄浦区全面开展“厕所革命”，逐步完善市政公厕、景点厕所、社会厕所为一体的厕所服务网络，不仅方便游客如厕，更不断提升厕所服务的科技性和舒适度，同时探索尝试将厕所服务和旅游咨询服务融合发展，建成“有颜值、有内涵”的武胜路 10 号厕所。

旅游交通：依托上海完善的交通网络，黄浦区积极调动各种社会力量积极参与旅游交通配套设计和服务提供，逐步完善集地铁、共享单车、共享汽车、观光巴士、旅游集散场站于一身的旅游交通服务体系，为游客提供便捷、高效的交通服务。

智慧旅游：依托智慧黄浦便捷高速的智慧设施，搭建黄浦区大数据中心，整合各方资源和数据为旅游提供预警和监测，保障游客安全；满足游客手机端旅游消费习惯和休闲体验的旅游需求，建设完善“指尖上的旅游咨询”“黄浦最上海”官方微信号内容和获取渠道，为游客提供在黄浦深度游览的旅游咨询、攻略、预约、购买等服务，让游客可以在黄浦尽享智慧旅游服务。

（四）供给体系

黄浦区是上海都市旅游的核心承载区，拥有数量众多的星级饭店、精品酒店、主题酒店，拥有蜚声国内外的外滩、豫园、田子坊等城市名片，拥有全球或国内创新的概念店、旗舰店、特色小店、国内外特色美食，拥有中国密度最高的演艺大世界——人民广场剧场群以及一批极具国际影响力的品牌节事活动，旅游资源丰富多彩。

黄浦区商业、文化、旅游主管部门紧密配合，搭建区域商旅文企业联盟，积极调动企业主动性和积极性，促进产业间的资源整合、信息沟通和跨界融合，推动豫园股份、江都城酒店等区域内重点旅游企业经营模式创新，推动世茂广场、K11、豫园商城、“100 里”等融合业态创新，取得实效。

（五）安全与秩序

标准化助力：黄浦区是上海市质监局批复的开展区级标准试点工作的城区，原区旅游局、区市场监管局、区市政委办等成员单位相互合作，先后制定了《“一带一路一环”示范区域道路保洁服务标准》《旅馆业管理规范》《小餐饮店管理规范》《公共厕所保洁质量和服务要求》等区级标准，为全域旅游的创建和城区精细化管理提供支撑和引导，为游客创造主客共享的旅游生态环境。

旅游市场监管：成立黄浦区旅游市场综合监管联席会议，除了日常的旅游执法由区文化执法大队承担外，针对风景区的“吊模宰客”“无证导游”“无证车辆”“乱发小广告”等旅游顽症，制定精细化执法实施意见，加强联合执法力度，维护旅游秩序。

确保旅游安全：每个风景办都建立了风景区应急管理单元，制定各风景区应急管理单元突发事件应急预案，统筹网格化中心、区公安分局、区城管执法局等处置力量，强化应急联动机制，明确各成员单位应急救援职责分工，快速妥善处理各类突发事件，尤其是在重大活动、重要节点、重点区域保障大客流安全。

旅游志愿服务：黄浦区强化文明旅游宣传，建立社区旅游志愿者、景区旅游志愿者、旅游咨询中心志愿者、走进外滩建筑志愿者等多层次、多功能的志愿者队伍，经常性开展形式多样、内涵丰富的志愿服务主题实践活动。

黄浦区三年来坚守旅游安全底线，没有重大旅游投诉、旅游负面舆情、旅游市场失信等市场秩序问题，不存在验收工作手册中所列的一票否决事项和扣分项。

（六）资源与环境

精细化管理：黄浦区为上海中心城区，建设发展相对成熟，城区管理水平相对较高，依托城区精细化管理工作，旅游休闲也被纳入精细化管理范畴，联动开展“美丽景区”“美丽街区”“美丽家园”创建，统筹推进各类治理项目开展，促进区域生态环境更加美丽，功能与形态更加协调融合，为游客和市民创造了高品质旅游与生活空间。

优化社会环境：积极开展形式多样的“旅游进社区”活动，加强工作和生活在黄浦区的市民的旅游参与意识，通过不同主题的活动让他们更加了解黄浦区，了解旅游，增强他们对黄浦区的认同感和责任感，营造良好的社会环境。

（七）品牌影响

联合相关政府部门、商旅文企业、线上线下媒体和网络平台，深入挖掘全域旅游资源，丰富营销内容，积极打造“黄浦最上海”旅游目的地品牌形象。

三、示范意义

（一）全域旅游下的新资源观，真正形成景城一体发展格局

三年来，黄浦区始终坚持全域旅游发展思路，积极践行新资源观，即一切对游客有吸引力的资源都是旅游资源，从而使得全域旅游体系下的旅游产品供给、公共服务的提供、产业之间的联动等都跳出原有小旅游发展范围，真正形成景城一体发展格局，打造“黄浦最上海”旅游目的地品牌整体形象。

（二）全域旅游下的新客源观，真正形成主客共享发展格局

三年来，黄浦区始终坚持全域旅游发展思路，积极践行新客源观，即由原来的旅游服务对象主要是外地游客，转变为以外地游客、上海市民和在黄浦区工作与生活的市民为服务对象，从而使得全域旅游体系下的公共服务提供、共建共享、环境营造等方面都发生了重要变化，真正形成了主客共享的发展格局。

（三）丰富了都市旅游的内涵和外延，为都市中心城区发展全域旅游打造标杆和示范

经过三年的实践，黄浦区一直以改革创新为主线，在体制机制、产业融合、公共服务、品牌营销、市场监管等方面做了不少创新性探索，丰富了都市旅游的内涵和外延，希望能够为都市中心城区全域旅游的发展创立示范和标杆，促进都市旅游发展。

四、创新亮点

（一）体制机制

区政府层面：结合全域旅游发展格局下的景城一体现状，针对开放式景区管理难题，黄浦区专门成立了6个风景区管理办公室，他们分别是以外滩、人民广场、南京路为代表的区政府授权直属管理模式和以田子坊、新天地、豫园为代表的街道属地化管理模式。各风景办依法管理，统一协调使用行政与执法资源，加强应急管理，确保大客流安全，将旅游行业管理和服务从条线扩大到块状，覆盖整个区域。

部门层面：外滩街道主动创新求变，成立区域化党建联席会议，通过滨江议事厅，就相关议题和项目进行具体推进和落实，联合原区旅游局、区外滩办及外滩沿线各种类型企业和机构共同合作推出“走进外滩建筑”项目，受到市民游客的热烈欢迎和好评。

（二）产业融合，商旅文联动

联动机制创新：政府层面，商业、旅

游、文化产业主管部门紧密配合，企业层面，成立黄浦区商旅文企业联盟，形成政府、联盟、企业共同推动商旅文联动的格局。

联动方式创新：线上通过“商旅文企业联盟微信群”和“旅游+信息服务发布系统”联动，线下通过“年度旅游发布和商旅文企业供需对接会”“节庆活动联动”“产品联动”“宣传联动”等方式，达到信息沟通、形成产品和资源整合的目的。

（三）公共服务创新，完善旅游咨询服务体系

充分调动社会力量参与旅游咨询服务体系建设：充分调动商业、文化、创意、地产、科技等各行业企业积极参与旅游咨询服务体系建设。

完善三级旅游咨询服务网络：形成大型旅游综合服务中心、旅游咨询服务中心、旅游咨询站 1+8+N 的服务网络，便于游客随时随处可达。

完善“咨询+”旅游咨询服务功能体系：形成旅游咨询基础服务、拓展服务、特色服务相融合的服务功能体系，满足游客多样的需求。

公共服务与市场营销融合：将“黄浦最上海”官方微信打造成“指尖上的旅游咨询”，并通过线上和线下多种渠道传播二维码，满足游客手机端消费需求，让旅游咨询触手可及。

（四）产品供给

创新产品供给，迎接散客化时代到来。

城市微旅行产品体系：黄浦区首创“城市微旅行”项目，至今，黄浦区已形成徒步游黄浦、骑行游黄浦、地铁游黄浦、观光巴士游黄浦、主题游黄浦等 30 多条城市微旅行产品体系，组织累计 2 万人次参与 70 多次有组织的城市微旅行活动，积累了较好的市场认知度。

阅读建筑产品体系：黄浦区深入挖掘优秀历史建筑的历史、特色和故事，围绕游客需求，在 206 幢上海优秀历史建筑的铭牌上装上二维码，游客扫码就可以了解建筑的前世今生；推出“走进外滩建筑”免费预约体验项目，让游客走进外滩建筑里面，由志愿者讲解建筑的前世今生；在旅游咨询中心推出阅读建筑点，让游客在中心体验建筑的前世今生；设计在豫园老城厢地区推出 AR 智能导览，让游客运用新技术体验老城厢的前世今生，游客在黄浦区体验建筑是可以阅读的，街区是可以漫步的，城市始终是有温度的。

（五）品牌营销

“黄浦最上海”目的地品牌整体营销：围绕“黄浦最上海”旅游目的地品牌，深度挖掘区域内商旅文全域旅游资源，突破性整合传统媒体、新媒体、创新网络平台资源，成立“黄浦最上海”官方微信号、喜马拉雅“黄浦最上海”官方有声电台、“黄浦最上海”目的地品牌馆、“黄浦最上海”旅游消费导刊、“黄浦最上海”宣传别册等独具黄浦特色的营销推广方式和平台，逐步形成兼具各媒体特色的全媒体融合传播方式。

开展“欢购乐游黄浦行”活动营销、“寻味历史建筑”公众事件营销，“浦江两岸黄金旅游圈”联合推广等，让“黄浦最上海”这一旅游目的地品牌形象越来越深入人心。

未来，黄浦将继续秉持全域旅游发展理念，继续改革创新、突出特色、融合发展，为将黄浦区打造成为宜商、宜居、宜业、宜游的精品城区，为把上海建设成为具有全球影响力的世界著名旅游城市，贡献黄浦智慧和实践。

（作者单位：上海市黄浦区人民政府）

全域旅游：让百色成为游客向往的诗与远方

刘序畅

全域旅游即在一定区域内，以旅游业为优势产业，对区域内经济社会资源，尤其是旅游资源、相关产业、公共服务、生态环境、政策法规、体制机制、文明素质等进行系统化、全方位的优化提升，实现区域资源有机整合、社会共建共享、产业融合发展，以旅游业推动经济社会和谐发展的一种全新的区域协调发展理念和模式。推动全域旅游发展，也是贯彻“创新、协调、绿色、开放、共享”五大发展理念的务实之举。“发展全域旅游，路子是对的，要坚持走下去”，2016 年 7 月，习近平总书记在宁夏回族自治区考察时，对发展全域旅游给予充分肯定。

百色市总面积 3.62 万平方公里，位于广西壮族自治区西部，右江上游，西与云南相接，北与贵州毗邻，东与广西壮族自治区首府南宁紧连，南与越南接壤，边境线长达 365 公里，是滇、黔、桂三地区的中心城市，是中国大西南通往太平洋地区出海通道的“黄金走廊”，同时也是一个集革命老区、少数民族地区、边境地区、大石山区、贫困地区、水库移民区六位一体的特殊区域。

百色以壮族为主的多民族聚居区的特点以及处于广西丘陵与云贵高原的过渡地带的特殊地理区位和人文环境，造就了百色独特的自然、人文旅游资源。

在全面推进百色市全域旅游示范区创建工作中，百色市以加快壮美百色和生态文明建设为契机，突出规划引领、保护优先、创新驱动、开放合作，加速百色市旅游供给侧结构性改革，实现从景点旅游向全域旅游模式的转变，创新旅游发展战略，构建新型旅游发展格局，不断提升百色市旅游业的全域化、全景化、市场化和区域国际化水平，迎接大众休闲旅游新时代的到来。

一是做好顶层设计，明确目标方向。按照国家和自治区的战略部署，以全域旅游为方向，紧紧围绕将百色打造成为区域性休闲旅游健康养生中心、全国知名红色旅游目的地的目标，把全市3.62万平方公里作为一个大景区来规划设计，打破县与县的区域概念，将乡村民俗、城市建设、生态环境、工业遗产、文化节庆、体育活动等各类社会资源都作为旅游吸引物来打造，大胆创意，讲好故事，演好传奇。力争在2020年年底前百色起义纪念园、乐业大石围天坑群、靖西峡谷群3家景区获批国家5A级旅游景区。到2020年每个县（市、区）新增一家以上国家4A级旅游景区。重点建设提升百东新区欢乐小镇、田东湿地公园、平果鸳鸯滩景区、那坡黑衣壮景区、乐业布柳河景区、隆林杜鹃花山景区等，高标准打造靖西鹅泉—旧州景区、右江区福禄河景区、凌云浩坤湖景区、平果布境湖景区。

二是抓好文旅融合发展。文化是旅游发展的灵魂，旅游是文化发展的依托，旅游产品的竞争力最终体现为文化的竞争。百色市民族文化底蕴深厚，文化源远流长，敢壮山文化、黑衣壮文化、嘹歌文化等多姿多彩，山水文化秀美绮丽，红色文化灿烂辉煌，田阳古城、凌云古城、勾町古国文化神奇壮丽，孕育了富有特色的民族文化。其中敢壮山文化、黑衣壮文化、句町文化已被确定为全市、全区非物质文化遗产申报项目。百色也是中国壮族人口最聚居的城市之一，壮族人口占总人口的80%左右，民族文化兼容并蓄，生生不息，马骨胡、北路壮剧、壮族七十二巫调等已形成了独具魅力的壮族文化品牌。

在全域旅游建设中，百色按照“以旅兴文、以文强旅、文旅融合”的思路，依托长寿文化、民族文化、边关文化和红色文化等历史文化资源，深入挖掘百色文化内涵，促进旅游产业与文化产业融合，开发特色文化主题景区和公园。重点抓好百色创建历史文化名城、百色红色古城、敢壮山布洛陀文化遗址景区、亚洲古人类遗址、西林岑氏家族古建筑群、西林句町古镇、那坡黑衣壮风情园等项目。依托百色民族文化资源，打造一批具有少数民族风情和地域特色的娱乐精品项目，树立百色娱乐文化品牌，重点建设一个大型演艺场所，编制一部民族风情演艺节目。充分挖掘田阳布洛陀文化、那坡黑衣壮舞蹈、平果歌圩、右江红色演艺、田林壮剧、隆林跳坡节等特色文化资源，举办一批具有鲜明特色，能够产生市场效应的系列大型节庆活动，提高旅游娱乐在旅游消费中的比重。

三是壮大产业规模，夯实发展根基。坚持系统思维和“旅游+”理念，推动旅游与一、二、三产业融合发展，强弱项，补短板，扩增量。依托绿水青山、田园风光、乡土文化等资源，结合“美丽乡村”建设，大力发展山水田园观光、农业观光、林业观光、少数民族文化体验等旅游项目，重点打造百东新区欢乐小镇等一批特色小镇以及以杧果为主体的标准化农林立体观光生态扶贫产业核心示范区。推进徒步、攀岩、漂流、速降、山地自行车、汽车越野、探秘、地下溶洞潜水等户外体育运动旅游产品开发。扩大中国·百色国际山地户外运动挑战赛、全国攀岩锦标赛、全国“地心之旅”徒步大赛、德保、靖西中国—东盟山地自行车大赛、全国“中越边境之旅”徒步大赛、“丝路杯”中国—东盟乒乓球赛等赛事影响力，建设百色体育公园、百东新区星河水上乐园、乐业县运动休闲养生旅游区、凌云县环浩坤湖、靖西市乒乓小镇等项目。充分挖掘百色获批的 1 家国家级森林公园、6 家自治区级森林公园、4 家国家级湿地公园和 18 家各级自然保护区的资源潜力，大力发展森林生态旅游。积极融入巴马国际长寿养生旅游区，重点在凌云、乐业、右江、田阳、德保、靖西等县（市、区），建设一批与田园风情、山水生态、休闲旅游结合的养生体验和疗养基地，打造养生养老长寿产业长廊和边关休闲旅游养生养老长廊。结合美丽乡村和乡村扶贫开发，做好旅游扶贫规划，加快推进贫困村旅游项目、对外交通道路和旅游配套服务设施的建设工作，优化乡村旅游和生活环境，重点打造旅游扶贫示范点，引导农村建立旅游合作社和行业协会，推动产业扶贫。

四是提升旅游品质，打造旅游品牌。坚持绿色发展，牢固树立“绿水青山就是金山银山”的旅游可持续发展理念，形成人与自然和谐共生的绿色旅游新格局。重点推进各县（市、区）旅游住宿设施升级改造，加大高星级旅游饭店创建力度，发展度假型、会议型、保健型、文化型等特色主题饭店，培育以古村落、庄园、民族村寨等为载体的特色民宿。引导建设绿色饭店，倡导绿色旅游消费。配套完善旅游住宿服务设施，实现设施安全、卫生舒适、环境整洁、管理规范的服务标准，重点打造建设一批高星级饭店。大力发展智慧旅游，优化旅游线路，完善旅游标识，大力推进以旅游“厕所革命”为重点的旅游公共服务体系建设。创新宣传推介，积极倡导党政领导走向一线担当“旅游大使”“形象代言人”推介旅游，加强省际、国际旅游合作，大力拓展海外市场，不断提升百色旅游的品牌影响力和知名度。积极开展百色饮食文化资源普查，扩大百色美食旅游的影响力，开发一批特色美食，优化百色餐饮业结构，形成由高到低的合理化旅游餐饮体系结构，培育一批知名餐饮企业，打造一批全国知名的餐饮品牌。推进百色特色旅游商品研发生产，开发一批突出地方文化特色的旅游商品，建立和完善旅游商品销售网络。引进专业公司整合开发百色旅游商品品牌。

壮美红城，千姿百色。我们坚信，只要我们坚持因地制宜，突出特色，进行全域谋划、全域布局，串点成线，百色“处处可旅游、处处可休闲”的全域格局一定会形成；百色一定是让游客向往的诗与远方！

旅游景区基本资讯

Basic information of Tourist Attractions

北京

BEIJING

北京的魅力是难以述说的，你必须亲自踏上这片土地才能感知一二。

徜徉在故宫、天坛、颐和园，你会感受到北京那厚重的历史和皇家的威严；登上八达岭、慕田峪长城，你会心生一种豪迈之情；在北京奥林匹克公园，你更是能体会到国际化都市的风范。

北京，这座古老而又现代的共和国首都，每一个角落都值得你驻足流连，更何况有众多高质量、高等级的旅游景区，星列于京城内外，每一处都为北京增添无穷的魅力……

故宫博物院

The Palace Museum

在北京的最中心，穿过天安门，进午门，你就走进了著名的故宫博物院。沿中轴线前行，太和殿、中和殿、保和殿，一路行来，你能从这些恢宏庄重的建筑中感受盛世皇朝的威严与博大；你能从东西六宫雅致的格局和精巧的陈设中，感受深宫内廷的生活气息；你也可以从布满累累刀痕的镏金大缸中，追溯百年前中华民族内忧外患的历史沧桑……

走过近百个春秋的故宫博物院，不仅精心维护着明清时代遗留下来的皇家宫殿建筑，而且专业保管、修复了大批藏珍宝物，古书画、古器物、宫廷文物、书籍档案等总数超过 186 万件的珍贵馆藏，除了以珍宝馆、钟表馆、书画馆等众多常设专馆常年对外展出，其他大部分文物也都不定期对公众开放。漫步在琳琅满目的珍贵文物之间，你可以更完整地了解中华民族工艺美术的伟大成就。

除了让你眼花缭乱的文物，故宫近年还推出一系列的文创产品，从口红、面膜到茶杯、碗筷，从文具、书包到服装、服饰，哪一款都令人爱不释手。

北京市东城区景山前街 4 号
No.4 Jingshan Qianjie, Dongcheng District

8:00 ~ 17:00（周一闭馆 Closed on Monday）

www.dpm.org.cn

1路、2路、5路、82路、120路、52路、专 1 路、专 2 路公交车可达。

1 号线。

天坛公园

Tian Tan Park

很多北京人的一天，是从天坛公园开始的。天坛，这座明清两代皇帝“祭天”“祈谷”的场所，如今已经成了众多北京居民必来的晨练场所。天坛里到处都是树，堪称城市中的森林公园，格外清新的空气，让饱受雾霾之苦的北京人流连忘返。

然而，作为国家 5A 级旅游景区，天坛最吸引游客的地方并不是它的绿树成荫和清新的空气，而是它那极有特色的建筑。整个天坛北圆南方，寓意“天圆地方”，四周环筑坛墙两道，把全坛分为内坛、外坛两部分，大部分建筑集中于绿树环绕的内坛。祈年殿、皇乾殿、圜丘、皇穹宇、回音壁、三音石、斋宫、无梁殿、长廊、双环万寿亭、七星石……这一座座宏伟壮丽的建筑，足以令全世界的游客流连并赞叹。

北京市东城区天坛东里 7 号
No.7 Tiantan Dongli, Dongcheng District

www.tiantanpark.com

2路、6路、7路、20路、35路、36路、41路、43路、60路、71路、105路、106路、110路、116路、120路、122路、525路、692路、特 11 路公交车可达。

北京恭王府景区

Prince Gong's Palace

在北京北海与什刹海之间，有着这样一座曾经显赫而后很长一段时间不为人知的院落，它是清代规模最大的一座王府，占地约 6 万平方米，分为府邸和花园两部分，拥有各式建筑群落 30 多处，布局讲究，气派非凡。1988 年，王府的花园首先对外开放，立即引起世人的关注。2008 年府邸部分也全面对外开放，这座富丽、堂皇、庄重、繁华、优美的清代王府，因其府邸建制堪比故宫而立即声名显赫，被称作“城中第一佳山水”。这座王府曾先后作为和珅、永璘的宅邸，1851 年恭亲王奕䜣成为宅子的新主人，王府的名称因此而得，这就是北京著名的恭王府。

北京市西城区柳荫街甲 14 号
No.14A Liuyin Street, Xicheng District

www.pgm.org.cn

13路、42路、107路、111路、118路、612路、701路公交车可达。

6 号线。

北京奥林匹克公园
Beijing Olympic Park

北京中轴线的北端，因着 2008 年北京奥运会的成功举办，这里变成了北京又一处风光极佳的旅游名胜，那就是北京奥林匹克公园。公园北部是面积达 6.8 平方公里的奥林匹克森林公园，利用挖湖堆山的中国古代园林技术，这里建造出“奥海”“仰山”，作为北京中轴线向北延伸的终点。公园南部是国家奥林匹克体育中心，建有奥运会各个主场馆，包括国家体育场“鸟巢”、国家游泳中心“水立方”、国家体育馆、国家会议中心（赛时为击剑馆、国际广播中心）等。此外，奥林匹克多功能演播塔（玲珑塔）、数字北京大厦、主新闻中心也在这一区域。

北京市朝阳区大屯乡与洼里乡
Datun & Wali Town, Chaoyang District

100020

www.bopac.gov.cn

81 路、82 路、86 路、379 路、386 路、510 路、407 路、419 路、740 路内外环、658 路、983 路、特 13 路、运通 113 路、运通 110 路等公交车可达。

8 号线、10 号线和 5 号线。

颐和园
Summer Palace

1750 年，乾隆皇帝为孝敬其母孝圣皇后，动用 448 万两白银，在北京西郊，以昆明湖、万寿山为基址，以杭州西湖为蓝本，汲取江南园林的设计手法，建了一座大型山水园林——清漪园。1860 年，清漪园被英法联军焚毁，1888 年重建并改称为颐和园，作为慈禧太后退居休养、消夏游乐之所。1900 年，颐和园又遭“八国联军”的破坏，珍宝被劫掠一空，建筑再遭焚毁。清朝灭亡后，颐和园在军阀混战和国民党统治时期，又频遭破坏，直到中华人民共和国成立以后，几经修缮，颐和园才陆续恢复了往日的繁华与鼎盛，这座既有皇家园林恢宏富丽的气势，又充满了自然之趣，“虽由人作，宛自天开”的山水园林，已经成为全世界的宝贵遗产，成为世界游客到北京的必游之地。

北京市海淀区新建宫门路 19 号
No.19 Xinjian Gongmen Road, Haidian District

100091

www.summerpalacechina.com

303 路、331 路、332 路、346 路、394 路、584 路、563 路、594 路、636 路、610 路、运通 112 路等公交车可达。

4 号线。

明十三陵
Ming Dynasty Tombs

在北京昌平天寿山麓，有这样一条神奇的路：路南端一座石牌坊，路中间有一座碑亭，路的两边，造型生动、雕刻精细的 24 只石兽和 12 个石人整齐排开，目不转睛、虎视眈眈地注视着每一位走在路上的人，而这条路更是通向一片神秘之所——明朝 13 位皇帝的陵寝所在，明十三陵。

明朝从明太祖洪武帝朱元璋开国到最后一个明思宗崇祯朱由检在煤山（今景山）以身殉国，共历 276 年，共传 16 帝，而其中 13 位皇帝的陵墓都修在这一片青山绿水间。十三陵东、西、北三面环山，陵前有小河曲折蜿蜒。这里除了有 13 座皇帝陵墓外，还有 7 座妃（太）子墓、1 座太监墓。每座陵墓分别建于一座山前，而通往这些陵墓的唯一通道正是前面所说的神道，这也是明十三陵的第一个景点，也是最大的看点。

北京市昌平区十三陵镇
Shisanling Town, Changping District

102213

www.mingtombs.com

乘 345 支线至昌平转乘 314 路；德胜门西站乘 881 路至昌平东关路口转 314 路；德胜门西站乘 345 支线至昌平转昌 55 路；昌 67 路公交线至昭陵村；德胜门站乘 872 路；德胜门站乘 919 路转 879 路；德胜门西站乘 885 路转 878 路南新村站下。

昌平线换 314 路、949 路或昌 53 路公交车可达。

慕田峪长城旅游区
Mutianyu Great Wall Tourism Area

明朝万里长城的精华集中于此，所以这里有“万里长城慕田峪独秀”的美誉。“东连渤海仙源台，西映居庸紫翠迭”，这里地势险要，自古以来就是拱卫京都的军事要冲。慕田峪长城是明长城遗迹中保存最好的地段之一，其独特风格的建筑构造，被遍是古松古枫的山色衬托，犹如在山巅腾飞的一条巨龙，蔚为壮观。

慕田峪长城低调、奢华、内涵丰富，已经成为北京最具吸引力的旅游景区之一，更是得到各国政要的关注，如今已是国家重要的礼宾接待地。

北京怀柔区渤海镇慕田峪村
Mutianyu Village, Bohai Town, Huairou District

101405

www.mutianyugreatwall.com

前门旅游专线、东直门旅游专线。

八达岭长城
Badaling Great Wall

在北京之北，重山峻岭之巅，巍然耸立着一条气势磅礴的巨龙，这就是著名的八达岭长城。八达岭长城地势高峻险要，城墙坚固，是居庸关的前哨，也是明长城的精华。其关城有东、西两座关门，东门题“居庸外镇”，西门题“北门锁钥”，两关门均建于明代。八达岭长城分南、北两段，南段长城有 7 处敌楼，北段长城有 12 处敌楼，比较难爬，其中北 5 楼是券洞最多的敌楼，北 6 楼是面积最大的敌楼，而北 8 楼则是八达岭长城海拔最高的敌楼，又名“观日台”，是俯瞰长城的绝佳地点。

北京市延庆区八达岭特区办事处
Badaling Special Area Office, Yanqing District

102112

www.badaling.cn

877 路公交车可达。

AAAA

中国科学技术馆
China Science & Technology Centre

北京市朝阳区北辰东路 5 号
No.5 East Beichen Road, Chaoyang District

100101

www.cstm.org.cn

朝阳公园
Sun Park

北京市朝阳区农展南路 1 号
No.1 Nongzhan South Road, Chaoyang District

100026

www.Sunpark.com

北京孔庙国子监景区
Beijing Confucius' Temple Guozijian

北京市东城区国子监街 15 号
No.15 Guozijian Street, Dongcheng District

100007

www.kmgzj.com

北京市规划展览馆
Beijing Planning Exhibition Hall

北京市东城区前门东大街 20 号（老北京火车站东侧）
No.20 East Qianmen Avenue, Dongcheng District

100010

www.bjghzl.com.cn

龙潭公园
Longtan Park

北京市东城区龙潭路 8 号
No.8 Longtan Road, Dongcheng District

100061

www.ltpark.net

明城墙遗址公园
Ming Dynasty Citywall Relics Park

北京市东城区崇文门东大街东便门 9 号
No.9 Dongbianmen, East Chongwenmen Avenue, Dongcheng District

100062

中山公园
Zhongshan Park

北京市东城区中华路 4 号
No.4 Zhonghua Road, Dongcheng District

100031

www.zhongshanpark.cn

地坛公园
Ditan Park

北京市东城区安定门外大街
Andingmenwai Street, Dongcheng District

100011

www.dtpark.com

什刹海风景区
Shichahai Scenery Area

北京市西城区羊房胡同甲 23 号
No.23A Yangfang Hutong, Xicheng District

100009

景山公园
Jingshan Park

北京市西城区景山西街 44 号
No.44 West Jingshan Street, Xicheng District

100034

北海公园
Beihai Park

北京市西城区文津街 1 号
No.1 Wenjin Street, Xicheng District

100034

北京动物园
Beijing Zoo

北京市西城区西直门外大街 137 号
No.137 Xizhimenwai Street, Xicheng District

100044

www.beijingzoo.com

北京天文馆
Beijing Planetarium

北京市西城区西外大街 138 号
No.138 Xiwai Street, Xicheng District

100032

www.bjp.org.cn

首都博物馆
Capital Museum

北京市西城区复兴门外大街 16 号
No.16 Fuxingmenwai Avenue, Xicheng District

100031

www.capitalmuseum.org.cn

陶然亭公园
Taoranting (Joyous Pavilion) Park

北京市西城区太平街 19 号
No.19 Taiping Street, Xicheng District

100050

www.trtpark.com

中国紫檀博物馆
China Red Sandalwood Museum

北京市朝阳区兴隆西街 9 号
No.9 West Xinglong Street Road, Chaoyang District

100025

www.redsandalwood.com

欢乐谷
Happy Valley

北京市朝阳区东四环小武基北路
Xiaowuji Beilu, East 4th Ring Road, Chaoyang District

100023

bj.happyvalley.cn

蟹岛绿色生态度假村
Xiedao Green Ecological Vacation Village

北京市朝阳区金盏乡蟹岛路 1 号（首都机场辅路中段南侧）
No.1 Xiedao Road, Jinzhan Township, Chaoyang District

100020

www.xiedao.com

元大都城垣遗址公园
Yuan Dynasty Capital City Wall Site Park

北京市朝阳区太阳宫芍药居甲 8 号
No.8A Shaoyaoju, Taiyanggong, Chaoyang District

100029

www.yddyzgy.cn

北京世界公园
Beijing World Park

北京市丰台区丰葆路 158 号
No.158 Fengbao Road, Fengtai District

100070

www.beijingworldpark.com.cn

北京汽车博物馆
Beijing Auto Museum

北京市丰台区南四环西路 126 号
No.126 West Part of South 4th Ring Road, Fengtai District

100071

北京市南宫旅游景区
Beijing Nangong Tourist Attraction

北京市丰台区王佐镇长青路 99 号
No.99 Changqing Road, Wangzuo Town, Fengtai District

100074

www.nangonglvyou.com

北京北宫国家森林公园
Beigong Forest Park

北京市丰台区长辛店镇大灰厂东路 55 号
No.55 East Dahuichang Road, Changxindian Town, Fengtai District

100074

www.bjbgfp.com

北京园博园
Beijing Garden Expo

北京市丰台区长辛店射击场路 15 号
No.15 Shejichang Road, Changxindian Town, Fengtai District

100072

抗日战争纪念馆
AntiJapanese War Memorial Museum

北京市丰台区宛平城内街 101 号
No.101 Inner Street of Wanpingcheng, Fengtai District

100165

www.1937china.com

北京花乡世界花卉大观园
Beijing Garden of World's Flower

北京市丰台区草桥南四环中路 235 号
No.235 Middle of South 4th Ring Road, Caoqiao, Fengtai District

100067

www.gowf.cn

石景山游乐园
Shijingshan Amusement Park

北京市石景山区石景山路 25 号
No.25 Shijingshan Road, Shijingshan District

100043

www.bjsjsyly.com

八大处公园
Badachu Park

北京市石景山区西山八大处公园
Badachu Park, Xishan Mountain, Shijingshan District

100041

www.badachu.com.cn

香山公园
Xiangshan Park

北京市海淀区香山公园买卖街 40 号
No.40 Maimai Street, Xiangshan Park, Haidian District

100093

www.xiangshanpark.com

中央电视塔
China Central TV Tower

北京市海淀区西三环中路 11 号
No.11 Middle Section of West 3rd Ring Road, Haidian District

100036

www.zydst.cn

玉渊潭公园
Yuyuantan Park

北京市海淀区西三环中路 10 号
No.10 Middle Section of West 3rd Ring Road, Haidian District

100038

www.yytpark.com

北京海洋馆
Beijing Aquarium

北京市海淀区高梁桥斜街乙 18 号（动物园北门）
No.18B Oblique Street of Gaoliang Bridge, Haidian District

100081

www.bjsea.com

北京市植物园
Beijing Botanical Garden

北京市海淀区香山卧佛寺路
Wofosi Road, Xiangshan Mountain, Haidian District

100093

www.beijingbg.com

北京紫竹院公园
Beijing Zizhuyuan Park

北京市海淀区中关村南大街 35 号
No.35 South Zhongguancun Street, Haidian District

100044

www.Zizhuyuanggongyuan.com

凤凰岭自然风景区
Phoenix Range

北京市海淀区苏家坨镇凤凰岭路 19 号
No.19 Fenghuangling Road, Sujiatuo Town, Haidian District

100095

www.bjfhl.com

圆明园遗址公园
Yuanmingyuan Ruins Park

北京市海淀区清华西路 28 号
No.28 Qinghua West Road, Haidian District

100084

yuanmingyuanpark.cn

潭柘戒台风景区
Tanzhe & Jietai Senic Area

北京市门头沟区潭柘寺镇（潭柘寺）、永定镇（戒台寺）
Tanzhesi Town (Tanze Temple), Yongding Town (Jietai Temple), Mentougou District

102308

云居寺
Yunju Temple

北京市房山区南尚乐镇水头村
Shuitou Village, Nanshangle Town, Fangshan District

102407

www.yunjusi.com

石花洞风景区
Shihua（Stone Flower）Cave Scenic Area

北京市房山区河北镇南车营村
Nancheying Village, Hebei Town, Fangshan District

102416

十渡风景名胜区
Shidu Scenic Spot

北京市房山区十渡镇
Shidu Town, Fangshan District

102411

周口店北京人遗址博物馆
Museum of Peking Man at Zhoukoudian

北京市房山区周口店大街 1 号
No.1 Zhoukoudian Street, Fangshan District

102405

圣莲山风景度假区
Shenglianshan Mountain Scenic Resort

北京市房山区史家营镇柳林水村
Liulinshui Village, Shijiaying Town, Fangshan District

102461

北京韩美林艺术馆
Han Meilin's Art Gallery

北京市通州区梨园镇九棵树东路 68 号
No.68 East Jiukeshu Road, Liyuan Town, Tongzhou Distric

101101

www.hanmeilin.com

通州大运河森林公园
Grand Canal Forest Park

北京市通州区宋梁路北运河桥南
South of North Bridge, Soungliang Road, Tongzhou District

101100

北京奥林匹克水上公园
Beijing Olympic Water Park

北京市顺义区白马路 19 号
No.19 Baima Road, Shunyi District

101300

www.Shunyi2008.cn

北京顺义国际鲜花港
Shunyi International Flower Port

北京市顺义区杨镇红寺村北
North of Hongsi Village, Yangzhen Town, Shunyi District

101300

www.bjifp.com

居庸关长城景区
Juyongguan Great Wall Scenic Spots

北京市昌平区南口镇居庸关村
Juyongguan Village, Nankou Town, Changping District

102202

温都水城
Hot Spring Leisure City

北京市昌平区北七家镇宏福创业园
Beiqijia Town, Changping District

102209

www.81788888.com

银山塔林风景区
Yinshan Talin Secenic Area

北京市昌平区兴筹镇西湖村
Xihu Village, Xingchou Town, Changping District

102213

小汤山现代农业科技示范园
Xiaotangshan Modern Agricultural Technology Demonstration Park

北京市昌平区小汤山镇蔺沟村
Lingou Village, Xiaotangshan Town, Changping District

102200

中国航空博物馆
China Aviation Museum

北京市昌平区小汤山镇
Xiaotangshan Town, Changping District

102200

jz.chinamail.com.cn

天龙源温泉家园
Tianlongyuan Hotspring Villa

北京市昌平区昌平镇邓庄村西
Dengzhuang Village West, Changping Town, Changping District

102200

北京龙脉温泉度假村
Beijing Longmai HotSpring Holiday Village

北京市昌平区小汤山
Xiaotangshan, Changping District

102200

www.Longmaiwenquan.com

北京野生动物园
Beijing Wild Animal Park

北京市大兴区榆垡镇
Yufa Town, Daxing District

102602

红螺寺旅游区
Hongluo Temple Tourism Area

北京市怀柔区红螺东路 2 号
No.2 Hongluo East Road, Huairou District

101400

雁栖湖水上乐园
Yanqi Lake Water Park

北京市怀柔区怀北镇雁水路 3 号
No.3 Yanshui Road, Huaibei Town, Huairou District

101408

www.yanqihu.com

青龙峡旅游度假区
Qinglongxia Gorge Tourism Resort

北京市怀柔区怀北镇大水峪水库管理处
Huaibei Town, Huairou District

101408

北京黄花城水长城旅游区
Beijing Huanghuacheng Lakeside Great Wall Reserve

北京市怀柔区九渡河镇西水峪村
Xishuiyu Village, Jiuduhe Town, Huairou District

101404

www.huanghuacheng.com

青龙山旅游区
Qinglongshan Tourism Area

北京市平谷区东高村镇大旺务村
Dawangwu Village, Donggaocun Town, Pinggu District

101201

京东大峡谷旅游区
Jingdong Great Canyon Tourism Area

北京市平谷区山东庄镇鱼子山村
Yuzishan Village, Shandongzhuang Town, Pinggu District

101211

京东石林峡风景区
Jingdong Shilin Valley Scenic Spot

北京市平谷区黄松峪乡刁窝村
Diaowo Village, Huangsongyu Town, Pinggu District

101201

金海湖旅游度假区
Jinhai Lake Tourism Holiday Area

北京市平谷区韩庄镇东夏各庄村
East Hanzhuang Town, Pinggu District

101201

www.jinhaihu.cn

北京丫髻山道教文化名胜区
Yaji Mountain Taosim Culture Area

北京市平谷区刘家店镇北吉山村北吉山大街 39 号
No.39 Beijishan Street, Beijishan Village, Liujiadian Town, Pinggu District

101208

北京丛海逸园休闲娱乐园
Conghai Yiyuan Leisure Amusement Park

北京市平谷区大华山镇小峪子村
Xiaoyuzi Village, Dahuashan Town, Pinggu District

101207

司马台长城旅游风景区
Simatai Great Wall Tourism Scenic Spot

北京市密云区古北口镇司马台村北
North of Simatai Village, Gubeikou Town, Miyun District

101508

北京张裕爱斐堡国际酒庄
Chanteau Changyu FIH Love International Chateau Fort

北京市密云区巨各庄镇东白岩村
Dongbaiyan Village, Jugezhuang Town, Miyun District

101500

www.changyuafip.com

北京黑龙潭自然风景区
Beijing Heilong Pond Natural Scenic Spot

北京市密云区石城镇大关桥
Daguanqiao, Shicheng Town, Miyun District

101513

桃源仙谷风景名胜区
Taoyuanxiangu Scenic Area

北京市密云区石城镇南石城村
Shicheng Village, Shicheng Town, Miyun District

101513

www.bjtyxg.com

龙庆峡旅游区
Longqing Canyon Tourism Area

北京市延庆区旧县镇古城村北
North of Gucheng Village, Jiuxian Town, Yanqing District

102109

www.longqingxia.cn

百里山水画廊风景区
Hundred Miles Gallery of Landscape

北京市延庆区千家店镇下德龙湾村
Xiade Longwan Village, Qianjiadian Town, Yanqing District

102108

八达岭水关长城景区
Badaling Shuiguan Great Wall Scenic Area

北京市延庆区八达岭镇石佛寺村
Shifosi Village, Badaling Town, Yanqing District

102112

http://www.bdlsg.com

松山森林旅游区
Songshan Mountain Forest Tourism Area

北京市延庆区张山营镇松山
Songshan Mountain, Zhangshanying Town, Yanqing District

102115

北京八达岭世界葡萄博览中心
Badaling International Grape Exhibition Garden

北京市延庆区张山营镇下芦凤营村
Xialufengying Village, Zhangshanying Town, Yanqing District

102115

http://www.sjptbly.com.cn/

天津

TIANJIN

用“沧海桑田”这四个字形容天津是最恰当不过了。天津所处之地原为海洋，4000多年前才慢慢露出水面，形成了如今这座风味独特、魅力四射的城市。

曾经沧海——天津是座历经苦难的城市：1860年，英、法联军占领天津，天津被迫开放，列强先后在天津设立租界，将天津变为一个“万国建筑博览馆”。而近代，天津卫又成为各色人物避居或者韬光养晦的地方，留下无数名人故居。

今为桑田——天津作为“一带一路”建设的海陆交汇点，作为新亚欧大陆桥经济走廊的重要节点，又一次站在了新一轮改革开放的最前沿。如今的天津已经全面融入京津冀协同发展战略，经济社会发展取得巨大成就，旅游业更是呈现出蓬勃生机。

来天津，“天天乐道、津津有味”！

AAAAA

文化街旅游区
Ancient Culture Street

作为津门十景之一的天津古文化街位于天津市南开区东北角东门外，海河西岸。文化街全长 580 米，以享誉数百年的古庙“天后宫”为中心，两端有巨型仿古牌楼，街内建有近百家店堂，主要经营古旧书籍、民俗用品、传统手工艺品等，是天津老字号店、民间手工艺品店的集中地，“中国味，天津味，文化味，古味”在这里得到充分体现。

天津市南开区通北路古文化街
Tongbei Road, Nankai District

300090

52 路、856 路公交车可达。

1 号线、2 号线。

盘山风景名胜区
Panshan Mountain Scenic Spot

“早知有盘山，何必下江南！”清乾隆皇帝的这番感叹，使盘山名扬四海。盘山四季景色秀美如画，山势雄伟险峻，主峰挂月峰海拔 864.4 米，前拥紫盖峰，后依自来峰，东连九华峰，西傍舞剑峰，五峰攒簇，怪石嶙峋。奇松生长于岩石缝隙之中，不可言状之奇石星罗棋布，雨季之时则百泉奔涌，瀑布腾空，流泉响涧，谓为壮观——这就是盘山三盘之胜：上盘松胜，蟠曲翳天；中盘石胜，怪异神奇；下盘水胜，溅玉喷珠。

天津市蓟州区渔阳南路官庄镇莲花岭村
South Yuyang Road, Jizhou District

301915

http://www.chinapanshan.com

旅游专线 11 路可达。

AAAA

天塔湖风景区
Tianta Lake Scenic Spot

天津市河西卫津南路 1 号
No.1 South weijin Road, Hexi District

300060

五大道文化旅游区
Wudadao Culture Tourism Area

天津市和平区重庆道 70 号
No.70 Chongqing Avenue, Heping District

300050

周恩来邓颖超纪念馆
Zhou Enlai and Deng Yingchao Memorial

天津市南开区水上公园西路 9 号
No.9 West Shuishanggongyuan Road, Nankai District

300074

水上公园
Water Park

天津市南开区水上公园北路 33 号
No.33 Shuishang Park North Road, Nankai District

300191

意大利风情旅游区
Italy Style Tourism Area

天津市河北区光复道 39 号
No.39 Guangfu Avenue, Hebei District

300010

"天津之眼"摩天轮
The Eyes of Tianjin Skywheel

天津市河北区李公祠大街与五马路交叉口
Intersection of Ligongci Street & Wumalu Road, Hebei District

300091

宁园旅游景区
Ningyuan Tourism Area

天津市河北区中山北路 1 号
No.1 North Zhongshan Road, Hebei District

300143

大悲禅寺旅游景区
Dabei Temple

天津市河北区天纬路 40 号
No.40 Tianwei Road, Hebei District

300141

平津战役纪念馆
Pingjin Battle Memorial Museum

天津市红桥区平津道 8 号
No.8 Pingjin Avenue, Hongqiao District

300131

天津欢乐谷
Tianjin Happy Valley

天津市东丽区东丽湖旅游度假区东丽大道
Dongli Avenue, Dongli Lake Resort, Dongli District

300301

天津杨柳青博物馆（石家大院）
Tianjin Yangliuqing Museum（Shi's Courtyard）

天津市西青区杨柳青镇估衣街 47 号
No.47 Guyi Street Yangliuqing Town, Xiqing District

300380

精武门 · 中华武林园
Gate of Jingwu-China Kongfu Yard

天津市西青区精武镇小南河村南
South of Xiaonanhe Village, Jingwu Town, Xiqing District

300381

天津希乐城少儿休闲旅游区
Xilecheng Children's Leisure Tourism Area

天津市西青区中北镇阜锦道与万卉路交口
Intersection of Fujin Road & Wanhui Road, Zhongbei Town, Xiqing District

300393

天津热带植物观光园
Tianjin Tropical Plants Sightseeing Garden

天津市西青区外环线七号桥北 300 米
300 Meters North 7th Bridge, Waihuanxian, Xiqing District

300112

水高庄园
Shuigao Manor

天津市西青区辛口镇水高庄村
Shuigaozhuang Village, Xinkou Town, Xiqing District

300380

杨柳青庄园
Yangliuqing Manor

天津市西青区杨柳青镇北津同公路 20 公里处
20km Beijintong Road, Yangliuqing Town, Xiqing District

300380

天津宝成博物苑
Tianjin Baocheng Museum

天津市津南区双桥河镇宝成新村
Baocheng Village, Shuangqiaohe Town, Jinnan District

300352

天山海世界 · 米立方水上乐园
Tianshan Sea World Cubic Meter Water Amusement Park

天津市津南区小站镇天山大道
Tianshan Avenue, Xiaozhan Town, Jinnan District

300353

凯旋王国主题游乐园
Triumphant Return Kingdom Amusement Park

天津市武清区雍和道与翠通道交口
Yonghedao, Wuqing Distirct

301700

武清区南湖景区
South Lake Scenic Area

天津市武清区下朱庄街道于庄水库
Yuzhuang Reservoir, Xiazhuzhuang, Wuqing District

301700

天津滨海航母主题公园
Seashore Aircraft Carrier Theme Park

天津市滨海新区汉北路 269 号
No.269 Hanbei Road, Binhai New District

300480

天津海昌极地海洋世界
Haichang Polar Land Ocean World

天津市滨海新区响螺湾商务区 61 号
No.61 Xiangluowan Business Area, Binhai New District

300455

天津东疆湾景区
Tianjin Dongjiang Bay Scenic Area

天津市滨海新区东疆保税港区
Dongjiang Bonded Port Area, Binhai New District

300463

www.djwst.com

天津方特欢乐世界
Fantawild Adventure Tianjin

天津市滨海新区中新生态城中生大道北首生态岛
Ecological Island, North End of Zhongsheng Avenue, Zhongxin Ecological City, Binhai New District

300450

大沽口炮台遗址景区
Dagukou Fort Relics Scenic Area

天津市滨海新区塘沽东炮台路 1 号
No.1 Paotai Road, East Tanggu, Binhai New District

300452

天津市仁爱团泊湖 · 国际休闲博览园
Ren'ai (Kindhearted) Tuanbo Lake International Leisure & Exposition Garden

天津市静海区团泊新城东区
East District, Tuanbo Xincheng, Jinghai District

301636

天津光合谷旅游度假区
Tianjin Guanghe Valley Tourism Resort

天津市静海区团泊新城东区
East District, Tuobo Xincheng, Jinghai District

301606

萨马兰奇纪念馆景区
Samaranch's Memorial Museum

天津市静海区健康产业园团泊大道
Tuanbo Avenue, Health Industry Garden, Jinghai District

301600

独乐寺
Dule Temple

天津市蓟州区城内武定街
Wuding Street, Jizhou District

301900

天津黄崖关长城风景游览区
Tianjin Huangyaguan Great Wall Scenic Spot

天津市蓟州区下营镇黄崖关
Huangyaguan, Xiaying Town, Jizhou District

301913

梨木台景区
Limutai Scenic Area

天津市蓟州区下营镇
Xiaying Town, Jizhou District

301913

河北

HEBEI

这里有大海，有沙滩，有岛屿，从秦皇岛山海关到沧州海兴口，长达 487 公里的海岸线，风光无限；昌黎黄金海岸起伏的沙丘、绵延的沙滩与碧蓝的大海构成了海洋大漠风光；与陆地海滨隔海相望的菩提岛、月坨岛、祥云岛，形态各异，资源丰富，犹如颗颗明珠散落于大海之中。这里还有茫茫大草原和巍巍太行山，这里有国家地质公园，有国家自然保护区，有“华北明珠”白洋淀，有国家千年大计重点建设的雄安新区，更有中国革命圣地西柏坡。

这里就是把首都北京放在中心的河北省。

石家庄西柏坡纪念馆景区
Shijiazhuang Xibaipo Memorial Hall

新中国从这里走来——1949 年 3 月，中共中央和解放军总部离开西柏坡，赴京建立新中国。为了保护作为革命遗址和文物的中共中央旧址西柏坡，由河北省博物馆联合当地政府建立了西柏坡纪念馆筹备处。1958 年因修建岗南水库，将中共中央旧址搬迁，在距原址北移 500 米，海拔升高 57 米的地方进行易地复原建设。1982 年，国务院公布西柏坡中共中央旧址为全国重点文物保护单位。西柏坡纪念馆陆续修建了西柏坡丰碑林、西柏坡雕塑园、五大书记铜铸像、西柏坡纪念碑、三大战役雕像“飙”等景点，自开放以来，接待社会各界观众 5200 多万人次，收到了很好的社会效益。

石家庄市平山县中部
Middle of Pingshan County

050411

http://www.xbpjng.cn/Index.aspx

从石家庄火车北站长途客运站有直达客车到景区，从平山县汽车站有长途班车到西柏坡。

遵化清东陵
Zunhua East Qing Dynasty Tomb

统治中国近 300 年的大清朝，有 5 位皇帝选择在这里安息。清东陵是中国现存规模最宏大、体系最完整、布局最得体的帝王陵墓建筑群。自康熙二年（1663 年）葬入顺治帝开始，至 1935 年同治的两位皇贵妃最后葬入惠妃园寝，历时 272 年之久。共葬有顺治、康熙、乾隆、咸丰、同治 5 位皇帝和 15 位皇后、136 位妃嫔以及阿哥、公主等 161 人。入关第一帝世祖顺治皇帝的孝陵位于南起金星山、北达昌瑞山主峰的中轴线上，其余皇帝陵寝则以孝陵为中轴线按照“居中为尊”“长幼有序”“尊卑有别”的传统观念依山势在孝陵的两侧呈扇形东西排列开来。各陵按规制营建了一系列建筑，总体布局为“前朝后寝”。“百尺为形，千尺为势”的审美思想贯穿于每一座陵寝建筑中。

唐山遵化市马兰峪镇
Malanyu Town, Zunhua

064206

http://www.qingdongling.com

遵化汽车站有直达清东陵的班车。

邯郸娲皇宫景区
Handan Emperor Wa's Palace Scenic Spot

女娲娘娘炼石补天、抟土造人之传说就发生在这里。女娲娘娘，这位华夏人文先始的宫殿就建在这里。娲皇宫始建于北齐时期，距今已有 1400 多年历史。后经历代修葺续建，如今的娲皇宫建筑多为明清时期所建，而北齐遗迹仅留石窟与摩崖刻经，其中摩崖刻经共 6 部，是中国现存摩崖刻经中最早、字数最多的一处。每年农历三月初一至三月十八，为女娲诞辰、女娲祭典之日。是时全国多地的人以及海外华侨纷纷前来祭拜，是中国规模最大、肇建时间最早、影响地域最广的奉祀女娲的历史文化遗存。娲皇宫因此被誉为“华夏祖庙”，为全国祭祖圣地之一。

邯郸市涉县索堡镇
Suobao Town, Shexian County

056400

从邯郸客车站乘坐到涉县的客车，到涉县县城后有面包车前往景区。也可在涉县乘出租车前往。

广府古城景区
Guangfu Ancient Town Scenic Area

春秋时期的土城曲梁侯国，历经千年风霜与沧桑，终于成为如今的广府古城。广府古城坐落在面积达 30 多平方公里的河北省三大洼淀之一的永年洼中央，围绕广府城墙四周的是长约 5 公里的护城河。广府古城是杨、武式太极拳的发源地，太极文化从这里走向世界。古城周围水网纵横，湖塘密布，水生植物种类繁多。这里水质优良，芦苇茂盛，鱼虾共生，碧水风荷、雁戏鸟鸣的水乡景象，使其被赞誉为“北国小江南”和“第二白洋淀”。

邯郸市永年区广府镇
Guangfu Town, Yongnian District, Handan

057150

http://www.guangfugucheng.com.cn

从邯郸乘 605 路公交车可达。

白石山风景区（国家地质公园）
Baishi Mountain Scenic Spot （National Geological Park）

巍巍八百里太行，奇峰罗列。而白石山则是最值得称道的，它雄踞太行山最北端，因山多白色大理石而得名。白石山景区有三顶、六台、九谷、八十一峰，崖耸云天、峰石彩林、佛光云海集于一身。白石山奇、雄、险、幻、秀，有“小黄山”之称，而其核心在一个“奇”字。白石山奇峰如簇，峭崖深谷，险峻壮观，山峰上奇石百态，光怪陆离，峰丛如迷阵，难以尽数，峰多、壁峭、形异、势险，置身其中，趣味无穷。

“白石山中风景异……梅花外，归来长向山中醉。”仁者爱山，白石山奇峰异景早已敞开宽阔的胸怀，迎接八方游客。

保定市涞源县城南 15 公里处阁院路 1 号
No.1 Geyuan Road, 15km South of Laiyuan County

074300

http://www.lybss.cn

由长途客运站可乘 3 路、4 路公交至旧汽车站，由火车站可乘 3 路、4 路、12 路公交至旧汽车站，在旧汽车站有旅游公交直达景区东门。

野三坡风景名胜区
Yesanpo Slope Famous Scenic Spot

巍巍太行从这里沿冀、晋、豫边界千里南下，峥峥燕山从这里顺京、津、冀一路东行。两大山脉交会处，成就了野三坡风景名胜区。野三坡是中国北方极为罕见的融雄山碧水、奇峡怪泉、文物古迹和名树古禅于一体的风景名胜区，它有兔耳岭之石、丹霞之貌、大理之城。它还有完整的地址遗迹，侵入岩、火山岩、沉积岩、变质岩各类岩石遗迹齐全，异常发育的构造节理、断层、褶皱等构造遗迹突出。它是一部生动的地质教科书，是一座天然地质博物馆，它浓缩了华北 30 亿年来地质构造的演化史，是专家学者研究全球构造和板内造山带的最佳区域，是学生教学实习的理想基地，是科普教育的生动课堂。

保定市涞水县野三坡镇苟各庄村
Gougezhuang Village, Yesanpo Town, Laishui County

074100

北京出发到野三坡的火车有两班，早晚各一班；北京 917 路公交车可达；其他地区可先到涞水县，再乘公交前往。

安新县白洋淀景区
Anxin County Baiyangdian Scenic Spot

“华北明珠”白洋淀，是华北地区最大的淡水湖泊，是著名的湿地自然保护区，是“北国江南”，是“鱼米之乡”，是中华大地上一颗璀璨的明珠。白洋淀生态独特，366 平方公里的水域内 143 个淀泊星罗棋布，3700 条沟濠纵横交错，39 个小岛点缀其中，10 万亩荷塘接天映日，12 万亩芦荡密密丛丛，既有浩浩荡荡的雄魄又有水路相间的灵秀，造就了独特的自然风貌和人文景观。白洋淀历史悠久、文化底蕴深厚，自古即是帝王巡幸驻跸之所、英雄辈出之地。白洋淀革命文化灿烂，是革命老区，闻名中外的雁翎队在茫茫大淀谱写了一曲白洋淀人民抗日救国的英雄赞歌。

保定市安新县旅游路
Lvyou Road, Anxin County

071600

http://www.baiyangdian.biz

高铁白洋淀站乘 16 路直达安新白洋淀旅游码头。

承德避暑山庄及周围寺庙景区
The Mountain Resort & Temples Around

先后共用了 89 年时间建成的避暑山庄，极尽可能与自然平衡、达到“天人合一”的最高境界。因此乾隆在《避暑山庄后序》中称其“物有天然之趣、人忘尘世之怀，较之汉唐离宫别苑有过之而无不及”。避暑山庄规模宏大，占地是颐和园的两倍、北海公园的七倍，比号称万园之园的圆明园还大，仅宫墙就长达 10 公里。在这绵延的宫墙之外，气势雄伟、金碧辉煌的皇家寺庙群随山就势拱卫山庄。这里有布达拉行宫景区（普陀宗乘之庙和须弥福寿之庙）、普宁寺景区（普宁寺和普佑寺）、磬锤峰景区（棒槌山、蛤蟆石、普乐寺和安远庙），这一座座寺庙凝聚了汉、蒙古、藏等多民族建筑风格和艺术，每一处都承载着厚重的历史与动人的故事。

承德市双桥区丽正门路 20 号
No.20 Lizhengmen Road, Shuangqiao District, Chengde

067000

http://www.bishushanzhuang.com.cn

承德市内 1 路、5 路、6 路、7 路、8 路、9 路、10 路、15 路、16 路、19 路、20 路、25 路、28 路、29 路、118 路公交车均可达。

石家庄天山海世界
Shijiazhuang Tianshanhai World

石家庄高新技术产业开发区天山大街 116 号
No.116 Tianshan Avenue, New and High-Tech Development Zone, Shijiazhuang

050801

以岭健康城
Yiling Health Center

石家庄市高新技术产业开发区天山大街 238 号
No.238 Tianshan Avenue, New and High-Tech Development Zone, Shijiazhuang

050801

华北军区烈士陵园红色旅游景区
The Red Tourism Area of Martyrs Cemetery Park of North China Military

石家庄市中山西路 343 号
No.343 West Zhongshan Road, Shijiazhuang

050011

石家庄国御温泉度假村
Shijiazhuang Guoyu Hot Spring Resort

石家庄市藁城区藁新路 6 号
No.6 Gaoxin Road, Gaocheng District

052160

石家庄抱犊寨景区
Shijiazhuang Baoduzhai Scenic Area

石家庄市鹿泉区抱犊寨
Baodu Stockaded Village, Luquan District

050200

君乐宝乳业工业旅游区
Junlebao Milk Industry Tourism Area

石家庄鹿泉区石铜路 36 号
No.36 Shitong Road, Luquan District, Shijiazhuang

050221

辛集国际皮革城
Xinji International Leather City

石家庄辛集市教育路北段东侧
East Side, North Part of Jiaoyu Road, Xinji

052360

石家庄苍岩山景区
Shijiazhuang Cangyan Mountain Scenic Area

石家庄市井陉县苍岩山镇
Cangyanshan Town, Jingxing County

050300

正定隆兴寺
Zhengding Longxing Temple

石家庄市正定县中山东路 109 号
No.109 East Zhongshan Road, Zhengding County

050800

荣国府
Rongguo Mansion

石家庄市正定县兴荣路 51 号
No.51 Xingrong Road, Zhengding County

050800

五岳寨风景旅游区
Wuyuezhai Landscape Tourism Area

石家庄市灵寿县南营乡大地村
Dadi Village Nanying Town, Lingshou County

050500

秋山景区
Qiushan(Autumn Mountain) Scenic Area

石家庄市灵寿县长峪村草坡庄
Caopozhuang, Changyu Village, Lingshou County

050500

水泉溪自然风景区
Shuiquanxi(Spring Stream) Nature Scenic Area

石家庄市灵寿县南营乡木佛塔村
Mufota Village, Nanying Town, Lingshou County

050500

石家庄嶂石岩风景名胜区
Zhangshi Rock Famous Scenic Area

石家庄市赞皇县
Zanhuang County

051230

石家庄市赞皇县棋盘山景区
Qipan (Chessboard) Mountain Scenic Area

石家庄市赞皇县城西段里沟
Duanligou, West of Zanhuang County

051230

平山巨龟苑旅游区
Pingshan Huge Tortoise Garden Tourism Area

石家庄市平山县平山镇东冶村
Dongye Village, Pingshan Town, Pingshan County

050400

平山县沕沕水生态风景区
Pingshan County Mimishui Eco-Scenic Area

石家庄市平山县北冶乡沕沕水村
Mimishui Village, Beizhi Town, Pingshan County

050400

西苑温泉度假村
Xiyuan Hot Spring Resort

石家庄市平山县温塘镇
Wentang Town, Pingshan County

050402

华莹白鹿温泉景区
Huaying White Deer Hot Spring Area

石家庄市平山县温塘镇
Wentang Town, Pingshan County

050402

平山县藤龙山景区
Tenglong Mountain Scenic Area

石家庄市平山县王坡乡湾子村
Wanzi Village Wangpo Town, Pingshan County

050400

佛光山景区
Foguang (Buddha's Light) Mountain Scenic Area

石家庄市平山县北冶乡柏树庄村
Baishuzhuang Village, Beiye Town, Pingshan County

050400

驼梁山风景区
Tuoliang Mountain Scenic Area

石家庄市平山县合河口乡前大地村
Qiandadi Village, Hehekou Town, Pingshan County

050405

石家庄天桂山景区
Shijiazhuang Tiangui Mountain Scenic Area

石家庄市平山县北冶乡天桂山
Tiangui Mountain, Beizhi Town, Pingshan County

050403

平山县拦道石红色生态风景区
Pingshan County Landaoshi (Stone Blocked the Way) Red & Ecotourism Area

石家庄市平山县蛟潭庄镇拦道石村
Landaoshi Village, Jiaotanzhuang Town, Pingshan County

050400

www.landaoshi.net

平山县黑山大峡谷景区
Pingshan County Heishan(Black Mountain) Grand Canyon Scenic Area

石家庄市平山县营里乡
Yingli Town, Pingshan County

050400

平山县紫云山景区
Pingshan County Ziyun (Purple Cloud) Mountain Scenic Area

石家庄市平山县北冶乡东沟村
Donggou Village, Beiye Town, Pingshan County

050400

赵县赵州桥公园
Zhaoxian County Zhaozhou Bridge Park

石家庄市赵县城南大石桥村
Dashiqiao Village, Zhaoxian County

051530

曹妃甸湿地景区
Caofeidian Quag Scenic Area

唐山市曹妃甸区七农场
7th Farm Center, Caofeidian District, Tangshan

063200

开滦国家矿山公园
Kanluan National Mine Park

唐山市路南区新华东道 54 号
No.54 East Xinhua Avenue, Lunan District, Tangshan

063000

唐山市南湖公园
Tangshan Nanhu Lake Park

唐山市建设南路增 45 号
No.45A South Jianshe Road, Tangshan

063000

运河唐人街旅游区
China Town Along the Grand Canal Tourism Area

唐山市丰南区运河西路
West Yunhe Road, Fengnan District, Tangshan

063300

遵化万佛园景区
Zunhua Wanfo Garden Scenic Area

唐山遵化市东陵乡元宝山村
Yuanbaoshan Village, Dongling Town, Zunhua

064200

山叶口自然风景区
Shanyekou Nature Scenic Area

唐山迁安市大五里乡山叶口村
Shanyekou Village, Dawuli Town, Qian'an

064400

滦县青龙山景区
Luanxian County Qinglong Mountain Scenic Area

唐山市滦县新城西北约 25 公里
25km Northwest of New City of Luanxian County

063700

滦州古城景区
Luanzhou Ancient Town Tourism Area

唐山市滦县滦州镇
Luanzhou Town, Luanxian County

063700

乐亭县李大钊纪念馆及故居
Laoting County Li Dazhao's Memorial Museum & Former Residence

唐山市乐亭县新城区大钊路
Dazhao Road, Xincheng District, Laoting County

063600

乐亭县月坨岛景区
Laoting County Crescent Moon Island Scenic Area

唐山市乐亭县月坨岛
Yuntuo Island, Laoting County

063604

乐亭县菩提岛景区
Laoting County Puti Island Scenic Area

唐山市乐亭县马头营镇新渔村维东码头
Matouying Town, Laoting County

063604

迁西县景忠山旅游区
Jingzhongshan Tourism Area

唐山市迁西县三屯营镇
Santunying Town, Qianxi County

064300

迁西县青山关旅游区
Qingshanguan Tourism Area

唐山市迁西县上营乡青山口村
Qingshankou Village, Shangying Town, Qianxi County

064300

秦皇岛野生动物园
Qinhuangdao Safari Park

秦皇岛市滨海大道中段
Middle Segment of Binhai Avenue

066000

秦皇岛新澳海底世界
Qinhuangdao Xin'ao Benthal World

秦皇岛市海港区河滨路 81 号
No.81 Haibin Road, Haigang District, Qinhuangdao

066004

秦皇求仙入海处景区
Place of Emperor Qinshihuang Entering the Sea

秦皇岛市海港区南山街 56 号
No.56 Nanshan Street, Haigang District, Qinhuangdao

066000

海关欢乐岛海洋公园
Shanhaiguan Happiness Island Ocean Park

秦皇岛市山海关区龙源大道南侧
South Side of Longyuan Avenue, Shanhaiguan District, Qinhuangdao

066000

山海关长寿山风景旅游区
Changshou Mountain Scenic Tourist Zone

秦皇岛市山海关区三道关村
Sandaoguan Village, Shanhaiguan District, Qinhuangdao

066200

山海关角山长城
Jiaoshan Great Wall

秦皇岛市山海关区东六条 1 号
No.1 East 6th Lane, Shanhaiguan District, Qinhuangdao

066200

燕塞湖景区
Yansai Lake Scenic Area

秦皇岛市山海关区石河水库
Shihe Reservoir, Shanhaiguan District, Qinhuangdao

066200

秦皇岛集发农业观光园
Qinhuangdao Jifa Agriculture Tour Park

秦皇岛市北戴河海北路中段
Middle Segment of Haibei Road, Beidaihe

066102

鸽子窝景区
Geziwo Scenic Area

秦皇岛市北戴河区鸽赤路
Gechi Road, Beidaihe District, Qinhuangdao

066100

联峰山景区
Lianfeng Hill Scenic Area

秦皇岛市北戴河区联峰路与健秋路交会点
Intersection of Lianfeng and Jianqiu Road, Beidaihe District, Qinhuangdao

066100

秦皇岛市昌黎华夏庄园
Changli Huaxia Fazenda

秦皇岛市昌黎县城北昌抚公路西侧
West of Changfu Road, Changli County

066600

沙雕大世界
Great World of Sand Sculpture

秦皇岛市昌黎县黄金海岸
Golden Beach, Changli County

066600

渔岛海洋温泉景区
Fisher Island

秦皇岛市昌黎县黄金海岸中部
Middle of Golden Beach, Changli County

066600

南戴河国际娱乐中心
Nandaihe International Entertainment Centre

秦皇岛市抚宁县
Funing County

066311

邯郸从台公园
Handan Congtai Park

邯郸市中华北大街 159 号
No.159 North Zhonghua Street, Handan

056002

邯郸响堂山风景名胜区
Handan Xiangtang Hill Scenic Spot

邯郸峰峰矿区和村镇
Hecun Town, Fengfeng Diggings, Handan

056200

武安长寿村
Wu'an Changshou(Long Life) Village

邯郸武安市活水乡长寿村
Changshou Village, Huoshui Town, Wu'an

056307

武安古武当山
Wu'an Ancient Wudang Mountain

邯郸武安市活水乡常杨庄村
Changyangzhuang Village, Huoshui Town, Wu'an

056307

邯郸朝阳沟旅游风景区
Handan Chaoyanggou Tourist Attraction

邯郸武安市管陶乡列汇村
liehui Village, Guantao Town, Wu'an

056305

邯郸东山文化博艺园
Handan East Hill Cultural Park

邯郸武安市康二城镇大旺村西
West Dawang Village, Kangercheng Town, Wu'an

056300

武安京娘湖风景区
Wu'an Jingniang Lake Scenic Area

邯郸武安市活水乡
Huoshui Town, Wu'an

056300

七步沟景区
Qibugou Scenic Area

邯郸武安市活水乡七步沟
Qibugou, Huoshui Town, Wu'an

056300

涉县五指山景区
Shexian County Wuzhi Mountain Scenic Area

邯郸市涉县城南 5 公里处
5km South of Shexian County

056400

邢台天梯山景区
Xingtai Tianti Hill Scenic Spot

邢台市西黄村镇东牛庄
Dongniuzhuang Village, Xihuangcun Town, Xingtai

054001

邢台县九龙峡自然风光旅游区
Jiulong(Nine Dragons) Valley Natural Tourism Area

邢台市邢台县浆水镇营房台村
Yingfangtai Village, Jiangshui Town, Xingtai County

054013

前南峪生态观光园
Qiannanyu Ecological Sightseeing Garden

邢台市邢台县浆水镇前南峪村
Qiannanyu Village, Jiangshui Town, Xingtai County

054013

邢台县云梦山景区
Yunmeng (Cloud & Dream) Mountain Scenic Area

邢台市邢台县冀家村乡石板房村北
North of Shibanfang Village, Jijiacun Town, Xingtai County

054001

邢台太行奇峡群景区
Xingtai Scenic Spot of Taihang Astonished Gorge Groups

邢台市邢台县西南路罗镇贺家坪村
Hejiaping Village, Luozhen Town, Xingtai County

054001

邢台市邢台县紫金山旅游区
Xingtai County Zijin Hill Tourist Zone

邢台市邢台县白岸乡前坪村
Qianping Village, Bai'an Town, Xingtai County

054001

临城崆山白云洞旅游区
Lincheng Kong Hill Baiyun Cave Tourist Zone

邢台市临城县西竖镇山南头村
Shannantou Village, Xishu Town, Lincheng County

054300

邢台市内丘县扁鹊庙风景名胜区
Bianque Temple Famous Scenic Spot

邢台市内丘县南赛乡神头村
Shentou Village, Nansai Town, Neiqiu County

054200

和道国际箱包城旅游景区
Hedao International Tourism Area

保定高碑店市白沟新城北一环与东一环交叉口
Intersection of North 1 Ring & East 1 Ring Road, New City, Baigou, Gaobeidian

074000

奥润顺达节能门窗工业旅游景区
Orient Sundar Energy Saving Doors and Windows Industrial Tourism Tourist Attractions

保定高碑店市经济开发区
Economic Development Zone, Gaobeidian

074000

保定满城汉墓景区
Scenic Spot of Manchu City Han Tombs

保定市满城区中山西路
West Zhongshan Road, Mancheng District, Baoding

072150

冉庄地道战纪念馆
Ranzhuang Memorial Hall of Tunnel Warfare

保定市清苑区冉庄镇冉庄村
Ranzhuang Village, Ranzhuang Town, Qingyuan District, Baoding

071102

易县清西陵
Yixian County West Qing Tombs

保定市易县梁格庄镇行宫
Palace of Lianggezhuang Town, Yixian County

074213

保定市易县狼牙山风景区
Langya(Woof's Teeth) Mountain Scenic Area

保定市易县狼牙山镇东西水村
East Xishui Village, Langyashan Town, Yixian County

074200

易水湖风景区
Yishui Lake Scenic Area

保定市易县西南 30 公里
30km Southwest of Yixian County

074200

涞水县野三坡鱼古洞景区
Yesanpo Slope Yugu Cave Scenic Spot

保定市涞水县鱼古洞
Yugu Cave, Laishui County

074104

野三坡百里峡景区
Yesanpo Slope Baili Valley Scenic Spot

保定市涞水县
Laishui County, Baoding

074100

野三坡龙门天关—白草畔风景旅游区
Yesanpo Slope Longmen Tianguan — Baicaopan Scenic Tourist Zone

保定市涞水县
Laishui County

074100

曲阳北岳庙
Quyang Beiyue Temple

保定市曲阳县城内庙前街
Miaoqian Street, Quyang County

073100

虎山风景区
Hushan(Tiger Mountain) Scenic Area

保定市曲阳县范家庄乡虎山村
Hushan Village, Fanjiazhuang Town, Quyang County

073100

阜平天生桥瀑布风景区
Fuping Tianshengqiao Waterfall Scenic Area

保定市阜平县天生桥镇朱家营村
Zhujiaying Village, Tianshengqiao Town, Fuping County

073200

保定晋察冀边区革命纪念馆
Baoding Revolution Memorial Museum of Jinchaji Border Area

保定市阜平县城南庄镇
Chengnanzhuang Town, Fuping County

073204

张家口市安家沟生态旅游区
Anjiagou Ecotourism Area

张家口市桥西区东窑子镇石匠窑村
Shijiangyao Village, Dongyaozi Town, Qiaoxi District, Zhangjiakou

075061

张家口大境门旅游区
Zhangjiakou Dajingmen Tourism Area

张家口市桥西区
Qiaoxi District, Zhangjiakou

075061

张家口鸡鸣山风景区
Zhangjiakou Jiming Mountain Scenic Area

张家口市下花园区
Xiahuayuan District, Zhangjiakou

075300

张北县中都草原度假村
Zhongdu Grassland Resort

张家口市张北县三宝营盘
Sanbao Yingpan, Zhangbei County

076450

坝上草原沽水福源度假村
Bashang Grassland Gushuifuyuan Resort

张家口市沽源县平定堡镇闪电河水库
Shandian (Flash) River Reservoir, Pingdingpu Town, Guyuan County

076550

张家口沽源县天鹅湖旅游度假村
Tian'e (Swan) Lake Tourism Resort

张家口市沽源县平定堡镇
Pingdingpu Town, Guyuan County

076550

张家口小五台·金河口旅游区
Zhangjiakou Little Wutai Jinhekou Tourism Area

张家口市蔚县常宁乡西金河口村
West Jinhekou Village, Changning Town, Yuxian County

075400

于洪寺黄龙山庄风景区
Yuhongsi Huanglong Manor Scenic Area

张家口市怀来县新保安镇于洪寺村
Yuhongsi Village, Xinbao'an Town, Huailai County

075400

涿鹿县中国黄帝城文化旅游区
Emperor Huang's City Culture Tourism Area

张家口市涿鹿县矾山镇西三堡村
Sanbao Village, Fanshan Town, Zhuolu County

075600

张家口万龙滑雪场
Zhangjiakou Wanlong Skiing Ground

张家口市崇礼区红花梁
Honghualiang, Chongli District, Zhangjiakou

076350

密苑·云顶乐园
Miyuan Yunding Amusement Park

张家口市崇礼区太子城
Taizicheng, Chongli District, Zhangjiakou

076350

磬棰峰国家森林公园
Panchuifeng National Forest Park

承德市内武烈河东岸普乐路
East Bank of Wulie River, Pule Road, Chengde

067000

金山岭长城风景区
Jinshanling Great Wall Scenic Area

承德市滦平县金山岭长城风景区
Jinshanling Great Wall, Luanping County

068254

承德双塔山风景区
Chengde Shuangta Mountain Scenic Area

承德市双滦区双滨河东大街 98 号
No.98 East Binhe Street, Shuangluan District, Chengde

067000

兴隆溶洞
Xinglong Cast Cave

承德市兴隆县雾灵山乡陶家台村
Taojiatai Village, Wulingshan Town, Xinglong County

067300

董存瑞纪念馆
Dong Cunrui's Memorial Museum

承德市隆化县荣顺街 112 号
No.112 Rongshun Street, Longhua County

068150

潘家口水下长城景区
Panjiakou Great Wall Under Water Scenic Area

承德市宽城县潘家口水库
Panjiakou Reservoir, Kuancheng County

067600

大汗行宫旅游景区
Dahan Temporary Imperial Palace Tourism Area

承德市丰宁县大滩镇
Datan Town, Fengning County

068350

丰宁京北第一草原
Fengning the First Grassland of Jingbei（North of Beijing）

承德市丰宁县大滩镇
Datan Town, Fengning County

068350

塞罕坝国家森林公园
Saihanba National Forest Park

承德市围场县
Weichang County

068466

御道口牧场草原森林风景区
Yudaokou Meadow and Grassland Forest Scenic Spot

承德市围场县
Weichang County

068463

沧州东光县铁佛寺景区
Tiefo Temple Scenic Area

沧州市东光县普照大街 59 号
Puzhao Avenue, Dongguang County

061600

华斯国际裘皮产业园景区
Huasi International Fur Industry Park

沧州市肃宁县严肃尚路
Sushang Road, Suning County

062350

中国吴桥杂技大世界
China Wuqiao Acrobatics Big World

沧州市吴桥县京福路 1 号 104 国道西侧
West Side of 104th National Highway, No.1 Jingfu Road, Wuqiao County

061800

廊坊市金丰农科园景区
Jinfeng Agricultural Garden

廊坊市和平路最北端
North End of Heping Road, Langfang

065000

廊坊市文化艺术中心
Langfang Culture and Art Centre

廊坊市北凤道与和平路交口
Intersection of Beifeng & Heping Road, Langfang

065000

廊坊市自然公园
Langfang Natural Park

廊坊市广阳道广阳桥西
West of Guangyang Bridge, Langfang

065000

廊坊茗汤温泉度假村景区
Langfang Scenic Spot of Mingtang Hot Spring Holiday Village

廊坊霸州市经济技术开发区
Economic and Technological Development Zone, Bazhou

065700

天下第一城
The First City in the World

廊坊市香河县安平经济技术开发区
Anping Economic and Technological Development Zone, Xianghe County

065402

金钥匙旅游区
Golden Keys Tourism Area

廊坊市香河县秀水街东段南侧
South Side, East Part of Xiushui Street, Xianghe County

064500

衡水湖国家自然保护区
Hengshui Lake National Natural Reserve

衡水市桃城区红旗大街 3369 号
No.3369 Hongqi Street, Taocheng District, Hengshui

053000

www.hshu.cn

武强县年画博物馆
Wuqiang County Year-Painting Museum

衡水市武强县武强镇新开街 1 号
No.1 Xinkai Street, Wuqiang Town, Wuqiang County

0533000

山西
SHANXI

巍巍八百里太行山之西，有这样一处风光无限的好地方，那就是山西。山西是中华民族发祥地之一，是“华夏文明摇篮”，是“中国古代文化博物馆”。这里有名山（五台山），有名城（平遥古城），有名院（王家大院、乔家大院），有名树（洪洞大槐树），这里的每一处，都有历史、有故事，而且，都美如一幅水墨画，令人难以忘怀。

大同云冈石窟旅游区

Datong Yungang Grottoes Touristm Area

在山西省大同市城西约 16 公里的武州（周）山南麓、武州川的北岸，有这样一片神奇的地方，在东西绵延约 1 公里的山崖壁上，开凿着大大小小的石窟，这些洞窟中的精美雕像与雕刻一经问市，就惊艳了世人。其中造像最高的达 17 米，最小的仅有 2 厘米，佛龛约有 1100 多个，大小造像 59000 余尊。这些石窟最早的距今已有 1500 年历史，是佛教艺术东传中国后，第一次由一个民族用一个朝代雕作而成并具有皇家风范的佛教艺术宝库，是 5 世纪中西文化融合的历史丰碑。

大同市云冈区云冈镇
Yungang Town, Yungang District Datong

037007

http://tour.yungang.org

从大同火车站可乘快速旅游 603 路直达景区；（在新开里）可乘 3 路公交车直达景区。

阳城皇城相府旅游区

Yangcheng House of the Huangcheng Chancellor Touristm Area

皇城相府是清文渊阁大学士兼吏部尚书加三级、《康熙字典》总阅官、康熙皇帝经筵讲官、一代名相陈廷敬的故居。皇城相府由内城、外城、紫芸阡、西山院等组成。御书楼金碧辉煌，中道庄巍峨壮观，斗筑居府院连绵，河山楼雄伟险峻，藏兵洞层叠奇妙，是一处罕见的明清两代城堡式官宅民居建筑群，被专家誉为“中国北方第一文化巨族之宅”。

晋城市阳城县北留镇皇城村
Huangcheng Village, Beiliu Town, Yangcheng County

048102

www.hcxf.com

从洛阳、临汾、晋城等城市均有到皇城相府的旅游直通车。

介休绵山风景名胜区

Mianshan Mountain Famous Scenic Area

春秋时期晋文公名臣介子推携母隐居并被焚于绵山，这就是中国寒食节的来由，而绵山也从此闻名。绵山地处汾河之阴，是太岳山（霍山）向北延伸的一条支脉。绵山风景名胜区不仅山光水色极佳，还有众多文物胜迹、佛寺神庙和革命遗址。这里有庙宇、宫观，有亭、台、楼、阁、轩、廊、榭、牌楼，有古营门、古城池、古营寨，这里堪称为古建筑博物园。绵山风景名胜区是中国历史文化名山，是中国清明节（寒食节）发源地、中国寒食清明文化研究中心、中国寒食清明文化博物馆。

晋中介休市东南 20 公里处
20km Southeast of Jiexiu

031200

在介休火车站、汽车站均有到景区的大巴车。

平遥古城景区

Pingyao Ancient Town Scenic Area

“水绕山环古驿楼，蜂须碟翅麦花秋。归家未久离家路，来往风尘送客愁。”明代诗人、平遥县令苏志皋的诗句，道出了平遥别样的美。平遥，是一座具有 2800 多年历史的文化名城，是中国目前保存最为完整的四座古城之一。古城里，有中国现有保存完整、规模最大的县衙平遥县衙，有银行业的先河、以“汇通天下”著称于世的日升昌票号，有文庙、清虚观、城隍庙，而平遥更值得看的则是它那厚重的古城墙，现存有 6 座城门瓮城、4 座角楼和 72 座敌楼。除南门城墙段已经倒塌外，其余大部分至今安好，是中国现存规模较大、历史较早、保存较完整的古城墙之一。

晋中市平遥县
Pingyao County

031100

http://www.pingyao.gov.cn

五台山风景名胜区

Mt. Wutai Famous Scenic Area

在远古的震旦纪，著名的“五台隆起”运动，形成了华北地区最雄浑壮伟的五台山。五台山的五座主峰，以五方来命名，分别称为东台、北台、西台、南台、中台。五台山层峦叠嶂，峰岭交错，奇峰灵崖，随处皆是，大自然为其造就了许多独特的景观。

五台山是驰名中外的佛教圣地，与四川峨眉山、安徽九华山、浙江普陀山并称为我国佛教四大名山，而五台山以其建寺历史悠久和规模宏大居于首位。五台山在中国佛教中的位置显赫。据古籍记载，五台山在东汉时期已有寺庙建筑，其后随着佛教的传播，作为文殊菩萨道场的五台山名气越传越远，地位越来越高，寺庙建筑越来越多，规模越来越大，虽然历史上经历数次损毁与重建，如今仍保留众多，已经成为中国古代建筑的稀世宝库。

忻州市五台县台怀镇
Taihuai Town, Wutai County

035515

http://www.wutaishan.com.cn

从太原东客站有大巴直达景区。

代县雁门关边塞文化旅游区

Daixian County Frontier Fortress Culture Tourist Zone of Yanmen Pass

“三边冲要无双地，九塞尊崇第一关”——雁门关，是世界文化遗产万里长城的重要组成部分，被誉为“中华第一关”。在3000多年的历史岁月中，作为古代中国北境著名边关要塞，雁门关见证和影响了中国的历史进程，积淀了多民族文化精华。作为中国历史上著名的商道，雁门关见证了古代边贸的兴衰，成就了晋商的辉煌。

雁门关边塞文化旅游区是以雁门关军事防御体系历史遗存、遗址为主要景观资源的边塞文化、长城文化、关隘文化旅游区。随着近年来的大规模修复开发，古老的雁门关已经成为融“食、住、行、游、购、娱”等综合功能为一体的边塞文化旅游目的地。

忻州市代县北20公里
20km North of Daixian County

034200

http://www.yanmenguan.cn

代县汽车站有到雁门关景区的大巴。

洪洞县大槐树寻根祭祖园

Hongdong County Dahuishu Ancestor Memorial Garden

几个世纪以来，这里都被全世界的华人当作“家”、称作“祖”、看作“根”。据文献记载，从明洪武三年至永乐十五年的近50年时间里，在这棵大槐树下就发生大规模的官方移民18次，主要迁往京、冀、豫、鲁、皖、苏等18个省市500多个县市，经过600多年的辗转迁徙、繁衍生息，从这里走出去的人们早已枝繁叶茂地遍布于世界各地。每年都有无数人回到这里寻根祭祖，“祭祖习俗”成为这里独具特色的非物质文化遗产。大槐树寻根祭祖园不但为移民后裔营造了老家的氛围，还完善了各种基础设施建设，满足移民后裔们来此寻根祭祖、旅游观光、餐饮购物等多种需求，是广大移民后裔了解老家民俗的最佳选择。

临汾市洪洞县古槐北路公园街2号
No.2 Gongyuan Street, North Guhuai Road, Hongdong County

041600

www.sxhtdhs.com

山西

太原市九龙国际文化生态旅游区
Jiulong(Nine Dragons) International Cultural Ecotourism Area

太原市武宿飞机场东面
East of Wusu Airport, Taiyuan

030082

太原东湖醋园
Taiyuan Donghu Vinegar Garden

太原市杏花岭区马道坡 26 号
No.26 Madao Slope, Xinghualing District, Taiyuan

030082

太原市动物园
Taiyuan Zoo

太原市杏花岭区东山马路 2 号
No.2 Dongshan Road, Xinghualing District, Taiyuan

030009

汾河公园
Fenhe River Park

太原市迎泽区滨河东路 6 号
No.6 East Binhe Road, Yingze District, Taiyuan

030002

太原市太原森林公园
Taiyuan Forest Park

太原市尖草坪区大同路 35 号
No.35 Datong Road, Jiancaoping District, Taiyuan

030003

中国煤炭博物馆
Coal Museum of China

太原市万柏林区迎泽西大街 2 号
No.2 West Yingze Street, Wanbailin District, Taiyuan

030024

太原晋祠旅游区
Taiyuan Jinci Touristm Area

太原市晋源区晋祠镇
JInci Town, Jinyuan District, Taiyuan

030025

蒙山大佛景区
Mengshan Mountain Big Buddha Scenic Area

太原市晋源区金胜乡寺底村
Sidi Village, JinSheng Town, Jinyuan District, Taiyuan

030082

大同方特欢乐世界景区
Fantawild Adventure Datong Shanxi

大同市平城区南环路 3666 号
No.3666 South Ring Road, Pingcheng District, Datong

037006

清徐宝源老醋坊景区
Qingxu Baoyuan Old Vinegar Workshop Scenic Area

太原市清徐县孟封镇杨房村北
North Yangfang Village, Mengfeng Town, Qingxu County

030400

紫林醋文化产业园
Zilin Vinegar Cultural & Industrial Park

太原市清徐县太茅路高花段 550 号
No.550 Gaohua Part, Taimao Road, Qingxu County

030400

六味斋云梦坞文化产业园景区
Liuweizhai Yunmengwu Cultural & Industrial Park

太原市清徐县徐沟镇南尹村 208 国道西侧
West Side of 208 National Way, Nanyi Village, Xugou Town, Qingxu County

030400

煤矿井下探秘游景区
Mine Mysteries Tourist Attraction

大同市大同煤矿集团晋华宫矿
Jinhuagong Mine, Datong

037016

华严寺（大同市博物馆）
Huayan Temple（Datong Museum）

大同市下寺坡街 459 号
No.459 Xiasipo Street, Datong

037004

善化寺
Shanhua Temple

大同市南寺街 9 号
No.9 Nansi Street, Datong

037004

大同城墙景区
Datong Ancient City Wall Scenic Area

大同市和阳街
Heyang Street, Datong

037052

恒山风景名胜区
Famous Scenic Spot of Mount Hengshan

大同市浑源县恒山南路
South Hengshan Road, Hunyuan County

037400

阳泉市翠枫山自然风景区
Cuifeng Mountain Natural Scenic Area

阳泉市郊区平坦镇前庄村
Zhenqianzhuang Village, Pingtan Town, Yangquan

045008

阳泉市桃林沟景区
Yangquan Taolingou Scenic Area

阳泉市郊区平坦镇桃林沟村
Taolingou Village, Pingtan Town, Suburb District, Yangquan

045000

盂县藏山旅游风景名胜区
Cangshan Hill Famous Scenic Area

阳泉市盂县长池镇藏山村
Cangshan Village, Changchi Town, Yuxian County

045100

长治振兴小镇景区
Changzhi Zhenxing Town Tourism Area

长治市上党区振兴村
Zhenxing Village, Shangdang District, Changzhi

140402

襄垣县仙堂山风景区
Xiangyuan County Xiantang Mountain Scenic Spot

长治市襄垣县下良镇
XiaLiang Town, Xiangyuan County

046200

天脊山景区
Tianji Mountain Scenic Area

长治市平顺县东寺头乡羊老岩村
Yanglaoyan Village, Dongsitou Town, Pingshun County

047400

平顺县太行水乡风景区
Taihang Water Countryside Scenic Spot

长治市平顺县阳蒿乡侯壁村
Houbi Village, Yanghao Town, Pingshun County

047400

黎城黄崖洞景区
Licheng Huangya Cave Scenic Spot

长治市黎城县东崖底镇上赤峪村
Shangchiyu Village, Dongyadi Town, Licheng County

047600

壶关县太行山大峡谷自然风光旅游区
Huguan County Natural Sight Tourist Zone of Taihang Mountain Valley

长治市壶关县解放路 38 号
No.38 Jiefang Road, Huguan County

047300

武乡八路军纪念馆
Wuxiang Eight Route Army Memorial Museum

长治市武乡县太行街 363 号
No.363 Taihang Street, Wuxiang County

046300

八路军文化园
Eight Route Army Culture Garden

长治市武乡县太行街
Taihang Street, Wuxiang County

046300

长治市武乡太行龙洞
Wuxiang Taihang Dragon's Cave

长治市武乡县蟠龙镇石泉村
Shiquan Village, Panlong Town, Wuxiang County

046300

朱丹岭
Zhudan Mountain

晋城高平市寺庄镇釜山村
Fushan Village, Sizhuang Town, Gaoping

048400

泽州珏山—青莲寺景区
Zezhou Jueshan—Qinglian Temple Scenic Area

晋城市泽州县金村镇寺南庄村
Sinanzhuang Village, Jincun Town, Zezhou County

048012

历山原生态农耕文化旅游区
Lishan Original Ecology Agricultural Civilization

晋城市沁水县西南部 56 公里处
56km Southwest of Qinshui County

048211

蟒河自然保护区
Manghe River Natural Reserve

晋城市阳城县蟒河保护区
Manghe Reserve, Yangcheng County

048100

天官王府
Tianguanwangfu (Officer's Residence Buildings of Ming Dynasty)

晋城市阳城县润城镇上庄村
Shangzhuang Village, Runcheng Town, Yangcheng County

048100

王莽岭自然保护区
Wangmangling Natural Reserve

晋城市陵川县古郊乡
Gujiao Town, Lingchuan County

048300

崇福寺景区
Chongfu Temple Scenic Area

朔州市朔城区东大街 1 号
No.1 East Street, Shuozhou District

038500

应县木塔
Wooden Pagoda of Yingxian County

朔州市应县辽代文化城
Cultural City of Liao Dynasty, Yingxian County

037600

朔州市右玉生态旅游景区
Youyu Ecotourism Area

朔州市右玉县高墙框村
Gaoqiangkuang Village, Youyu County

037200

金沙滩景区
Jinshatan (Golden Beach) Scenic Area

朔州市怀仁县金沙滩镇
Jinshatan Town, Huairen County

038300

晋中常家庄园
Jinzhong the Chang's Family Countyard

晋中市榆次区东阳镇车辋村
Chewang Village, Dongyang Town, Yuci District, Jinzhong

030600

乌金山文化旅游景区
Wujin Mountain Culture Tourism Area

晋中市榆次区乌金山镇
Wujinshan Town, Yuci District, Jinzhong

030600

榆次老城
Yuci Old City

晋中市榆次区
Yuci District, Jinzhong

030600

麻田八路军总部纪念馆
Matian Memorial Museum of Eigth Route Army Headquarter

晋中市左权县麻田八路军总部纪念馆
Matian, Zuoquan County, Jinzhong

032600

中国大寨旅游区
Dazhai Tourist Zone of China

晋中市昔阳县大寨村
Dazhai Forest Park, Dazhai Village, Xiyang County

045300

平遥县中国票号博物馆
Pingyao County Museum of the First Chinese Bank

晋中市平遥县西大街
West Avenue, Pingyao County

031100

平遥县衙博物馆
County Government Office Museum of Pingyao County

晋中市平遥县衙门街 77 号
No.77 Yamen Street, Pingyao County

031100

平遥文庙学宫博物馆
Study Palace Museum of Pingyao Confucian Learning Temple

晋中市平遥县
Pingyao County, Jinzhong

031100

平遥镇国寺
Pingyao Zhenguo Temple

晋中市平遥县郝洞村
Haodong Village, Pingyao County

031100

平遥城隍庙财神庙
Pingyao Town God's Temple

晋中市平遥县城隍庙街 51 号
No.51 Chenghuangmiao Street, Pingyao County

031100

平遥协同庆钱庄博物馆
Pingyao Xietongqing Bank Museum

晋中市平遥县南大街 45 号
No.45 South Street, Pingyao County

031100

平遥县双林寺彩塑艺术馆
Pingyao County Painted Sculpture Art Hall of Shuanglin Temple

晋中市平遥县中都乡桥头村
Qiaotou Village, Zhongdu Town, Pingyao County

031100

灵石王家大院旅游区
Lingshi Tourist Zone of Wang Family's Courtyard House

晋中市灵石县静升镇
Jingsheng Town, Lingshi County

031308

运城市舜帝陵景区
Emperor Shun's Tomb Scenic Area

运城市北 10 公里（盐湖区）
10km North of Yuncheng

044000

运城盐湖（中国死海）景区
Yuncheng Salty Lake(Chinese Dead Sea) Scenic Spot

运城市解放南路 365 号
No.365 South Jiefang Road, Yuncheng

044000

解州关帝庙旅游区
Tourist Zone of Lord Guan's Temple

运城市解州镇五一路 145 号
No.145 Wuyi Road, Xiezhou Town

044001

永济普救寺旅游区
Yongji Pujiu Temple Tourist Zone

运城永济市蒲州镇西厢村
Xixiang Village, Puzhou Town, Yongji

044500

鹳雀楼
Guanque (Stork & Sparrow) Tower

运城永济市蒲州镇
Puzhou Town, Yongji

044000

五老峰景区
Wulao Peak Scenic Spot

运城永济市舜都大道北 33 号（五老峰景区管理处）
No.33 Shundu Avenue, Yongji

044500

永乐宫旅游区
Yongle Palace Tourist Zone

运城市芮城县龙泉村
Longquan Village, Ruicheng County

044600

李家大院
The Li's Famliy Courtyard

运城市万荣县阎景村
Yanjing Village, Wanrong County

044200

运城市垣曲历山景区
Huanqu Lishan Mountain Scenic Area

运城市垣曲县
Huanqu County, Yuncheng

043700

忻州禹王洞风景区
Xinzhou Scenic Spot of King Yu's Cave

忻州市忻府区豆罗镇
Douluo Town, Xinfu District, Xinzhou

034001

凤凰山景区
Fenghuang (Phoenix) Mountain Scenic Area

忻州市定襄县受禄乡上汤头村
Shangtangtou Village, Shoulu Town, Dingxiang County

035400

忻州滹源景区
Xinzhou Huyuan Scenic Area

忻州市繁峙县滨河公园
Riverside Park, Fanshi County
034300

芦芽山自然保护区
Luya Mountain Natural Reserve

忻州市宁武县西马坊乡
West Mafang Town, Ningwu County
036704

临汾尧庙游览区
Linfen Tourist Zone of King Yao's Temple

临汾市尧都区尧庙镇尧庙村
Yaomiao Village, Yaomiao Town, Yaodu District, Linfen
041000

临汾市汾河公园景区
LinfenFenhe River Park Scenic Area

临汾市尧都区滨河西路
West Binhe Road, Yaodu District, Linfen
041000

临汾华门
Linfen China Gate

临汾市尧都区
Yaodu District, Linfen
041000

彭真故居
Peng Zhen's Former Residence

临汾侯马市侯马乡垤上村
Dieshang Village, Houma Town, Houma
043000

古县牡丹文化旅游区
Guxian County Peony Culture Tourism Area

临汾市古县石壁乡三合村
Sanhe Village, Shibi Town, Guxian County
042400

吉县黄河壶口瀑布旅游区
Jixian County Tourist Zone of Yellow River Hukou Waterfall

临汾市吉县黄河壶口瀑布风景旅游区七郎窝
Qilang Nest, Yellow River Hukou Waterfall Scenic Tourist Zone, Jixian County
042200

临汾人祖山景区
Renzu Mountain Scenic Area

临汾市吉县屯里镇桃园村口
Entrance of Taoyuan Village, Tunli Town, Jixian County
042200

临汾市乡宁云邱山景区
Xiangning Yunqiu Mountain Scenic Area

临汾市乡宁县东南部
Southeast of Xiangning County
042100

蒲县东岳庙
Puxian County Dongyue Temple

临汾市蒲县柏山路 8 号
No.8 Baishan Road, Puxian County
041200

杏花村汾酒集团
Xinghua Village Fen Liquor Group

吕梁汾阳市杏花村镇
Xinghuacun Town, Fenyang
032205

交城玄中寺景区
Jiaocheng Scenic Spot of Xuanzhong Temple

吕梁市交城县西北 10 公里
10km Northwest of Jiaocheng County
030500

交城卦山景区
Jiaocheng Scenic Spot of Guashan Mountain

吕梁市交城县城北 3 公里
3km North of Jiaocheng County
030500

内蒙古

INNER MONGOLIA

千里草原，天高云淡，这里是祖国的正北方，这里有大面积的草原、沙漠、湖泊、河流、森林、湿地，这里的天空纯净明亮，牛羊成群，这里的人淳朴好客，这里就是诗和远方，这里就是内蒙古自治区。

响沙湾旅游区
Xiangshawan Tourism Zone

"这里的沙子会唱歌"，所以，这片沙漠得名"响沙湾"。响沙湾坐落在鄂尔多斯市达拉特旗的库布其沙漠中，地处中国沙漠东端，是中国距内地及北京比较近的沙漠，罕台川河水从它前面流过，姑子梁与它临川相望。

"一粒沙世界"——这是响沙湾人与游客融于大自然的自由自在的欢乐境界。在这个沙的世界里，隐现着似超现实却又现实的世外桃源——莲沙度假岛、福沙度假岛、悦沙休闲岛、仙沙休闲岛、粒沙度假村，每一处都会给游客带来不一样的愉悦。

鄂尔多斯市达拉特旗响沙湾
Xiangshawan, Dalate Banner

014321

http://www.xiangsw.com

从呼和浩特、包头到东胜的班车均可到达响沙湾景区。

成吉思汗陵旅游区
Genghis Khan Mausoleum Tourist Area

成吉思汗陵旅游区是世界上唯一以成吉思汗文化为主题的大型文化旅游景区，是成吉思汗灵魂长眠之地，是内蒙古龙头旅游景区。成吉思汗陵旅游景区的两大核心区域是成吉思汗文化旅游区和成吉思汗陵园祭祀区，自南向北呈轴线坐落于美丽的巴音昌呼格草原上，主要景点有气壮山河门景、铁马金帐群雕、亚欧版图休闲广场、蒙古历史文化博物馆和成吉思汗中心广场。

成吉思汗陵旅游区每年春夏秋冬均举办成吉思汗

大祭，成吉思汗祭典已经被列入国家级非物质文化遗产名录。

鄂尔多斯市伊金霍洛旗伊金霍洛镇
Yijinhuoluo Town, Yijinhuoluo Banner

017208

http://www.chengjisihan.com.cn

从鄂尔多斯市乘坐开往高家堡（榆林市神木县境内）的班车，途中在成陵路口下车，路口到景区大门还有约 3 公里，可以再换当地人的私车前往景区大门。

满洲里中俄边境旅游区
Manzhouli Sino-Russia Border Tourism Area

中俄边境旅游区包含了中俄互市贸易区、俄罗斯套娃广场和满洲里市红色国际秘密交通线教育基地暨国门景区三部分。满洲里市红色国际秘密交通线教育基地暨国门景区是满洲里市的标志性旅游景区，也是重要的爱国主义教育基地，其中第五代国门是目前中国陆路口岸最大的国门，与俄罗斯国门相对而立，登上国门，俄境后贝加尔斯克区建筑街道尽收眼底，是来满游客必到之处。俄罗斯套娃广场是以满洲里和俄罗斯相结合的历史、文化、建筑、民俗风情为理念，融食、住、行、游、购、娱为一体的大型俄罗斯特色风情园。中俄互市贸易区是我国唯一一家国家间互市贸易区，主要有俄罗斯、蒙古商品，有水晶酒具、套娃、首饰等，商品种类繁多，环境和服务都不错。

中俄边境旅游区借助满洲里得天独厚的地理环境，汇集了中国文化和俄罗斯风情的精华，形成了独具北疆特色、集旅游、购物、餐饮、娱乐于一身的休闲度假胜地。

呼伦贝尔满州里市
Manzhouli

021400

在满洲里市区乘坐6路、10路公交车到套娃景区、国门站下车即可。

赤峰市克什克腾石阵景区
Chifeng Keshiketeng Stone Park

景区原名阿斯哈图石林，“阿斯哈图”意为“险峻的岩石”。这里的石林，石头的纹理横向排列，一层一层像千层饼。这里有第四纪冰川的遗迹，因此阿斯哈图石林也叫作冰石林，是世界上罕见的、形态和成因在全球都具有代表性、并且是目前世界上独有的一种奇特地貌景观。克什克腾石阵景区共有四个核心景区，其中一景区是最大的一个区，它将石林之秀、石林之美、石林之灵、石林之形汇集于一身，是石林中的代表性景区。

克什克腾石阵景区地处高山草甸草原与原始白桦林的交会地带，这里植被茂盛，植物资源丰富，因季节的不同而姿彩各异，魅力纷呈。“山水草原，北方石林”这一旅游品牌，已经使景区成为内蒙古旅游的一张新名片。

赤峰市克什克腾旗巴彦查干苏木巴彦乌拉嘎查
Bayanwulagacha, Bayanchagan Sumu, Keshiketeng Banner

025350

从克什克腾旗沿正北方向出发上 G303 国道达达线，终点克什克腾石阵景区（在道路右侧）。

阿尔山市柴河旅游景区
Chaihe River Tourism Area

春天，这里有千里杜鹃，夏天，这里满山翠绿，秋天，这里万山红遍，冬天，这里银装素裹。这里的旅游资源富集，有原始森林、火山遗迹，有天池群、温泉矿泉，有河流湖泊、峡谷奇峰，这里还有蒙古、汉、回、满、朝鲜等十几个民族，民俗文化丰富多彩。这里就是阿尔山柴河旅游景区。

阿尔山柴河景区坐落在大兴安岭山脉中段山脊，位于内蒙古东部经济较发达地区的核心位置，具有整合满洲里、海拉尔、扎兰屯、乌兰浩特、锡林浩特等地旅游资源、构建内蒙古旅游黄金区域的战略地位。

兴安盟阿尔山市林海街
Linhai Street, Arshan

137800

内蒙古博物院
Inner Mon3golia Museum

呼和浩特市新华东街 27 号
No.27 East Xinhua Street, Huhhot

010020

蒙亮民族风情园
Mengliang Nationality Park

呼和浩特市回民区新华西街 299 号
No.299 West Xinhua Street, Huimin District, Huhhot

010030

昭君博物院
Zhaojun Museum

呼和浩特市玉泉区桃花乡
Taohua Township, Yuquan District, Huhhot

010070

呼和浩特市蒙牛工业旅游区
Huhhot Mengniu Industrial Tourism Zone

呼和浩特市和林格尔县盛乐经济园区
Shengle Economic Park, Helingeer County

011500

呼和浩特市神泉生态旅游景区
Shenquan (Magic Hot Spring) Ecotourism Area

呼和浩特市托克托县西南 11 公里处
11km Southwest of Tocton County

010200

老牛湾黄河大峡谷旅游区
Laoniuwan(Old OX Bay)Yellow River Valley Tourism Area

呼和浩特市清水河县单台子乡最南端
South End of Dantaizi Town, Qingshiuhe County

011600

呼和浩特市伊利－乳都科技示范园
Yili Milk City Technological Demonstration Garden

呼和浩特市土默特左旗金山开发区
Jinshan Development Zone, Tumd Left Banner

010100

内蒙古敕勒川哈素海草原文化旅游区
Chilechuan Hasuhai Prairie Culture Tourism Area

呼和浩特市土默特左旗哈素海
Hasuhai, Tumd Left Banner

010070

包头市南海湿地景区
Nanhai Wetlands Scenic Area

包头市东河区南侧
South of Hedong District, Baotou

014000

包头莲花山旅游景区
Baotou Lotus Mountain Tourism Area

包头市东河区沙尔沁镇西北侧
Northwest of Shaerqin Town, Donghe District, Baotou

014040

包头市北方兵器城
Baotou North Weapon City

包头市青山区兵工路西部路南
South of Xibu Road, Binggong Road, Qingshan District, Baotou

014030

包头市梅力更风景旅游区
Baotou Meiligeng Scenic Tourism Area

包头市九原区
Jiuyuan District, Baotou

014010

美岱召文物旅游区
Meidaizhao Heritage Tourism Area

包头市土默特右旗美岱召文物保管所
Tumd Right Banner

014111

金沙湾生态旅游区
Jinshawan (Golden Sand Bay) Ecotourism Area

乌海市海勃湾区北 10 公里
10km North of Haibowan District, Wuhai

016000

阳光田宇国际酒庄
Sunshine Manor

乌海市海勃湾区人民北路
North Renmin Road, Haibowan District, Wuhai

016000

当代中国书法艺术馆
Contemporary Chinese Calligraphy Art Museum

乌海市海勃湾区滨河街道学府街
Xuefu Street, Binhe Community, Haibowan District, Wuhai

016000

蒙根花生态休闲区
Menggenhua Ecological Leisure Area

乌海市海勃湾区
Haibowan District, Wuhai

016000

道须沟生态旅游区
Daoxugou Ecotourism Area

赤峰市宁城县天义镇
Tianyi Town, Ningcheng County

024200

赤峰市巴林左旗召庙景区
Chifeng Balin Left Banner Zhao Temple Scenic Area

赤峰市巴林左旗林东镇
Lindong Town, Balin Left Banner

025450

达里湖旅游区
Dali Lake Tourism Area

赤峰市克什克腾旗达里诺日苏木
Dalinuori Sumu, Keshiketeng Banner

025309

赤峰市喀喇沁亲王府
Chifeng Kalaqin Mansion

赤峰市喀喇沁旗王爷府镇
Wangyefu Town, Kalaqin Banner

024400

美林谷滑雪场
Mylin Valley Skiing Ground

赤峰市喀喇沁旗美林谷
Mylin Valley, Kalaqin Banner

024400

敖汉温泉城景区
Aohan Hot Spring Scenic Area

赤峰市敖汉旗四家子镇热水汤村
Reshuitang Village, Sijiazi Town, Aohan Banner

024300

敖包相会可汗山草原旅游景区
Aobaoxianghui(Date in Aobao) Kehan Hill Prairie Tourism Area

通辽霍林郭勒市
Holingola City, Tongliao

029200

大青沟国家自然保护区
Daqinggou National Natural Reserve

通辽市科尔沁左翼后旗
Kerqin Left Wing Rear Banner

028121

孝庄园文化旅游区
Queen Xiaozhuang Culture Tourism Area

通辽市科尔沁左翼中旗花吐古拉镇境内
Huatugula Town, Kerqin Left Wing Middle Banner

029300

鄂尔多斯市秦直道旅游区
Ordos Qinzhidao Tourism Area

鄂尔多斯市东胜区罕台村
Hantai Village, Dongsheng District, Ordos

017000

鄂尔多斯市九成宫生态园
Ordos Jiuchenggong Ecological Park

鄂尔多斯市东胜区罕台镇
Hantai Town, Dongsheng District, Ordos

017004

鄂尔多斯野生动物园
Erduosi Safari Park

鄂尔多斯市东胜区
Dongsheng District, Ordos

017000

万家惠欢乐世界游乐园
Gathering Paradise

鄂尔多斯市东胜区永昌路 47 号
No.47 Yongchang Road, Dongsheng District, Ordos

017000

康巴什旅游区
Kangbashi Tourism Area

鄂尔多斯市康巴什区
Kangbashi District, Ordos

017004

准格尔召旅游区
Zhungerzhao Tourism Area

鄂尔多斯市准格尔旗准格尔召镇西召村
Xizhao Village, Zhungerzhao Town, Jungar Banner

017100

鄂尔多斯市释尼召沙漠绿海乐园
Shinizhao Oasis Amusement Park

鄂尔多斯市达拉特旗树林召镇
Shulinzhao Town, Dalate Banner

014300

恩格贝旅游区
Engebei Tourism Zone

鄂尔多斯市达拉特旗乌兰乡恩格贝
Engebei, Wulan Town, Dalate Banner

014321

银肯塔拉沙漠生态旅游区
Yinkentala Desert Ecotourism Area

鄂尔多斯市达拉特旗展旦召苏木
Zhandanzhao Sumu, Dalate Banner

014300

鄂尔多斯草原旅游区
Prairie Resort of Ordos

鄂尔多斯市杭锦旗锡尼镇
Xini Town, Hangjin Banner

017400

察罕苏力德游牧生态旅游区
Chahan Sulide Nomadism Ecotourism Area

鄂尔多斯市乌审旗
Wushen Banner

017300

大沙头文化旅游区
Dashatou Culture Tourism Area

鄂尔多斯市鄂托克前旗敖勒召其镇大沙头村
Dashatou Village, Aolezhaoqi Town, Etuoke Front Banner

016200

鄂尔多斯苏勒德文化旅游村
Erduosi Sulede Cultural Tourism Village

鄂尔多斯市鄂托克前旗布拉格苏木特布德嘎查
Bulage Sumute Budegacha, Etuoke Front Banner

016215

上海庙草原文化旅游区
Shanghaimiao Prairie Culture Tourism Area

鄂尔多斯市鄂托克前旗上海庙镇
Shanghaimiao Town, Etuke Front Banner

016200

碧海阳光温泉旅游区
Bihai Yangguang (Green Sea & Sun) Hot Spring Tourism Area

鄂尔多斯市鄂托克旗乌兰镇
Wulan Town, Etuoke Banner

016100

布龙湖温泉度假区
Bulong Lake Hot Spring Resort

鄂尔多斯市鄂托克旗阿尔巴斯苏木
Arbas Sumu, Etuoke Banner

016100

苏泊罕草原旅游区
Subohan Prairie Tourism Area

鄂尔多斯市伊金霍洛旗苏布尔嘎镇
Subuerga Town, Yinjinhuoluo Banner

0477-8960303

017200

乌兰活佛府旅游区
Wulan Living Buddha Mansion Tourism Area

鄂尔多斯市伊金霍洛旗阿镇
Azhen Town, Yijinhuoluo Banner

017200

水镜湖休闲度假旅游区
Shuijing Lake Leisure Tourist Area

鄂尔多斯市准格尔旗布尔陶亥乡李家塔村
Lijiata Village, Buertaohai Town, Jungar Banner

017100

鄂尔多斯市巴图湾旅游区
Ordos Batuwan Tourism Area

鄂尔多斯市乌审旗河南乡巴图湾村
Batuwan Village, Henan Town, Wushen Banner

017004

察罕苏力德游牧生态旅游区
Chahan Sulide Nomadism Ecotourism Area

鄂尔多斯市乌审旗苏力德苏木
Sulide Sumu, Wushen Banner

017004

世界反法西斯战争海拉尔纪念园
Worldwide Anti-fascist War Memorial Park

呼伦贝尔市海拉尔区北山遗址
Beishan Ruins, Hailar District, Hulun Buir

021000

扎赉诺尔猛犸旅游区
Zhalainuoer Mammoth Tourism Area

呼伦贝尔满洲里市扎赉诺尔区
Zhalainuoer District, Manzhouli

021400

扎兰屯吊桥公园
Zhalantun Drawbridge Park

呼伦贝尔扎兰屯市吊桥路 2 号
No.2 Diaoqiao Road, Zhalantun

162650

内蒙古大兴安岭莫尔道嘎国家森林公园
Inner Mongolia Greater Xing'an Mountains Mordaoga National Forest Park

呼伦贝尔额尔古纳市莫尔道嘎镇
Mordaoga Town, Erguna

022191

额尔古纳湿地景区
Erguna Wetland Scenic Area

呼伦贝尔额尔古纳市拉布达林镇
Labudalin Town, Erguna

022250

根河源国家湿地公园
Source of Genhe River National Wetland Park

呼伦贝尔根河市
Genhe

022350

新巴尔虎左旗巴尔虎蒙古部落旅游景区
Barhu Mongolia Tribe Tourism Area

呼伦贝尔市新巴尔虎左旗阿木古郎镇
Amugulang Town, Xinbarhu Left Banner

021200

呼和诺尔草原旅游度假区
Huhenuoer Prairie Tourism Resort

呼伦贝尔市陈巴尔虎旗巴彦哈达苏
Bayanhadasu, Chenbarhu Banner

021500

呼伦贝尔市陈巴尔虎旗金帐汗蒙古部落
Jinzhanghan Mongolia Tribe

呼伦贝尔市陈巴尔虎旗莫日格勒河畔
Morigele River Bank, Chenbarhu Banner

021500

达尔滨湖国家森林公园
Darbin Lake National Forest Park

呼伦贝尔市鄂伦春自治旗诺敏镇
Nuomin Town, Elunchun Banner

165450

红花尔基国家森林公园
Honghuarji National Forest Park

呼伦贝尔市鄂温克旗红花尔基镇
Honghuaerji Town, Ewenke Banner

021100

呼伦贝尔市中国达斡尔民族园
Hulun Buir China Dawoer Ethnic Garden

呼伦贝尔市莫力达瓦旗尼尔基镇
Nierji Town, Molidawa Banner

162850

河套湿地景区
Hetao Wetland Scenic Area

巴彦淖尔市临河区
Linhe District, Bayan Nur

015001

巴彦淖尔市维信国际高尔夫度假村
Bayannur City Weixin International Golf Resort

巴彦淖尔市乌拉特前旗白彦花镇
Baiyanhua Town, Wulate Front Banner

014400

集宁国际皮革城
Jining International Leather City

乌兰察布市集宁区新区现代物流园内
Inside Modern Logistics Garden, New Area, Jining District, Ulanqab

012000

集宁战役红色纪念园
Jining Battle Red Memorial Park

乌兰察布市集宁区老虎山生态公园内
Inside Laohu Mountain Ecological Park, Jining

012000

红召九龙湾生态旅游区
Hongzhao Jiulong(Nine Dragons) Bay Ecotourism Area

乌兰察布市卓资县西北旗下营镇和红召乡
Between Qixiaying Town & Hongzhao Town, Northwest of Zhuozi County

012300

红石崖寺生态旅游区
Hongshiya(Red Rock Cliff) Temple Ecotourism Area

乌兰察布市卓资县红召乡官庄子村
Guanzhuangzi Village, Hongzhao Town, Zhuozi County

012300

林胡古塞旅游区
Linhu Ancient Fort Tourism Area

乌兰察布市卓资县大榆树乡
Dayushu Town, Zhuozi County

012300

察尔湖旅游区
Cha'er Lake Tourism Area

乌兰察布市兴和县
Xinghe County

013650

苏木山森林公园
Sumu Mountain Forest Park

乌兰察布市兴和县城关镇南 45 公里
45km South of Chengguan Town, Xinghe County

013650

凉城县草原岱海自然生态旅游度假区
Liangcheng County Prairie Daihai Natural Ecologiacal Tourism Resort

乌兰察布市凉城县
Liangcheng County

013750

辉腾锡勒黄花沟草原旅游区
Huitengxile Yellow Flower Valley Tourism Area

乌兰察布市察右中旗辉腾锡勒
Huitengxile, Chahar Right Wing Middle Banner

013502

格根塔拉草原旅游中心
Gergen Tara Prairie Tourism Center

乌兰察布市四子王旗
Siziwang Banner

011800

阿尔山海神圣泉旅游度假区
Arshan Haishen Saint Spring Tourism Resort

兴安盟阿尔山市温泉街
Wenquan Street, Arshan

137800

锡林郭勒盟锡林浩特市贝子庙景区
Beizi Temple Tourism Area

锡林郭勒盟锡林浩特市北区额尔敦敖包南麓
South of Erdun Aobao, North of Xilinhot

026000

锡日塔拉草原旅游度假村
Xiritala Prairie Tourism Holiday Village

锡林郭勒盟锡林浩特市 207 国道 16 公里处路东
East 16km of 207 State Road, Xilinhot

026000

二连浩特恐龙地质公园
Erlianhot Dinasaur Geological Park

锡林郭勒盟二连浩特市区东北 9 公里处
9km Northeast of Erlianhot

011100

锡林郭勒盟西乌珠穆沁旗蒙古汗城
West Wuzhumuqin Banner Mongolia Khan City

锡林郭勒盟西乌珠穆沁旗西乌镇
Xiwu Town, West Wuzhumuqin Banner

026200

太仆寺旗御马苑旅游区
Taipusi Banner Royal Horse Range Tourism Area

锡林郭勒盟太仆寺旗
Taipusi Banner

027000

阿拉善盟通湖草原旅游区
Alashan League Tonghu Prairie Tourism Area

阿拉善盟阿拉善左旗
Alashan Left Banner

750300

福因寺（北寺）旅游区
Fujin Temple(North Temple)Tourism Area

阿拉善盟阿拉善左旗贺兰山北寺
North Temple, Helan Mountain, Alashan Left Banner

750306

贺兰山南寺生态旅游区
Helan Mountain South Temple Tourism Area

阿拉善盟阿拉善左旗贺兰山南寺
South Temple, Helan Mountain, Alashan Left Banner

750306

金沙堡地生态旅游区
Jinshabaodi Ecotourism Area

阿拉善盟阿拉善左旗
Alashan Left Banner

750300

腾格里沙漠月亮湖旅游区
Tengger Desert Moon Lake Tourism Area

阿拉善盟阿拉善左旗
Alashan Left Banner

750306

额济纳旗大漠胡杨林旅游区
Ejina Banner Hu Yang Forest Tourism Area

阿拉善盟额济纳旗达来呼布镇
Dalaihubu Town, Ejina Banner

735400

辽宁

LIAONING

这里是中国最后一个封建王朝——清朝的发祥地，至今，这里的一宫三陵（即沈阳故宫、努尔哈赤先祖墓永陵、努尔哈赤墓福陵、皇太极墓昭陵）仍然保存完好。

这里名山、秀水、奇石、异洞遍布，千山、医巫闾山、凤凰山、冰峪沟、鸭绿江、金石滩和亚洲最大的本溪地下水洞等风光名胜久负盛名。

这里是我国东北地区南部的沿海省份，南临渤海、黄海，隔鸭绿江与朝鲜为邻，东南隔海与日本相望。这里历史悠久，人文与自然资源丰富。这里世代生活着汉、满、蒙古、回、朝鲜、锡伯等民族，民俗风情浓郁。这里的人性格爽朗豪迈、热情好客，“都是活雷锋”。

这里就是辽宁。

乐游辽宁，不虚此行！

沈阳市植物园（世博园）

Shenyang Botanical Garden（Expo Garden）

沈阳市植物园（世博园）是2006年中国沈阳世界园艺博览会的会址，地处沈阳市东部风景秀丽的棋盘山旅游开发区中心地带，被誉为“森林中的世博园”。园区汇集东北、西北、华北地区的多种植物资源，栽植露地木本植物、露地草本植物和温室植物2000余种，是东北地区收集植物种类最多的植物展园。

植物园内百合塔、凤凰广场、玫瑰园为标志性主题建筑，荟萃了世界五大洲及国内重点城市的园林和建筑精品，共有100个展园分布于南北两区，这些代表国际、国内各地区及不同风格的风情展园如繁星般点缀在整个园区中间，散发出人文艺术与自然景观和谐统一的独特魅力。

沈阳市浑南区双园路301号
No.301 Shuangyuan Road, Hunnan District, Shenyang

110163

http://www.syszwy.com.cn

乘168路、234路公交车可达景区，也可从沈阳或抚顺乘坐火车抵植物园，园内设有火车站，双园路、沈抚公路（北线）有公交车相通。

大连金石滩国家旅游度假区

Dalian Golden beach National Tourism Resort

金石滩“因石而成名”，号称“奇石的园林”，大片大片粉红色的礁石、金黄色的石头，像巨大的花朵。金石滩三面环海，冬暖夏凉，气候宜人，延绵30多公里长的海岸线，凝聚了史前9亿年至3亿年的地球进化历史，沉积岩石、古生物化石、海蚀崖、海蚀洞、海石柱、石林等海蚀地貌随处可见，有着“天然地质博物馆”的美誉。

金石滩国家旅游度假区由两个半岛和中央腹地组成，有世界名人蜡像馆、金石滩地质博物馆、金石园、大连滨海国家地质公园等项目，各具风格的建筑群与优美的海滨观光路、黄金海岸等自然环境融为一体，使这里既充满着异国情调，又散发着大自然神秘的诱惑，是理想的旅游度假休闲胜地。

大连市金州区金石滩街道
Jinshitan Community, Jinzhou District, Dalian

116650

从大连火车站乘坐城市快轨可直达终点站金石滩。

大连老虎滩海洋公园—极地海洋动物馆

Tiger Beach Ocean Park—Polar Marine Animal Museum

这里有展示极地海洋动物、体验极地生态的场馆——极地馆，有以展示珊瑚礁生物群为主的综合类海洋生物场馆——珊瑚馆，有全国最大的半自然状态的人工鸟笼——鸟语林，有展示野生海象、海狮、海狗群居生活的场馆——海兽馆，有将情景剧同动物表演相结合的欢乐剧场，有悦赏海豹的蓝湾开心岛，有全国最大的花岗岩群虎雕塑。这里还有化腐朽为神奇的马驷骥根雕艺术馆、全国最长的大型跨海空中索道、大连南部海滨旅游观光船以及惊险刺激的侏罗纪激流探险。

在极地海洋动物馆中，温顺的白鲸、聪明的海豚、呆萌的北极熊、憨态可掬的海象、风度翩翩的企鹅等百余种极地动物携千尾游鱼汇成欢乐的海洋。美丽的外籍演员、帅气的驯养师携手极地海洋精灵，为您呈现一场浪漫的海洋奇缘！

大连老虎滩海洋公园是滨城大连的一道亮丽风景，是展示海洋文化、突出滨城特色、融海洋动物、海洋生物展示、海洋动物表演、海洋游乐、海洋科普教育为一体的现代化海洋主题公园。

大连市中山区滨海中路9号
No.9 Middle Binhai Road, Zhongshan District, Dalian

110613

http://laohutan.com.cn

2路、4路、30路、402路、403路、404路均可到达。

鞍山千山国家风景名胜区

Anshan Qianshan Mountain National Famous Scenic Area

在鞍山市东南，有这样一片奇峰异景——近千座山峰连绵起伏、错落有致，宛如千朵莲花竞秀，“欲向青天数花朵，九百九十九芙蓉”，清代诗人姚元的诗句，正是这片奇异群峰的写照，这就是被誉为“东北明珠”的千山。千山，是我国东北地区重要的文化名山，其文脉纵横、精深博大，人文历史广博浑厚，名胜古迹众多，尤以儒释道文化共享而独领风骚，著名的“十大禅林、九宫、十观、十二茅庵”等40余座庙宇宫观，如同璀璨的珍珠，镶嵌在千山的奇峰翠岭之间，与自然风光和谐天成，浑然一体。

鞍山市千山
Qianshan District, Anshan

114045

http://www.qianshan.gov.cn

8路公交车、K1旅游专线车及千山号旅游专线车均可到达景区。

本溪水洞国家风景名胜区
Benxi Water Tunnel National Scenic Area

本溪水洞是目前发现的世界第一长的地下充水溶洞，“北国一宝”“天下奇观”“亚洲一流”“世界罕见”，这些荣誉与称呼仍不足以表明它的神奇与精美。本溪水洞形成于数百万年前，洞口坐南面北，内分水、旱二洞，进洞口是一座气势磅礴、可容纳千人的“迎客厅”。大厅向右，有旱洞长300米，洞穴高低错落，洞中有洞，曲折迷离，各有洞天，洞顶和岩壁钟乳石多沿裂隙成群发育，呈现各式物象，不假修凿，自然成趣，宛若龙宫仙境。

大厅正面是通往水洞的码头，千余平方米的水面，宛如一幽静别致的“港湾”，泛舟畅游水洞，欣赏水洞之大、水洞之长、水洞之深、飞瀑之美，你不得不惊叹：“钟乳奇峰景万千，轻舟碧水诗画间，钟秀只应仙界有，人间独此一洞天。”

本溪市本溪县谢家崴子村
Xiejiaweizi Village, Benxi County

117000

http://www.lnbenxishuidong.com

在本溪火车站有旅游专线车前往。在本溪东芬客运站乘坐到小市的客车，在水洞下车即可。

沈阳故宫博物院
Shenyang Imperial Palace Museum

沈阳市沈河区沈阳路171号
No.171 Shenyang Road, Shenhe District, Shenyang

110011

辽宁省博物馆
Liaoning Provincial Museum

沈阳市沈河区市府大路363号
No.363 Fuda Road, Shenhe District, Shenyang

110013

张氏帅府博物馆
Marshal Zhang's Mansion

沈阳市沈河区朝阳街少帅府巷46号
No.46 Shaoshuaifu Lane, Chaoyang Street, Shenhe District, Shenyang

110011

沈阳科学宫
Shenyang Science Centrum

沈阳市沈河区青年大街201号
No.201 Qingnian Street, Shenhe District, Shenyang

110015

www.sykxg.org

沈阳“九·一八”历史博物馆
Shenyang “9·18” Museum of History

沈阳市大东区望花南街46号
No.46 Wanghua South Street, Dadong District, Shenyang

110044

沈阳航空博物馆
Shenyang Aviation Museum

沈阳市皇姑区陵北街 1 号
No.1 Lingbei Street, Huanggu District, Shenyang

110034

沈阳北陵公园
Shenyang Beiling Park

沈阳市皇姑区泰山路 12 号
No.12 Taishan Road, Huanggu District, Shenyang

110032

沈阳工业博物馆
Shenyang Industry Museum

沈阳市铁西区卫工北街 14 号
No.14 North Weigong Street, Tiexi District, Shenyang

110021

沈阳绿岛旅游度假区
Shenyang Greenland Tourism Resort

沈阳市苏家屯区枫杨路 42 号
No.42 Fengyang Road, Sujiatun District, Shenyang

110101

盛京国际高尔夫俱乐部
Shengjing International Golf Club

沈阳市浑南区东陵路 210 号甲
No.210A Dongling Road, Hunnan District, Shenyang

110164

沈阳东陵公园
Shenyang Dongling Park

沈阳市浑南区东陵东路 210 号
No.210 East Dongling Road, Hunnan District, Shenyang

110161

沈阳市中华寺
Shenyang Zhonghua Temple

沈阳市浑南区王滨乡中华寺村
Zhonghuasi Villge, Wangbin Town, Hunnan District, Shenyang

110015

沈阳冰川动物乐园
Shenyang Glacier Animal Paradise

沈阳市沈北新区棋盘山国际风景旅游开发区
Shenyang Qipanshan International Tourism Development Zones, New Shenbei District, Shenyang

110463

沈阳怪坡风景区
Shenyang Strange Slope Scenic Area

沈阳市沈北新区杭州路 83-3 号
No.83-3 Hangzhou Road, New Shenbei District, Shenyang

110123

沈阳市方特欢乐世界
Fantawild Adventure Shenyang

沈阳市沈北新区道义开发区盛京大街 55 号
No.55 Shengjing Avenue, Daoyi Development Area, New Shenbei District, henyang

110121

Shenyang.fangte.com

沈阳华晨宝马铁西工厂
Shenyang Huachen BMW Tiexi Factory

沈阳市于洪区大潘镇
Dapan Town, Yuhong District, Shenyang

110141

沈阳三农博览园
Shenyang Sannong Expo

沈阳新民市大柳屯镇岗子村
Gangzi Village, Daliutun Town, Xinmin

110300

大连森林动物园
Dalian Forest Zoo

大连市石道街迎春路
Yingchun Road, Shidao Street, Dalian

116013

大连横山寺北普陀主题文化公园
Dalian Hengshan Temple North Putuo Theme Culture Park

大连市高新园区龙王塘街道祥坛路 1 号
No.1 Xiangtan Road, Longwangtang Community, High-tech Area, Dalian

116011

大连虎滩乐园
Dalian Tiger Beach Amusement Park

大连市中山区滨海中路 9 号
No.9 Middle Binhai Street, Zhongshan District, Dalian

116013

大连棒棰岛宾馆景区
Bangchui(Mallet) Island Hotel Scenic Area

大连市中山区迎宾路 1 号
No.1 Yingbin Road, Zhongshan District, Dalian

116001

大连圣亚海洋世界
Dalian Sun Asia Ocean World

大连市沙河口区中山路 608-6 号
No.608-6 Zhongshan Road, Shahekou District, Dalian

116023

大连现代博物馆
Dalian Modern Museum

大连市沙河口区会展路 10 号
No.10 Huizhan Road, Shahekou District, Dalian

116023

大连自然博物馆
Dalian Natural Museum

大连市沙河口区黑石礁西村街 40 号
No.40 Xicun Street, Heishijiao, Shahekou District, Dalian

116023

旅顺东鸡冠山景区
Lüshun East Jiguanshan Scenic Area

大连市旅顺口区启新街 1 号
No.1 Qixin Street, Lüshunkou Street, Dalian

116041

旅顺万忠墓纪念馆
Lüshun Wanzhong Tomb Museum

大连市旅顺口区九三路 23 号
No.23 93 Road, Lüshunkou District, Dalian

116041

旅顺白玉山景区
Lüshun Baiyushan Scenic Area

大连市旅顺口区白山街 1 号
No.1 Baishan Street, Lüshunkou District, Dalian

116041

旅顺日俄监狱旧址博物馆
Lüshun Japan-Russia Prison Site Museum

大连市旅顺口区元宝坊向阳街 139 号
No.139 Yuanbaofang Xiangyang Street, Lüshunkou District, Dalian

116041

七彩南山景区
Colorful South Mountain Scenic Area

大连市旅顺口区水师营街道小南村
Xiaonan Village, Shuishiying Community, Lüshunkou District, Dalian

116050

大连旅顺潜艇博物馆景区
Dalian Lüshun Submarine Museum

大连市旅顺口区黄金山海岸
Huanjinshan Beach, Lüshunkou District, Dalian

116050

大连英歌石植物园
Dalian Yinggeshi Botanical Garden

大连市旅顺口区龙王塘街道英歌石村
Yinggeshi Village, Longwangtang Community, Lüshunkou District, Dalian

116050

金州关向应纪念馆
Jinzhou Guan Xiangying's Memorial Museum

大连市金州区向应镇关家村
Guanjia Village, Xiangying Town, Jinzhou District, Dalian

116111

大连香洲田园城
Xiangzhou Countryside City

大连瓦房店市谢屯镇
Xietun Town, Wanfangdian

116300

大连将军石旅游景区
Dalian General Stone Tourism Area

大连瓦房店市西杨乡渤海村
Bohai Village, Xiyang Town, Wafangdian

116300

大连仙峪湾旅游度假区
Dalian Xianyu Bay Tourism Resort

人连市瓦房店市仙峪湾镇望海村
Wanghai Village, Xianyuwan Town, Wafangdian

116315

大连安波温泉旅游度假区
Dalian Anbo Hot Spring Tourism Resort

大连市普兰店市安波镇
Anbo Town, Pulandian

116200

铭湖国际温泉滑雪度假区
Minghu Lake International Hot Spring & Ski Resort

大连市普兰店市炮台镇沈大高速公路出口处
Near Exit of Shenda Highway, Paotai Town, Pulandian

116300

世外俭汤温泉度假区
Detachment Jiantang Hot Spring Resort

大连普兰店市安波镇
Anbo Town, Pulandian

116300

大连冰峪省级旅游度假区
Dalian Bingyu Provincial Tourism Resort

大连庄河市仙人洞镇
Xianrendong Town, Zhuanghe

116407

庄河天门山国家森林公园
Zhuanghe Tianmen Mountain National Forest Park

大连庄河市仙人洞镇北部
North Xianrendong Town, Zhuanghe

116409

鞍山玉佛苑
Anshan Jade Buddha Garden

鞍山市铁东区绿化街 58 号
No.58 Green Street, Tiedong District, Anshan

114004

鞍山市鞍钢集团展览馆旅游区
Anshan Iron And Steel Group Corporation Museum Tourism Area

鞍山市铁西区环钢路 1 号
No.1 Huangang Road, Tiexi District, Anshan

114021

鞍山市山水庄园
Anshan Shanshui Manor

鞍山市千山区谷首峪村
Gushouyu Village, Qianshan District, Anshan

114041

岫岩龙泉湖旅游度假区
Xiuyan Longquan Lake Tourism Resort

鞍山市岫岩县前营子镇燕窝村
Yanwo Village, Qianyingzi Town, Xiuyan County

114300

鞍山岫岩清凉山风景区
Xiuyan Qingliang Mountain Scenic Area

鞍山市岫岩县汤沟镇
Tanggou Town, Xiuyan County

114300

抚顺热高乐园
Fushun Hot Go Happy World

抚顺市高湾经济区高望路 1 号
No.1 Gaowang Road, Gaowan Economic Area, Fushun

113123

www.hotgopark.com

抚顺雷锋纪念馆
Fushun Lei Feng Memorial Museum

抚顺市望花区和平路东段 61 号
No.61 Heping Road East, Wanghua District, Fushun

113001

www.leifeng.org.cn

抚顺三块石国家森林公园
Fushun Sankuaishi National Forest Park

抚顺市抚顺县后安镇佟孔子村鸽子洞屯
Gezidong Tun, Tongkongzi Village, Hou'an Town, Fushun County

113113

抚顺赫图阿拉城
Fushun Hetuala City

抚顺市新宾县永陵镇南
South Yongling Town, Xinbin County

113200

新宾猴石森林公园
Xinbin Houshi Forest Park

抚顺市新宾县木奇镇赵家林场
Zhaojia Forest Farm, Muqi Town, Xinbin County

113214

抚顺市和睦国家森林公园
Fushun Hemu National Forest Park

抚顺市新宾县永陵镇和睦村
Hemu Village, YonglingTown, Xinbin County

113200

清源红河峡谷漂流
Qingyuan Red River Canyon Drift

抚顺市清源县红河谷森林公园内
Red River Canyon Forest Park, Qingyuan County

113300

本溪关门山水库风景区
Benxi Guanmenshan Reservoir Scenic Area

本溪市本溪县关门山水库管理处
Guanmenshan Reservoir Administrative Office, Benxi County

117100

本溪关门山国家森林公园
Guanmenshan Mountain National Forest Park

本溪市本溪县山城子镇陈英村
Chenying Village, Shanchengzi Town, Benxi County

117100

本溪九顶铁刹山风景区
Benxi Jiuding Tiecha Mountain Scenic Area

本溪市本溪县南甸镇
Niandian Town, Benxi County

117104

桓仁五女山风景区
Huanren Wunv Mountain Scenic Area

本溪市桓仁县桓仁镇刘家沟村
Liujiagou Village, Huanren Town, Huanren County

117200

桓仁东方大雅河漂流旅游区
Huanren Easten Daya River Drift Tourism Area

本溪市桓仁县普乐堡镇老漫子村
Laomanzi Village, Pulebao Town, Huanren County

117200

丹东鸭绿江国家风景名胜区
Dandong Yalu River National Famous Scenic Area

丹东市振兴区兴一路南端 10 号
No.10 South Xingyi Road, Zhenxing District, Dandong

118000

丹东抗美援朝纪念馆
Dandong The Resist-America, Aid Korea Memorial Museum

丹东市锦江山大街 68 号
No.68 Jinjiangshan Street, Dandong

118000

丹东五龙山风景区
Dandong Wulong（Five Dragons）Mountain Scenic Area

丹东市振安区五龙背镇老古沟村
Laogugou Village, Wulongbei Town, Zhen'an District, Dandong

118005

凤凰山国家风景名胜区
Phoenix Mountains National Famous Scenic Area

丹东凤城市凤凰城区凤凰大街
Fenghuang Street, Fenghuangcheng District, Fengcheng

118100

凤城大梨树生态农业观光旅游区
Fengcheng Dalishu Ecological & Agriculturae Sightseeing Tourist Area

丹东凤城市凤山乡大梨树村
Dalishu Village, Fengshan Town, Fengcheng

118100

东港大鹿岛风景区
Donggang Dalu Island Scenic Area

丹东东港市大鹿岛村旅游公司
Daludao Village Travel Company, Donggang

118300

东港獐岛风景区
Donggang Zhangdao Island Scenic Area

丹东东港市北井子镇
Beijing Zi Town, Donggang

118300

辽宁天华山风景名胜区
Liaoning Tianhua Mountain Scenic Area

丹东市宽甸县灌水镇
Guanshui Town, Kuandian County

118223

宽甸县天桥沟国家森林公园
Kuandian County Tianqiaogou National Forest Park

丹东市宽甸县双山子镇黎明村
Liming Village, Shuangshanzi Town, Kuandian County

118224

河口旅游区
Hekou Tourism Area

丹东市宽甸县长甸镇河口村
Hekou Village, Changdian Town, Kuandian County

118200

锦州笔架山风景区
Jinzhou Bijia Mountain Scenic Area

锦州市笔架山经济技术开发区渤海大街 1 号
No.1 Bohai Street, Bijiashan Economic and Technological Development Zone, Jinzhou

121007

锦州市博物馆（广济寺）
Jinzhou Museum(Guangji Temple)

锦州市古塔区北三里 1 号
No.1 Beisanli, Guta District, Jinzhou

121000

锦州世界园林博览园
Jinzhou World Park Expo Garden

锦州市滨海新区
Binhai New District, Jinzhou

121000

锦州北普陀山风景名胜区
Jinzhou North Putuo Mountain Famous Scenic Area

锦州市太和区钟屯乡
Zhongtun Village, Taihe District, Jinzhou

121001

锦州辽沈战役纪念馆
Jinzhou Liaoshen Campaign Memorial Museum

锦州市凌河区北京路五段 1 号
No.1 Section 5 Beijing Road, Linghe District, Jinzhou

121001

辽宁医巫闾山国家风景名胜区
Liaoning Yiwulüshan National Famous Scenic Area

锦州北镇市巫闾山自然保护区森林管理处
Wulüshan Nature Reserve Management Office, Beizhen

121300

北镇青岩寺风景区
Beizhen Qingyan Temple Scenic Area

锦州北镇市常兴店镇
Changxingdian Town, Beizhen

121306

大芦花风景区
Daluhua (Reed Flower) Scenic Area

锦州北镇市鲍家乡桃园村
Taoyuan Village, Baojia Toen, Beizhen

121300

北镇大朝阳温泉山城旅游区
Beizhen Dachaoyang Hot Spring Town Tourism Area

锦州北镇市大朝阳国家森林公园门外
Outside of Dachaoyang National Forest Park, Beizhen

121300

辽宁义县奉国寺
Yixian County Fengguo Temple

锦州市义县东街 54 号
No.54 East Street, Yixian County

121100

营口熊岳望儿山风景旅游区
Yingkou Xiongyue Wang'ershan Village Tourism Area

营口市熊岳镇望儿山村
Wang'ershan Village, Xiongyue Town, Yingkou

115214

鲅鱼圈月亮湖景区
Bayuquan Moonlake Tourism Area

营口市鲅鱼圈区城区西南部
Southwest of Bayuquan District, Yingkou

115007

仙人岛—白沙湾黄金海岸景区
Xianrendao (Fairy Island) & Baishawan (White Sand Bay) Golden Beach Scenic Area

营口盖州市九垄地、归州街道
Jiulongdi Community, Guizhou Community, Gaizhou

115200

辽宁团山国家海洋公园
Liaoning Tuanshan National Marine Park

营口盖州市北海新区
Beihai New District, Gaizhou

115000

赤山风景区
Chishan (Red Mountain) Scenic Area

营口盖州市万福镇东
East of Wanfu Town, Gaizhou

115200

黄家沟旅游度假区
Huangjiagou Tourism Resort

阜新市细河区四合镇黄家沟村
Guangjiagou Village, Sihe Town, Xihe District, Fuxin

123000

阜新市海棠山风景区
Fuxin Haitang Mountain Scenic Area

阜新市阜蒙县大板镇大板村
Daban Village, Daban Town, Fumeng County

123122

阜新瑞应寺风景区
Fuxin Ruiying Temple Scenic Area

阜新市阜蒙县佛寺镇佛寺村
Fosi Village, Fosi Town, Fumeng County

123128

宝地斯帕温泉度假区
Baodi Spa Hot Spring Resort

阜新市阜蒙县东梁镇吐呼噜村
Tuhulu Village, Dongliang Town, Fumeng County

123100

辽阳龙石风景区
Liaoyang Longshi Scenic Area

辽阳市宏伟区东环路 38 号
No.38 East Ring, Hongwei District, liaoyang

111000

辽宁汤河国际温泉旅游度假区
Liaoning Tanghe International Hot Spring Tourism Resort

辽阳市弓长岭区汤河镇柳河村
Liuhe Village, Tanghe Town, Gongchangling District, Liaoyang

111008

www.tanghespring.com

盘锦苇海鼎翔旅游度假区
Panjin Weihai Dingxiang Tourism Resort

盘锦市兴隆台区新生街
Xinsheng Street, Xinglongtai District, Panjin

124106

盘锦红海滩风景区
Panjin Honghaitan（Red Beach）Scenic Area

盘锦市大洼区赵圈河乡
Zhaoquanhe Town, Dawa District, Panjin

124000

盘锦红海滩风景廊道
Panjin Honghaitan Scenic Corridor

盘锦市大洼区红海滩风景区内
Inside Honghaitan Scenic Area, Dawa District, Panjin

124000

铁岭调兵山市蒸汽机车博物馆
Diaobingshan Steam Locomotive Museum

铁岭调兵山市晓明镇
Xiaoming Town, Diaobingshan

112702

朝阳凤凰山国家森林公园
Mount Phoenix National Forest Park

朝阳市双塔区凌凤街
Lingfeng Street, Shuangta District, Chaoyang

122000

辽宁朝阳鸟化石国家地质公园
Liaoning Chaoyang Bird Fossil National Geological Park

朝阳市龙城区七道泉子镇上河首村
Shangheshou Village, Qidaoquanzi Town, Longcheng District, Chaoyang

122000

北票大黑山国家森林公园
Beipiao Daheishan National Forest Park

朝阳北票市大黑山
Daheishan, Beipiao

122127

龙凤山风景区
Longfeng(Dragon & Phoenix) Mountain Scenic Area

朝阳市喀左县尤杖子乡
Youzhangzi Town, Kazuo County

122300

龙源旅游区
Longyuan(Source of Dragon) Tourism Area

朝阳市喀左县尤杖子乡
Youzhangzi Town, Kazuo County

122300

葫芦岛市葫芦山庄
Huludao City Hulu Villa

葫芦岛市龙港区笊笠村
Zhaoli Village, Longgang District, Huludao

125003

连山灵山风景名胜区
Lianshan Lingshan Mountain Famous Scenic Area

葫芦岛市连山区神庙子乡凉水井子村
Liangshuijingzi Village, Shenmiao Town, Lianshan District, Huludao

125001

兴城古城
Xingcheng Ancient City

葫芦岛兴城市内
Xingcheng

125100

觉华岛风景区
Juehua Island Scenic Area

葫芦岛兴城市觉华岛乡
Juehuadao Town, Xingcheng

125100

兴城海滨国家风景名胜区
Xingcheng Waterfront National Famous Scenic Area

葫芦岛兴城市海滨风景区内
In the Seashore Scenic Area, Xingcheng

125100

绥中九门口水上长城
Suizhong Nine Entrance to the Water on the Great Wall

葫芦岛市绥中县李家堡乡
Lijiabao village, Suizhong County

125200

银泰水星海洋乐园
Yintai Shuixing Sea Park

葫芦岛市绥中县东戴河新区
Dongdaihe New District, Suizhong County

125200

吉林

JILIN

中国版图上昂首向前的“鸡头”位置，就是吉林。吉林历史悠久、文化灿烂、人杰地灵。吉林生态环境优良，有肥沃的黑土地、广袤的大草原、雄伟的长白山和茫茫的大森林。吉林是国家生态建设试点省，有自然保护区 50 余处，森林公园 50 多家，其中长白山自然保护区被联合国确定为“人与生物圈”自然保留地，孕育着东北虎、东方白鹤等国际濒危野生物种。

看白鹤起舞，听虎啸山林，徜徉在冰清玉洁的雾凇间，游神奇迷人的长白山天池、绿荫如盖的净月潭，吃著名的“吉林大米”，品珍稀的“吉林人参”……吉林，一定能为你带来如意、吉祥！

AAAAA

长春世界雕塑公园

Changchun World Sculpture Park

这里荟萃了来自216个国家和地区404位雕塑家的454件（组）雕塑艺术作品，这里是雕塑艺术的殿堂，是国际重要的雕塑艺术交流园地。公园主题雕塑“友谊·和平·春天”耸立于春天广场中央，气势宏伟，蔚为壮观，堪称镇园之作。公园两大主体建筑“长春雕塑艺术馆”与“松山韩蓉非洲艺术收藏博物馆”，充分体现了雕塑艺术给建筑师带来的设计灵感，广受赞誉。

长春世界雕塑公园不仅收录国内外雕塑名家的经典名品，也收录青年雕塑家的佳作。公园本身更是采用了传统和现代相结合的设计理念，中西合璧的造园技艺，达到了自然环境与人文景观的和谐统一，凸显天人合一的深邃意境。

长春市南关区人民大街9518号
No.9518 People Street, Nanguan District, Changchun

130022

http://www.ccwsp.com

66路、112路、130路、240路、252路、270路公交车可达。

1号线市政府站B出口。

长春市伪满皇宫博物院

Puppet Manchurian Palace

伪满皇宫旧址是清朝末代皇帝爱新觉罗·溥仪充当伪满洲国傀儡皇帝时的宫廷遗址，是国内现存比较完整的宫廷遗址之一，也是日本武力侵占中国东北、推行法西斯殖民统治的最典型的历史见证。伪满皇宫博物院是在伪满皇宫旧址上建立的宫廷遗址型博物馆，主要负责伪满皇宫旧址的保护、恢复、利用和文物资料的征集、保管、研究，深入挖掘其特殊的历史文化内涵，开展近现代史和爱国主义教育。

长春市宽城区光复北路5号
No.5 North Guangfu Road, Kuancheng District, Changchun

130051

http://www.wmhg.com.cn

125路、225路、264路、279路、318路公交车可达。

4号线伪满皇宫站下车。

长春净月潭国家森林公园

Jingyuetan National Forest Park

长春净月潭国家森林公园距市中心人民广场仅18公里，是“喧嚣都市中的一块净土”，有“亚洲第一大人工林海”“绿海明珠”“都市氧吧”之美誉，是长春市的生态绿核和城市名片。百平方公里的人工林海环抱一潭秀水，潭水清澈，银波荡漾，其秀美的景色堪与台湾的日月潭相媲美，被誉为日月潭的姊妹潭。净月潭国家森林公园内有大小山头百余座，森林覆盖率达80%以上，山、水、林相依的生态景象构成了净月潭四季变幻的风情画卷。这里处处皆景致，四季貌不同，是春踏青、夏避暑、秋赏景、冬玩冰雪的理想之地。

长春市净月大街5840号
No.5840 Jingyue Street, Changchun

130117

102路、120路、160路公交车可达。

3号线净月公园站下车。

长影世纪城旅游区

Changying Movie Wonderland Tourism Area

1945年10月成立的长春电影制片厂，曾先后创造新中国电影的七个第一，是“新中国电影的摇篮”。长影世纪城依托长春电影制片厂深厚的电影文化底蕴，以其高科技含量、高新颖程度、高制作水平和高民族文化特质，充分展示了电影文化，特别是特效电影文化独有的魅力。长影世纪城是中国独有世界级特效电影主题公园，娱乐项目分为创新科技、惊险刺激、体验演艺、游艺欣赏四大板块。飞翔式穹幕影院“华夏翱翔”、世界首座正交多幕特种影院“空间迷城”、惊恐刺激的丧尸医院、6层楼高的3D巨幕、将动感技术与球形银幕完美结合的“星际探险”、非常实验室、精灵王国、玛雅古城……每个项目都是科技含量高、体验性强、互动性强。

长春市净月开发区长双公路4.5公里处
4.5km at Changshuang Road, Jingyue Development Zone, Changchun

130022

www.changying.com

可乘102路、120路、160路公交车到净月潭正门，换乘专线车即可到达长影世纪城。

3号线、6号线。

敦化六鼎山文化旅游区

Dunhua Liudingshan Cultural Tourism Area

六鼎山文化旅游区是吉林省第一家文化旅游区，是东北亚旅游黄金大通道的重要节点和旅游目的地。旅游集悠久闻名的佛教文化、沧桑神奇的渤海文化、源远流长的清始祖文化、如诗如画的生态文化于一身，形成了独具魅力的复合型文化景观。这里有唐渤海国王室贵族墓葬群——六顶山古墓群，有世界最大的满族祭祀祠堂——清祖祠，有世界最高的释迦牟尼青铜坐佛——金鼎大佛，有世界知名尼众道场——正觉寺，这里还有宗教文化展示中心——佛教文化艺术馆。这里群山绵亘，百花成海，这里是文化圣境，度假天堂。

六鼎山文化旅游区欢迎您！

延边州敦化市南 5 公里处
5km South of Dunhua

133700

www.jindingdafo.com

8 路、8k1 路公交车均可到景区。

吉林长白山国家自然保护区

Jilin National Natural Reserve of Mountain Changbai

长白山是一座巨型休眠火山，其独特的地理位置和地质构造，形成了神奇壮观的火山地貌。火山喷发后形成的高山湖泊——长白山天池，像一块瑰丽的碧玉镶嵌在雄伟的长白山群峰之中。长白山天池是中国最大的火山湖，也是世界上最深的高山湖泊。长白山国家自然保护区内河流众多，水源丰富，是松花江、鸭绿江、图们江的发源地。

长白山国家自然保护区有丰富完整的生物资源、深远厚重的历史文化、美丽奇特的自然风光。长白山以其雄奇壮美、原始荒古跻身于“中华十大名山”“中国十大最美森林”之列。

长白山国家自然保护区森林生态系统十分完整，动植物资源十分丰富，是世界少有的“物种基因库”，是森林生态系统研究和教学的天然实验室，是进行环境保护和绿色宣传教育的自然博物馆。

延边州安图县二道白河镇
Erdao Baihe Town, Antu County

133613

http://cbs.jl.gov.cn

松江河镇和二道白河镇都有出租车可到景区。

AAAA

长春农博园

Changchun Agricultural Expo Garden

长春市南关区飞虹路
Feihong Road, Nanguan District, Changchun

130022

孔子文化园

Confucius' Culture Park

长春市南关区
Nanguan District, Changchun

130022

长春天怡温泉度假山庄

Changchun Tianyi Hot Spring Resort

长春市南关区新湖镇红田村金家沟
Jinjiagou, Hongtian Village, Xinhu Town, Nanguan District, Changchun

130022

长影旧址博物馆

Changchun Film Studio Site Museum

长春市朝阳区红旗街 1118 号
No.1118 Hongqi Street, Chaoyang District, Changchun

130012

长春莲花山滑雪场

Changchun Mountain Lotus Flower Skiround

长春市二道区四家乡青山村
Qingshan Village, Sijia Town, Erdao District, Changchun

130031

北湖湿地公园

North Lake Wetland Park

长春市二道区高新北区
North Hi-tech Area, Erdao District, Changchun

130031

关东文化园

Guandong Culture Park

长春市绿园区
Lüyuan District, Changchun

130062

御龙温泉

Yulong Hot Spring

长春市双阳区杨家村
Yangjia Village, Shuangyang District, Changchun

130600

九台庙香山旅游度假区
Jiutai Temple Xiangshan Mountain Tourism Resort

长春市九台区泥坡河镇
Nipohe Town, Jiutai District

130500

长春凯撒森林温泉旅游度假区
Changchun Caesar Forest Hot Spring Tourism Resort

长春市净月开发区净月大街 6366 号
No.6366 Jingyue Street, Jingyue Development Zone, Changchun

30117

吉林市博物馆
Jilin Museum

吉林市吉林大街 100 号
No.100 Jilin Street, Jilin

132000

吉林市圣鑫葡萄酒庄园
Jilin Shengxin Wine Manor

吉林市莲花镇
Lianhua Town, Jilin

132011

吉林松花湖风景名胜区
Jilin Songhua Lake Famous Scenic Area

吉林市丰满区江湾路 4 号
No.4 Jiangwan Road, Fengman District, Jilin

132011

万科松花湖度假区
Vanke Songhua Lake Resort

吉林市丰满区青山大街 888 号
No.888 Qingshan Street, Fengman District, Jilin

132013

蛟河拉法山国家森林公园
Jiaohe Lafashan National Forest Park

吉林蛟河市北部
North of Jiaohe, Jilin

132500

吉林北大湖滑雪场
Jilin North Lake Skiing Ground

吉林市永吉县北大湖镇
Beidahu Town, Yongji County

132224

四平市叶赫那拉城景区
Siping Yehenala City Scenic Area

四平市铁东区叶赫镇
Tiedong District, Yehe Town, Siping

136505

四平战役纪念馆
Memorial Museum of Siping Battle

四平市铁西区公园北街
North Gongyuan Avenue, Siping

136000

双辽—马树森林公园
Shuangliao Mashu Forest Park

四平双辽市红旗街道
Hongqi Community, Shuangliao

136400

北方巴厘岛景区
North Bali Island Scenic Area

四平市梨树县霍家店经济开发区
Huojiadian Economic Development Zone, Lishu County

135505

伊通满族自治县博物馆
Yitong Manchu Autonomous County Museum

四平市伊通县人民大路 1129 号
No.1129 Renmin Road, Yitong County

130700

伊通满族自治县牧情谷旅游风景区
Manchu Muqing Valley Tourist Area

四平市伊通县营城子镇郊
Suburb of Yingchengzi Town, Yitong County

130700

道路交通体验公园
Road Traffic Experience Park

辽源市龙山区工农乡苇塘村
Weitang Village, Gongnong Town, Longshan District, Liaoyuan

136200

青少年平安教育馆
Youth Peace Education Base

辽源市龙山区人民大街 4456 号
No.4456 Renmin Street, Longshan District, Liaoyuan

136200

东北沦陷时期辽源市矿工墓陈列馆
Miners' Tomb Museum in Japanese Colonial State in Enemyoccupied Era in Northeast China

辽源市西安区安家街安仁路 36 号
No.36 Anren Road, Anjiajie, Xi'an District, Liaoyuan

136201

鸬鹚湖旅游度假区
Cilu(Heron) Lake Tourism Resort

辽源市东辽县金洲乡
Jinzhou Town, Dongliao County

136600

通天酒业科技园景区
Tontine Wine Industry Technology Garden Scenic Area

通化市团结路 2199 号
No.2199 Tuanjie Road, Tonghua

134000

通化市白鸡峰国家森林公园
Tonghua Baiji Peak National Forest Park

通化市金厂镇龙头村
Longtou Village, Jinchang Town, Tonghua

134001

杨靖宇烈士陵园
Yang Jingyu Martyr Cemetery

通化市靖宇路 888 号
No.888 Jingyu Road, Tonghua

134000

梅河口市鸡冠山景区
Meihekou Jiguan Mountain Scenic Area

通化梅河口市吉乐乡
Jile Town, Meihekou

135000

集安市高句丽文物古迹旅游景区
Ji'an Gaogouli Heritage and Historic Site Tourist Attraction

通化集安市郊
Suburbs of Ji'an

134200

集安五女峰国家森林公园
Ji'an Five Female Peak National Forest Park

通化集安市集锡公路 21 公里处
21 km of Jixi Road, Ji'an

134200

振国壹号庄园景区
Zhenguo No.1 Manor Scenic Area

通化市通化县英额布镇
Ying'ebu Town, Tonghua County

134100

大泉源酒业历史文化景区
Daquanyuan Wine History & Culture Scenic Area

通化市通化县大泉源乡宝泉街
Baoquan Street, Daquanyuan Town, Tonghua County

134100

辉南龙湾群国家森林公园
Huinan Longwanqun National Forest Park

通化市辉南县金川镇
Jinchuan Town, Hunnan County

135100

松江河国家森林公园
Songjianghe National Forest Park

白山市抚松县松江河镇
Songjianghe Town, Fusong County

134500

白山市长白山峡谷浮石林风景区
Changbai Stone Forest Scenic Area

白山市长白县十四道沟镇
Shisidaogou Town, Changbai County

134402

望天鹅风景区
Wangtian'e (Seeing the Swan) Scenic Area

白山市长白县长白镇白山大街 10 号
No.10 Baishan Street, Changbai Town, Changbai County

134400

松原市规划展览馆
Songyuan Planning Exhibition Hall

松原市宁江区滨江大道与中山大街交会处
Intersection of Binjiang Ave. & Zhongshan St., Ningjiang District, Songyuan

138000

查干湖旅游度假区
Chagan Lake Tourism Resort

松原市前郭县蒙古屯乡川头村
Chuantou Village, Menggutun Town, Qianguo County

131107

查干浩特旅游景区
Chaganhaote Tourism Area

白城市查干浩特开发区
Chaganhaote Development Zone, Baicheng

137000

大安市嫩江湾湿地公园
Da'an Nenjiang River Bay Wetland Park

白城大安市老坎子
Laokanzi, Da'an

131300

吉林莫莫格国家自然保护区
Momoge National Natural Reserve

白城市镇赉县莫莫格乡
Momoge Town, Zhenlai County

137200

吉林向海国家自然保护区
Xianghai National Natural Reserve

白城市通榆县向海乡
Xianghai Village, Tongyu County

137200

梦都美民俗旅游度假村
Mengdumei Folk Custom Tourism Resort

延边州延吉市依兰镇春兴村
Chunxing Village, Yilan Town, Yanji

133000

延边博物馆
Yanbian Museum

延边州延吉市参花街
Shenhua Street, Yanji

133000

延边朝鲜族民俗园
Yanbian Chaoxian(Korean) Nationality Folk Custom Garden

延边州延吉市南部 2 公里
2km South of Yanji

133000

延边州海兰湖风景区
Hailan Lake Scenic Area

延吉、龙井、图们三市的交界处
Intersection of Yanji, Longjing & Tumen

133300

敦化雁鸣湖省级旅游度假区
Yanming Lake Provincial Tourism Resort

延边州敦化市雁鸣湖镇
Yanminghu Town, Dunhua

133700

珲春防川风景区
Hunchun Fangchuan Scenic Spot

延边州珲春市防川镇
Fangchuan Town, Hunchun

133300

安图大关东文化园
Antu Great Guangdong(East Shanhaiguan) Culture Park

延边州安图县永庆乡东清村
Dongqing Village, Yongqing Town, Antu County

133600

安图创兴长白山原始萨满部落风景区
Antu Chuangxing Changbai Mountain Original Shaman Tribe Scenic Area

延边州安图县
Antu County

133600

大戏台河景区
Big Xitaihe Scenic Area

延边州安图县二道白河镇黄松蒲林场东南 5 公里处
5km Southeast of Huangsongpu Forest Center, Erdao Baihe Town, Antu County

133000

安图县魔界景区
Antu County Magic World Scenic Area

延边州安图县二道白河镇红丰村
Hongfeng Village, Erdao Baihe Town, Antu County

133000

长白山历史文化园
Changbai Mountain History & Culture Garden

延边州安图县松江镇
Songjiang Town, Antu County

133000

峡谷浮石林
Gorge Float Stone Forest

延边州长白山山门东南 6 公里处
6km Southeast of the Gate of Changbai Mountain Scenic Area

133000

长白山野山参生态园
Changbai Mountain Wild Ginseng Ecological Park

延边州长白山保护开发区池西区
Chixi District, Changbai Mountain Protection & Development Zone, Yanbian

133000

黑龙江

HEILONGJIANG

黑龙江是中国位置最北、纬度最高的省份，所以，冰雪就是这里最有特色的风景。每年冬天，晶莹的冰、洁白的雪，把黑龙江大地处处装点得如童话世界。到黑龙江看冰灯、滑雪已经成为国人冬季旅游的潮流与时尚。

冰消雪化时，黑龙江也是最美的。黑龙江、松花江、乌苏里江、绥芬河等多条河流，兴凯湖、镜泊湖、五大连池等众多湖泊，让黑龙江的四季都如油画般诱人。黑龙江有天然湿地面积5.56万平方公里，居全国第四位，拥有国家湿地公园58家，是丹顶鹤、东方白鹳等珍稀水禽的重要繁殖栖息地。黑龙江还拥有国家级自然保护区36处，数量列全国第一。

北国好风光，尽在黑龙江。

太阳岛公园
Sun Island Park

20 世纪 80 年代，一曲甜美婉转的《太阳岛上》，让这个美丽的小岛名扬海内外。经过数十年的维护与经营，如今的太阳岛，已经成为冬季看冰灯玩冰雪、夏季避暑、春秋景更美的旅游胜地。

太阳岛公园坐落在哈尔滨市松花江北部，水域开阔壮丽，洲岛湿地景色秀美，原野广漠壮观，湿地植被丰富，生态环境良好。太阳岛具有浓郁的欧陆风情，岛上保留着不同时期、不同流派、形式多样的巴洛克式、哥特式等风格的建筑，还有由 20 多座俄罗斯风格别墅建筑组成的俄罗斯风情小镇，别具一格。

太阳岛具有独特的冰雪文化，冬季飞雪轻舞，玉树银花，银装素裹，构成了一幅独具特色的北国风景画卷，素有“北国风光赛江南”之美誉。一年一度的太阳岛国际雪雕艺术博览会，作为哈尔滨国际冰雪节的重要内容早已驰名中外。

哈尔滨市松北区临江街 10 号
No.10 Linjiang Street, Songbei District, Harbin

150010

29 路、80 路、85 路、88 路公交可达。在防洪纪念塔、九站或道外七道街码头可以乘坐轮船直达太阳岛。在通江街可乘坐龙珠索道直达太阳岛。

汤旺河林海奇石风景区
Tangwanghe Forest Sea & Wonderful Stone Scenic Spot

它坐落于小兴安岭的一处高地，紧邻汤旺河，因有着上千种奇石怪岩而闻名，是目前国内发现的唯一一处造型最丰富、类型最齐全、特征最典型的印支期花岗岩地质遗迹。景区内百余座花岗岩石峰构成了奇特的地质地貌景观——花岗岩石林，这些奇岩怪石或拔地而起，高大险峻，四壁陡直如削；或沿山脉分布，高低错落，类禽似兽，形态各异；或散落于林间，如精雕细琢，鬼斧神工，奇情妙景令人叹为观止。

除了千姿百态的怪石，这里还有着各种高耸入云的参天古木，整个景区内植被繁茂，山色葱翠。漫步古树白桦的幽径之间，既可闻百鸟欢歌，赏松柏轻舞，又可嗅杜鹃幽香，观兴安奇石。这里有叠瀑溪涧，这里是天然氧吧，这里就是一处绝好的世外桃源。

伊春市汤旺河区东风大街 102 号
No.102 Dongfeng Avenue, Tangwanghe District, Yichun

153037

伊春汽车站有直达汤旺河的汽车，五营也有到汤旺河的客车。

镜泊湖风景区
Jingbo Lake Scenic Spot

“山上平湖水上山，北国风光胜江南”，镜泊湖环境幽雅，自然风光恬静、秀丽，是我国北方著名的风景区和避暑胜地，被誉为“北方的西湖”。镜泊湖全湖分为北湖、中湖、南湖和上湖四个湖区，山中有湖，湖中有岛，岛上有山。这里有气势轩昂的大孤山，有精巧别致的珍珠门，有形神兼备的道士山。湖中大小岛屿星罗棋布，著名的湖中八大景则犹如八颗光彩照人的明珠镶嵌在这条飘在万绿丛中的缎带上。

在湖的北岸半岛上，有一些建筑别致的小别墅和旅游设施，这就是镜泊湖的游览中心镜泊山庄。除了镜泊山庄以外，整个湖周围很少有建筑物，只有山峦和葱郁的树林，呈现一派秀丽的大自然风光，而这正是镜泊湖的诱人之处。

牡丹江市西三条路 190 号
No.190 Xisantiao Road, Mudanjiang

157000

http://www.jphgroup.cn

牡丹江火车站前每天有大巴直达主景区。

中国五大连池世界地质公园
Wudalianchi World Geological Park

300 年前，老黑山与火烧山喷发，熔岩阻塞白河河道形成五个溪水相连的火山堰塞湖，这就是五大连池。五大连池地处小兴安岭山地向松嫩平原的过渡地带，一条蜿蜒曲折的河流，宛如一条蓝色绸带，串连起这五个湖泊，从拔地而起的 14 座火山锥之间穿流而过。柔美灵动的湖水中倒映着雄峻青山，山水辉映，构成一幅优美的中国传统山水画卷。

“名山如画屏，珠带五湖清。”五大连池世界地质公园山奇、石怪、泉神、洞异、湖秀、林幽，被科学家称为“打开的火山教科书”“天然地质博物馆”。多层次、多类型独具风韵的世界地质名胜，正以其青山雄峻、碧水轻柔的和谐身姿，以其气势雄浑而意蕴幽邃的恢宏山水，以其历经沧桑、生命灵动的迷人图景，给人以怦然心动的震撼，成为中国传统山水审美视野下不可多得的典范。

黑河五大连池市
Wudalianchi

164155

http://www.wdlcggp.org.cn

从黑河到景区可乘 K7036、4032、4084 次列车。

漠河北极村风景旅游区

Beiji(North Pole) Village Tourism Area

北极村风景旅游区雄居祖国的最北端，位于黑龙江上游南岸、大兴安岭山脉北麓，与俄罗斯隔黑龙江相望，素有“金鸡之冠”“神州北极”和“不夜城”之美誉，是全国观赏北极光和极昼极夜的最佳观测点。北极村是中国最北的城镇，是中国“北方第一哨”所在地，在这里，你不仅能看到美丽的极光，体验极昼极夜的神奇与神秘，还能在中国最北的北极圣诞滑雪场滑雪，在中国最北的邮局里为亲朋寄张明信片。当然不能少了在中国最北的“神州北极”广场留影，这是你到达中国大陆最北端点的见证和标志。

大兴安岭地区漠河县漠河乡
Mohe Town, Mohe County

165300

http://www.beijicunlvyou.com

从漠河到北极村有长途汽车。乘火车最好在哈尔滨中转，K7039、K7041 次均可达漠河。

哈尔滨黑龙江电视塔（龙塔）旅游区

Harbin Heilongjiang TV Tower（Dragon Tower）Tourist Zone

哈尔滨市高新技术开发区长江路
Changjiang Road, New and High-Tech Technological Development Zone, Harbin

150090

华南城休闲文化旅游区

Huanancheng Leisure & Culture Tourism Area

哈尔滨市长江路与华南中路交会处
Intersection of Changjiang Road & Middle Huanan Road, Harbin

150010

哈尔滨极地馆

Harbin Polarland

哈尔滨市松北区太阳大道 3 号
No.3 Taiyang Avenue, Songbei District, Harbin

150122

www.hrbpolarland.com

哈尔滨东北虎林园

Harbin Manchurian Tiger Garden

哈尔滨市松北区松北街 88 号
No.88 Songbei Street, Songbei District, Harbin

150021

哈尔滨融创乐园

Harbin SUNAC Land

哈尔滨松北区世茂大道 99-1 号
No.99-1 Shimao Avenue, Songbei District, Harbin

150028

哈尔滨波塞冬旅游景区

Harbin Poseidon Tourism Area

哈尔滨市松北区汇江路 1 号
No.1 Huijiang Road, Songbei District, Harbin

150028

中央大街景区

The Centre Avenue Tourism Area

哈尔滨市道里区红霞街 89 号
No.89 Hongxia Street, Daoli District, Harbin

150018

哈尔滨索菲亚广场
Harbin Sofia Square

哈尔滨市道里区
透笼街 88 号
No.88 Toulong Street, Daoli District, Harbin

150010

哈尔滨游乐园
Harbin Amusement Park

哈尔滨市南岗区东大直街 1 号
No.1 East Dazhi Street, Nangang District, Harbin

150001

黑龙江省科技馆
Hailongjiang Provincial Technology Hall

哈尔滨市南岗区中山路
Zhongshan Road, Nangang District, Harbin

150006

哈尔滨白鱼泡湿地公园
Harbin Baiyupao Wetland Park

哈尔滨市道外区东直路 150 号
No.150 Dongzhi Road, Daowai District, Harbin

150050

伏尔加庄园
Volga Manor

哈尔滨市香坊区城高子镇
Chenggaozi Town, Xiangfang District, Harbin

150038

永泰世界主题乐园
Yongtai World Theme Park

哈尔滨市香坊区香福路 55 号永泰城购物中心 4 层 -5 层
4th & 5th Floor, Yongtai Shopping Center, No.55 Xiangfu Road, Xiangfang District, Harbin

150036

松松小镇旅游区
Songsong Little Town Tourism Area

哈尔滨市香坊区三大动力路 8 号乐松广场 3 楼
3rd Floor, Lesong Square, No.8 Sandadongli Road, Xiangfang District, Harbin

150036

呼兰河口湿地公园景区
Hulan River Estuary Wetland Park Scenic Area

哈尔滨市呼兰区东岗村
Donggang Village, Hulan District, Harbin

150500

北方森林动物园
Northern Forest Zoo

哈尔滨市阿城区哈牡公路
Hamu Highway, Acheng District, Harbin

150036

金龙山国际旅游度假区
Jinlongshan (Golden Dragon Mountain) International Tourism Resort

哈尔滨市阿城区金龙山镇
Jinlongshan Town, Acheng District, Harbin

150300

森工平山旅游区
Sengong Pingshan Tourism Area

哈尔滨市阿城区平山镇
Pingshan Town, Acheng District, Harbin

150324

哈尔滨美丽岛温泉水乐园
Harbin Beauty Island Hot Spring Water Park

哈尔滨市阿城区长江路阿城方向 23 公里处
23km to Acheng, Changjiang Road, Acheng District, Harbin

150300

亚布力滑雪旅游度假区
Yabuli Skiing Tourism Resort

哈尔滨尚志市亚布力镇
Yabuli Town, Shangzhi

150631

蒙牛乳业工业旅游景区
Mengniu Milk Industrial Tourism Area

哈尔滨尚志市开发区
Development Zone, Shangzhi

150601

苇河林业局红豆杉景区
Yew Forest Scenic Area

哈尔滨尚志市苇河镇
Weihe Town, Shangzhi

150628

凤凰山国家森林公园
Fenghuang(Phoenix) Mountain National Forest Park

哈尔滨五常市山河屯林业局
Shanhetun Forest Bureau, Wuchang

150232

罗勒密山景区
Luolemi Mountain Scenic Area

哈尔滨市方正县方正林业局石河林场与红旗林场
Shihe & Hongqi Forest Center, Fangzheng County

150800

二龙山风景区
Erlong Hill Scenic Spot

哈尔滨市宾县县城西南 6 公里处路南
6 Kilometers Southwest of Binxian County

150400

英杰旅游景区
Yingjie Tourism Scenic Area

哈尔滨市滨县宾州镇友联村
Youlian Village, Binzhou Town, Binxian County

150400

清河林业旅游区
Qinghe Forestry Tourism Area

哈尔滨市通河县清河林业局
Qinghe Forest Bureau, Tonghe County

150913

黑龙江扎龙国家自然保护区
Zhalong National Natural Reserve

齐齐哈尔市东南 30 公里处
30km Southeast of Qiqihar

161005

龙沙动植物园景区
Longsha Zoo & Botanical Garden

齐齐哈尔市建华区碾北公路 1 号
No.1 Nianbei Road, Jianhua District, Qiqihar

161006

齐齐哈尔市龙沙公园
Qiqihar Longsha Park

齐齐哈尔市龙沙区公园路 32 号
No.32 Gongyuan Road, Longsha District, Qiqihar

161005

明月岛风景区
Mingyue Island Scenic Area

齐齐哈尔市龙沙区公园路 32 号
No.32 Gongyuan Road, Longsha District, Qiqihar

161006

齐齐哈尔水师森林温泉度假区
Qiqihar Shuishi Forest Hot Spring Resort

齐齐哈尔市昂昂溪区水师营镇水师森林公园内
Inside Shuishi Forest Park, Shuishiying Town, Ang'angxi District, Qiqihar

161031

扎龙温泉旅游名镇（鹤之汤）度假景区
Zhalong Hot Spring Tourism Town Resort

齐齐哈尔市铁峰区扎龙乡
Zhalong Town, Tiefeng District, Qiqihar

161000

泰来江桥抗战纪念地
Tailai Jiangqiao Memorial Place for Anti-Japanese War

齐齐哈尔市泰来县江桥镇
Jiangqiao Town, Tailai County

162407

泰湖国家湿地公园
Taihu Lake National Wetland Park

齐齐哈尔市泰来县公园路
Gongyuan Road, Tailai County

162400

龙腾生态温泉度假区
Longteng Ecological Hot Spring Resort

齐齐哈尔富裕县龙安桥镇
Long'anqiao Town, Fuyu County

161200

侵华日军虎头要塞遗址博物馆
Ruins Museum of Hutou Fort for Japanese Army Which Invaded China

鸡西虎林市虎头镇
Hutou Town, Hulin

158405

森工东方红湿地旅游景区
Sengong Dongfanghong Wetland Tourism Area

鸡西虎林市东方红林业局
Dongfanghong Forest Bureau, Hulin

158419

密山北大荒书法长廊
Beidahuang Calligraphy Gallery

鸡西密山市
Mishan

158300

密山铁西森林公园
Mishan Tiexi Forest Park

鸡西密山市密山镇铁西村
Tiexi Village, Mishan Town, Mishan

158300

当壁镇兴凯湖旅游度假区
Xingkai Lake Tourism Resort

鸡西密山市当壁镇
Dangbi Town, Mishan

158316

兴凯湖新开流景区
Xingkai Lake New River Scenic Area

鸡西密山市兴凯湖国家级自然保护区内
Inside Xingkai Lake National Nature Reserve, Mishan

158200

麒麟山风景区
Qilin Mountain Scenic Area

鸡西市鸡东县兴农镇
Xingnong Town, Jidong County

158200

鹤岗国家森林公园
Hegang National Forest Park

鹤岗市东山区
Dongshan District, Hegang

154100

鹤岗市清源湖旅游景区
Hegang Qingyuan Lake Tourism Area

鹤岗市东山区
Dongshan District, Hegang

154106

萝北县名山岛风景区
Luobei County Mingshan Island Scenic Area

鹤岗市萝北县凤翔镇大街东镇
East Part of Street, Fengxiang Town, Luobei County

154200

鹤岗市萝北太平沟景区
Hegang Taipinggou Scenic Area

鹤岗市萝北县太平沟乡
Taipinggou Town, Luobei County

154200

绥滨月牙湖景区
Suibin Yueya Lake Tourism Area

鹤岗市绥滨县松滨大街 1 号
No.1 Songbin Avenue, Suibin County

156210

青山国家森林公园
Qingshan Mountoin National Forest Park

双鸭山市岭东区
Lingdong District, Shuangyashan

155105

双鸭山安邦河湿地公园
Shuangyashan Anbang River Wetland Park

双鸭山市集贤县福利镇
Fuli Town, Jixian County

155900

北大荒农机博览园景区
Beidahuang (Great Northern Wilderness) Agricultural Machinery Expo Park

双鸭山市友谊县友谊农场
Youyi Farm Center, Youyi County

155800

农垦八五三燕窝岛旅游度假区
Nongken 853 Yanwo Island Tourism Resort

双鸭山市宝清县农垦八五三农场
853 Farm Center, Reclamation General Administration, Baoqing County

155630

大庆市博物馆
Daqing Museum

大庆市开发区文苑街 2 号
No.2 Wenyuan Street, Development Zone, Daqing

163001

大庆市城市规划展示馆
Daqing City Planning Exhibition Museum

大庆市萨尔图区东风新村
Dongfeng New Village, Saertu District, Daqing

163001

大庆赛车小镇旅游区
Daqing Racing Town Tourism Area

大庆市萨尔图区北二路北侧
North Side of North 2nd Road, Saertu District, Daqing

163001

大庆铁人王进喜纪念馆
Daqing Memorial Museum of "Ironman" WangJinxi

大庆市让胡路区世纪大道中原路南
South Zhongyuan Road, Shiji Avenue, Ranghulu District, Daqing

163311

大庆市黑龙江伊利乳业工业园景区
Daqing Heilongjiang Yili Milk Industrial Garden Scenic Area

大庆市让胡路区喇嘛甸镇铁东 168 号
No.168 Tiedong, Lamadian Town, Ranghulu District, Daqing

163712

大庆石油博物馆
Daqing Petroleum Museum

大庆市让胡路区西苑路 18 号
No.18 Xiyuan Road, Ranghulu District, Daqing

163712

北国温泉养生休闲基地
North Country Hot Spring Base for Good Health

大庆市林甸县庆丰街南三段路西
West Side of South 3 Part, Qingfeng Street, Lindian County

166300

鹤鸣湖湿地温泉景区
Heming Lake Wetland Hot Spring Scenic Area

大庆市林甸县三合乡南岗村
Nagang Village, Sanhe Town, Lindian County

166300

林甸温泉欢乐谷旅游景区
Lindian Hot Spring Happy Valley Tourism Scenic Area

大庆市林甸县西城街
Xicheng Street, Lindian County

166300

飞泷四季温泉景区
Feilong Four Season Hot Spring Scenic Area

大庆市林甸县长盛街南四段路西
West Side, South 4th Part, Changsheng Street, Lindian County

166300

大庆连环湖温泉景区
Daqing Lianhuan Lake Hot Spring Scenic Area

大庆市杜尔伯特县连环湖镇
Lianhuanhu Town, Durbote County

166251

阿木塔草原蒙古风情岛
Amuta Prairie Mongolia Style Island

大庆市杜尔伯特县胡吉吐莫镇阿木塔半岛
Amuta Byland, Ujitumo Town, Durbote County

166200

林都山水公园旅游景区
Forest City Shanshui Park Tourism Area

伊春市伊春区
Yichun District, Yichun

153000

伊春五营国家森林公园
Yichun Wuying National Forest Park

伊春市五营区
Wuying District, Yichun

153033

上甘岭溪水国家森林公园
Shangganling Xishui National Forest Park

伊春市上甘岭区
Shangganling District, Yichun

153032

伊春美溪回龙湾国家森林公园
Yichun Meixi Huilongwan National Forest Park

伊春市美溪区
Meixi District, Yichun

153021

九峰山养心谷旅游区
Jiufeng(Nine Peaks) Mountain Healthcare Tourism Area

伊春市金山屯区鹤伊公路 72 公里处
72km of Heyi Road, Jinshantun District, Yichun

153026

伊春桃山森林公园
Yichun Taoshan(Peach Mountain) Forest Park

伊春铁力市桃山镇桃园街
Taoyuan Street, Taoshan Town, Tieli

152514

嘉荫茅兰沟国家森林公园
Jiayin Maolangou National Forest Park

伊春市嘉荫县朝阳镇
Chaoyang Town, Jiayin County

153200

伊春市嘉荫恐龙国家地质公园
Jiayin Dinosaur Museum Geological Park

伊春市嘉荫县红光乡
Hongguang Town, Jiayin County

153200

敖其湾赫哲族旅游区
Aoqi Bay Hezhe Nationality Tourism Area

佳木斯市郊区
Suburb District, Jiamusi

154002

同江三江口生态旅游区
Tongjiang Sanjiangkou Ecotourism Area

佳木斯同江市北四公里三江口
Sanjiangkou, 4 Kilometers of Tongjiang

156400

同江市街津口赫哲旅游度假区
Tongjiang Jiejinkou Hezhe Nationality Tourism Resort

佳木斯同江市街津口乡
Jiejinkou Town, Tongjiang

156425

富锦国家湿地公园
Fujin National Wetland Park

佳木斯富锦市锦山镇
Jinshan Town, Fujin

156100

大亮子河国家森林公园
Daliangzi River National Forest Park

佳木斯市小兴安岭南麓汤原县大亮子河红松母树林场境内
Dalingzi River, Tangyuan County

154700

抚远市黑瞎子岛旅游区
Fuyuan Heixiazi Island Tourism Area

佳木斯抚远市黑龙江和乌苏里江的交汇处
Intersection of Heilong River & Wusuli River, Fuyuan

156500

牡丹江黑宝熊乐园度假区
Mudanjiang Black Bear Paradise Holiday Resort

牡丹江市三道关二村
Ercun Village, Sandaoguan, Mudanjiang

157030

三道关国家森林公园
Sandaoguan National Forest Park

牡丹江市西北部
Northwest of Mudanjiang

157000

横道东北虎林园
Hengdao Manchurian Tiger Garden

牡丹江海林市横道河子镇
Hengdaohezi Town, Hailin

157100

横道河子俄罗斯风情小镇旅游区
Hengdaohezi Russian Style Town Tourism Area

牡丹江海林市横道河子镇
Hengdaohezi Town, Hailin

157100

海浪河欢乐谷景区
Hailang River Happy Valley Scenic Area

牡丹江海林市新安镇山嘴子村
Shanzuizi Village, Xin'an Town, Hailin

157000

海林市威虎山影视城
Hailin Weihushan Film & Television City

牡丹江海林市横道河子镇
Hengdaohezi Town, Hailin

157100

柴河九寨
Chaihe Jiuzhai

牡丹江海林市柴河林业局
Chaihe Forest Centre, Hailin

157131

亿龙水上风情园
Yilong Upwater Amusement Park

牡丹江海林市新安镇
Xin'an Town, Hailin

157125

牡丹江市森工雪乡旅游区
Mudanjiang Sengong Snowy Home Tourism Area

牡丹江海林市长汀镇大海林林业局
Dahailin Forest Bureau, Changjiang Town, Hailin

157125

宁安市火山口国家森林公园
Ning'an Crater National Forest Park

牡丹江宁安市火山口旅游公路
Huoshankou Travel Road, Ning'an

157400

飞龙潭山庄景区
Feilongtan (Flying Dragon Pond) Villa Scenic Area

牡丹江宁安市火山口旅游公路
Huoshankou Travel Road, Ning'an

157400

宁安渤海上京龙泉府遗址旅游景区
Ning'an Bohai Shangjing Longquafu Site Tourism Area

牡丹江宁安市
Ning'an

157400

东宁要塞遗址
Dongning Fort Ruins

牡丹江市东宁县三岔口镇
Sanchakou Town, Dongning County

157200

黑河市爱珲历史陈列馆
Heihe Aihui Historial Exhibition Hall

黑河市爱辉区爱辉镇
Aihui Town, Aihui District, Heihe

164312

北安庆华军工遗址博物馆景区
Bei'an Qinghua Military Industry Site Museum

黑河北安市东直街
Dongzhi Street, Bei'an

164000

大沾河国家森林公园
Great Zhanhe River National Forest Park

黑河五大连池市沾河林业局辖区内
Within the Domain of Zhanhe Forest Bureau, Wudalianchi

164100

山口湖风景区
Shankou Lake Scenic Area

黑河五大连池市
Wudalianchi

164100

肇东市伊利乳业工业园区
Zhaodong Yili Milk Industry Area

绥化肇东市经济开发区肇昌公路 11 公里处
11km Zhaochang Road, Economic Development Area, Zhaodong

151100

绥棱生态文化旅游景区
Suileng Ecological Culture Tourism Area

绥化市绥棱县绥棱林业局
Suileng Forest Bureau, Suileng County

152205

大兴安岭寒温带植物园
Daxing'anling Cold-Cool Temperature Zone Botanic Garden

大兴安岭地区加格达奇区
Jiagedaqi District, Daxing'anling

165000

上海

SHANGHAI

上海是一座历史悠久的文化城市。

相传春秋战国时期，上海曾经是楚国春申君的封邑，故上海别称为“申”。悠久的历史为上海留下众多人文古迹。相传建于三国时期的龙华寺，距今已有1700多年历史，是上海历史最悠久、规模最大、建筑最雄伟的佛教寺院。朱家角素有“东方威尼斯”之称，是上海保存最完好的江南水乡古镇。

上海是一座具有光荣革命传统的城市。

上海是中国共产党的诞生地，这里有中共“一大”和“二大”会址，有孙中山故居、毛泽东故居、周公馆、鲁迅故居、淞沪抗战纪念馆、解放纪念馆……革命遗址和革命者足迹真实记载着那段艰难与光荣的历史。

上海是一座时尚化、现代化、国际化的都市。

地处中国“江海之汇，南北之中”的上海，历来都是海纳百川、经济繁荣之地。经历了改革开放40多年的快速发展，上海已经成为一座时尚的国际化大都市，成为国际经济、金融、贸易、航运、科技创新的中心。

上海新目标：

更具活力的繁荣创新之城。

更富魅力的幸福人文之城。

更可持续发展的韧性生态之城。

AAAAA

上海野生动物园

Shanghai Wild Animal Park

上海野生动物园是集野生动物饲养、展览、繁育保护、科普教育与休闲娱乐为一体的主题公园。园区居住着大熊猫、金丝猴、金毛羚牛、朱鹮、亚洲独角犀、白犀牛、猎豹、长颈鹿、斑马、羚羊等来自国内外的珍稀野生动物 200 余种，上万余只。

上海野生动物园分为车入区、步行区及“水域探秘”三大游览区域。在步行区，不仅可以观赏到大熊猫、亚洲独角犀、非洲象、亚洲象、长颈鹿、黑猩猩、长臂猿、狐猴、火烈鸟、朱鹮等众多珍稀野生动物，更有诸多特色的动物行为展示和互动体验呈现。车入区为“人在车中，动物自由”的展览模式，既可以身临其境地感受群群斑马、羚羊、角马、犀牛等食草动物簇拥在一起悠闲觅食，又能领略猎豹、东北虎、非洲狮、熊、狼等大型猛兽“部落”展现的野性雄姿。“水域探秘”游览项目则打破传统观赏动物模式，以乘船游览方式 360° 无遮挡在水上看野生动物，为游客带来全新的观赏体验。

上海市浦东新区南六公路 178 号
No.178 Nanliu Highway, Pudong New District

201300

http://www.shwzoo.com

南新线、张南线、沪南线、惠南 6 路公交车可达。

16 号线。

上海科技馆

Shanghai Science and Technology Museum

上海科技馆坐落于上海浦东新区行政文化中心的世纪广场，是上海市政府为在 21 世纪提高城市综合竞争力和全体市民素质而投资兴建的重大公益性社会文化项目。上海科技馆以科学传播为宗旨，以科普展示为载体，围绕“自然 • 人 • 科技”的大主题，有生物万象、地壳探秘、设计师摇篮、智慧之光、地球家园、信息时代、机器人世界、探索之光、人与健康、宇航天地、彩虹儿童乐园 11 个常设展厅，蜘蛛和动物世界 2 个特别展览，中国古代科技和中外科学探索者 2 个浮雕长廊，中国科学院和中国工程院院士信息墙，还有由巨幕、球幕、四维、太空四大特种影院组成的科学影城，足以引发观众探索自然与科技奥秘的兴趣。

上海市浦东新区世纪大道 2000 号
No.2000 Shiji Avenue, Pudong New District

200127

www.sstm.org.cn

东周线、隧道三线、申崇二线、申崇四线、640 路、794 路、815 路、984 路、638 路、983 路、184 路、975 路公交车可达。

2 号线。

上海东方明珠广播电视塔

Shanghai Oriental Pearl Radio & TV Tower

上海东方明珠广播电视塔（简称“东方明珠”）坐落于上海黄浦江畔、浦东陆家嘴嘴尖，卓然秀立于陆家嘴地区现代化建筑楼群，与隔江的外滩万国建筑博览群交相辉映，展现了上海作为国际大都市的壮观景色。

东方明珠 11 个大小不一、高低错落的球体从蔚蓝的天空串联到绿色如茵的草地上，远处看宛如两颗红宝石的巨大球体，晶莹夺目，描绘了一幅“大珠小珠落玉盘”的如梦画卷。入夜，遥望东方明珠，色彩缤纷、璀璨夺目；登塔俯瞰夜上海，流光溢彩、美不胜收。

东方明珠集都市观光、时尚餐饮、购物娱乐、历史陈列、浦江游览、会展演出等多功能于一身，已成为上海的标志性建筑和旅游热门景点之一，被列入上海十大新景观。

上海市浦东新区世纪大道 1 号
No.1 Shiji Avenue, Pudong New District

200120

https://www.orientalpearltower.com

81 路、82 路、85 路、774 路、789 路、795 路、870 路、939 路、971 路、983 路、985 路、993 路、陆家嘴金融城 1 路、陆家嘴旅游环线、观光隧道、轮渡等均可到达东方明珠。

2 号线。

上海

Huangpu Zui Shanghai
黄浦最上海

黄浦江，上海的母亲河，承载着无数传奇，蜿蜒流转。浦江西岸，以其名字命名的“黄浦区”，悄然收藏着一切辉煌的源起。这里是红色文化的传承地、海派文化的发源地、江南文化的集聚地，是上海的心脏、窗口和名片。

作为上海都市旅游的核心承载区，外滩、豫园、新天地、田子坊等早已是一张张耳熟能详的城市名片；汇聚国内外知名品牌旗舰店、概念店、特色小店的南京路、淮海路街区让顾客变身游客；96 个中华老字号，占据上海半壁江山的米其林餐厅带你尝遍特色美食；39 个剧场和展演空间组成的演艺大世界，不间断上演国内外年度大戏；精彩纷呈的上海旅游节开幕大巡游、豫园新春民俗灯会、上海时装周、草坪音乐会等品牌节庆活动，每年吸引着上亿游客纷至沓来，景城一体使黄浦区成为极具全域旅游气质的城区。

2013 年黄浦区首创“城市微旅行”项目，创新旅游产品供给，迎接散客化时代的到来。整合区域内全域旅游资源，先以交通方式为主线，设计了徒步游黄浦、骑行游黄浦、地铁游黄浦、巴士游黄浦等旅游线路，广受市场欢迎；继而设计了主题游黄浦线路，外滩源艺术之旅、红色初心之旅进驻咨询中心互动屏，吸引不少游客即兴开展微旅行。

2018 年，黄浦区联合外滩、淮海等五个社区街道推出阅读建筑城市微旅行线路，并推出“走进外滩建筑”免费预约体验产品，一经推出广受欢迎。游客还可以在“黄浦最上海”公众微信号和有声电台上直接获取线路和自助音频导览，实现“建筑可阅读、街区可漫步、城市有温度”的美好愿景。

未来，黄浦将继续秉持全域旅游发展理念，继续改革创新、突出特色、融合发展，为将黄浦区打造成为宜商、宜居、宜业、宜游的精品城区，为把上海建设成为具有全球影响力的世界著名旅游城市贡献黄浦智慧和实践。

AAAA

上海豫园
Shanghai Yuyuan Garden

上海市黄浦区安仁街 218 号
No.218 Anren Street, Huangpu District, Shanghai

200010

上海博物馆
Shanghai Museum

上海市黄浦区人民大道 201 号
No.01 Renmin Avenue, Huangpu District, Shanghai

200003

上海城市规划展示馆
Shanghai City Planning Exhibition Hall

上海市黄浦区人民大道 100 号
No.100 Renmin Avenue, Huangpu District, Shanghai

200003

上海杜莎夫人蜡像馆
Shanghai Madame Tussauds Wax Museum

上海黄浦区南京西路 2-68 号
No.2-68 West Nanjing Road, Huangpu District, Shanghai

200001

徐家汇源景区
Xujiahuiyuan Scenic Area

上海市徐汇区漕溪北路 90 号
No.90 North Caoxi Road, Xuhui District, Shanghai

200030

宋庆龄故居纪念馆
Memorial Museum of Soong Chingling Former Residence

上海市徐汇区淮海中路 1843 号
No.1843 Middle Huaihai Road, Xuhui District, Shanghai

200030

上海植物园
Shanghai Botanical Garden

上海市徐汇区龙吴路 1111 号
No.111 Wulong Road, Xuhui District, Shanghai

200231

上海龙华烈士陵园
Shanghai Longhua Martyr Mausoleum

上海市徐汇区龙华西路 180 号
No.180 West Longhua Road, Xuhui District, Shanghai

200232

上海动物园
Shanghai Zoo

上海市长宁区虹桥路 2381 号
No.2381 Hongqiao Road, Changning District, Shanghai

200335

上海长风公园 · 长风海洋世界景区
Changfeng Park·Changfeng Benthal World

上海市普陀区大渡河路 189 号
No.189 Da Duhe Road, Putuo District, Shanghai

200062

上海上港邮轮城
Shanghai Harbor Cruise City

上海市虹口区东大名路 500 号
No. 500 East Daming Road, Hongkou District, Shanghai

200080

上海国际时尚中心
Shanghai International Fashion Center

上海市杨浦区杨树浦路 2866 号
No.2866 Yangshupu Road, Yangpu District, Shanghai

200082

上海共青森林公园
Shanghai Communist Young League Forest Park

上海市杨浦区军工路 2000 号
No.2000 Jungong Road, Yangpu District, Shanghai

200438

上海锦江乐园
Shanghai Jinjiang Action Park

上海市闵行区虹梅路 201 号
No.201 Hongmei Road, Minhang District, Shanghai

201102

召稼楼古镇景区
Zhaojialou Ancient Town

上海市闵行区浦江镇革新村
Gexin Village, Pujiang Town, Minhang District, Shanghai

201100

上海韩湘水博园
Shanghai Hanxiang Water Expo Garden

上海市闵行区江川西路 3805 号
No.3805 West Jiangchuan Road, Minhang District, Shanghai

201100

吴淞炮台湾湿地森林公园
Wusong Paotaiwan Wetland Forest Park

上海市宝山区塘后路 206 号
No.206 Tanghou Road, Baoshan District, Shanghai

201900

上海宝山国际民间艺术博览馆
Shanghai Baoshan International Folk Arts Exposition

上海市宝山区沪太路 4788 号
No.4788 Hutai Road, Baoshan District, Shanghai

201907

上海闻道园
Shanghai Wendao Garden

上海市宝山区潘泾路 2888 号
No.2888 Panjing Road, Baoshan District, Shanghai

201900

顾村公园
Gucun Park

上海市宝山区顾村镇沪太路 4788 号
No.4788 Hutai Road, Gucun Town, Baoshan District, Shanghai

201900

美兰湖景区
Meilan Lake Scenic Area

上海市宝山区沪太路 6655 号
No.6655 Hutai Road, Baoshan District, Shanghai

201900

上海玻璃博物馆
Shanghai Glass Museum

上海市宝山区长江西路
West Changjiang Road, Baoshan District, Shanghai

201900

嘉定州桥景区
Jiading Zhouqiao Bridge Scenic Are

上海市嘉定区沙霞路 68 号
No.68 Shaxia Road, Jiading District, Shanghai

201800

上海南翔景区
Shanghai Nanxiang Scenic Area

上海市嘉定区南翔镇解放街 206 号
No.206 Jiefang Street, Nanxiang Town, Jiading District, Shanghai

201802

上海马陆葡萄公园
Malu Grape Garden

上海市嘉定区马陆镇大治路 285 号
No.285 Dazhi Road, Malu Town, Jiading District, Shanghai

201800

上海古猗园
Shanghai Guyi Garden

上海市嘉定区沪宜公路 218 号
No.218 Huyi Highway, Jiading District, Shanghai

201802

汽车博览公园
Automobile Expo Garden

上海市嘉定区安亭镇博园路 7001 号
No.7001 Boyuang Road, Anting Town, Jiading District, Shanghai

201800

上海国际赛车场旅游景区
Shanghai International Autodrome Tourism Area

上海市嘉定区安亭镇东北
Northeast of Anting Town, Jiading District, Shanghai

201800

金茂大厦 88 层观光厅
Jinmao Building 88 Floors Sightseeing Hall

上海市浦东新区世纪大道 88 号
Jinmao Building, No.88 Shiji Avenue, Pudong New Distrist, Shanghai

200121

上海环球金融中心观光厅
Shanghai World Financial Center Sightseeing Hall

上海市浦东新区世纪大道 100 号
No.100 Shiji Avenue, Pudong New District, Shanghai

200120

上海世纪公园
Shanghai Century Park

上海市浦东新区芳甸路 666 号
No.666 Fangdian Road, Pudong New District, Shanghai

200135

上海鲜花港景区
Shanghai Flower Port

上海市浦东新区东海农场振东路 2 号
No.2 Zhendong Road, Donghai Farm, Pudong New District, Shanghai

200135

中国航海博物馆
China Maritime Museum

上海市浦东新区临港新城申港大道 197 号
No.197 Shengang Avenue, Lingang New City, Pudong New District, Shanghai

201306

上海海洋水族馆
Shanghai Ocean Aquarium

上海市浦东新区陆家嘴环路 1388 号
No.1388 Lujiazui Ring Road, Pudong New District, Shanghai

200120

上海薰衣草公园
Shanghai Lavender Park

上海市浦东新区申迪东路 399 弄 187 号
No. 187, Lane 399, East Shendi Road, Pudong New District, Shanghai

200120

上海泰会生活文化园
Shanghai Taihui Life Culture Garden

上海市浦东新区园中路 888 号
No. 888 Yuanzhong Road, Pudong New District, Shanghai

200120

上海之巅观光厅
Top of Shanghai Sightseeing Hall

上海市浦东新区陆家嘴上海中心大厦第 118 层
Floor 118, Shanghai Tower, Lujiazui, Pudong New District, Shanghai

200120

上海枫泾古镇旅游景区
Shanghai Fengjing Ancient Town Tourism Area

上海市金山区枫泾镇
Fengjing Town, Jinshan District, Shanghai

201501

上海市金山城市沙滩景区
Shanghai Jinshan City Sand Beach Scenic Area

上海市金山区沪杭公路 7741 号
No.7741 Huhang Expressway, Jinshan District, Shanghai

200540

东林寺
Donglin Temple

上海市金山区朱泾镇东林街 150 号
No.150 Donglin Street, Zhujing Town, Jinshan District, Shanghai

200540

上海金山嘴渔村
Shanghai Jinshanzui Fishing Village

上海市金山区山阳镇沪杭公路 6394 号
No. 6394 Huhang Highway, Shanyang Town, Jinshan District, Shanghai

200540

上海佘山国家森林公园东佘山园
Shanghai Sheshan National Forest Park Dongsheshan Park

上海市松江区青松公路 9258 号
No.9258 Qingsong Expressway, Songjiang District, Shanghai

201602

上海月湖雕塑公园
Shanghai Yuehu Lake Sculpture Park

上海佘山国家旅游度假区林荫新路 1158 号
No.1158 New Linyin Road, Songjiang District, Shanghai

201602

上海欢乐谷
Happy Valley Shanghai

上海市松江区佘山镇林湖路 888 号
No.888 Linhu Road, Sheshan Town, Songjiang District, Shanghai

201602

上海辰山植物园
Shanghai Chenshan Botanical Garden

上海市松江区辰花公路 3888 号
No.3888 Chenhua Road, Songjiang District, Shanghai

201602

方塔园
Fangta Garden

上海市松江区松江镇中山东路 235 号
No.235 East Zhongshan Road, Songjiang Town, Songjiang District, Shanghai

200540

上海雪浪湖生态园
Shanghai Xuelang Lake Ecological Park

上海市松江区新浜镇胡曹路
Hucao Road, Xinbang Town, Songjiang District, Shanghai

201600

上海影视乐园
Shanghai Film Shooting Base

上海市松江区车墩镇
Chedun Town, Songjiang District, Shanghai

201600

陈云故居暨青浦革命历史纪念馆
Chenyun Former Residence and Qingpu Memorial Hall of Revolutionary History

上海市青浦区朱枫公路 3516 号
No.3516 Zhufeng Highway, Qingpu District, Shanghai

201715

上海大观园
Shanghai Grand View Garden

上海市青浦区金泽镇青商路 701 号
No.701 Qingshang Road, Jinze Town, Qingpu District, Shanghai

201718

上海市青少年校外活动营地——东方绿舟
Oriental Green Boat

上海市青浦区沪青平公路 6888 号
No.6888 Huqingping Highway, Qingpu District, Shanghai

201713

上海朱家角古镇旅游区
Shanghai Zhujiajiao Ancient Town Tourism Spot

上海市青浦区朱家角镇美周路 36 号
No.36 Meizhou Road, Zhujiajiao Town, Qingpu District, Shanghai

201713

上海联怡枇杷乐园
Shanghai Lianyi Loquat Park

上海市青浦区外青松公路 7166 号
No. 7166 Waiqingsong Highway, Qingpu District, Shanghai

201713

上海都市菜园景区
Shanghai Urban Vegetable Garden

上海市奉贤区海湾镇海兴路 888 弄 1 号
No.1, Lane 888, Haixing Road, Haiwan Town, Fengxian District, Shanghai

201400

上海市碧海金沙景区
Blue Sea & Golden Sand Scenic Area

上海市奉贤区海湾旅游区海涵路 2 号
No.2 Haihan Road, Seashore Tourism Area, Fengxian District, Shanghai

201400

上海海湾国家森林公园
Haiwan National Forest Park

上海市奉贤区海湾镇随塘河路 1677 号
No.1677 Suitanghe Road, Haiwan Town, Fengxian District, Shanghai

201423

东平国家森林公园
Dongping National Forest Park

上海市崇明区北沿公路 2188 号
No.2188 Beiyan Expressway, Chongming District, Shanghai

202177

明珠湖公园 · 西沙湿地公园
Pearl Lake·Xisha (West Sand) Wetland Park

上海市崇明区三华公路 333 号
No.333 Sanhua Expressway, Chongming District, Shanghai

202150

前卫生态村
Qianwei Ecological Village

上海市崇明区竖新镇前卫村
Qianwei Village, Shuxin Town, Chongming District, Shanghai

202177

江南三民文化村
South of Yangzi River Sanmin Culture Village

上海市崇明区林风公路 2201 号
No.2201Linfeng Road, Chongming District, Shanghai

202150

上海紫海鹭缘景区
Shanghai Zihailuyuan Scenic Area

上海市崇明区东平镇北沿公路 2018 号
No.2018 Beiyan Road, Dongping Town, Chongming District, Shanghai

202177

上海东滩湿地公园
Shanghai Dongtan Wetland Park

上海市崇明区东滩东旺路
Dongwang Road, Dongtan, Chongming District, Shanghai

202177

上海长兴岛郊野公园
Shanghai Changxing Island County Park

上海市崇明区长兴岛
Changxing Island, Chongming District, Shanghai

202177

江苏
JIANGSU

这是一片最富有的土地。

江苏省人均 GDP、地区发展与民生指数均居全国省域第一，是中国综合发展水平最高的省份，已经步入“中上等”发达国家水平。

江苏的富有，还在于它是全国唯一拥有大江大河、大湖、大海的省份。跨江滨海、湖泊众多、水网密布、海陆相邻的江苏，长江横穿东西，大运河纵贯南北。全国五大淡水湖，江苏得其二（太湖、洪泽湖）。

江苏的富有，最重要的还在于它的人才。地灵人杰，历史上江苏名人辈出，灿若繁星。政治家、军事家（孙武、刘邦、项羽等）、科学家（祖冲之、沈括等）、文学家（刘勰、范仲淹、曹雪芹等）、思想家、艺术家……都与这片富饶的土地结下不解之缘。

江苏是最富有的，得天独厚的自然资源、悠久的历史与灿烂的文化为江苏留下众多自然景观与人文景观，有古镇水乡，有千年名刹，有古典园林，有湖光山色，有帝王陵寝，有都城遗址。“吴韵汉风，各擅所长。”

AAAAA

南京市夫子庙秦淮风光带

Nanjing Fuzimiao(Confucius' Temple) Qinhuai Scenic Area

一篇优美的文学作品《桨声灯影里的秦淮河》让如画般的秦淮河驻进了无数人的心中。秦淮河是南京的"母亲河"，是孕育金陵古老文化的摇篮。南京夫子庙是祭祀我国古代著名的思想家、教育家孔子的庙宇，具有典型的明清建筑风格。夫子庙秦淮风光带以夫子庙古建筑群为中心，以十里内秦淮河为轴线，集自然风光、山水园林、庙宇学堂、街市民居、乡土人情于一身。在这"江南锦绣之邦，金陵风雅之薮"，美称"十里珠帘"的夫子庙秦淮风光带上，点缀着数不尽的名胜佳景，仿佛镶嵌在夫子庙秦淮风光带上的颗颗璀璨的明珠，汇集着说不完的轶闻掌故。

南京市秦淮区贡院街 95 号
No. 95 Gongyuan Street, Qinhuai District, Nanjing

210001

njfzm.net

1 路、2 路、202 路、4 路、7 路、14 路、16 路、31 路、40 路、33 路、44 路、49 路、81 路、87 路公交车可达。

1 号线（三山街站下）、3 号线（夫子庙站下）。

南京钟山风景名胜区

Nanjing Zhongshan Mountain Famous Scenic Area

自古被誉为"江南四大名山"之一的钟山，位于南京城东，有"钟山龙蟠"之美誉。这里有明朝开国皇帝朱元璋与皇后马氏的陵寝——明孝陵（钟山南麓独龙阜玩珠峰下），这里有伟大的民主革命先行者孙中山先生的陵墓——中山陵（钟山中茅峰南麓），这里有东吴大帝孙权纪念馆，有南京抗日航空烈士纪念馆，这里还有中国梅花艺术中心、紫金山科普馆、美龄宫、灵谷景区、中山植物园……这里的山、水、城、林浑然一体，自然景观丰富优美，文化底蕴博大深厚。钟山，是古都南京的骄傲，是古都南京的圣地。

南京市玄武区中山门外石象路 7 号
No.7 Shixiang Road, Outside Zhongshanmen, Xuanwu District, Nanjing

210014

zschina.org.cn

http://www.zschina.org.cn

5 路、20 路、34 路、36 路、49 路、55 路、84 路、142 路、202 路、315 路、G5（仅双休日、法定节假日开通）公交车均可到达。

2 号线。

无锡太湖鼋头渚风景区

Wuxi Taihu Lake Yuantouzhu Scenic Area

"太湖佳绝处，毕竟在鼋头"，大文豪郭沫若这句诗赞，让太湖和鼋头渚名扬境内海外。太湖是我国五大淡水湖之一，风光秀美、雄奇，碧水辽阔，烟波浩渺，峰峦隐现，气象万千。鼋头渚为太湖西北岸无锡境内的一个半岛，因有巨石突入湖中，状如浮鼋翘首而得名。鼋头渚山清水秀，天作胜景。早在 1916 年，社会名流、达官贵人纷纷在鼋头渚附近营造私家花园和别墅。后经统一规划布局，精心缀连，并进行扩建，形成充山隐秀、鼋渚春涛、万浪卷雪、十里芳径、太湖仙岛等众多独具特色的美景，使这一风景区日趋完美，成为江南最大的山水园林之一。

无锡市滨湖区鼋渚路 1 号
No.1 Yuanzhu Road, Binhu District, Wuxi

214086

www.ytz.com.cn

无锡火车站乘坐 K1、K87 旅游观光巴士可达。

无锡灵山景区

Wuxi Lingshan Scenic Spot

88米高的释迦牟尼佛青铜立像“灵山大佛”、千年古刹“祥符禅寺”，让这座“层峦丛翠”、景色旖旎的灵山与源远流长的佛教文化完美地结合起来，成为中国最为完整、也是唯一集中展示释迦牟尼成就的佛教文化主题景区。

灵山景区规模气势宏大，内容生动广博，以历史的传承、时代的特色，形成传统文化和现代艺术、佛教文化和科技文明相互交融的独特旅游文化景观。“灵山大佛”“九龙灌浴”“灵山梵宫”“五印坛城”等诸多佛教文化精品景观交相辉映，形成了一个完整有序、各自独立又密切关联的展现佛教文化的景观群。

无锡市滨湖区马山灵山路1号
No.1 Mashan Lingshan Road, Binhu District, Wuxi

0510-85680358

214091

lsly.chinalingshan.com
http://www.chinalingshan.com

89路公交车可达。

无锡中视股份三国水浒景区

Wuxi CCTV Three Kingdoms and Water Margin Scenic Spot

到这里，你就仿佛来一次穿越之旅。你可能来到了三国时期——这里拍过《三国演义》，还有可能来到了大宋王朝——这里拍过《水浒传》，你可能到了任何一个朝代，因为这里拍了太多的影视剧。无锡中视股份三国水浒景区依山傍湖而建，尽享太湖之灵气、秀气。在这里，不但能乘船泛舟湖心，饱览太湖的美景神韵，体味江南的水乡雅致，还能欣赏气势磅礴、扣人心弦的马戏“三英战吕布”、展现影视特技拍摄奥秘的“斗杀西门庆”以及古典华丽的“铜雀朝歌”“燕青打擂”“横槊赋诗”“连环计”等表演节目，重温那些家喻户晓、脍炙人口的经典故事。

无锡市湖滨区大浮镇
Dafu Town, Hubin District, Wuxi

214081

www.ctvwx.com

82路公交车可达。

徐州市云龙湖风景区

Xuzhou Yunlong Lake Tourism Area

“天工美景已如画，人意雕琢又著花”，云龙湖风景区山清水秀，风光如画，一条玉带般的湖中路，把湖面分成东西两湖。环湖路依山顺堤，宽阔平坦，锁绕一湖碧水，三面青山，叠翠连绵，烟波浩渺，有“徐州西湖”之誉。

云龙湖风景区文物古迹与自然景观众多，有汉画像石馆、汉墓、刘备涌泉、水上世界、生态岛、十里杏花、滨湖公园及苏公塔等。风景区旅游资源丰富，四季风光层次鲜明，异彩纷呈，是徐州旅游的一张亮丽名片。

徐州市泉山区中山路延长段
Zhongshan Road, Quanshan District, Xuzhou

221000

www.ylhfjq.com

9路、34路、35路、38路、47路、49路、53路、55路、57路、59路、62路、63路、68路、69路、75路、游1路、游2路、游3路、99路、601路、603路、604路公交车可达。

常州环球恐龙城

Changzhou Global Dinosaur City

这里有“东方侏罗纪”中华恐龙园，有惊险刺激的4D过山车“过山龙”，有绚烂多彩的花车，有世外桃源般的“恐龙谷温泉”，有真实还原侏罗纪时代的水域“侏罗纪水世界”，有欢乐不夜城“迪诺水镇”……在这里，各种各样的恐龙、各种各样的游戏，会让你大开眼界！

常州市新北区长江东路1号
No.1 East Changjiang, Xinbei District, Changzhou

213022

www.cncly.com

302路、50路、Y2路公交车可达。

春秋淹城旅游区

Mystical Yancheng Chunqiu Dream

“明清看北京，隋唐看西安，春秋看淹城。”中国春秋淹城旅游区全方位演绎春秋时代灿烂的历史文化，共有春秋淹城遗址、淹城春秋乐园、淹城野生动物世界、淹城传统商业街坊和淹城宝林禅寺五大区块。其中春秋淹城遗址是国内保存最完整、形制最独特的春秋地面城池遗址。其“三城三河”的建筑形制世界独有。淹城春秋乐园是春秋文化主题公园，建于淹城遗址的东部、北部，取材春秋时期的政治、军事、经济、文化等方面内容，以情景体验的形式，将春秋文化与演艺项目和体验式游乐项目相结合。

常州市武进区武宜中路197号
No.197 Middle Wuyi Road, Wujin District, Changzhou

213159

http://www.yclyq.com

B1路、B16路、B19路、14路、68路、509路公交车可达。

天目湖旅游度假区
Tianmu Lake Tourism Resort

精致山水的典范——天目湖，是江南明珠，绿色仙境，钟灵毓秀，诗意天成。天目湖，四面群山枕水，湖中岛屿散落，山绕水、水映山，如梦似幻，“水秀山清眉远长，江南烟雨隐楼台”，天目湖旅游度假区 320 平方公里水天一色，森林植被覆盖率高达 95%，平均负氧离子含量高出城市 15 倍以上。度假区由天目山水园、天目湖水世界、南山竹海景区和御水温泉景区构成。这里不仅可以游山玩水，还可在天目茶苑品茶，在慈母堂传递游子乡情，在状元阁体味报国之豪情壮志。当然最惬意的还是乘坐游船，身游柔情山水间，神飞梦幻仙境里。

常州溧阳市天目湖镇
Tianmu hu Town, Liyang

213300

www.tmhtour.com

9 路、109 路公交车可达。

苏州拙政园 · 留园 · 虎丘山风景区
Suzhou Humble Administrator's Garden, Liuyuan (Lingering Garden) & Huqiu Mountain Scenic Area

风景区包括了著名的苏州拙政园、苏州留园和苏州虎丘山风景区三部分。

拙政园位于古城苏州东北隅，是苏州现存最大的古典园林。拙政园以水为中心，山水萦绕，厅榭精美，花木繁茂，充满诗情画意，具有浓郁的江南水乡特色。园南还建有苏州园林博物馆，是国内唯一的园林专题博物馆。

苏州市东北街 178 号
Zhuozheng Garden：No.178 Dongbei Street, Suzhou

215001

www.szzzy.cn

游 5 路、40 路、55 路、529 路、811 路公交车可达。

留园始建于明嘉靖年间，原是明嘉靖年间太仆寺卿徐泰时的东园。留园以园内建筑布置精巧、奇石众多而知名。园中假山为叠石名家周秉忠（时臣）所作。留园分中、东、西、北四个景区，其间以曲廊相连，迂回连绵，通幽度壑，秀色迭出。假山气势浑厚，山上古木参天，显出一派山林森郁的气氛。苏州留园与拙政园、北京颐和园、承德避暑山庄并称中国四大名园。1997 年，包括留园在内的苏州古典园林被列为世界文化遗产。

苏州市留园路 338 号
Liuyuan Garden：No.338 Liuyuan Road, Suzhou

215008

游 1 路、游 3 路、游 5 路、7 路、33 路、44 路、70 路、85 路、88 路、91 路、101 路、103 路、317 路、933 路公交车可达。

1 号线、2 号线。

虎丘山的历史更为久远，相传远古时虎丘山曾为海湾中的一座随着海潮时隐时现的小岛，历经沧海桑田的变迁，最终从海中涌出，成为孤立在平地上的山丘，人们便称它为海涌山。据《史记》记载，吴王阖闾葬于此，传说葬后三日有“白虎蹲其上”，故名虎丘。虎丘山虽不高，却有“江左丘壑之表”的风范，被誉为“吴中第一山”。

苏州市虎丘山门内 8 号
Huqiu Mountain：No.8 Huqiushan Gate, Suzhou

215008

www.gardenly.com

游 1 路、游 2 路、949 路、146 路 、32 路、快线 3 号公交车可达。

金鸡湖景区
Jinji (Golden Cock) Lake Scenic Area

金鸡湖景区是开放式国家 5A 级旅游景区，全国唯一的“国家商务旅游示范区”的集中展示区。景区按照“园区即景区、商务即旅游”的城市商务旅游功能布局，以金鸡湖为中心，精心打造了文化会展区、时尚购物区、休闲美食区、城市观光区、中央水景区五大功能区。

金鸡湖景区拥有八大景观：世界第一天幕、亚洲最大水上摩天轮、水墨长堤李公堤、湖滨大道 • 圆融雕塑、月光码头、桃花岛 • 玲珑岛、春到湖畔、金鸡湖大桥 • 瀑布。

金鸡湖景区立足“大旅游”“大经济”格局，“会、展、食、住、行、游、购、娱”多业态集聚、多要素融合，旅游与相关产业协同发展，与园林古城交相辉映，共同构成苏州“古韵今风”的双面绣，向海内外游客充分展示国际商务旅游目的地的独特魅力。

苏州市东苏州工业园区内
Inside Suzhou Industry Area, East of Suzhou

215028

www.sipjinjilake.com

2 路、47 路、106 路、108 路、120 路、129 路、138 路、156 路、206 路、215 路、219 路、258 路、307 路、812 路、快线 2 号、夜 2 路公交车均可到达。

1 号线。

苏州吴中太湖旅游区
Wuzhong Taihu Lake Tourist Area

吴中太湖旅游区以太湖为主线，囊括了“中国碧螺春之乡”东山景区，“天下第一智慧山”穹隆山景区和“苏州最美的山村”旺山景区、太湖湖滨国家湿地公园以及周边太湖公园、西山景区、光福景区等8个景区。其中东山又名洞庭东山，是延伸于太湖中的一个半岛，三面环水，万顷湖光连天，渔帆鸥影点点。东山既有山川林石之美，又有人文风物之萃。

穹隆山景区历史悠长，人文景观丰富，集政治、军事、宗教、文化于一山。穹隆山自然资源更是富集，林海千亩，树高景深，是苏州地区最大的“天然森林氧吧”。

旺山是以都市农业为定位，利用山水田园景观、自然绿色生态等环境资源并借助于现代物质技术条件，融现代农业、乡村文化、度假观光以及环保教育、农事体验、竞技游乐于一体，真实展现“吴中生态绿园，旺山诗梦乡里”的“田园梦境”。

太湖湖滨国家湿地公园位于环太湖景观大道中心区，主要由“栈桥探幽”“芦荡迷宫”“悠然双亭”“风车㷰影”“八仙过海”等八大景观组成，是忘却城市喧嚣，亲近太湖山水，体验自然野趣，感受吴地风情之佳处。

苏州市吴中区
Wuzhong District, Suzhou

275107

www.taihutravel.com

快线3号、43路、320路、352路、441路公交车可达。

苏州同里古镇游览区
Wuzhou Tongli Ancient Town Scenic Spot

同里古镇有悠久的历史。据清嘉庆《同里志》记载，从宋代起，同里已是吴中重镇。由于它与外界只通舟楫，很少遭受兵乱之灾，便成为富绅豪商避乱安居的理想之地。古镇内有众多保留完好的建于明清两代的花园、寺观、宅第和名人故居，明清建筑风格的明清街是古镇重要的商业街之一。耕乐堂为明代处士朱祥所建，是传统的前宅后园布局。王绍鏊纪念馆、陈去病故居、崇本堂、松石悟园、嘉荫堂等众多景点星列于古镇各处，15条小河把古镇区分隔成多个小岛，49座古桥又将其连成一体，让古镇成为“小桥、流水、人家”的风情画卷。

苏州市吴江区同里镇
Tongli Town, Wujiang District, Suzhou

215217

www.tongli.net

735路公交车可达。另外苏州汽车北站、汽车南站、吴中区汽车站均有长途汽车前往同里。

中国第一水乡——周庄古镇游览区
China First Water Village—Zhouzhuang Ancient Town Scenic Spot

“全球十大最美小镇”“全球优秀生态景区”“首批中国十大历史文化名镇”“首批全国特色景观旅游名镇”“国家文化产业示范基地”“联合国迪拜国际改善居住环境最佳范例奖”……诸多荣誉加身的“中国第一水乡”——周庄，粉墙、黛瓦、驳岸、拱桥、吴侬软语、阿婆茶香、橹声欸乃、昆曲悠远，一幅“小桥流水人家”的天然画卷。周庄，坐落在人间天堂苏杭之间，庄内河道纵横，800多户原住民枕河而居，60%以上的民居依旧保存着明清时期的建筑风貌，14座建于元、明、清各代的古石桥将这些古老建筑相连，使这里的每一处都如诗如画。

苏州昆山市周庄镇淀南路488号
No.488 Diannan Road, Zhouzhuang Town, Kunshan

215325

www.zhouzhuang.net

261路公交车可达。另外在苏州汽车北站、昆山汽车站均有旅游专线车可达周庄；在嘉兴汽车北站也有发往周庄的汽车。

沙家浜虞山尚湖风景区
Shajiabang Yu Mountain & Shang Lake Scenic Spot

京剧《沙家浜》让这一片茫茫芦苇荡声名鹊起。在这里，河湖相连，芦苇密布，水与芦苇构成了一个辽阔、曲折又清香的水上芦苇迷宫。在这里，你常常会看到穿着蓝印花布衣衫的船娘与船工，摇着手摇船，逶迤穿行在芦苇迷宫之中，穿过木桥，走过狭长的水道，在芦花飞舞的季节，宛若在一幅流动的水墨画中信步徜徉。

“十里青山半入城，万亩碧波涌西门”，虞山峰峦连绵起伏，山南坡短而陡，以奇石高耸著称，山北坡长而缓，多幽深溪涧。尚湖位于虞山之南，相传因商末姜太公在此隐居垂钓而得名。尚湖烟波浩渺，水质清澈，与十里虞山交相辉映，湖内湿地遍布，荷香洲、钓鱼渚、鸣禽洲、桃花岛等七个洲岛镶嵌其中，形成一幅自然山水画卷。

苏州市常熟市尚湖风景区
Shanghu Lake Scenic Spot, Changshu

215559

www.shajiabang.com

5路公交车可到沙家浜景区，116路、117路公交车可到尚湖景区。

南通濠河风景名胜区
Nantong Hao River Scenic Spot

濠河是国内保存最为完整的古护城河之一，濠河历史悠久，史载后周显德五年（958年）“筑城即有河”，素有“江城翡翠项链”之称。濠河风景区以千年古护城河——濠河为依托，严格保护现存的寺街、西南营等历史街区，保留了典型州府型制的古城格局和风貌。濠河风景区绿树如荫，风光秀美，“城包水、水包城、城水一体”的格局独特，是汇自然景观与人文景观于一身的环城敞开式国家5A级旅游景区。

南通市濠河西路19号
No.19 West Haohe Road, Nantong

226001

http://www.mlhaohe.com

有7路环濠河景区旅游专线，另外乘15路、16路、17路、33环线、36路、41路、51路、53路、69路、88路、603路、605路公交车均可达。

连云港花果山风景名胜区

Lianyungang Huaguo Mountain Scenic Area

一说起花果山，人人都知道这是《西游记》中齐天大圣、美猴王孙悟空的老家，那是一片神奇之地，是人间仙境。自古就有“东海第一胜境”和“海内四大灵山之一”美誉的花果山，因这一神话故事而家喻户晓，名闻海内外。花果山风景名胜区集山石、海景、古迹、神话于一身，丰富的人文景观和秀美的自然景观令人赞叹。这里古树参天、水流潺潺、花果飘香、猕猴嬉闹，这里有奇峰异洞、怪石云海，景色神奇秀丽。与《西游记》故事相关联的孙悟空降生地的女娲遗石、栖身之水帘洞以及七十二洞、唐僧崖、猪八戒石、沙僧石等，神形惟妙惟肖、栩栩如生。

连云港市海州区花果山乡
Huaguoshan Village, Haizhou District, Lianyungang

222061

http://egov.lyghgs.cn

游1路、游2路、游6路、BRT-B11路公交车可达。

周恩来故里旅游景区

Zhou Enlai's Former Residence

周恩来故里旅游景区包括周恩来纪念馆、周恩来故居、周恩来童年读书旧址、驸马巷、河下古镇。周恩来纪念馆位于古城淮安北门外夹城内的桃花垠，由纪念岛、宽阔的水面和湖四周环形绿地组成，纪念岛上建有主馆和陈列馆，周恩来生平业绩陈列馆藏品丰富，文物价值弥足珍贵。

周恩来故居坐落在淮安区驸马巷7号，由东西相连的两个宅院组成，整体为青砖、灰瓦、木质结构的平房，是明清时期典型的苏北民居风格。东宅院为原状陈列，有周恩来的读书房、诞生地、主堂屋、嗣父母住房、乳母住房等，还有周恩来童年时用过的厨房、水井、菜地以及他种的榆树等。

河下古镇位于淮安区西北隅，已有2500多年的历史。这里曾诞生巾帼英雄梁红玉、大文学家吴承恩等历史名人，文化底蕴十分深厚。

驸马巷是明朝朱元璋所封驸马黄琛在淮安时的居住地，如今依然保持旧日的风貌，巷道两侧的座座民宅青砖灰瓦、粉墙相间，古建筑上的砖雕、石雕精美绝伦、富含寓意，贯穿小巷南北的古老的青石板路，与周恩来故居整体协调，构成历史街区的基本格调。

淮安市淮安区永怀路2号
No.2 Yonghuai Road, Huai'an District, Huai'an

223200

62路、65路、619路、游9路公交车可达。

盐城大丰麋鹿国家自然保护区

Yancheng Dafeng Elk National Nature Reserve

大丰麋鹿国家自然保护区位于江苏省东部的黄海之滨，是世界上占地面积最大、野生麋鹿种群数量最多、并拥有最大麋鹿基因库的自然保护区。这里有林地、芦荡、草滩、沼泽地、盐裸地，这里不仅孕育着种群数量繁多的麋鹿，还是丹顶鹤、黑嘴鸥、震旦鸦雀等珍稀鸟类的栖息地。大丰麋鹿国家自然保护区为人类拯救濒危物种提供了成功的范例，使我国野生动物保护事业进入了一个新的领域。

盐城市大丰区林场
Forest Farm, Dafeng

224136

www.chinamlw.org

可从盐城汽车站乘长途班车到达景区。

瘦西湖公园

Slim West Lake Park

从隋唐时期就开始修建，以后陆续建园，及至清代盛世，由于康熙、乾隆两代帝王的六次南巡，造就了如今瘦西湖“两岸花柳全依水，一路楼台直到山”的湖山盛况。五亭桥、二十四桥、荷花池、钓鱼台、石壁流淙、熙春台、万花园、小金山、徐园……无论是漫步湖边，还是泛舟湖上，如画长卷徐徐展开，烟花三月的扬州瘦西湖，让你沉醉。

扬州市大虹桥路28号
No.28 Dahongqiao Road, Yangzhou

225002

www.shouxihu.com

旅游专线、5路、11路、25路、39路、40路、50路、81路、107路公交车可达。

镇江三山景区
Zhenjiang Three Mountains Scenic Area

镇江三山景区包括金山景区、焦山景区和北固山景区三大部分，其中金山景区位于市区西北。金山原是屹立于扬子江中的一个岛屿，“万川东注，一岛中立”，有江心一朵“芙蓉”之美称。后由于沧桑变迁，长江易道，至同治年间（1861 ~ 1875 年），这个“千载江心寺”才开始与南岸陆地相连，水上风光变为陆上胜境。金山上最著名的，莫过于金山佛寺。金山佛寺不仅建筑风格独特，宏伟壮丽，更是因为《白蛇传》中的“水漫金山”、梁红玉击鼓战金山、妙高台苏东坡赏月、七峰亭岳飞祥梦、金山方丈道月以及留云亭康熙书写“江天一览”等千百年来脍炙人口的故事而享誉古今、蜚声海外，成为我国四大名寺之一，金山也因此成为江南名山。

“山不在高，有仙则灵。”焦山有东汉隐士焦光隐居在此，采药炼丹，治病救人，后人为了纪念他，改山名为焦山。这里有闻名遐迩的江南第一大碑林——焦山碑林，有“碑中之王”“大字之祖”之称的旷世奇碑——“瘗鹤铭”也出自焦山。

“何处望神州？满眼风光北固楼。”辛弃疾的名诗正是对北固山景观的真实写照。北固山历有“天下第一江山”之美誉。山上名楼——多景楼与“岳阳楼”“黄鹤楼”齐名，古代并称“万里长江三大名楼”。北固山是三国时“甘露寺刘备招亲”的故事发生地，也是孙权创业江东的要塞，山上山下的许多名胜古迹，均与三国时代孙刘联盟、拒曹鼎立的历史事实和传说有关，以险峻著称的北固山，因三国故事而名扬千古。

镇江市东吴路 3 号
No.3 Dongwu Road, Zhenjiang

212001

http://zjssjq.com

2 路、104 路公交车可达金山；D3 路、D4 路、104 路、133 路、204 路、镇扬旅游专线可达焦山；4 路、8 路公交车可达北固山。133 路公交车可串起三山。

镇江茅山风景区
Zhenjiang Maoshan Mountain Scenic Spot

茅山是道教上清派的发祥地，被后人称为“第一福地，第八洞天”，享有“秦汉神仙府，梁唐宰相家”之美誉。茅山自然景观独特秀丽，景色怡人。山上景点众多，有九峰、十九泉、二十六洞、二十八池之胜景，峰峦叠嶂，云雾缭绕，奇岩怪石林立密集，大小溶洞深幽迂回，灵泉圣池星罗棋布，曲涧溪流纵横交织，绿树蔽山，青竹繁茂，物华天宝。

茅山还是新四军苏南抗日根据地的中心，是全国六大抗日根据地之一。茅山北麓、望母山山巅之上有苏南抗战胜利纪念碑，茅山脚下是茅山新四军纪念馆。

镇江句容市茅山镇
Maoshan Town, Jurong

212446

www.maoshanchina.com.cn

句容 113 茅山旅游专线可达。

溱湖风景区
Qin Lake Scenic Spot

溱湖风景区是以溱湖为核心，以溱湖国家湿地公园、溱潼古镇、泰州华侨城、农业生态园四大景区为主体，融湿地观光、古镇旅游、温泉度假、科普教育、民俗体验、休闲娱乐、拓展培训等功能于一体的生态旅游区。溱湖又名喜鹊湖，是天然形成的湖泊，形如玉佩，有 9 条河流通达湖区，自然形成“九龙朝阙”的奇异景观。溱湖湖面开阔，湖中有绿岛，蒲草丰茂，水清流洁，水平如镜。溱潼古镇四面环水，波光粼粼，环境优美，人文底蕴深厚、民俗风情独特，素有“水乡明珠”之称。

泰州市姜堰区溱潼镇
Qintong Town, Jiangyan District, Taizhou

225500

www.qinlake.com

从泰州及姜堰均有专线车到景区。

南京市朝天宫景区（南京市博物馆）
Nanjing Chaotian Palace(Nanjing Museum)

南京市秦淮区朝天宫 6 号
No.6 Chaotian Palace, Qinhuai District, Nanjing

210002

www.njmm.cn

南京市玄武湖景区
Nanjing Xuanwu Lake Scenic Area

南京市玄武区玄武巷 1 号
No.1 Xuanwu lane, Xuanwu District, Nanjing

210009

梅园新村纪念馆
Meiyuan Xincun Memorial Museum

南京市玄武区梅园新村汉府街 18 号
No.18 Hanfu Street, Meiyuanxin Village, Xuanwu District, Nanjing

210018

南京总统府景区
Nanjing President Residence Scenic Spot

南京市玄武区长江路 292 号
No.292 Changjiang Road, Xuanwu District, Nanjing

210018

www.njztf.cn

南京博物院
Nanjing Museum

南京市玄武区中山东路 321 号
No.321 East Zhongshan Road, Xuanwu District, Nanjing

210016

www.njmuseum.com

侵华日军南京大屠杀遇难同胞纪念馆
The Memorial Museum of the Victims in Nanjing Massacre by Japanese Invaders

南京市建邺区水西门大街 418 号
No.418 Shuiximen Street, Jianye District, Nanjing

025-86612230

210017

www.nj1937.org

南京阅江楼风景区
Nanjing Yuejianglou Scenic Spot

南京市鼓楼区建宁路 202 号
No.202 Jianning Road, Gulou District, Nanjing

210015

www.yuejianglou.com

红山森林动物园
Hongshan Forest Zoo

南京市鼓楼区和燕路 168 号
No.168 Heyan Road, Huangjiayu, Gulou District, Nanjing

210028

www.njhszoo.com

南京珍珠泉风景区
Nanjing Pearl Spring Scenic Area

南京市浦口区珍珠街 178 号
No.178 Zhenzhu Street, Pukou District, Nanjing

210031

www.zhenzhuquan.com.cn

南京市金牛湖景区
Nanjing Jinjiu Lake Scenic Area

南京市六合区八百桥镇桂子山
Guizi Mountain, Babaiqiao Town, Luhe District, Nanjing

211500

www.jinniuhu.cn

南京市栖霞山风景名胜区
Nanjing Qixia Mountain Scenic Area

南京市栖霞区栖霞街 88 号
No.88 Qixia Street, Qixia District, Nanjing

210033

www.njqxs.net

南京市科技馆
Nanjing Science & Technology Museum

南京市雨花台区紫荆花路 9 号
No.9 Zijinghua Road, Yuhuatai District, Nanjing

210012

www.njstm.org.cn

南京市雨花台烈士陵园
Nanjing Yuhuatai Martyrs Cemetery

南京市雨花路 215 号
No.215 Yuhua Road, Nanjing

210012

www.travelyuhuatai.com

南京明文化村（阳山碑材）景区
Nanjing Ming Dynasty Culture Village

南京市江宁区中山门外
Outside Zhongshanmen, Jiangning District, Nanjing

210008

汤山紫清湖生态温泉度假区
Tangshan Ziqing Lake Ecological Hot Spring Resort

南京市江宁区汤山镇环镇北路 8 号
No.8 North Huanzhen Road, Tangshan Town, Jiangning District

211100

www.tszqh.com

南京牛首山唐明文化旅游区
Nanjing Niushou Mountain Tang & Ming Dynasty Culture Tourism Area

南京市江宁区谷里街道
Guli Community, Jiangning District, Nanjing

210008

www.niushoushan.net

高淳老街历史文化景区
Gaochun Old Street History & Culture Scenic Area

南京市高淳区淳溪镇中山大街 114 号
No.114 Zhongshan Street, Gaochun District, Nanjing

211300

www.njgclj.com

南京高淳国际慢城
Nanjing International Network of Cities Where Living is Easy

南京市高淳区桠溪镇生态路
Shengtai Road, Yaxi Town, Gaochun District, Nanjing

211300

www.chinacittaslow.com

游子山国家森林公园风景区
Youzi Mountain National Forest Park Scenic Area

南京市高淳区东坝集镇
Dongbaji Town, Gaochun District, Nanjing

211301

www.jsyouzishan.com

南京白马如意文化艺术中心（周园）
Nanjing Baimaruyi Culture Art Centre （Zhouyuan Garden）

南京市溧水区白马镇
Baima Town, Lishui District, Nanjing

211200

www.njzhy.com

无锡市锡惠园林文物名胜区
Wuxi Xihui Garden Cultural Relics Famous Area

无锡市惠山直街 2 号
No.2 Huishanzhi Street, Wuxi

214035

www.xhpark.com

梅园横山风景区
Plum Garden & Hengshan Scenic Area

无锡市梁溪西路卞家湾 13 号
No.13 Bianjia Bay, Liangxi Road, Wuxi

214001

www.wuximeiyuan.com

东林书院
Donglin Ancient Academy

无锡市解放东路 867 号
No.867 East Jiefang Road, Wuxi

214002

www.wxdlsy.com

无锡蠡园风景区
Wuxi Li Garden Scenic Area

无锡市青祁村 70 号
No.70 Qingqi Village, Wuxi

214075

www.wxlihu.com

无锡市薛福成故居
Wuxi Xue Fucheng's Former Residence

无锡市学前街 152 号
No.152 Xueqian Street, Wuxi

214001

www.wxxjhy.cn

无锡市城中公园（崇安寺景区）
Wuxi Chengzhong Park(Chong'an Temple Scenic Area)

无锡市崇安区崇安寺公园路 14 号
No.14 Park Road, Chong'an Temple, Chong'an District, Wuxi

214002

www.1street.com.cn

清名桥古运河景区
Qingming Bridge Ancient Canal Scenic Area

无锡市南长区向阳路 38 号
No.38Xiangyang Road, Nanchang District, Wuxi

214021

www.qmqgyh.com

无锡博物院
Wuxi Museum

无锡市南长区钟书路 100 号
No.100 Zhongshu Road, Nanchang District, Wuxi

214062

www.wxmuseum.com

无锡市南禅寺景区
Wuxi Nanchan Temple Scenic Area

无锡市南长区向阳路 32 号
No.32 Xiangyang Road, Nanchang District, Wuxi

214026

无锡荡口古镇景区
Wuxi Dangkou Ancient Town Scenic Area

无锡市锡山区鹅湖镇蘅芳路
Hengfang Road, Ehu Town, Xishan District, Wuxi

214101

www.dangkouguzhen.com

阳山桃花源景区
Yangshan Taohuayuan (Peach Blossom Garden) Scenic Area

无锡市惠山区阳山镇
Yangshan Town, Huishan District, Wuxi

214174

www.wuxitaohuayuan.com

无锡动物园 · 太湖欢乐园
Wuxi Animal Zoo—Taihu Lake Fun Park

无锡市滨湖区钱荣路 99 号
No.99 Qianrong Road, Binhu District, Wuxi

214062

www.wxzoo.com.cn

无锡华莱坞影都
Wuxi Hualaiwu Film City

无锡市滨湖区雪浪街道蠡湖大道 2009 号
No.2009 Lihu Avenue, Xuelang Community, Binhu District, Wuxi

214123

www.wuxistudio.com

无锡阖闾城遗址博物馆
Wuxi Helü Ancient City Relics Museum

无锡市滨湖区马山闾江 2 号
No.2 Mashanlujiang, Binhu District, Wuxi

214123

www.hlcruinspark.com

中国吴文化博物馆 · 无锡市鸿山遗址博物馆
China Wu Culture Museum—Wuxi Hongshan Relics Museum

无锡市新区鸿山街道飞凤路 200 号
No.200 Feifeng Road, Hongshan Community, New District, Wuxi

214001

www.hsyzbwg.cn

无锡中华赏石园景区
China Ornamental Stone Garden Scenic Area

无锡市新区鸿山街道飞凤路 202 号
No.202 Feifeng Road, Hongshan Town, New District, Wuxi

214001

www.wupark.cn

无锡鸿山镇泰伯墓
Wuxi Hongshan Town Taibo Tomb

无锡市新区鸿山街道
Hongshan Community, New District, Wuxi

214115

www.hstbjq.com

江阴市滨江要塞旅游区
Binjiang Fortress Tourism Area

无锡江阴市公园路
Park Road, Jiangyin

214400

bjys.jytravel.net

江苏学政文化旅游区
Jiangsu Study and Politics Cultural Tourism Area

无锡江阴市人民中路 118 号
No.118Middle Renmin Road, Jiangyin

214400

宜兴市善卷洞风景区
Yinxing Shanjuan Cave Scenic Area

无锡宜兴市祝陵村
Zhuling Village, Yixing

214233

www.sjhole.com

张公洞旅游景区
Zhanggong Cave Tourism Area

无锡宜兴市湖汊镇张阳村
Zhangyang Village, Hufu Town, Yixing

214223

www.zhanggongdong.com

宜兴竹海风景区
Yixing Zhuhai (Bamboo Sea) Scenic Aera

无锡宜兴市湖汶镇
Hufu Town, Yixing

214223

www.yxzhuhai.cn

宜兴陶祖圣境风景区
Pottery Ancestor Shengjing Scenic Area

无锡宜兴市湖汶镇竹海村 36 号
No.36 Zhuhai Village, Hufu Towm, Yixing

214223

www.yxtzsj.com

中国宜兴陶瓷博物馆
China Yixing Ceramic Museum

无锡宜兴市丁蜀镇丁山北路 150 号
No.150 North Dingshan Road, Dingshu Town, Yixing

214221

www.yxtcbwg.com

宜兴团氿风景区
Yixing Tuanjiu Scenic Area

无锡宜兴市宣城镇
Xuancheng Town, Yixing

214200

www.jsyxtj.com

宜兴市龙背山森林公园
Yixing Longbei Mountain Forest Park

无锡宜兴市宜城镇
Yicheng Town, Yixing

214200

www.lbsslgy.cn

宜兴云湖风景区
Yunhu (Cloud Lake) Scenic Area

无锡宜兴市西渚镇
Xizhu Town, Yixing

214200

www.yxcbg.com

淮海战役烈士纪念塔园林
Huaihai Campaign Martyrs Monument Cenotaph Garden

徐州市解放南路 2 号
No.2 South Jiefang Road, Xuzhou

221009

www.huaita.com.cn

彭祖园
Pengzu Park

徐州市南郊
South Suburb, Xuzhou

221000

www.pzy.cn

汉文化景区
Han Dynasty Cultural Scenic Area

徐州市兵马俑路 1 号
No.1 Bingmayong Road, Xuzhou

221100

www.hwhjq.com

徐州市博物馆
Xuzhou Museum

徐州市和平路 148 号
No.148 Heping Road, Xuzhou

221009

www.xzmuseum.com

徐州市户部山民居
Xuzhou Hubushan Ancient Dwellings

徐州市户部山历史文化街区
Hubushan History & Culture Street, Xuzhou

221001

徐州乐园景区
Xuzhou Amusement Land

徐州市泉山区云龙湖景区内
Inside Yunlong Lake Tourist Area, Quanshan District, Xuzhou

221000

www.xzal.cn

蟠桃山佛教文化景区
Pantaoshan Buddhist Culture Scenic Area

徐州市鼓楼区蟠桃山路 5 号
No.5Pantaoshan Road, Gulou District, Xuzhou

221005

www.ptsjq.com\

徐州龟山汉墓景区
Xuzhou Guishan Han Dynasty Tombs Scenic Area

徐州市鼓楼区襄王北路
North Xiangwang Road, Gulou District, Xuzhou

221141

www.guishanhanmu.com

中央电视台外景基地徐州汉城景区
CCTV Base Location in Xuzhou Hancheng (Han Dynasty City) Scenic Area

徐州市鼓楼区汉城西路
West Hancheng Road, Jiuli District, Xuzhou

221141

徐州汉画像石博物馆
Xuzhou Museum of Han Dynasty Painted Stone

徐州市泉山区湖东路
East Road of Yunlong Lake, Quansha District, Xuzhou

221006

www.xzhhxs.cn

铜山悬水湖景区
Tongshan Xuanshui Lake Scenic Area

徐州市铜山区
Tongshan District, Xuzhou

221116

徐州市潘安湖湿地公园
Xuzhou Pan'an Lake Wetland Park

徐州市贾汪区
Jiawang District, Xuzhou

221011

www.pananhu.com.cn

贾汪大洞山景区
Jiawang Dadong Mountain Scenic Area

徐州市贾汪区
Jiawang District, Xuzhou

221011

凤鸣海景区
Fengminghai Scenic Area

徐州市贾汪区城东
East of Jiawang District, Xuzhou

221003

督公湖风景区
Dugong Lake Scenic Area

徐州市贾汪区东 5 公里
Jiangzhuang Town, Jiawang District, Xuzhou

221011

艾山九龙风景区
Aishan Mountain Nine Dragons Scenic Area

徐州邳州市铁富镇
Tiefu Town, Pizhou

221331

www.pzasjl.com

新沂窑湾古镇旅游区
Yaowan Ancient Town Tourism Area

徐州新沂市窑湾镇
Yaowan Town, Xinyi

221400

马陵山风景区
Maling Mountain Scenic Area

徐州新沂市城岗红峰村
Hongfeng Village, Chenggang, Xinyi

221400

www.malingshan.net

水月禅寺景区
Shuiyue Temple Scenic Area

徐州市睢宁县下邳大道白塘河湿地公园内
Inside Baitang River Wetland Park, Xiapi Avenue, Suining County

221200

www.shuiyuechansi.com

微山湖千岛湿地景区
Weishan Lake Qiandao (Thousand Islands) Wetland Scenic Area

徐州市沛县东部
East of Pexian County

221600

常州天宁禅寺
Changzhou Tianning Buddhist Temple

常州市延陵东路 636 号
No.636 Eat Yanling Road, Changzhou

213003

www.tianningsi.org

常州博物馆
Changzhou Museum

常州市新北区龙城大道 1288 号
No.1288 Longcheng Avenue, Xinbei District, Changzhou

213001

www.czmuseum.com

常州红梅公园
Changzhou Hongmei (Red Plum) Park

常州市天宁区罗汉路 1 号
No.1 Luohan Road, Tianning District, Changzhou

213003

www.redplumpark.com

中国·常州南大街商贸休闲旅游区
China Changzhou Nandajie (South Avenue) Business, Leisure & Tourism Area

常州市钟楼区南大街
Nandajie, Zhonglou District, Changzhou

213002

www.zgczndj.com

常州市青枫公园
Changzhou Qingfeng Park

常州市钟楼区星港路
Xinggang Road, Zhonglou District, Changzhou

213002

www.qfpark.com

武进中华孝道园景区
Wujin China Xiaodao Park

常州市武进区雪堰镇环太湖路 101 号
No.101 Huantaihu Road, Xueyan Town, Wujin District, Changzhou

123159

www.rjzd.cn

环球动漫嬉戏谷景区
The World Cartoon Theme Park

常州市武进区潘家镇嬉戏谷大道 1 号
No.1 Xixigu Avenue, Panjia Town, Wujin District, Changzhou

213179

www.czxixigu.com

天目湖御水温泉景区
Tianmu Lake Yushui Hot Spring Scenic Area

常州溧阳市天目湖镇
Tianmuhu Town, Liyang

213300

新四军江南指挥部纪念馆
The New Fourth Army Command Memorial Museum

常州溧阳市前马镇水细村
Shuixi Village, Qianma Town, Liyang

213300

南山竹海生态旅游区
Nanshan Zhuhai Ecotourism Area

常州溧阳市横涧镇
Hengjian Town, Liyang

213335

苏州乐园
Suzhou Amusement Land

苏州市高新区阳山东路与山神湾路交会处山神湾路 2 号
No.2 Shanshenwan Road, Intersection of East Yangshan Road & Shanshenwan Road, Hightec Area, Suzhou

215011

www.szal.cn

苏州市重元寺
Suzhou Chongyuan Temple

苏州工业园区阳澄岛沉雁湾
Chenyan Bay, Yangcheng Island, Industry Area, Suzhou

215002

www.chongyuansi.com.cn

苏州白马涧生态园
Suzhou White Horse Stream Ecological Garden

苏州高新区枫桥街道西部
West of Fengqiao Community, Hightech.Area, Suzhou

215002

www.szlongchi.com

苏州中国刺绣艺术馆景区
The Scenic Site of China Embroidery Art Museum

苏州市高新区镇湖街道绣馆街 1 号
No.1 Xiuguan Street, Zhenhu, Community, Hightech Area, Suzhou

215161

www.zhenhutour.com

苏州大阳山国家森林公园
Suzhou Sun Mountain National Forest Park

苏州市高新区浒墅关开发区
Xushuguan Development Area, Hightec Area, Suzhou

215011

苏州盘门景区
Suzhou Panmen Scenic Spot

苏州市姑苏区东大街 1 号
No.1 East Street, Gusu District, Suzhou

215007

www.panmen.com.cn

苏州网师园
Suzhou Master Of Nets Garden

苏州市姑苏区带城桥路阔家头巷 11 号
No.11 Kuojiatou Lane, Daichengqiao Road, Gusu District, Suzhou

215006

www.szwsy.com

苏州狮子林
Suzhou Lion Forest Garden

苏州市姑苏区园林路 23 号
No.23 Yuanlin Road, Gusu Disrict, Suzhou

215001

www.szszl.com

苏州七里山塘景区
Suzhou Seven Miles Shantang Scenic Area

苏州市姑苏区广济路 218 号
No.218 Guangji Road, Gusu District, Suzhou

215008

www.shantang.com.cn

寒山寺
Hanshan Temple

苏州市姑苏区寒山寺弄 24 号
No.24 Hanshansi Lane, Gusu District, Suzhou

215008

www.hanshansi.org

苏州市西园戒幢律寺
Suzhou Xiyuan Jiechuanglü Temple

苏州市姑苏区留园路西园弄 18 号
No.18 Xiyuan Lane, Gusu District

215008

www.jcedu.org

苏州平江路历史文化名街
Suzhou Pingjiang Road Cultural Historic Streets

苏州市姑苏区平江路
Pingjiang Road, Gusu District, Suzhou

215005

www.pingjiangroad.com

苏州石湖景区
Shihu Lake Scenic Area

苏州市吴中区友新路 333 号
No.333 Youxin Road, Wuzhong District, Suzhou

215002

www.szstonelake.com

苏州甪直古镇游览区
Suzhou Luzhi Ancient Town Scenic Area

苏州市吴中区甪直镇
Luzhi Town, Wuzhong District, Suzhou

215127

www.Luzhitour.net

苏州光福古镇景区
Suzhou Guangfu Ancient Town Tourism Area

苏州市吴中区光福镇
Guangfu Town, Wuzhong District, Suzhou

215128

www.szgfly.com

苏州木渎古镇
Suzhou Mudu Ancient Town

苏州市吴中区木渎镇严家花园东侧
East Side of Yanjia Garden, Mudu Town, Wuzhong District, Suzhou

215101

www.mudu.com.cn

西山风景区
Xishan Scenic Area

苏州市吴中区太湖南部
South of Taihu Lake, Wuzhong District, Suzhou

215111

www.xsly.org

天平山风景名胜区
Taiping Mountain Scenic Area

苏州市吴中区木渎镇
Mudu Town, Wuzhong District, Suzhou

215101

www.sztps.cn

天池山风景区
Tianchi Mountain Scenic Area

苏州市吴中区藏书镇天池山
Tianchi Mountain, Cangshu Town, Wuzhong District, Suzhou

215001

苏州吴江市静思园
Suzhou Wujiang Jingsi Garden

苏州市吴江区云梨路 919 号
No.919 Yunli Road, Wujiang District, Suzhou

215200

www.jsycn.com

震泽古镇景区
Zhenze Ancient Town Scenic Area

苏州市吴江区震泽镇宝塔街 12 号
No.12 Baota Street, Zhenze Town, Wujiang District, Suzhou

215200

www.zhenze.com

苏州湾黄金湖岸旅游区
East Taihu Lake Golden Lakeshore Tourism Area

苏州市吴江区东太湖苏州湾畔
Bank of Suzhou Bay, East Taihu Lake, Wujiang District, Suzhou

215200

苏州昆山市锦溪古镇
Suzhou Kunshan Jinxi Ancient Town

苏州昆山市锦溪镇长寿路南侧
South side of Changshou Road, Jinxi Town, Kunshan

215300

www.chinajinxi.com.cn

昆山市千灯古镇游览区
Qiandeng Ancient Town Tourism Area

苏州昆山市千灯镇
Qiandeng Town, Kunshan

215300

www.chinaqiandeng.com

昆山亭林园
Kunshan Tinglin Park

苏州昆山市马鞍山东路 1 号
No.1 East Ma'anshan Road, Kunshan

215300

www.tinglinpark.com

太仓现代农业园
Taicang National Modern Agriculture Garden

苏州太仓市沙溪镇岳王现代农业园区
Yuewang Modern Agriculture Zone, Shaxi Town, Taicang

215400

www.tcnyy.com

沙溪古镇旅游区
Shaxi Ancient Town Tourism Area

苏州太仓市沙溪镇
Shaxi Town, Taicang

215400

常熟服装城购物旅游区
Changshu Clothing Shopping Area

苏州常熟市古城南端常熟招商城
South of Changshu

215500

www.csfz.cn

蒋巷村旅游景区
Jiangxiang Village Tourism Area

苏州常熟市支塘镇蒋巷村
Jiangxiang Village, Zhitang Town, Changshu, Jiangsu

215539

www.jiangxiangcun.cn

常熟方塔古迹名胜区
Changshu Fangta Ancient Site Scenic Area

苏州常熟市环城东路曾赵园
East Huancheng Road, Zengzhao Garden, Changshu

215500

www.csfangta.cn

常熟市梅李聚沙园景区
Meili Jusha Park

苏州常熟市梅李镇通塔路 1 号
No.1 Tongta Road, Meili Town, Changshu

215511

www.jushapark.com

凤凰山风景区
Fenghuang(Phoenix) Mountain Scenic Area

张家港市港口、凤凰、西张三镇交界处
Intersection of GangKou, Fenghuan And Xizhang Town, Zhangjiagang

215600

www.zjgfh.net

香山风景区
Xiangshan Mountain Scenic Area

苏州张家港市南沙镇
Nansha Town, Zhangjiagang

215600

www.xsfjq.com

张家港永联旅游景区
Zhangjiagang Yonglian Tourism Area

苏州张家港市南丰镇永联村
Yonglian Village, Nanfeng Town, Zhangjiagang

215628

www.yonglian.gov.cn

暨阳湖生态旅游区
Jiyang Lake Ecotourism Area

张家港市南城区
Nancheng(South) District, Zhangjiagang

215600

南通市狼山风景名胜区
Nantong Langya Mountain Famous Scenic Area

南通市狼山镇临港路 53 号
No.53 Lingang Road, Langshan Town, Nantong

226004

www.chinalangshan.gov.cn

南通博物苑
Nantong Museum

南通市濠河南路 19 号
No.19 South Haohe, Nantong

226001

www.ntmuseum.com

南通珠算博物馆
Nantong Abacus Museum

南通市崇川区濠北路 58 号
No.58 Haobei Road, Chongzhou District, Nantong

226001

南通啬园景区
Nantong Qiangyuan Scenic Area

南通市崇川区狼山镇南郊路 150 号
No.150 Nanjiao Road, Langshan Town, Chongchuan District, Nantong

226001

中国叠石桥国际家纺城
China Dieshiqiao Home Textile Plaza

南通海门市三星镇叠石桥大岛路 188 号
No.188 Dadao Road, Dieshiqiao, Sanxing Town, Haimen

226115

www.dsqly.com

水绘园（人民公园、博物馆）
Shuihui Garden (People's Park, Museum)

南通如皋市碧霞路 299 号
No.299 Bixia Road, Rugao

226500

www.rgshy.com

中国工农红军第十四军纪念馆景区
Memorial Museum for the 14th Red Army

南通如皋市福寿东路 158 号
No.158 East Fushou Road, Rugao

226500

海安江淮文化园
Hai'an Jianghuai Culture Garden

南通市海安县海安镇凤山北路 33 号
No.33 North Fengshan Road, Hai'an Town, Hai'an County

226600

连云港连岛旅游度假区
Lianyungang Liandao Island Resort

连云港市连云区连岛镇
Liandao Town, Lianyun District, Lianyungang

222041

www.lygld.cn

连云港市连岛海滨浴场
Lianyungang Liandao Island Beach

连云港市连云区连岛镇大路口
Dalukou, Liandao Town, Lianyun District, Lianyungang

222041

渔湾风景区
Yuwan Scenic Area

连云港市连云区云台乡渔湾村
Yuwan Village, Yuntai Town, Lianyun District, Lianyungang

222064

www.lygyuwan.com

连云港市海上云台山景区
Lianyungang Yuntai Mountain Over the Sea Scenic Area

连云港市连云区宿城乡
Sucheng Town, Lianyun District, Lianyungang

222042

连云港市革命纪念馆
Lianyungang Revolutionary Memorial Museum

连云港市海州区朝阳东路
East Chaoyang Road, Haizhou District, Lianyungang

222006

www.lygjng.com

灌云县大伊山风景区
Guanyun Dayi Mountain Scenic Area

连云港市灌云县伊山镇
Yishan Town, Guanyun County

222200

东海县国际水晶珠宝城
Donghai County International Crystal Jewelry City

连云港市东海县晶牛广场
Jingniu Square, Donghai County

222300

中国东海水晶博物馆
China Donghai(East Sea) Crystal Museum

连云港市东海县
Donghai County

222300

西双湖风景区
Xishuang Lake Scenic Area

连云港市东海县牛山镇东提路
Dongti Road, Niushan Town, Donghai County

222300

东海羽泉景区
Donghai Hot Spring Scenic Area

连云港市东海县温泉镇
Wenquan Town, Donghai County

222300

二郎神文化遗址公园
God Erlang Cultural Relics Park

连云港市灌南县
Guannan County

222500

淮安市博物馆
Huai'an City Museum

淮安市清江浦区健康西路 146-1 号
No.146-1 West Jiankang Road, Qingjiangpu District, Huai'an

223001

www.hamuseum.com

淮安运河博物馆
Huai'an Canal Museum

淮安市清江浦区大闸口中洲岛
Zhongzhou Island, Dazhakou, Qingjiangpu District, Huai'an

223001

淮安市清河新区古淮河文化生态景区
Huai'an Ancient Huaihe River Cultural Ecology Scenic Spot

淮安市清江浦区河畔路 26 号
No.26 Hepan Road, Qingjiangpu District, Huai'an

223001

里运河文化长廊景区
Liyunhe (Inside Canal) Culture Corridor Scenic Area

淮安市青江浦区轮埠路
Lunbu Road, Qingjiangpu District, Huai'an

223002

淮安府署
Huai'an Fushu(Ancient Government Mansion)

淮安市淮安区东门大街 38 号
No.38 Dongmen Avenue, Huai'an District, Huai'an

223200

www.hafschina.cn

中国漕运博物馆（总督漕运公署遗址）
China Water Transport Museum （Ruins of the Water Transport Governor's Office）

淮安市淮安区漕运广场
Caoyun Square, Huai'an District, Huai'an

223200

www.cwtmuseum.com

吴承恩故居
Wu Cheng'en's Former Residence

淮安市淮安区河下镇打铜巷 12 号
No.12 Datong Lane, Hexia Town, Hai'an District, Huai'an

223200

www.wcegj.com.cn

刘老庄连纪念园景区（淮阴八十二烈士陵园）
The New Fourth Army Liulaozhuang Memorial Park (Huaiyin Eightytwo Martyrs Cemetery）

淮安市淮阴区刘老庄乡
Liulaozhuang Village, Huaiyin District, Huai'an

223322

洪泽湖古堰景区
Hongze Lake Ancient Dam Scenic Area

淮安市洪泽区
Hongze District, Huai'an

223100

第一山风景名胜区（淮河风光带）
The First Mountain Scenic Area (Along the Huaihe River)

淮安市盱眙县淮河北路
North Huaihe Road, Xuyi County

211700

黄花塘新四军军部旧址纪念馆
Huanghuatang New Fourth Army Site Memorial Museum

淮安市盱眙县黄花塘镇黄花塘村
Huanghuatang Village, Huanghuatang Town, Xuyi County

211700

铁山寺国家森林公园
Tieshan Temple National Forest Park

淮安市盱眙县铁山寺
Tieshan Temple, Xuyi County

211723

涟水五岛湖公园
Lianshui Wudao Lake Park

淮安市涟水县涟城镇公园路 11 号
No.11 Park Road, Liancheng Town, Lianshui County

223400

盐城市海盐历史文化风景区
Yancheng Sea-Salt History & Cultural Tourism Area

盐城市开放大道 1 号
No.1 Kaifang Avenue, Yancheng

224005

www.chinahymuseum.com

新四军纪念馆
Xinsijun Memorial Museum

盐城市建军东路 159 号
No.159 East Jianjun Road, Yancheng

224005

大纵湖风景区
Dazong Lake Scenic Area

盐城市盐都区大纵湖乡
Dazonghu Village, Yandu District, Yancheng

224034

www.dzhly.com

东台西溪旅游文化景区
Dongtai Xixi Tourism Cultural Scenic Area

盐城东台市西溪镇
Xixi Town, Dongtai

224200

黄海森林公园
Huanghai Forest Park

盐城东台市东台林场
Dongtai Forest Farm, Dongtai

224005

盐城荷兰花海景区
Yancheng Netherland Flower Sea Scenic Area

盐城市大丰区新丰镇
Xinfeng Town, Dafeng District, Yancheng

224100

大丰市上海知青纪念馆
Dafeng Memorial Museum for Shanghai Educated Youth

盐城市大丰区盛丰路
Shengfeng Road, Dafeng District, Yancheng

224100

大丰港海洋世界景区
Dafeng Port Ocean World

盐城市大丰区盐土大地海洋生物产业科技园
Saline Land Marine Life Industry Zone, Dafeng District, Yancheng

224100

www.dfpow.com

射阳河口风景区息心寺
Sheyang Hekou Scenic Area Xixin Temple

盐城市射阳县海通镇
Haitong Town, Sheyang County

224300

www.xixinsi.com

丹顶鹤湿地生态旅游区
Redcrowned Crane Wetland Ecotourism Area

盐城市射阳县新洋港镇
Xinyanggang Town, Sheyang County

224300

阜宁金沙湖旅游区
Funing Golden Sand Lake Tourism Area

盐城市阜宁县城南新区
New District, South of Funing County

224400

www.jinshahu.cc

扬州京华城休闲旅游区
Yangzhou Living Mall Leisure Tourism Area

扬州新城西区京华城路 168 号
No.168 Jinghuacheng Road, West District, Xincheng, Yangzhou

225002

www.cpcity.com.cn

扬州汉广陵王墓博物馆
Yangzhou Han Emperor Guangling Tombs Museum

扬州市平山堂东路 98 号
No.98 East Pingshantang Road, Yangzhou

225002

个园
Geyuan Garden

扬州市广陵区盐阜东路 10 号
No.10 East Yanfu Road, Guangling District, Yangzhou

225001

www.gegarden.net

何园
Heyuan Garden

扬州市广陵区徐凝门路 66 号
No.66 Xuningmen Road, Guangling District, Yangzhou

225001

www.hegarden.net

东关历史文化旅游区
Dongguan History & Culture Tourism Area

扬州市广陵区东关街 27 号
No.27 Dongguan Street, Guangling District, Yangzhou

225002

www.yzdongguanjie.com

茱萸湾风景名胜区
Zhuyu Bay Famous Scenic Area

扬州市广陵区茱萸湾路 888 号
No.888 Zhuyuwan Road, Guangling District, Yangzhou

225002

www.yzzyw.com

马可波罗花世界景区
Marco Polo Flowers Ocean Theme Park

扬州市广陵区生态科技新城自在岛花海路 1 号
No.1 Huahai Road, Zizai Island, Ecotech New City, Guangling District, Yangzhou

225002

扬州大明寺
Yangzhou Daming Temple

扬州市邗江区平山堂路 1 号
No.1 Pingshantang Road, Hanjiang District, Yangzhou

225009

www.damingsi.com

扬州中国雕版印刷博物馆 / 扬州博物馆
Ancient Block Printing Museum/Yangzhou Museum

扬州市邗江区文昌西路 416 号
No.416 West Wenchang Road, Hanjiang District, Yangzhou

225002

www.yzmuseum.com

扬州凤凰岛生态旅游区
Yangzhou Fenghuang Island Ecotourism Area

扬州市邗江区泰安镇金泰南路 88 号
No.88 South Jintai Road, Taian Town, Ganjiang District, Yangzhou

225113

www.yzfhd.cn

扬州宋夹城景区
Yangzhou Songjiacheng Scenic Area

扬州市邗江区长春路
Changchun Road, Hanjiang District, Yangzhou

225002

盂城驿博物馆
Yuchengyi Museum

扬州高邮市馆驿巷 13 号
No.13 Guanyi Lane, Gaoyou

225600

南山风景区
South Mountain Scenic Spot

镇江市竹林路 98 号
No.98 Zhulin Road, Zhenjiang

212000

镇江市博物馆
Zhenjiang City Museum

镇江市伯先路 85 号
No.85 Boxian Road, Zhenjiang

212002

西津渡历史文化街区
Xijindu History & Culture Street

镇江市西津渡街 25 号
No.25 Xijindu Street, Zhenjiang

212001

中国镇江醋文化博物馆
China Zhenjiang Vinegar Culture Museum

镇江市丹徒区新城广园路 66 号
No.66Guangyuan Road, Dantu District, Zhenjiang

212001

中国米芾书法公园
China Mifu Calligraphy Park

镇江市丹徒区
Dantu District, Zhenjiang

212028

www. 中国米芾书法公园 .com

宝华山国家森林公园
Baohua Mountain National Forest Park

镇江句容市宝华镇
Baohua Town, Jurong

212445

www.baohuas.cn

镇江江苏茶博园
Zhenjiang Jiangsu Tea Expo Garden

镇江句容市茅山镇
Maoshan Town, Jurong

212400

泰州秋雪湖生态景区
Taizhou Qiuxue Lake Ecotourism Area

泰州市秋雪湖大道 58 号
No.58 Qiuxuehe Avenue, Taizhou

225300

凤城河风景区
Fengcheng River Scenic Area

泰州市海陵区东南园 10 号
No.10 Southeast Garden, Hailing District, Taizhou

225300

fch.taizhou.gov.cn

泰州天德湖景区
Taizhou Tiande Lake Scenic Area

泰州市海陵区周山河街区
Zhoushanhe Street, Hailing District, Taizhou

225300

www.tdhjq.com

泰州高港雕花楼景区
Taizhou Gaogang Diaohualou Scenic Area

泰州市高港区柴墟水景街区南端
South End of Chaixushuijing Street, Gaogang District, Taizhou

225321

泰州姜堰溱潼古镇旅游区
Taizhou Jiangyan Qintong Ancient Town Tourist Area

泰州市姜堰区溱潼镇
Qintong Town, Jiangyan District, Taizhou

225500

www.qintong.gov.cn

古罗塘旅游文化景区
Ancient Luotang Cultural Tourism Scenic Area

泰州市姜堰区
Jiangyan District, Taizhou

225500

www.guluotangchina.com

兴化李中水上森林公园
Xinghua Lizhong Upwater Forest Park

泰州兴化市李中镇
Lizhong Town, Xinghua

225700

www.lzsssl.com

郑板桥 · 范仲淹纪念馆
Zheng Banqiao & Fan Zhongyan's Memorial Museum

泰州兴化市昭阳镇
Zhaoyang Town, Xinghua

225700

xhbwg.org

雪枫公园
Xuefeng Park

宿迁市幸福北路与黄河北路之间
Between North Xingfu Road & North Huanghe Road, Suqian

223800

宿迁湖滨公园景区
Lakeshore Park Scenic Area

宿迁市湖滨新城迎春大道
Yingchun Avenue, New Lakeshore City, Suqian

223800

项王故里
Xiangyu's Hometown

宿迁市宿城区黄河南路
South Huanghe Road, Sucheng District, Suqian

223800

www.xiangwangguli.com

洋河酒厂文化旅游区
Yanghe Brewery Industry Cultural Tourism Area

宿迁市宿城区中大街 118 号
No.118 Zhongdajie, Sucheng District, Suqian

223800

www.chinayanghe.com

三台山森林公园
Santai Mountain Forest Park

宿迁市宿豫区
Suyu District, Suqiang

223800

皂河安澜龙王庙行宫
Zaohe Anlan Dragon King Temple

宿迁市宿豫区皂河镇
Zaohe Town, Suyu District, Suqian

223900

宿迁市妈祖文化园
Suqian Mazu Culture Park

宿迁市泗阳县情人岛
Lover Island, Siyang County

223700

泗阳县杨树博物馆
Siyang County Poplar Museum

宿迁市泗阳县泗阳农场
Siyang Farm Centre, Siyang County

223700

www.zgysbwg.com

泗洪洪泽湖湿地国家自然保护区
Sihong Hongze Lake Wetland National Nature Reserve

宿迁市泗洪县洪泽湖湿地
Houngzehu Wetland, Sihong County

223900

浙江

ZHEJIANG

这是中国古代文明的发祥地之一。距今已有 5000 多年历史的良渚文化遗址于 2019 年被列入世界遗产名录。春秋战国时期，“卧薪尝胆，三千越甲可吞吴”的故事就发生在这里。这里人杰地灵，风光无限。杭州的西湖，千百年来被无数文人吟诗唱颂；舟山的普陀山上，普度众生的菩萨香火鼎盛千年；嘉兴的南湖游船上，诞生了改写中国历史的伟大政党；这里有神仙居住的地方——神仙居，这里有鲁迅的故乡——沈园，这里有可以邂逅众多明星的电影之邦——横店影视城……这里就是浙江，中国的“丝绸之府”“鱼米之乡”“文化之邦”。

AAAAA

杭州西湖风景名胜区

Hangzhou West Lake Scenic Area

“欲把西湖比西子，淡妆浓抹总相宜”，大文豪苏轼的名诗让西湖的美别具风格。西湖之美，美在其如诗如画的湖光山色，美在其自然与人文的浑然相融，美在其历史文脉源远流长的传承。

西湖三面云山，中涵碧水，环湖四周，绿荫环抱，山色葱茏，画桥烟柳，云树笼纱。著名的“西湖十景”“新西湖十景”“三评西湖十景”等众多景点如色彩斑斓的钻石串成了西湖的项链，使其春夏秋冬景色各异，昼夜晴雨风韵不同。

杭州市环城西路 5 号
No.5 West Huancheng Road, Hangzhou

310006

http://westlake.hangzhou.gov.cn

4/K4 路、6/K6 路、7/K7 路、15/K15 路、16/K16 路、18/K18 路、21/K21 路、81/K81 路、K504 路、527/K527 路、Y1 线、Y2 线、Y3 线、Y4 线、Y5 线公交车可达。

西溪国家湿地公园

Xixi Wetland Park

“曲水弯环，群山四绕，名园古刹，前后踵接，又多芦汀沙溆。”西溪国家湿地公园分为东部湿地生态保护培育区、中部湿地生态旅游休闲区和西部湿地生态景观封育区。整个园区六条河流纵横交汇，水道如巷、河汊如网、鱼塘栉比如鳞、诸岛棋布，形成了西溪独特的湿地景致，河港、池塘、湖漾、沼泽，“一曲溪流一曲烟”，西溪国家湿地公园堪称中国湿地第一园。

杭州市西湖区天目山路 518 号
No.518 Tianmushan Road, Xihu District, Hangzhou

310013

www.xixiwetland.com.cn

310 路、K506 路、K193 路、Y13 线、观光 1 号线公交车可达。

杭州西溪湿地·洪园

Xixi Wetland Park—Hongyuan Garden

西溪湿地·洪园以江南水乡文化、洪氏家族文化为内涵，是西溪国家湿地公园中具有湿地水乡特征和文化艺术底蕴的区块，并且拥有“龙舟胜会”“五常十八般武艺”两项国家非物质文化遗产。其独特而野趣的自然风光，深厚的历史文化，浓郁的田园水乡风情，使得这里成为了西溪美景中独具魅力的景点，每年吸引着大批的中外游客到访游览。

杭州市余杭区五常街道访溪路邬家湾
Wujia Bay, Fangxi Road, Wuchang Community, Yuhang District, Hangzhou

311100

K356 路、506 路、K193 路、596 路、快速公交 B4 路公交车可达。

淳安县千岛湖风景区

Chun'an County Qiandao Lake Scenic Area

千岛湖是“杭州—千岛湖—黄山”这条名城、名湖、名山黄金旅游线上的一颗璀璨明珠。1959 年新安江水库蓄水，始建于汉唐年间的古城“狮城”“贺城”一夜间被淹没在水下，而上千座岛也由此形成。千岛湖湖形呈树枝状，湖中大小岛屿 1078 个，群岛分布疏密有致，形态各异。主要岛屿有梅峰岛、龙山岛、猴岛、三潭岛、月光岛（五龙岛）、渔乐岛、锁岛等。

杭州市淳安县千岛湖镇
Qiandao Lake Town, Chun'an Country

311700

http://www.qiandaohu.cc

从杭州西站与东站均有班车可达景区。

宁波帮博物馆

Ningbobang Museum

第一家近代意义的中资银行，第一家中资轮船航运公司，第一家中资机器厂……都是宁波商人所创办。宁波帮是中国近代最大的商帮，是中国传统“十大商帮”之一，为中国民族工商业的发展做出了贡献。宁波帮博物馆以年代为脉络、史实为线索、人物为亮点，系统展示了明末至今宁波帮艰苦奋斗、玉汝于成的发展史诗，以此来弘扬宁波帮的财智文化、桑梓情怀，藉以通过营造“情感地标、精神家园”，倡导寻根谒祖、慎终追远的人文主题。

宁波市镇海区庄市街道思源路 255 号
No.255 Siyuan Road, Zhuangshi Community, Zhenhai District, Ningbo

315211

www.nbbbwg.com

1 路、341 路、367 路、371 路、387 路、390 路、391 路、541 路、547 路、802 路公交车可达。

滕头生态旅游示范区
Tengtou Ecotourism Demonstration Area

这里的生态农业观光区有院士林、将军林、柑橘观赏林、生态温室、葡萄园、千米绿色长廊、植物亭等景观，可以尽享生态自然之美、农家风情之乐。这里的婚庆园是年轻伴侣喜结良缘的理想之地。这里的农俗风情区有脚踏水车、手摇水车、笨猪赛跑、温羊角力等，别开生面，趣味无穷。

这里就是联合国“全球生态 500 佳”、全国环境教育基地——滕头生态旅游示范区。

宁波市奉化区萧王庙街道滕头村
Tengtou Village, Xiaowangmiao Community, Fenghua

315503

乘“奉化一溪口”或“奉化一棠云”的班车，在滕头村下车即到。

宁波溪口风景区
Ningbo Xikou Scenic Area

溪口风景区位于浙江奉化境内，区内的雪窦山为弥勒道场，是中国佛教五大名山之一。雪窦山森林茂密、动物繁多、危崖耸立、幽谷飞瀑，是国家级森林公园。溪口镇是蒋介石父子故里，“蒋氏故居”建筑群楼轩相接，廊庑回环，墨柱赭壁，富丽堂皇，是全国重点文物保护单位。

溪口风景区集聚了民国文化、弥勒文化、山水文化、生态文化，旅游资源品位高，有重要的历史文化价值和观赏游憩价值。

宁波市奉化区溪口镇武岑东路 26 号
No.26 East Wuling Road, Xikou Town, Fenghua District, Ningbo

315500

http://www.xikoutourism.com

17 路、19 路、27 路、29 路公交车可达。

雁荡山风景名胜区
Yandang Mountain Famous Scenic Area

“海上名山，寰中绝胜”的雁荡山史称“东南第一山”，主峰雁湖岗上有湖，湖中芦苇茂密，结草为荡，南飞的秋雁年年栖宿于此，因而得名“雁荡山”。雁荡山地势峥嵘，峡深谷幽，峰奇崖险，怪石古洞、飞瀑流泉，形态万千，景色丰富。其中，灵峰、灵岩、大龙湫被称为“雁荡三绝”。灵峰是雁荡山的东大门，是雁荡山最华美之处。沿溪而上，两壁危峰乱叠，溪涧潺潺。灵峰夜景最是销魂，夜色中的诸峰剪出片片倩影，“雄鹰敛翅”“犀牛望月”“夫妻峰”“相思女”形神兼备，令人浮想联翩。

“峭刻瑰丽，莫若灵峰；雄壮浑庞，莫若灵岩。”灵岩被人视为雁荡山的“明庭”。灵岩又名屏霞嶂，嶂“高广数百丈，壁立于霄，色五彩相间，如大锦屏”。灵岩古刹已有千年历史，是雁荡十八古刹之一。四周群峰环列，古木参天，环境幽绝，人处其中，万虑俱息。

大龙湫景区集峰、嶂、瀑、溪之大成，大龙湫瀑布高 197 米，飞流直下，如天外飞龙，撼天动地。

温州乐清市雁荡山雁山路 88 号
No.88 Yandang Road, Yandang Mountain, Yueqing

325100

www.wzyds.com

从乐清市有多趟公交车可到景区。

嘉兴南湖风景名胜区
Jiaxing Nanhu Lake Famous Scenic Area

南湖是浙江三大名湖之一，素以“轻烟拂渚，微风欲来”的迷人景色著称于世。1921 年，中国共产党第一次全国代表大会在南湖的一艘画舫上完成最后的议程，庄严宣告中国共产党成立，从此，南湖成为了全国人民向往的革命圣地。南湖风景名胜区以南湖为核心，包含了月河历史街区、七一广场等景观。南湖风景名胜区自然景观与人文景观交相辉映，“一湖二河三街区”共同构成了一个生态环境良好、景观特色鲜明、游憩内容丰富、服务设施完善的精品景区。

嘉兴市南溪路 1 号
No.1 Nanxi Road, Jiaxing

314000

http://www.nanhu.com.cn

1 路、8 路、71 路红色旅游专线、90 路公交车可达。

乌镇古镇旅游景区
Wuzhen Town Tourism Area

在浙江省桐乡市北端，有一座已有 1300 多年历史的江南古镇——乌镇。乌镇历史上曾是两省（浙江、江苏）、三府（嘉兴、湖州、苏州）、七县（桐

Yandangshan
雁荡山

大龙湫景区

大龙湫东起马鞍岭，西至东岭，南起筋竹涧口，北至凌云尖，有峰、岩、石、嶂、洞、门、阙、岭等各式景点 105 个，其中有一景多变的“剪刀峰”，有变幻多姿的大龙湫瀑布，有长达 3 公里的筋竹涧，有如烈焰般的火焰峰，有峰尖高耸的戴辰峰……

灵峰景区

灵峰景区位于雁荡山风景名胜区的东大门，东至蒲溪，南至白溪，西至乌岩尖，北至马家岭，是“雁荡山三绝”之一。灵峰景区“日景耐看，夜景销魂”，如诗如画的夜景会让游客们尤如进入梦幻的仙境，勾起美好的回忆。

灵岩景区

灵岩景区东起响岩门，西至马鞍岭，南起飞泉寺，北达百冈尖。景区内有秀丽的小龙湫，深邃的天窗洞，雁荡海拔最高峰的百冈尖，雁荡十八古刹之一的灵岩寺，“高广数百丈，壁立干霄，色五彩相间，如大锦屏”的屏霞嶂，被前人喻为“天阙”的南天门……

三折瀑景区

三折瀑景区，东起鸣玉桥，西至响岩门，主要包括三折瀑、净名寺、烈士墓三部分。三折瀑为一条被危崖分成上、中、下三段姿态各异的瀑布。净名寺“净水绕门蓝作带，名山当户翠为屏。”环境幽美，是雁荡山十八古刹之一。烈士墓位于十字土路一侧，背依伏牛峰，前临碧玉溪。墓门上有粟裕将军所书“雁荡烈士墓”金色大字。

仙桥景区

仙桥景区位于雁荡山的最北端，景点比较分散，但却特有灵气，带“仙”字名称的景点颇多，仙桥、仙洞、仙溪、仙山……仙气绕缭，美不胜收。

显胜门景区

显胜门景区是雁荡山美丽的后花园，东起硖头村，西至锯板岭头，南起湖南潭，北至百将岩，自松坡溪至硖头溪，青山绿水相映成画，自然人文和谐如歌。显胜门气势雄伟，两壁陡然，号称“天下第一门”。

雁湖景区

雁湖景区东起东岭，西至碧落峰，南起本觉寺坑，北至雁湖冈，景区以湖、瀑、峰、谷等取胜。雁湖是雁荡山一名的出处，徐霞客称之为“鸿雁之家”，登岗可览云海、日出奇观。

羊角洞景区

羊角洞景区包括羊角洞和双龙谷，以洞、嶂、坑取胜，羊角洞洞形奇特，洞口形似羊角。双龙谷因谷中有白龙潭和乌龙潭，故称“双龙谷”。白龙潭，是一个椭圆形的深潭，潭水经几折之后，沿着下面的险峻突兀的狭谷岩而成瀑布。瀑布下面的瓮形潭即乌龙潭。在双龙谷附近，还有双莲洞等许多优美的景观。

乡、石门、秀水、乌程、归安、吴江、震泽）错壤之地。十字形的内河水系将全镇划分为东、南、西、北四个区块，当地人分别称之为“东栅、南栅、西栅、北栅”。其中西栅由12个碧水环绕的岛屿组成，真正呈现了中国江南水乡古镇的风貌。同时西栅存留了大量明清古建和老街长弄，古建筑外观上保留了古色古香的韵味。东栅水乡风貌完整，生活气息浓郁，手工作坊和传统商铺各具特色，特色展馆琳琅满目。

嘉兴桐乡市乌镇石佛南路18号
No.18 South Shifu Road, Wuzhen Town, Tongxiang

314501

http://www.wuzhen.com.cn

K350路公交车可达。乌镇东西栅之间有免费班车。

嘉善西塘古镇

Jiashan Xitang Ancient Town

这是一座生活着的千年古镇。西塘历史悠久，春秋时期吴国伍子胥兴水利，通漕运，开凿西塘。唐时已建有大量村落，人们沿河建屋、依水而居。南宋时村落渐成规模，形成了市集。明清时期已经发展成为江南手工业和商业重镇。西塘人文资源丰富，自然风景优美，民风淳厚，橹声悠扬，到处洋溢着中国古代传统文化特有的人文积淀。

嘉兴市嘉善县西塘镇南苑路258号
No.258 Nanyuan Road, Xitang Town, Jiashan County

314100

http://www.xitang.com.cn

从嘉兴、嘉善均有公交车直达西塘。

鲁迅故里—沈园

Lu Xun's Hometown—Shenyuan Garden

鲁迅故里是鲁迅先生诞生和青少年时期生活过的故土，拥有鲁迅故居、百草园、三味书屋、鲁迅祖居、土谷祠、长庆寺、鲁迅笔下风情园、鲁迅生平事迹陈列厅等一大批与鲁迅有关的人文古迹，是广大游客解读鲁迅作品、品味鲁迅笔下风情、感受鲁迅当年生活情境的真实场所。

伟大的爱国诗人陆游与夫人唐琬的悲情故事，则发生在沈园。陆游与唐琬被迫分开后邂逅于沈园，题《钗头凤》词于园壁间，成为千古绝唱。沈园也因这段刻骨铭心的爱情故事而载入典籍。

绍兴市鲁迅中路235号
No.235 Middle Luxun Road, Shaoxing

312000

http://www.sxlxmuseum.com

8路、13路、24路、30路、52路、68路公交车可达。

湖州市南浔古镇

Huzhou Nanxun Ancient Town

这里有江南明清沿河民居群遗韵——百间楼，这里有江南私家园林巨构——小莲庄，这里有世博金奖之荣耀——辑里湖丝馆，这里有世界文化遗产——頔塘故道，这里有江南第一宅——张石铭旧宅，这里有道家福地——广惠宫……这里以南市河、东市河、西市河、宝善河构成的十字河为骨架，其间又有许多河流纵横交错，街和民居沿河分布，随河而走，两岸傍水筑宇、沿河成街，街上又有众多高品质的私家大宅第和江南园林，形成了小桥流水人家与大宅园林交相辉映的江南水乡小镇风貌。

湖州市南浔区南浔古镇适园路38号
No.38 Shiyuan Road, Nanxun Ancient Town, Nanxun District, Huzhou

313009

http://www.chinananxun.com

在湖州汽车总站（浙北客运中心）、湖州汽车新站每天都有快客到南浔。

浙江省中国横店影视城
Zhejiang Province Hengdian World Studio

横店影视城是全球规模最大的影视拍摄基地。影视城内有广州街、香港街、明清宫苑、秦王宫、清明上河图、梦幻谷江南水乡、明清民居博览城、华夏文化园、屏岩洞府、大智禅寺、民国街、春秋园、唐宫等十余处跨越几千年历史时空的影视拍摄基地以及十余座甲级摄影棚。海内外众多的影视剧组纷至沓来，这里名导明星云集，至今已有1200余部影视剧在这里诞生，是国内拍摄影视剧最多的基地。

金华东阳市横店镇万盛街42号
No.42 of Wansheng Road, Hengdian Town, Dongyang

322118

http://www.hengdianworld.com

在东阳汽车西站、东站均有专车至横店。

江郎山·廿八都景区
Jianglang Mountain—Nianbadu Scenic Area

它被学者称为“一个遗落在大山里的梦”，它被专家誉为“文化飞地”，它是历史文化名镇，是边区重镇，是“枫溪锁钥”。它聚岩、洞、云、瀑于一山，集奇、险、陡、峻于三石。“遍访名山独尊江郎奇幻”，徐霞客如是说江郎山。

江郎山麓有村庄名清漾村，是江南毛氏发祥地，毛泽东祖居地。清漾村“历史悠久，人才辈出，耕读传家，贵而不富”。

衢州市江山市石门镇
Shimen Township, Jiangshan

324107

宋时江山设都四十四，此地排行第廿八，所以名“廿八都”。廿八都小镇始于唐宋，兴盛于明清，至今已有1000多年的历史。由于历史上少受战乱，使镇上古建筑风貌依旧，保存较为完好。

衢州江山市廿八都镇
Nianbadu Town, Jiangshan

324100

根宫佛国文化旅游区
China Root Art & Buddha Kingdom Tourism Area

这里山水灵秀，人文丰厚，景观独特，是让人震撼的世界唯一的根文化主题旅游区，根雕艺术、盆景艺术、赏石文化与园林古建交相辉映，构建了一幅恬静优雅、天人合一的画卷。

衢州市开化县根博路1号
No.1 Genbo Road, Kaihua County

324300

www.zuigenchina.com

3路公交车可达。

普陀山风景名胜区
Putuo Mountain Famous Scenic Area

中国四大佛教名山之一的普陀山是观世音菩萨教化众生的道场，素有海天佛国、南海圣境之称。普陀山作为佛教圣地，最盛时有82座寺庵，128处茅篷，僧尼达4000余人。其中普济、法雨、慧济三大寺规模宏大，建筑考究，是中国清初寺庙建筑群的典型。

普陀山风景名胜区多奇岩怪石。著名的有磐陀石、二龟听法石、海天佛国石等20余处。在山海相接之处有许多石洞胜景，最著名的是潮音洞和梵音洞。

舟山市普陀山梅岑路115号
No.115 Meicen Road, Putuo Moutain, Zhoushan

316107

http://pzgwh.zhoushan.gov.cn

天台山风景名胜区
Tiantai Mountain Famous Scenic Area

天台山素以“佛宗道源、山水神秀”享誉海内外，是中国佛教天台宗和道教南宗的发祥地，是活佛济公的故里。天台山多悬岩、峭壁、瀑布，主要景点有国清寺、石梁、赤城山、寒山湖、华顶峰等。其中的国清寺是国家重点文物保护单位，也是日本、韩国佛教天台宗的祖庭。

台州市天台县赤城街道电大路2号（管理局）
No.2 Dianda Road, Chicheng Community, Tiantai County

317200

神仙居风景名胜区
Shenxianju Scenic Area

神仙居古名天姥山，唐李白的《梦游天姥吟留别》吟诵的就是神仙居的奇幻美景。神仙居山上留有清朝乾隆年间县令何树萼题“烟霞第一城”，意云蒸霞蔚之仙居，景色秀美，天下第一。神仙居地质构造独特，是世界上最大的火山流纹岩地貌集群，一山一水、一崖一洞、一石一峰，都能自成一格，形成“观音、如来、天姥峰、云海、飞瀑、蝌蚪文”六大奇观。得闲即是仙，行走其间，寻心朝圣，观得本心，自在愉悦。

台州市仙居县白塔镇
Baita Town, Xianju County

317300

http://www.zjshenxianju.com

1路、2路、3路、5路、6路、7路、8路公交车可达。

杭州雷峰塔景区
Hangzhou Leifeng Tower Scenic Area

杭州市南山路 15 号
No.15 Nanshan Road, Hangzhou

310026

京杭大运河杭州景区
Beijing-Hangzhou Grand Canal-Hangzhou Scenic Area

杭州市风起东路
East Fengqi Road, Hangzhou

310026

清河坊历史街区
Qinghefang History Street

杭州市上城区河坊街 180 号
No.180 Hefang Street, Shangcheng District, Hangzhou

310002

皋亭山景区
Gaoting Mountain Scenic Area

杭州市江干区丁桥镇皋城村
Gaocheng Village, Dingqiao Town, Jianggan District, Hangzhou

310016

杭州宋城旅游景区
Hangzhou Songcheng Scenic Area

杭州市西湖区之江路 148 号
No.148 Zhijiang Road, Xihu District, Hangzhou

310008

杭州双溪竹海漂流景区
Hangzhou Shuangxi Zhuhai Drift Scenic Area

杭州市余杭区经山镇双溪竹海路 7 号
No.7 Shuangxi Zhuhai Road, Jingshan Town, Yuhang District, Hangzhou

311117

www.shuangxitour.com

超山风景区
Chaoshan Scenic Area

杭州市余杭区塘栖镇超山村
Chaoshan Village, Tangqi Town, Yuhang District, Hangzhou

311100

山沟沟旅游区
Shan Gougou Scenic Area

杭州市余杭区鸬鸟镇
Luniao Town, Yuhang District, Hangzhou

311100

www.cnsgg.com

良渚博物院
Liangzhu Heritage Museum

杭州市余杭区浪渚镇美丽洲路 1 号
No.1 Meilizhou Road Liangzhu Town, Yuhang District, Hangzhou

311113

杭州市运河 · 塘栖古镇景区
Hangzhou Canal—Tangqi Ancient Town Scenic Area

杭州市余杭区塘栖镇
Tangqi Town, Yuhang District, Hangzhou

311100

杭州乐园
Hangzhou Paradise

杭州市萧山区城厢街道休博园中心区 43 号
No.43 Center Area, Xiuboyuan, Chengxiang Community, XiaoshanDistrict, Hangzhou

310000

浙江湘湖旅游度假区
Hangzhou Xianghu Lake Tourism Resort

杭州市萧山区湘湖路 3368 号
No.3368 Xianghu Road, Xiaoshan District, Hangzhou

311258

杭州极地海洋公园
Hongzhou Polarland Sea Park

杭州市萧山区湘湖路 777 号
No.777 Xianghu Road, Xiaoshan District, Hongzhou

311200

东方文化园
Oriental Culture Park

杭州市萧山区义桥镇新建村
Xinjian Village, Yiqiao Town, Xiaoshan District, Hangzhou

311256

杭州野生动物世界
Hangzhou Safari Park

杭州市富阳区受降镇九龙大道 1 号
No.1 Jiulong Road, Shouxiang Town, Fuyang District

311422

www.hzsp.com

富春桃源风景区
Fuchun Taoyuan Scenic Area

杭州市富阳区胥口镇上练村
Shanglian Village, Xukou Town, Fuyang District

311400

富阳龙门古镇景区
Fuyang Longmen Ancient Town Scenic Area

杭州市富阳区龙门镇
Longmen Town, Fuyang District

311400

新沙岛景区
Xinsha Island Scenic Area

杭州市富阳区迎宾北路 82 号
No.82 North Yinbin Road, Fuyang District

311400

浙西大峡谷
Zhexi (West Zhejiang) Grand Valley

杭州临安市大峡谷镇
Grand Valley Town, Lin'an

311300

天目山风景名胜区
Tianmu Mountain Famous Scenic Area

杭州临安市太湖源东天目村
East Tianmu Village, Taihuyuan Town, Lin'an

311311

大明山风景区
Daming Mountain Scenic Area

杭州临安市清凉峰镇大明村
Daming Village, Qingliang Mountain Town, Lin'an

311300

东天目山
East Tianmu Mountain

杭州临安市太湖源镇
Taihuyuan Village, Taihu Town, Lin'an

0571-63968177

311300

杭州临安太湖源生态旅游区
Hangzhou Lin'an Source of Taihu Lake Ecotourism Area

杭州临安市太湖源镇白沙村
Baisha Village, Taihuyuan Town, Lin'an

311300

www.taihuyuan.com

灵栖洞风景区
Lingqi Cave Scenic Area

杭州建德市航头镇
Hangtou Town, Jiande

0571-64718486

311612

七里扬帆景区
Qili Yangfan Scenic Area

杭州建德市梅城镇
Meicheng Town, Jiande

311604

大慈岩景区
Daciyan Scenic Area

杭州建德市大慈岩镇
Da Ciyan Town, Jiande

311612

桐庐垂云通天河景区
Tonglu Chuiyun Tongtian River Scenic Area

杭州市桐庐县瑶琳镇东琳村
Donglin Village, Yaolin Town, Tonglu County

0571-643715566

311516

严子陵钓台
Yan Ziling Diaotai（Fishing Platform）

杭州市桐庐县富春路 158 号
No.158 Fuchun Road, Tonglu County

311500

瑶琳仙境旅游区
Yaolin Fairyland Tourism Area

杭州市桐庐县瑶琳镇

Yaolin Town, Tonglu County

0571-64361171

311515

杭州江南古村落
Hangzhou Jiangnan Ancient Village

杭州市桐庐县江南镇
Jiangnan Town, Tonglu County

311500

浪石金滩
Langshi Gold Beach

杭州市桐庐县横村镇浪石村
Langshi Village, Hengcun Town, Tonglu County

311500

天一阁博物馆
Tianyige Museum

宁波市海曙区天一街 10 号
No.10 Tianyi Street, Haishu District, Ningbo

315000

宁波神凤海洋世界
Ningbo Shenfeng Ocean World

宁波市鄞州区桑田路 936 号
No.936 Sangtian Road, Jingzhou District, Ningbo

315040

宁波老外滩
Ningbo Old Bund

宁波市江北区老外滩中马路 17 号
No.17 Zhongmalu, Laowaitan, Jiangbei District, Ningbo

315020

保国寺古建筑博物馆
Baoguo Temple Ancient Architecture Museum

宁波市江北区洪塘街道
Hongtang Community, Jiangbei Distirct, Ningbo

315033 宁

慈城古县城旅游景区
Cicheng Ancient County Tourism Area

宁波市江北区慈城镇东城沿路 88 号
No.88 East ChengyanRoad, Cicheng Town, Jiangbei District, Ningbo

315020

绿野山庄景区
Luye (Green Wild) Villa Scenic Area

宁波市江北区慈城镇五里村
Wuli Village, Cicheng Town, Jiangbei District, Ningbo

315020

北仑九峰山旅游区
Beilun Jiufeng Mountain Tourism Area

宁波市北仑区
Beilun District, Ningbo

315020

凤凰山海港乐园
Fenghuangshan(Phoenix Mountain) Seaport Park

宁波市北仑区辽河路 728 号
No.728 Liaohe Road, Beilun District, Ningbo

315800

九峰山度假村
Jiufeng Mountain Tourism Resort

宁波市北仑区大矸街道城联村
Chenglian Village, Dagan Community, Beilun District, Ningbo

315800

宁波镇海区招宝山旅游风景区
Ningbo Zhenhai District Zhaobao Mountain Tourism Area

宁波市镇海区城关招宝山路 10 号
No.10 Zhaobaoshan Road, Chengguan, Zhenhai District, Ningbo

315200

宁波九龙湖旅游区
Ningbo Jiulonghu (Nine Dragons Lake) Tourism Area

宁波市镇海区九龙湖镇环湖路 168 号
No.168 Huanhu Road, Jiulonghu Town, Zhenhai District, Ningbo

315200

郑氏十七房景区
Zheng's Seventeen Ancient Houses Scenic Area

宁波市镇海区澥浦镇
Xiepu Town, Zhenhai District, Ningbo

315200

宁波雅戈尔动物园
Ningbo Youngor Zoo

宁波市鄞州区东钱湖镇高钱村
Gaoqian Village, Dongqianhu Town, Yinzhou District, Ningbo

0574-88378325

315000

东钱湖马山休闲旅游区
Dongqian Lake Mashan Leisure Tourism Area

宁波市鄞州区东钱湖之东南畔

Southeast Bank of Dongqian Lake, Yinzhou District, Ningbo
315800

宁波五龙潭风景名胜区
Ningbo Wulong Pond Famous Scenic Area

宁波市鄞州区龙观乡
Longguan Town, Yinzhou District, Ningbo
315166

天宫庄园休闲旅游区
Tiangong（Heaven Palace）Leisure Tourism Area

宁波市鄞州区下应街道湾底村
Wandi Village, Xiaying Community, Yinzhou District, Ningbo
315100

梁祝文化公园
Liangzhu Cultural Park

宁波市海曙区高桥镇梁祝村
Liangzhu Village, Gaoqiao Town, Yinzhou District, Ningbo
315174

宁波博物馆
Ningbo Museum

宁波市鄞州区首南中路 1000 号
No.1000 Middle Shounan Road, Yinzhou District, Ningbo
315100

宁波大桥生态农庄旅游区
Ningbo Hangzhou Bay Bridge Ecological Farm & Tourism Area

宁波慈溪市长河镇镇北路一号桥
No.1Bridge, Changhe Town, Cixi
315300

海天一洲
Hangzhou Bay Bridge Offshore Platform

宁波慈溪市庵东镇虹桥大道 1 号
No.1 Hongqiao Avenue, Andong Town, Cixi
315327

宁波雅戈尔达蓬山旅游度假区
Ningbo Youngor Dapengshan Tourism Resort

宁波慈溪市三北镇施公山村
Shigongshan Village, Sanbei Town, Cixi
315300

丹山赤水旅游区
Danshan Chishui Tourism Area

宁波余姚市大岚镇柿林村
Shilin Village, Dalan Town, Yuyao
315400

天下玉苑景区
Tianxia Yuyuan Scenic Area

宁波余姚市大隐镇山王北路 85 号
No.85 North Shanwang Road, Dayin Town, Yuyao
315423

宁波黄贤海上长城森林公园
Ningbo Huangxian Great Wall Over Sea Forest Park

宁波市奉化区裘村镇黄贤村
Huangxian Village, Qiucun Town, Fenghua District, Ningbo
315500

宁海森林温泉景区
Ninghai Forest Hot Spring Scenic Area

宁波市宁海县深甽镇
Shenzhen Town, Ninghai County
315600

伍山石窟旅游区
Wushan Grottoes Tourism Area

宁波市宁海县长街镇向阳村
Xiangyang Village, Changjie Town, Ninghai County
315600

宁海前童古镇旅游区
Ninghai Qiantong Ancient Town Tourism Area

宁波市宁海县前童镇
Qiantong Town, Ninghai County
315606

宁波松兰山海滨旅游度假区
Ningbo Songlan Mountain Seaside Tourism Resort

宁波市象山县丹城
Dancheng, Xiangshan County
315709

宁波中国渔村景区
Ningbo China Fishing Village Scenic Area

宁波市象山县石浦镇
Shipu Town, Xiangshan County
315700

象山石浦渔港古城
Xiangshan Shipu Fishing Port Ancient Town

宁波市象山县石浦镇渔港中路 58 号
No.58 Middle Yugang Road, Shipu Town, Xiangshan County
315731

象山影视城
Xiangshan World Studio

宁波市象山县新桥镇
Xinqiao Town, Xiangshan County

315700

江心屿旅游区
Jiangxinyu Tourism Area

温州市鹿城区江心屿
Jiangxinyu, Lucheng District, Wenzhou

325000

温州南塘文化旅游区（印象南塘）
Wenzhou Nantang Culture Tourism Area (Impression Nantang)

温州市鹿城区南塘住宅区 5 组团 16 幢
Building 16, Group 5, Nantang Residencial Area, Lucheng District, Wenzhou

325000

温州乐园
Wenzhou Paradise

温州市瓯海区茶山街道霞岙村
Xia'ao Village, Chashan Streets, Ouhai District, Wenzhou

325000

寨寮溪风景旅游区
Zhailiao Stream Scenic Tourism Area

温州瑞安市龙湖镇龙湖中路 78 号
No.78 Longhu Middle Road, Longhu Town, Rui'an

325211

乐清中雁荡山风景区
Yueqing Middle Yandang Mountain Scenic Area

温州乐清市白石镇玉虹北路
Noth Yuhong Road, Baiyu Town, Yueqing

325600

楠溪江风景名胜区
Nanxijiang River Famous Scenic Area

温州市永嘉县岩头镇芙蓉村
Furong Village, Yantou Town, Yongjia County

325113

百丈飞瀑风景名胜区
Baizhang Flying Worterfall Scenic Area

温州市文成县大学镇建设路 315 号
No.315 Jianshe Road, DaxueTownk, Wencheng County

325309

龙麒源峡谷景区
Longqiyuan Valley Scenic Area

温州市文成县西坑镇
Xikeng Town, Wencheng County

325300

铜岭山国家森林公园
Tongling Mountain National Forest Park

温州市文成县西坑镇叶胜林场
Yesheng Forest Center, Xikeng Town, Wencheng County

325306

平阳县南雁荡山风景名胜区
Pingyang South Yandang Mountain Famous Scenic Area

温州市平阳县南雁镇吴山村
Wushan Village, Nanyan Town, Pingyang County

325400

温州泰顺廊桥文化园
Wenzhou Taishun Covered Bridge Cultural Garden

温州市泰顺县泗溪镇
Sixi Town, Taishun County

325504

温州市洞头景区
Wenzhou Dongtou Scenic Area

温州市洞头县北岙镇
Bei'ao Town, Dongtou County

325700

玉苍山国家森林公园
Yucang Mountain National Forest Park

温州市苍南县灵溪镇玉苍路
Yucang Road, Lingxi Town, Cangnan County

325800

嘉兴湘家荡环湖景区
Jiaxing Xiangjiadang Round Lake Scenic Area

嘉兴市区东北部
Northeast of Jiaxing

314000

梅花洲景区
Meihua (Plum Blossom) Island Scenic Area

嘉兴市南湖区凤桥镇
Fengqiao Town, Nanhu District, Jiaxing

314051

平湖市东湖景区
Pinghu Donghu(East Lake) Scenic Area

嘉兴平湖市环城东路
East Huancheng Road, Pinghu

314200

海宁中国皮革城
China Leather City

嘉兴海宁市海州西路 201 号
No.201 West Haizhou Road, Haining

314400

海宁盐官百里钱塘观潮景区
Haining Yanguan Qiantang River Tidewatching Scenic Area

嘉兴海宁市盐官镇宣德路 1 号
No.1 Xuande Road, Yanguan Town, Haining

314400

嘉善碧云花园 · 十里水乡
Jiashan Biyun Garden—Ten Miles Water Field

嘉兴市嘉善县大云镇
Dayun Town, Jiashan County

314100

海盐南北湖风景名胜区
Haiyan Nanbei Lake Famous Scenic Area

嘉兴市海盐县澉浦镇长青路 18 号
No.18 Changqing Road, Ganpu Town, Haiyan County

314302

海盐绮园景区
Haiyan Qiyuan Garden Scenic Area

嘉兴市海盐县绮园路
Qiyuan Road, Haiyan County

314300

湖州太湖旅游度假区
Huzhou Taihu Lake Tourism Resort

湖州市龙溪路 208 号
No.208 Longxi Road, Huzhou

313001

湖州市菰城景区
Huzhou Gucheng Scenic Area

湖州市吴兴区云巢乡窑头村
Yaotou Village, Yunchao Town, Wuxing District, Huzhou

313000

新四军苏浙军区纪念馆
Jiangsu, Zhejiang the New Fourth Army Military Memorial Museum

湖州市长兴县槐坎乡温塘村
Wentang Village, Huaikan Town, Changxing County

313119

中国扬子鳄村
Chinese Alligator Village

湖州市长兴县泗安镇管埭村
Guandai Village, Si'an Township, Changxing County

313113

金钉子远古世界景区
GSSP Ancient World Tourism Area

湖州市长兴县煤山镇
Meishan Town, Changxing County

313100

仙山湖景区
Xianshan Lake Scenic Area

湖州市长兴县泗安镇
Si'an Town, Changxing County

313100

湖州水口茶文化景区
Huzhou Shuikou Tea Culture Tourism Area

湖州市长兴县水口乡顾渚村
Guzhu Village, Shuikou Town, Changxing County

313100

太湖图影生态湿地文化园
Taihu Lake Tuying Ecological Wetland Culture Garden

湖州市长兴县
Changxing County

313100

莫干山风景区
Mogan Mountain Scenic Area

湖州市德清县西部
West Deqing County

313302

下渚湖国家湿地公园
Xiazhu Lake National Wetlands Park

湖州市德清县三合乡二都集镇
Sanhe Town, Erduji Town, Deqing Country

313221

安吉竹子博览园
Anji Bamboo Scenic Area

湖州市安吉县地铺镇灵峰村
Lingfeng Village, Dipu Town, Anji Country

313302

安吉江南天池度假村
Anji South Yangtze River Tianchi Resort

湖州市安吉县天荒坪镇横路村
Henglu Village, Tianhuangping Town, Anji County

313300

中南百草园
Zhongnan Grassy Plants Garden

湖州市安吉县递铺镇三官乡马鞍山村
Ma'anshan Village, Sanguan Township, Dipu Town, Anji County

313300

浙北大峡谷
Grand Canyon in North Zhejiang

湖州市安吉县报福镇石岭村
Shiling Village, Baofu Town, Anji County

313300

湖州浪漫山川景区
Huzhou Romantic Shanchuan(Hill & River) Scenic Area

湖州市安吉县山川乡
Shanchuan Town, Anji County

313300

会稽山旅游度假区
Huiji Mountain Tourism Resort

绍兴市大禹陵景区内
Dayuling Scenic Spot, Shaoxing

312000

绍兴兰亭国家森林公园
Shaoxing Lanting National Forest Park

绍兴市兰亭镇新桥村
Xinqiao Village, Lanting Town, Shaoxing

312045

绍兴东湖景区
Shaoxing East Lake Scenic Area

绍兴市东湖风景区管理处
East Lake, Shaoxing

312001

柯岩风景区
Keyan Scenic Area

绍兴市柯桥区柯岩街道
Keyan Community, Keqiao District, Shaoxing

312030

大香林乡村休闲旅游区
Daxianglin Countryside Leisure Tourism Area

绍兴市柯桥区湖塘街道香林村
Xianglin Village, Hutang Community, Keqiao District, Shaoxing

312000

中华孝德园
China Filial & Morality Garden

绍兴市上虞区百官镇曹娥江西岸
West of Cao'e River, Baiguan Town, Shangyu District, Shaoxing

312300

五泄旅游区
Wuxie Tourism Area

绍兴诸暨市五泄镇
Wuxie Town, Zhuji

311800

西施故里旅游区
Xishi's Hometown Tourism Area

绍兴诸暨市浣纱南路 123 号
No.123 Huansha Road, Zhuji

311800

诸暨华东国际珠宝城
Zhuji Huadong(East China) International Jewelry City

绍兴诸暨市山下湖镇中心
Center of Xiahu Town, Zhuji

311800

新昌达利丝绸工业园旅游区
Xinchang Dali Silk Industry Tourism Area

绍兴市新昌县南岩开发区达利发路 1 号
Dalifa Road, Nanyan Development Zone, Xinchang County

312500

穿岩十九峰景区
Chuanyan 19 Peaks Scenic Area

绍兴市新昌县澄潭镇左丁村
Zuoyu Village, Dengtan Town, Xinchang County

312500

大佛寺
Dafo (Great Buddha) Temple

绍兴市新昌县人民西路 117 号
No.117 West Renmin Road, Xinchang County

312500

金华双龙风景旅游区
Jinhua Shuanglong Scenic Area

金华市婺城区罗店镇
Luodian Town, Wucheng District, Jinhua

321021

金华锦林佛手文化园
Jinhua Jinlin fingered Citron (Buddha's Hand) Culture Garden

金华市金东区赤松镇山口村
Shankou Village, Chisong Town, Jindong District, Jinhua

321000

六洞山风景名胜区
Liudong Mountain Famous Scenic Area

金华兰溪市灵洞乡洞源村
Dongyuan Village, Lingdong Township, Lanxi

321100

兰溪诸葛八卦村
Lanxi Zhuge Bagua Village

金华兰溪市诸葛镇诸葛村
Zhuge Village, Zhuge Town, Lanxi

321100

方岩风景区
Fangyan Scenic Area

金华永康市方岩镇
Fangyan Town, Yongkang

321308

义乌中国国际商贸城购物旅游区
Yiwu China International Commerce and Trade Shopping Mall

金华义乌市稠州路
Chouzhou Road, Yiwu

322000

义乌开心谷景区
Yiwu Happy Valley Scenic Area

金华义乌市佛堂镇南朱村
Nanzhu Village, Fotang Town, Yiwu

322000

东阳横店红色旅游城
Dongyang Hengdian Red Tourism City

金华东阳市横店镇八一村
Bayi Village, Hengdian Town, Dongyang

322118

东阳横店明清民居博览城
Dongyang Hengdian Ming & Qing Dynastry Folk Building Expo City

金华东阳市横店镇康庄路 88 号
No.88 Kangzhuang Street, Hengdian Town, Dongyang

322100

横店华夏文化园
Hengdian Huaxia Culture Garden

金华东阳市横店镇华夏大道 566 号
No.566 Huaxia Avenue, Hengdian Town, Dongyang

322118

东阳中国木雕城
Dongyang China Wood Carving City

金华东阳市世贸大道 188 号
No.188 Shimao Avenue, Dongyang

322100

东阳市花园村景区
Dongyang Huayuan(Garden) Village Scenic Area

金华东阳市南马镇花园村
Huayuan Village, Nanma Town, Dongyang

322121

牛头山国家森林公园
Niutou Mountain National Forest Park

金华市武义县西联乡上田村
Shangtian Village, Xilian Town, Wuyi County

321200

大红岩景区
Big Red Rock Scenic Area

金华市武义县白姆乡、俞源乡和王宅镇交界处
Junction of Baimu, Yuyuan & Wangzhai Town, Wuyi County

321200

浦江仙华山风景名胜区
Pujiang Xianhua Mountain Famous Scenic Area

金华市浦江县人民东路 63 号
No.63 East Renmin Road, Pujiang County

322200

百丈潭风景区
Baizhangtan Scenic Area

金华市磐安县仁川镇石下村
Shixia Village, Renchuan Town, Pan'an County

322300

衢州市桃源七里景区
Taoyuan Qili Scenic Area

衢州市柯城区七里乡
Qili Town, Kecheng District, Quzhou

324100

天脊龙门景区
Tianji Longmen Scenic Area

衢州市衢江区坑口乡龙门村
Longmen Village, Kengkou Town, Qujiang District, Quzhou

324000

药王山
Yaowang Mountain

衢州市衢江区长柱乡
Changzhu Town, Qujiang District, Quzhou

324000

江山仙霞关风景区
Jiangshan Xianxiaguan Scenic Area

衢州江山市保安乡
Bao'an Town, Jiangshan

324100

三衢石林省级风景名胜区
Sanqu Shilin Provincial Famous Scenic Area

衢州市常山县宋畈乡
Songban Town, Changshan County

324213

古田山国家自然保护区
Gutian Mountain National Nature Reserve

衢州市开化县苏庄镇古田山
Gutian Mountain, Suzhuang Town, Kaihua County

324306

开化七彩长虹乡村旅游景区
Kaihua Rainbow Rural Tourism Area

衢州市开化县长虹乡库坑村
Kukeng Village, Changhong Town, Kaihua County

324300

龙游石窟旅游区
Longyou Grottoe Tourism Area

衢州市龙游县小南海镇石岩背村
Shiyanbei Village, Xiaonanhai Town, Longyou County

324400

龙游民居苑
Longyou Folk House Garden

衢州市龙游县文化路 62 号
No.62 Wenhua Road, Longyou County

324400

桃花岛风景名胜区
Taohua Island Famous Scenic Area

舟山市桃花镇公前街 93 号
No.93 Gongqian Street, Taohua Town, Zhoushan

316121

朱家尖风景旅游区
Zhujiajian Tourism Area

舟山市普陀区朱家尖镇福兴路 1 号
No.1 Fuxing Road, Zhujiajian Town, Putuo District, Zhoushan

316111

台州海洋世界
Taizhou Sea World

台州市椒江区广场中路 38 号
No.38 Middle Guangchang Road, Jiaojiang District, Taizhou

318000

临海江南长城旅游区
Linhai Jiangnan Great Wall Tourism Area

台州临海市石村路 6 号
No.6 Shicun Road, Linhai

317000

方山—南嵩岩风景区
Fangshan Mountain—Nansong Rock Scenic Area

台州温岭市大溪镇滥田湖村
Lantianhu Village, Daxi Town, Wenling
317500

长屿硐天景区
Changyu Stone Cave Scenic Area

台州温岭市新河镇
Xinhe Town, Wenling
317502
www.changyudongtian.com

三门县蛇蟠岛旅游度假区
Sanmen Shepan Island Tourism Resort

台州市三门县蛇蟠乡泥洞村
Nidong Village, Shepan Town, Sanmen County
317100

石梁景区
Shiliang Scenic Area

台州市天台县石梁镇
Shiliang Town, Tiantai County
0576-83091169
317200

天台县国清景区
Tiantai County Guoqing Scenic Area

台州市天台县汇泉西街 1 号
No.1 West Huiquan Street, Tiantai County
317200

天台县后岸村
Tiantai County Hou'an Village

台州市天台县街头镇后岸村
Hou'an Vilage, Jietou Town, Tiantai County
317200

仙居大庄九都风情休闲旅游区
Xianju Dazhuang Jiudu Custom Leisure Tourism Area

台州市仙居县埠头镇大庄村
Dazhuang Village, Butou Town, Xianju County
317300

仙居高迁古村
Xianju Gaoqian Ancient Village

台州市仙居县白塔镇高迁下屋村
Gaoqian Xiawu Village, Baita Town, Xianju County
317317

仙居永安溪休闲绿道景区
Xianju Yong'an Stream Leisure Green Path Scenic Area

台州市仙居县步路乡西门村
Ximen Village, Bulu Town, Xianju County
317300

大鹿岛风景区
Dalu Island Scenic Area

台州玉环市大鹿岛
Dalu Island, Yuhuan
317600
www.yhdld.com

玉环漩门湾观光农业园
Yuhuan Xuanmenwan Sightseeing Farm Garden

台州玉环市清港镇迎宾西路
West Yingbin Road, Qinggang Town, Yuhuan
317605

丽水东西岩风景区
Lishui East & West Rock Scenic Area

丽水市莲都区老竹畲族镇
Laozhu Town, Liandu District, Lishui
323000

古堰画乡
Ancient Weir—Home of Painting

丽水市莲都区碧湖镇和大港头镇
Bihu & Datougang Town, Liangdu District, Lishui
323000

丽水龙泉山旅游区
Lishui Longquan Mountain Tourism Area

丽水龙泉市凤阳山
Fengyang Mountain, Longquan
323700

中国青瓷小镇·披云青瓷文化园景区
China Blue Porcelain Town—Piyun Blue Porcelain Culture Garden Scenic Area

丽水龙泉市上垟镇
Shangyang Town, Longquan
323700

仙都风景名胜区
Xiandu Famous Scenic Area

丽水市缙云县五云镇
Wuyun Town, Jinyun County
321401

青田中国石雕文化旅游区
Qingtian China Stone Sculptures Cultural Tourism Area

丽水市青田县鹤城镇涌泉街 24 号
No.24 Yongquan Street, Hecheng Town, Qingtian County

323900

青田石门洞森林公园
Qingtian Shimendong Forest Park

丽水市青田县高市乡
Gaoshi Town, Qingtian County

323912

云和梯田景区
Yunhe Terraced Fields Scenic Area

丽水市云和县崇头镇
Chongtou Town, Yunhe County

323600

云和湖仙宫景区
Yunhe Lake Xiangong Scenic Area

丽水市云和县紧水滩镇
Jinshuitan Town, Yunhe County

323600

南尖岩旅游风景区
Nanjianyan Scenic Area

丽水市遂昌县王村口镇石笋头村
Shisuntou Village, Wangcunkou Town, Suichang County

323300

遂昌千佛山景区
Suichang Qianfo Mountain Scenic Area

丽水市遂昌县石练镇
Shilian Town, Suichang County

323300

遂昌神龙谷景区
Suichang Shenlong Valley Scenic Area

丽水市遂昌县垵口乡桂洋林场
Guiyang Forest Center, Ankou Town, Suichang County

323300

遂昌金矿国家矿山公园
Suichang Gold National Mine Park

丽水市遂昌县濂竹乡
Lianzhu Town, Suichang County

323300

箬寮原始林景区
Ruoliao Virgin Forest Scenic Area

丽水市松阳县安民乡李坑村
Likeng Village, Anmin Rural Village, Songyang County

323400

大木山茶园景区
Damu Mountain Tea Garden Scenic Area

丽水市松阳县新兴镇横溪村
Hengxi Village, Xinxing Town, Songyang County

323400

景宁云中大漈风景区
Jingning Daji in Cloud Scenic Area

丽水市景宁县大漈乡
Daji Town, Jingning County

323500

景宁大均“畲乡之窗”旅游区
Jingning Dajun Shezu Windows Tourism Area

丽水市景宁县大均乡大均村
Dajun Village, Jingning County

323500

安徽

ANHUI

它位于中国中东部，是最具活力的长江三角洲组成部分。它历史悠久，人文荟萃，山川秀美，区位优越，地理地貌融合中国南北差异，是美丽中国的缩影。

山，有黄山、九华山、天柱山、琅琊山、小孤山……山山风貌各不同；水，有长江、淮河、巢湖、太平湖、新安江……江河湖景总相异。人，古有老子、庄子、华佗，近有李鸿章、丁汝昌、詹天佑，现有诸多两院院士。文，徽商文化源远流长，徽派建筑风格独具，被人称为是“凝固的音乐”……

这就是安徽。

AAAAA

合肥市肥西县三河古镇

Hefei City Feixi County Sanhe Ancient Town

三河镇因丰乐河、杭埠河、小南河三条河流贯其间而得名。三河镇历史悠久，距今已有2500多年历史，自古水陆通衢，车船辐辏，百货交通，商贾云集，甚是繁荣。三河镇荟萃了丰富的人文观景，形成了江淮地区独有的“八古”景观，即古河、古桥、古城墙、古圩、古街、古民居、古茶楼和古战场。三河镇上连片的古民居飞檐翘角、雕梁画栋，白色的马头墙，青瓦敷盖的双坡屋顶，雕花彩绘的梁檩椽柱，黑漆镏金的店招匾额……无不透溢着浓郁的古风神韵。

合肥市肥西县三河镇
Sanhe Town, Feixi County

231200

http://www.shgzlyjq.com/

合肥新亚汽车站、合肥客运中心站（高铁南站旁）均有旅游巴士专线公交车到达三河。

方特欢乐世界

Fangtawild Happy World

芜湖方特欢乐世界是通过多种现代高科技手段和艺术的完美结合缔造出的一个充满激情和惊喜的乐园。芜湖方特欢乐世界主要由星际航班、神秘河谷、恐龙危机、海螺湾、儿童王国、聊斋等10多个主题项目区组成，包含主题项目、游乐项目、休闲及景观项目300多个，内容涵盖现代科技、未来幻想、神话传说、历史文化、儿童游乐等多个方面，可适应不同年龄层游客的需要。

芜湖市银湖北路
North Yinhu Road, Wuhu

241001

www.fangte.com

5路、13路、18路、23路、32路、47路、游1路、游5路、103路（夜）、110路（夜）等多线路公交车可达。

天柱山国家重点风景名胜区

Tianzhu Mountain National Famous Scenic Area

“天柱一峰擎日月，洞门千仞锁云雷。”“奇峰出奇云，秀木含秀气，青冥皖公山，绝称人意。”唐代诗人白居易、李白等脍炙人口的千古绝唱，使天柱山声名远播，享誉神州。天柱山是一座历史名山，古代与泰山、华山、恒山齐名。天柱山集雄、奇、灵、秀于一身，景区内无峰不雄，无石不奇，无洞不幽，无崖不险，无山不灵，无水不秀。天柱山地处神奇的北纬30°线，四季分明，气候温和，物种丰富，森林覆盖率高，是绿色博物馆、天然大氧吧。

安庆市潜山县梅城镇舒州西路9号
No.9 West Suzhou Road, Meicheng Town, Qianshan County

246300

http://www.tzs.com.cn

在潜山县火车站、汽车西站和天柱山旅游客运站（天柱山管委会门口）均有旅游直通车可达景区。

黄山国家重点风景名胜区

Huangshan GEOPARK

“五岳归来不看山，黄山归来不看岳。”这足以说明了黄山在众山中的地位。黄山被世人誉为“人间仙境”“天下第一奇山”，素以奇松、怪石、云海、温泉、冬雪“五绝”著称于世。黄山国家重点风景名胜区境内群峰竞秀，怪石林立，有千米以上高峰88座，“莲花”“光明顶”“天都”三大主峰，海拔均逾1800米。明代大旅行家徐霞客曾两次登临黄山，赞叹道：“薄海内外无如徽之黄山，登黄山天下无山，观止矣！”

黄山市黄山风景区管理委员会
Huangshan GEOPARK Management Committee, Huangshan

245800

http://hsgwh.huangshan.gov.cn

黄山汽车交通便利，与上海、杭州、南京、合肥、九华山、景德镇等地均有国道相连。从黄山景区汽车站（汤口）有直接发往上海、南京、镇江、扬州、无锡、苏州、杭州、湖州、合肥、淮南、蚌埠、马鞍山、芜湖、安庆、铜陵、九华山、歙县、景德镇、九江等地的长途班车。

黄山市古徽州文化旅游区

Ancient Huizhou Culture Tourism Area

古徽州文化旅游区由位于歙县的徽州古城、牌坊群·鲍家花园和位于徽州区的唐模、潜口民宅、呈坎五大景区组成，北依黄山，南接千岛湖。

徽州古城是徽州府治所在地，是保存最为完好的中国四大古城之一，是徽文化的发祥地。古城内五峰拱秀，六水迴澜，山光水色，楚楚动人，古民居群布局典雅，古桥、古塔、古街、古巷、古坝、古牌坊交织着古朴的风采，犹如一座气势恢宏的历史博物馆。

牌坊群·鲍家花园由古牌坊、古祠堂、古民居、鲍家花园组成，是鲍氏家族的聚居地。

唐模村始建于唐朝，历史上因经济活跃、民风纯朴而被称为“唐朝模范村”，是一个集水口园林、徽派建筑、田园风光于一体的古村落风景区。

潜口民宅又称“紫霞山庄”，是采取原拆原建的方法重现的明代风貌山庄。山庄布局精巧，环境幽雅，依势坐落在山坡之上，错落有致。现为潜口民宅博物馆，是研究中国建筑史的珍贵实例。

中国风水第一村——呈坎是世界迄今发现保存最古老、最神秘的古村落。相传唐末罗氏始祖文昌公、秋隐公为避黄巢之乱，从江西南昌举家迁此，罗氏兄弟通晓易经八卦风水理论，见此地万物中和，风水好，于是定居呈坎。呈坎藏风聚气，纳四水于村中，聚水聚财，阴阳调和，依山傍水，三街九十九巷宛如迷宫。自古以来呈坎是一个进得去就出不来的神秘、神圣、神奇、灵秀之地。俗语称“十有九迷路，留在呈坎富”。宋代朱熹赞誉“呈坎双贤里，江南第一村”。

黄山市徽州区潜口镇唐模村、潜口村
Tangmu Village, Qiankou Village, Qiankou Town, Huizhou District

245061

http://www.guhuizhouta.com

歙县乘1路、2路、3路、4路公交车均可到徽州古城；歙县乘4路公交车可达牌坊群·鲍家花园。黄山、歙县均有公交车至唐模；黄山有公交车至潜口；徽州区有小公交车至呈坎。

黟县西递宏村景区

Yixian County Xidi Scenic Area

黟县西递宏村景区包括两个著名古村落——西递和宏村。其中西递始建于宋元祐年间，由于河水向西流经这个村庄，原来称为“西川”。因在村西古有驿站，称“铺递所”，故而得名“西递”，素有“桃花源里人家”之称。村中街巷大多沿溪而设，均用青石铺地。现今保留下来的古民居从整体上保留了明、清徽派民居村落的基本面貌和特征。

宏村始建于南宋绍兴年间，至今已有800多年的历史，为汪姓聚居之地。它背倚黄山余脉羊栈岭、雷岗山，地势较高，有时云蒸霞蔚，如浓墨重彩，有时似泼墨写意，四周山色与粉墙青瓦倒映湖中，人、古建筑与大自然融为一体，好似一幅徐徐展开的山水画卷，被誉为“中国画里的乡村”。

黄山市黟县西递镇、宏村镇
Xidi Town, Hongcun Town, Yixian County

245501

http://www.hongcun.com.cn

黄山新汽车站乘屯溪至宏村的旅游公交班车可达。

颍上八里河风景区

Yingshang Balihe Scenic Area

八里河风景区东邻颍河，南依淮水，旅游区总占地15.8平方公里，分为鸟语林、西区、东区、十二花岛、明清苑五大景点。八里河风景区碧波万顷，风光旖旎，古色古香，让人如痴如醉。景区融中西建筑于一体，尽显建筑文化和园林文化的魅力。游客在此可行走栈桥，览万顷碧波于脚下；可乘坐舟船，赏十二花岛于四时；可进明清古宅，赏雕砖秀瓦、斗拱飞檐，来体会不同的人间意境。

阜阳市颍上县八里河镇
Balihe Town, Yingshang County

236200

http://www.balihe.com

安徽省各大城市都有景区直通车、颍上县城有多次班车直达景区。

万佛湖旅游区
Wanfo Lake Tourism Area

万佛湖原名龙河口水库，因临湖的巨型观音岩石与湖中 66 个岛屿形成神奇的“诸佛拜观音”景象，又因水的源头来自风景秀丽的万佛山，而得名万佛湖。万佛湖旅游区以旖旎的岛湖风景为载体，奇特的地质地貌为依据，深厚的文化积淀为底蕴，满目青山与一湖碧水相映成趣，形成了大坝景观、岛湖景观、火山景观、特色建筑景观、鱼文化景观、佛教文化景观、水利文化景观、历史人文景观、乡村旅游景观集于一身的岛湖文化旅游区，烟波浩渺，妖娆多姿，碧波荡漾，五彩斑斓，堪称人间仙境!

六安市舒城县万佛湖旅游区
Shucheng County

231300

http://www.wanfohu.com.cn

舒城乘坐 5 路公交车可直接抵达售票处。

天堂寨风景区
Tiantang Cottage Scenic Area

天堂寨是我国第四纪冰川孑遗植物的避难所，森林覆盖率 96.5%，为华东最后一片原始森林。景区内植物物种珍稀，瀑布景观独特，山石景观奇妙，空气清新宜人。“踏遍黄峨岱与庐，唯有天堂水最佳”，景区内瀑布成群，龙潭星罗棋布，杜牧、刘禹锡、张耒、王安石等著名文人墨客都曾留下过赞美的诗篇。天堂寨山石景观形态各异，巧夺天工。“千岩万壑生紫烟，山在虚无飘缈间；银浪滚滚群峰隐，扮得天堂境如仙。”这里已成为人们返璞归真、亲近自然的好地方，是人们休闲度假、观光游览之胜地，更是爱国主义教育、科普教育的大课堂。

六安市金寨县天堂寨
Tiantang Cottage, Jinzhai County

237343

www.ttzly.com

从合肥、六安、梅山均有班车可达天堂寨。

九华山国家重点风景名胜区
Jiuhua Mountain National Famous Scenic Area

九华山是中国佛教四大名山之一，是地藏菩萨道场。九华山是世界地质公园，是以佛教文化和自然与人文胜景为特色的山岳型国家重点风景名胜区，有“莲花佛国”之称。境内群峰竞秀，怪石林立，九大主峰如九朵莲花，千姿百态，各具神韵。连绵山峰形成的天然睡佛，成为自然景观与佛教文化有机融合的典范。景区内处处清溪幽潭、飞瀑流泉，构成了一幅幅清新自然的山水画卷。还有云海、日出、雾凇、佛光等自然奇观，气象万千，美不胜收，素有“秀甲江南”之誉。

池州市青阳县九华山
Jiuhua Mountain, Qingyang County

0566-5578928

242811

http://www.jiuhuashan.gov.cn

青阳汽车站可乘 20 路公交车至九华山。合肥、池州均有班车至九华山。

绩溪县龙川景区
Jixi Longchuan Scenic Area

龙川景区就在龙川村，这里山水秀美，地灵人杰。东耸龙峰（龙须山），西峙石笏（山），天马（山）南旋，登水（登源河）北来，依青山，傍碧水，田畴漠漠，炊烟袅袅；龙川溪绕村东流，汇入登源河，形成古徽州最秀美的村落水口。龙川村如船形，有如龙舟出海，堪称风水宝地。龙川景区内水街两岸，古民居鳞次栉比，村巷幽幽，粉墙黛瓦，马头昂昂，一派徽州古村落韵味。

宣城市绩溪县龙川村
Longchuan Village, Jixi County

0563-8315763

245300

绩溪县汽车站有公交车直达龙川景区。

李鸿章故居—享堂
Li Hongzhang's Former Residence—Xiangtang Hall

合肥市淮河路 208 号
No.208 Huaihe Road, Hefei

230001

合肥市徽园
Hefei Huiyuan Park

合肥市经济技术开发区繁华大道 276 号
Economic and Technological Development Zone, Hefei

230001

三十岗乡生态农业旅游区
Sanshigang Town Ecological Agriculture Tourism Area

合肥市庐阳区三十岗乡
Sanshigang Town, Luyang District, Hefei

230001

合肥三国遗址公园
Hefei Three Kingdoms Ruins Park

合肥市庐阳区北三十岗
North Sanshi Gang, Luyang District, Hefei

230001

包公园（包公祠）
Baogong Park(Baogong Memorial Temple)

合肥市芜湖路 72 号
No.72 Wuhu Road, Fehei

230001

安徽省博物馆
Anhui Province Museum

合肥市安庆路 268 号
No.268 Anqing Road, Heifei

230061

合肥野生动物园
Hefei Wild Animal Zoo

合肥市环山南路 2 号
No.2 South Huanshan Road, Hefei

230031

合肥滨湖国家森林公园
Hefei Binhu National Forest Park

合肥市环湖北路
North Round Lake Road, Hefei

230001

中国（合肥）非物质文化遗产园
China (Hefei) Intangible Cultural Heritage Park

合肥市岗集镇
Gangji Town, Hefei

231100

www.cichpark.com

合肥植物园
Hefei Botanical Garden

合肥市环湖东路 123 号
No.123 east Huanhu Road, Hefei

230031

半汤郁金香高地景区
Bantang Tulip Highland Scenic Area

合肥巢湖市经济开发区潜川路
Qianchuan Road, Economic Development Area, Chaohu

238800

紫薇洞旅游区
Ziwei Cave Tourism Area

合肥巢湖市居巢区巢拓路
Chaotuo Road, Juchao District, Chaohu

238000

中庙姥山岛景区
Zhongmiao Mushan Island Scenic Area

合肥巢湖市中庙镇巢湖湖心
Center Island in Chaohu Lake, Zhongmiao Town, Chaohu

238000

安徽元一双凤湖国际旅游度假区
Anhui Yuanyi Shuangfeng Lake International Tourism Resort

合肥市长丰县双墩镇
Shuangdun Town, Changfeng County

231100

岱山湖旅游度假区
Daishan Lake Tourism Resort

合肥市肥东县
Feidong County

231600

渡江战役总前委旧址纪念馆
Long River Crossing Battle Former General Committee Site Memorial Museum

合肥市肥东县撮镇镇瑶岗村
Yaogang Village, Zuozhen Town, Feidong County

231600

长临古街景区
Changlin Ancient Street Scenic Area

合肥市肥东县长临河镇
Changlinhe Town, Feidong County

321600

肥西吉祥农业山庄旅游景区
Feixi Jixiang Farm Manor Tourism Area

合肥市肥西县上派镇
Shangpai Town, Feixi County

231241

紫蓬山国家森林公园
Zipengshan National Forests Park

合肥市肥西县紫蓬山旅游开发区
Zipengshan Tourism Development Zone, Feixi County

230001

官亭林海景区
Guanting Forest Sea Scenic Area

合肥市肥西县官亭镇
Guanting Town, Feidong County

321600

冶父山国家森林公园
Yefu Mountain National Forest Park

合肥市庐江县冶父山公园
Yefu Mountain Park, Lujiang County

238000

金孔雀温泉旅游度假村
Jinkongque Hot Spring Tourism Resort

合肥市庐江县汤池镇外经人道
Waijingren Lane, Tangchi Town, Lujiang County

231511

安徽芜湖赭山风景区
Anhui Wuhu Zheshan Scenic Area

芜湖市九华中路 177 号
No.177 Middle Jiuhua Road, Wuhu

241000

www.zsfjq.com

王稼祥纪念园
Wang Jiaxiang's Memorial Park

芜湖市中山北路 153 号
No.153 North Zhongshan Road, Wuhu

241000

芜湖鸠兹风景区
Wuhu Jiuzi Scenic Area

芜湖市黄山西路
West Huangshan Road, Wuhu

241000

雨耕山文化旅游景区
Yugeng Mountain Culture Tourism Area

芜湖市镜湖区
Jinghu District, Wuhu

241000

陶辛水韵旅游区
Taoxin Shuiyun Tourism Area

芜湖市芜湖县陶辛镇
Taoxin Town, Wuhu

241100

安徽丫山花海石林旅游区
Anhui Yashan Flowers Sea and Stone Forest Tourism Area

芜湖市南陵县何湾镇
Hewan Town, Nanling County

242400

大浦乡村大世界
Dapu Great Rural World

芜湖市南陵县许镇镇大浦村
Dapu Village, Xuzhen Town, Nanling County

242400

红色山水涧景区
Red Mountain & River Scenic Area

芜湖市无为县西北部
Northwest of Wuwei County

238000

龙子湖风景区
Longzi Lake Scenic Area

蚌埠市东郊
East Suburb of Bengbu

233000

花鼓灯嘉年华景区
Huagudeng Carnival Scenic Area

蚌埠市蚌山区
Bengshan District, Bengbu

233000

蚌埠市博物馆
Bengbu Museum

蚌埠市胜利路 51 号
No.51 Shengli Road, Bengbu

233000

张公山公园
Zhanggongshan Park

蚌埠市张公山路 132 号
No.132 Zhanggongshan Road, Bengbu

233000

禾泉农庄
Hequan Farm Land

蚌埠市怀远县
Huaiyuan County

233400

龙湖公园
Longhu (Dragon Lake) Park

淮南市田家庵区人民北路 160 号
No.160 North Renmin Road, Tianjiaan District, Huainan

232007

www.longhuPark.com

淮南上窑旅游景区
Huainan Shangyao Tourism Area

淮南市大通区上窑镇
Shangyao Town, Datong District, Huainan

232009

志高神州欢乐园景区
Zhigao Shenzhou Amusement Park

淮南市田家庵区山南新区
Shannan New Area, Tianjia'an District, Huainan

232000

淮南八公山风景区
Huainan Bagongshan Scenic Area

淮南市八公山区
Bagongshan District, Huainan

232072

八公山天宝双遗文化园
Bagongshan Tianbao Double World Heritage Culture Garden

淮南市八公山区
Bagongshan District, Huainan

232072

淮南焦岗湖旅游景区
Huainan Jiaogang Lake Tourism Area

淮南市毛集实验区
Maoji Experimentation District, Huainan

232001

采石矶国家重点风景名胜区
Caishiji National Famous Scenic Area

马鞍山市雨山区采石镇
Caishi Town, Yushan District, Ma'anshan

243041

中国古床博物馆
China Ancient Bed Museum

马鞍山市雨山区银塘镇九华路与康乐路交叉口
Intersection of Jiuhua & Kangle Road, Yintang Town, Yushan District, Ma'anshan

243071

大青山李白文化旅游区
Daqingshan Li Bai's Culture Tourism Area

马鞍山市当涂县太白镇
Taibai Town, Dangtu County

243100

和县香泉温泉度假村
Hexian Xiangquan Hot Spring Resort

马鞍山市和县香泉镇
Xiangquan Town, Hexian County

238000

含山褒禅山景区
Hanshan Baochan Mountain Scenic Area

马鞍山市含山县
Hanshan County

238100

鸡笼山半月湖景区
Jilong Mountain Banyue Lake Scenic Area

马鞍山市和县西北 25 公里
25km Northwest of Hexian County

238200

相山公园风景区
Xiangshan Park Scenic Area

淮北市相山路 1 号
No.1 Xiangshan Road, Huaibei

235000

淮北市四季榴园景区
Huaibei Four Seasons Pomegranate Garden Scenic Area

淮北市烈山区榴园村
Liuyuan Village, Lieshan District, Huaibei

235025

天井湖风景区
Tianjing Lake Scenic Area

铜陵市长江西路 181 号
No.181 West Changjiang Road, Tongling

244000

铜陵市博物馆
Tongling City Museum

铜陵市学院路 477 号
No.477 Xueyuan Road, Tongling

244000

永泉农庄度假村
Yongquan Villa Resort

铜陵市义安区钟鸣镇章亭村
Zhangting Village, Zhongming Town, Tongling County

244100

凤凰山景区
Phoenix Mountain Scenic Area

铜陵市义安区顺安镇南部
South Shun'an Town, Tongling County

244100

大通古镇风景区
Datong Ancient Town Scenic Area

铜陵市郊区大通镇
Datong Town, Suburb of Tongling

244000

巨石山生态文化旅游区
Jushi(Big Stone) Mountain Ecotourism Area

安庆市宜秀区长江北岸
North Bank of Yangzi River, Yixiu District, Anqing

246003

菱湖公园
Linghu Park

安庆市纺织南路 66 号
No.66 South Fangzhi Road, Anqing

246001

安庆市独秀园
Anqing Duxiu Park

安庆市大观区
Daguan District, Anqing

246002

嬉子湖生态旅游区
Xizi Lake Ecotourism Area

安庆桐城市嬉子湖镇
Xizihu Town, Tongcheng

231400

孔雀东南飞景区
Peacock Fly to Southeast Scenic Area

安庆市怀宁县小市镇
Xiaoshi Town, Huaining County

246100

浮山风景名胜区
Fushan Mountain Famous Scenic Area

安庆市枞阳县浮山镇
Fushan Town, Zongyang County

246700

枞阳汉武生态文化园景区
Zongyang Hanwu Ecological Culture Garden

安庆市枞阳县枞阳镇旗山
Qishan, Zongyang Town, Zongyang County

246700

天龙关景区
Tianlong Pass Scenic Area

安庆市潜山县水吼镇
Shuihou Town, Qianshan County

246300

白马潭旅游景区
Baima (White Horse) Pond Tourism Area

安庆市潜山县水吼镇马谭村
Matan Village, Shuihong Town, Qianshan County

246300

山谷流泉文化园景区
Valley Flowing Spring Culture Garden Scenic Area

安庆市潜山县天柱山镇风景村
Fengjing Village, Tianzhushan Town, Qianshan County

246300

花亭湖旅游景区
Huating Lake Scenic Area

安庆市太湖县建设路
Jianshe Road, Taihu County

246670

五千年文博园
Five Thousand Year's Culture Exposition Garden

安庆市太湖县沪渝高速太湖收费站西侧
West Taihu Toll Station on Shanghai-Changqing Highway, Taihu County

246400

石莲洞国家森林公园
Shilian Cave National Forest Park

安庆市宿松县宿松林场
Susong Forest Center, Susong County

246500

岳西天峡景区
Yuexi Tianxia Valley Scenic Area

安庆市岳西县河图镇
Hetu Town, Yuexi County

246600

天悦湾养生景区
Tianyue Bay Healthcare Scenic Area

安庆市岳西县天堂镇北部
North Tiantang Town, Yuexi County

246000

明堂山风景区
Mingtang Mountain Scenic Area

安庆市岳西县河图镇
Hetu Town, Yuexi County

246600

妙道山国家森林公园
Miaodao Mountain National Forest Park

安庆市岳西县河图镇
Hetu Town, Yuexi County

246000

黄山翡翠（情人）谷
Huangshan Mountains Jade(Lover) Valley

黄山市黄山风景区翡翠谷
Huangshan GEOPARK, Huangshan

242708

花山谜窟—渐江国家重点风景名胜区
Huashan Miku—Jianjiang National Famous Scenic Area

黄山市屯溪区屯光镇
Tunguang Town, Tunxi District, Huangshan

245000

新徽天地 · 醉温泉度假城
Ravishing Hot Spring Resort

黄山市屯溪区屯光镇
Tunguang Town, Tunxi District, Huangshan

0559-2333777

245000

黎阳 IN 巷特色旅游区
Liyang IN Lane Characteristic Tourism Area

黄山市屯溪区黎阳老街
Liyang Culture Street, Tunxi District, Huangshan

245000

黄山市丰乐湖旅游景区
Huangshan Fengle Lake Tourism Area

黄山市徽州区
Huizhou District, Huangshan

245061

黄山芙蓉谷景区
Huangshan Furong(Lotus) Valley Scenic Area

黄山市黄山风景区北大门
Out North Gate of Huangshan GEOPARK, Huangshan

242708

岩寺新四军军部旧址景区
Site of Headquarter of New Fourth Army in Yansi

黄山市徽州区岩寺镇
Yansi Town, Huizhou District, Huangshan

245061

黄山九龙瀑风景区
Huangshan Jiulong Waterfall Scenic Area

黄山市黄山区汤口镇
Tangkou Town, Huangshan District, Huangshan

242700

太平湖风景区
Taiping Lake Scenic Area

黄山市黄山区太平西路
West Taiping Road, Huangshan District, Huangshan

242500

东黄山旅游度假区
East Huangshan Tourism Resort

黄山市黄山区茶林场
Tea Trees Center, Huangshan District, Huangshan

245707

歙县雄村景区
Shexian Xiongcun Village Tourism Area

黄山歙县雄村乡雄村
Xiongcun Village, Shexian County

245200

新安江山水画廊风景区
Scenery Decorated Corridor Scenic Area

黄山市歙县深渡镇
Shendu Town, Shexian County

245200

齐云山国家重点风景名胜区
Qiyun Mountain National Famous Scenic Area

黄山市休宁县齐云山镇
Xiyunshan Town, Xiuning County

245451

赛金花故居 · 归园景区
Sai Jinhua's Former Residence—Guiyuan Scenic Area

黄山市黟县龙江乡
Longjiang Village, Yixian County

245500

南屏风景区
Nanping Scenic Area

黄山市黟县南屏村
Nanping Village, Yixian County

245500

屏山景区
Pingshan Mountain Scenic Area

黄山市黟县宏村镇屏山村
Pingshan Village, Hongcun Town, Yixian County

245500

祈门县牯牛降景区
Qimen County Guniujiang Scenic Area

黄山市祁门县
Qimen County

245600

祁门县历溪景区
Qimen County Lixi Scenic Area

黄山市祁门县历口镇历溪村
Lixi Village, Likou Town, Qimen County

245600

琅琊山国家重点风景名胜区
Langya Mountain National Famous Scenic Area

滁州市琅琊古道 23 号
No.23 Langya Ancient Lane, Chuzhou

239000

白鹭岛生态旅游区
Egret Island Ecological Tourism Area

滁州市来安县西北部复兴林场
Fuxing Forest Center, Northwest of Lai'an County

239200

凤阳县小岗村乡村旅游区
Fengyang County Xiaogang Village Rural Tourism Area

滁州市凤阳县小岗村
Xiaogang Village, Fengyang County

233124

狼巷迷谷风景区
Woof Maze Valley Scenic Area

滁州市凤阳县殷涧镇
Yinjian Town, Fengyang county

233100

阜阳生态乐园
Fuyang Ecology Entertainment Park

阜阳市北京西路农校西 800 米
800 Meters to Agricultural College, West Beijing Road, Fuyang

236029

颍上迪沟生态旅游风景区
Yingshang Digou Ecotourism Area

阜阳市颍上县迪沟镇
Digou Town, Yingshang County

236200

尤家花园
Youjia (You's Family) Garden

阜阳市颍上县城区西侧
West of Downtown, Yingshang County

236200

宿州市博物馆
Suzhou City Museum

宿州市政府广场南面
South of the City Hall Square, Suzhou

234000

皇藏峪国家森林公园
Huangzangyu National Forest Park

宿州市萧县县城东南 25 公里处
Southeast 25 kilometres to County Center, Xiaoxian County

235200

奇石文化园景区
Magic Stone Culture Garden

宿州市灵璧县凤山南路 48 号
No.48 South Fengshan Road, Lingbi County

234200

灵璧农业观光示范园
Lingbi Agriculture Demonstration & Sightseeing Garden

宿州市灵璧县
Lingbi County

234200

东石笋景区
East Stone Bamboo Shoot Scenic Area

六安市金安区毛坦厂镇
Maotanchang Town, Jin'an District, Lu'an

237000

大别山石窟
Dabie Mountain Grottoes

六安市金安区张店镇
Zhangdian Town, Jin'an District, Lu'an

237000

六安悠然南山景区
Lu'an Youran(Carefree & Leisurely to See) South Mountain Scenic Area

六安市金安区
Jin'an District, Lu'an

237000

金安皖西博物馆
Jin'an West Anhui Museum

六安市金安区
Jin'an District, Lu'an

237000

金安悠然蓝溪景区
Jin'an Youran Blue Stream Scenic Area

六安市金安区皖西大道
Wanxi Avenue, Jin'an District, Lu'an

237000

独山革命旧址群景区
Dushan Revolutionary Sites Tourism Area

六安市裕安区独山镇
Dushan Town, Yu'an District, Lu'an

237010

横排头风景区
Hengpaitou Scenic Area

六安市裕安区苏埠镇
Subu Town, Yu'an District, Lu'an

237010

六安龙井沟景区
Lu'an Longjing(Dragon Well) Valley Scenic Area

六安市裕安区独山镇
Dushan Town, Yu'an District, Lu'an

237010

梦幻海洋大世界
Dream Ocean World

六安市裕安区解放路
Jiefang Road, Yu'an District, Lu'an

237010

寿县古城暨八公山风景区
Shouxian County Ancient Town—Bagong Mountain Scenic Area

六安市寿县北门外
Outside of North Gate, Shouxian County

232200

寿县博物馆
Shouxian County Museum

六安市寿县寿春镇西大街
West street, Shouchun Town, Shouxian County

232200

临淮岗景区
Linhuaigang Scenic Area

六安市霍邱县临淮岗乡
Linhaigang Town, Huoqiu County

237400

金寨县红军广场景区
Jinzhai County the Red Army Square Tourism Area

六安市金寨县
Jinzhai County

237300

燕子河大峡谷景区
Yanzihe Grand Canyon Scenic Area

六安市金寨县燕子河镇
Yanzihe Town, Jinzhai County

237300

响洪甸水库景区
Xianghongdian Reservoir Scenic Area

六安市金寨县

Jinzhai County

237300

小南京乡村旅游扶贫示范区
Xiaonanjing Rural Tourism Demonstration Zone for Poverty Alleviation

六安市金寨县梅山镇小南京村
Xiaonanjing Village, Meishan Town, Jinzhai County

237300

大别山玉博园景区
Dabie Mountain Jade Expo Garden

六安市金寨县新城区
New District, Jinzhai County

237300

佛子岭风景区（省级自然保护区）
Foziling Tourism Area (Provincial Natural Reserve)

六安市霍山县与岳西县交界处
Between Huoshan & Yuexi County

237272

大别山主峰景区
Main Peak Tourism Area of Dabie Mountain

六安市霍山县太阳乡
Taiyang Town, Huoshan County

237261

霍山县南岳山风景区（省级森林公园）
Huoshan County Nanyue Mountain Scenic Area (Provincial Forest Park)

六安市霍山县衡山镇传贤路和衡山南路交会处
Intersection of South Hengshan Road & Chuanxian Road, Hengshan Town, Huoshan County

237200

古井酒文化博物馆
Gujing Liquor Culture Museum

亳州市谯城区古井镇
Gujing Town, Qiaocheng District, Bozhou

236800

花戏楼景区
Flower Opera Theater

亳州市谯城区花戏楼路北首路东
East Side of the North End of Huaxilou Road, Qiaocheng District, Bozhou

236800

南京巷钱庄景区
Nanjing Lane Ancient Bank Scenic Area

亳州市北关南京巷 19 号
No.19 Nanjing Lane, Beiguan, Bozhou

236800

亳州博物馆
Bozhou City Museum

亳州市芍花路
Shaohua Road, Bozhou

236800

曹操运兵道
Cao Cao Army Transportation Way

亳州市老城内主要街道地下
Underground Main Streets, Old City Center, Bozhou

236800

天静宫景区
Tian Jing Palace Scenic Area

亳州市涡阳县闸北镇郑店村
Zhengdian Village, Zhabei Town, Guoyang County

233600

蒙城县博物馆
Mengcheng County Museum

亳州市蒙城县城南新区庄子大道以西
West Zhuangzi Avenue, South New District, Mengcheng County

233500

齐山—平天湖景区
Qishan Mountain—Tianping Lake Scenic Area

池州市贵池区
Guichi District, Chizhou

247100

池州杏花村旅游区
Chizhou Xinghuacun (Apricot Flower Village) Tourism Area

池州市贵池区翠微西路
West Cuiwei Road, Guichi District, Chizhou

247100

九华天池景区
Jiuhua Tianchi Scenic Area

池州市贵池区马衙镇
Maya Town, Guichi District, Chizhou

247100

九华山地藏王圣像景区
Jiuhua Mountain Dizang(Ksitigarbha) Icon Scenic Area

池州市贵池区九华山风景区柯村
Kecun Village, Jiuhua Mountain Scenic Area, Guichi District, Chizhou

247100

秀山门博物馆
Xiushanmen Museum

池州市杏村西路 302 号
302 West Xingcun Road, Chizhou

247100

贵池区大王洞风景区
Guichi District Dawang Cave Scenic Area

池州市贵池区牌楼镇
Guichi Area, Pailou Town, Chizhou

247100

龙源旅游度假区
Longyuan Tourism Resort

池州市东至县大渡口镇大联圩
Dalianxu, Dadukou Town, Dongzhi County

247200

九天仙寓景区
Jiutian Xianyu Scenic Area

池州市东至县
Dongzhi County

247000

石台县怪潭景区
Shitai County Guaitan(Strange Pond) Scenic Area

池州市石台县横渡镇钓鱼台村
Diaoyutai Village, Hengdu Town, Shitai County

245100

石台县牯牛降自然保护站
Shitai County Guniujiang Natural Reserve Station

池州市石台县大演乡
Dayan Town, Shitai County

245113

秋浦河风景区
Qiupu River Scenic Area

池州市石台县矶滩乡矶滩村
Jitan Village, Jitan Town, Shitai County

245100

鱼龙洞景区
Yulong(Fish Dragon) Scenic Area

池州市石台县七都镇
Qidu Town, Shitai County

245100

仙寓山景区
Xianyu Mountain Scenic Area

池州市石台县仙寓镇大山村
Dashan Village, Xianyu Town, Shitai County

245100

醉山野原生态旅游度假区
Zuishanye Original Ecological Tourism Resort

池州市石台县仁里镇缘溪村
Yuanxi Village, Renli Town, Shitai County

245100

青阳县九子岩风景区
Qingyang County Jiuziyan(Rocks) Tourism Area

池州青阳县朱备镇东桥村
Dongqiao Village, Zhubei Town, Qingyang County

242800

九华山龙泉圣境景区
Jiuhua Mountain Longquanshengjing Scenic Area

池州市青阳县庙前镇
Miaoqian Town, Qingyang County

0566-5513556

242800

宣城市白马山庄国际度假村
White Horse Villa International Resort

宣城市宣州区狸桥镇
Liqiao Town, Xuanzhou District, Xuancheng

242000

金梅岭军事旅游度假区
Jinmeiling Military Tourism Resort

宣城市宣州区金坝乡里仁村
Liren Village, Jinba Town, Xuanzhou District, Xuancheng

242000

www.jinmeiling.com

中国鳄鱼湖景区
China Crocodile Lake Scenic Area

宣城市宣州区
Xuanzhou District, Xuancheng

242000

敬亭山风景名胜区
Jingting Mountain Famous Scenic Area

宣城市宣州区北郊
North Suburbs, Xuanzhou District, Xuancheng

242000

龙泉洞景区
Longquan Cave Scenic Area

宣城市宣州区水东镇
Shuidong Town, Xuanzhou District, Xuancheng

242000

宣酒文化博物馆
Xuancheng Liquor Cultural Museum

宣城市工业干道 28 号
No.28 Main Industry Street, Xuancheng

242000

恩龙山庄生态旅游度假区
Enlong Garden Ecotourism Resort

宣城宁国市环城西路
West Huancheng Road, Ningguo

242300

夏霖景区
Xialin Scenic Area

宣城宁国市中溪镇
Zhongxi Town, Ningguo

242300

青龙湾景区
Qinglong Bay Scenic Area

宣城宁国市西部
West of Ningguo

242300

观天下景区
Guantianxia Scenic Area

宣城市郎溪县
Langxi County

242100

太极洞国家重点风景名胜区
Taiji Cave National Famous Scenic Area

宣城市广德县新杭镇
Xinhang Town, Guangde County

0563-6850196

242200

泾县云岭新四军军部旧址纪念馆
Jingxian County Yunling New Fourth Army Site Memorial Museum

宣城市泾县云岭镇罗里村
Luoli Village, Yunling Town, Jingxian County

242500

江村
Jiangcun Village

宣城市旌德县白地镇江村
Jiangcun Village, Baidi Town, Jingde County

0563-8046446

242300

泾县查济景区
Jingxian County Zhaji Tourism Area

宣城市泾县查济村
Zhaji Village, Jingxian County

242500

桃花潭风景区
Taohuatan(Peach Blossom Pond) Scenic Area

宣城市泾县桃花潭镇
Taohuatan Town, Jingxian County

242500

水西景区 · 皖南事变烈士陵园
Shuixi Scenic Area—Martyrs for the Southern Anhui Incident Cemetery

宣城市泾县泾川镇水西路
Shuixi Road, Jingchuan Town, Jingxian County

242500

黄田景区
Huangtian Scenic Area

宣城市泾县榔桥镇黄田村
Huangtian Village, Langqiao Town, Jingxian County

242500

障山大峡谷风景区
Zhangshan Mountain Great Valley Scenic Area

宣城市绩溪县伏岭镇
Fuling Town, Jixi County

245300

www.zsdxg.com

太极湖村景区
Taijihu(Taiji Lake)Village Scenic Area

宣城市绩溪县太极湖村
Taijihu Village, Jixi County

245300

绩溪县徽杭古道旅游景区
Jixi County Ancient Way From Anhui to Hangzhou Tourism Area

宣城市绩溪县伏岭镇鱼川村
Yuchuan Village, Fuling Town, Jixi County

245300

福建

FUJIAN

迷人的武夷仙境，浪漫的鼓浪琴岛，神圣的妈祖朝觐，动人的惠女风情，奇特的水上丹霞，神奇的福建土楼，光辉的古田会址，壮美的滨海火山，神秘的白水洋奇观，古老的昙石山文化……清新福建欢迎您！

福州三坊七巷历史文化街区景区
Sanfang Qixiang History & Culture Street Tourism Area

福州三坊七巷历史文化街区因至今仍保留"西三个坊、东七条巷、南北一中轴"的古代城市里坊格局而得名。三坊七巷历史文化街区坊巷相连，粉墙黛瓦，民居精致，被誉为"里坊制度活化石、明清建筑博物馆、近代名人聚居地、闽台渊源彰显地"。

三坊七巷地灵人杰，林则徐、沈葆桢、严复、陈宝琛、林觉民、林旭、冰心、林纾等大量对当时社会乃至中国近现代进程有着重要影响的人物皆出于此，使得这块热土充满了特殊的人文价值和不散的灵性及才情，成为福州的骄傲，因而又被誉为"一片三坊七巷，半部中国近现代史"。

福州市鼓楼区营房里10号
No.10 Yingfangli, Gulou District, Fuzhou

0591-87675791

350001

http://www.fzsfqx.com.cn

5路、18路、22路、27路、55路、61路、66路、80路、128路等多路公交车均可达。

1号线，在东街口站下车即可到达。

鼓浪屿风景名胜区
Gulangyu Scenic Area

鼓浪屿位于厦门岛西南隅，原名圆沙洲、圆洲仔，因岛西南有一海蚀岩洞受浪潮冲击，声如擂鼓，因此易名为鼓浪屿。鼓浪屿素有"海上花园"之誉，岛上气候宜人，四季如春，无车马喧嚣，处处鸟语花香，宛如一颗璀璨的"海上明珠"，镶嵌在厦门海湾的碧海绿波之中。19世纪中叶，西方音乐开始涌进鼓浪屿，与鼓浪屿优雅的人居环境相融合，造就了鼓浪屿今日的音乐传统，培养出一大批杰出的音乐家。如今，鼓浪屿的人均钢琴拥有率为全国第一，岛上有100多个音乐世家，是名副其实的"钢琴之岛""音乐之乡"。

厦门市思明区鼓浪屿永春路89号
No.89 Yongchun Road, Gulangyu, Siming District, Xiamen

0592-8880151　2066821

361002

http://gly.xm.gov.cn

厦门24小时都有轮渡至鼓浪屿。3路、19路、25路、28路、50路、51路、55路、56路、67路等公交车可到码头。

泰宁大金湖旅游区
Taining Great Jinhu Lake Tourism Area

大金湖旅游区以丹霞地貌景观为主体，花岗岩地貌景观和人文景观等点缀其中，是世界地质公园。旅游区包括金湖、上清溪、状元岩、猫儿山、九龙潭、金龙谷、泰宁古城七大景区，以水上丹霞、峡谷群落、洞穴奇观、原始生态为主要景观特点，集奇异性、多样性、休闲性、文化性于一身。

三明市泰宁县尚书街1号
No.1 Shangshu Street, Taining County

0598-7833822　7834377

354400

泰宁南桥南公交总站有专线车直达大金湖。

清源山风景名胜区
Qingyuan Mountain Scenic Area

清源山俗称北山，因山上泉眼诸多，别称"泉山"，又因峰峦之间常有云霞缭绕，亦称齐云山，还因山上有三峰，亦名"三台山"。清源山是闽中戴云山余脉，峰峦起伏，岩石遍布，盎然成趣，多处胜景天成，有"闽海蓬莱第一山"之美誉，为泉州四大名山之一。

泉州市丰泽区清源山
Qingyuan Mountain, Fengze District, Quanzhou

0595-22771928

362000

www.qingyuanmount.com

3路、10路、15路、28路、30路、45路、202路、209路、601路、K602路、K1路、K201路等公交车可到达。

福建土楼（南靖、华安）旅游区
Fujian Tulou Tourism Area (Nanjing, Hua'an)

福建土楼起源于唐朝，成熟于明末、清代和民国时期，土楼以生土等材料夯筑而成，具有聚族而居、防盗、防震、防兽、防火、防潮、通风采光、冬暖夏凉等特点。

南靖土楼数量众多，堪称"土楼王国"。这些土楼大小不一，形状各异，除常见的圆形、方形外，还有椭圆形、五凤形、斗月形、扇形等多种形态，并且拥有最大、最高、最古老、最奇特的土楼和蔚为壮观、美不胜收的土楼群。华安土楼数量不多，但以其鲜明的地域特色与特殊的历史价值、艺术价值与科学价值，在福建土楼中占据特殊的不可替代的重要地位。

漳州市南靖县书洋镇书山路 12 号
华安县仙都镇大地村
No.12 Shushan Road, Shuyang Town, Nanjing County;
Dadi Village, Xiandu Town, Hua'an County

363600　363806

武夷山风景名胜区
Wuyi Mountain Scenic Area

武夷山素有“碧水丹山”“奇秀甲东南”之美誉，兼有黄山之奇、桂林之秀、西湖之美、泰山之雄。武夷山山环水抱，水绕山行，是碧水丹山的自然天堂。这里分布着世界同纬度带现存最完整、最典型、面积最大的中亚热带原生性森林生态系统。这里是全国200多处丹霞地貌中发育最为典型者。这里的奇峰怪石千姿百态，有的直插云霄，有的横亘数里，有的如屏垂挂，有的傲立雄踞，有的亭亭玉立……“三三秀水清如玉，六六奇峰翠插天”，构成了奇幻百出的武夷山水之胜。

南平武夷山市迎宾路园林科技大楼（管理处）
Yingbin Road, Wuyishan (Management Office)

0599-5113881

354300

http://m.wyschina.com

武夷山汽车站有到武夷山景区的班车。

福建土楼（永定）旅游区
Fujian Tulou Tourism Area (Yongding)

永定客家土楼以历史悠久、风格独特、规模宏大、结构精巧、功能齐全、内涵丰富而闻名于世，在中国传统古民居建筑中独树一帜，被誉为“东方文明的一颗璀璨明珠”，是福建省八大旅游品牌之一。福建土楼（永定）旅游区中的初溪土楼群、洪坑土楼群、高北土楼群、衍香楼、振福楼等三群两楼已经被列入世界遗产名录。永定客家土楼是世世代代客家先民智慧的结晶，千姿百态的客家土楼布局合理，错落有致，是人与自然完美结合、和谐相处的典范，是一幅神奇、古朴、壮观、诗意的美丽画卷。

龙岩市永定区凤城镇河滨路 1 号
No.1 Hebin Road, Fengcheng Town, Yongding District, Longyan

0597-3256213　5531368

364111

从永定县汽车站坐“金丰线”班车可达。

古田会议纪念馆景区
Gutian Communist Party's Meeting Museum

1929 年 12 月 28 ~ 29 日，红四军在福建省龙岩市上杭县古田村召开红军第四军第九次党代表大会，这次会议在中国共产党和工农红军的发展史上有着极其重要的意义，史称“古田会议”。古田会议纪念馆是以古田会议会址为依托建立的全面介绍古田会议历史，宣传古田会议精神，集文物收藏、资料研究和宣传教育于一身的专题类纪念馆，纪念馆文物资料丰富、科研成果丰硕。

龙岩市上杭县古田镇古田路 76 号
No.76 Gutian Road, Gutian Town, Shanghang County

0597-3641143

364200

http://www.gthyjng.com

龙岩汽车站有到古田的班车。

福鼎太姥山风景区
Fuding Taimu Mountain Scenic Area

世界地质公园太姥山风景区雄峙于东海之滨，山海相依、傲岸秀拔，素有“山海大观”“海上仙都”之美誉。太姥山是一处以花岗岩峰林岩洞为特色，融山、海、川、岛和人文景观于一体的风景旅游胜地，拥有太姥山岳、九鲤溪瀑、福瑶列岛、晴川海滨四大景区和瑞云古刹、翠郊古民居两处独立景点。太姥山夏无酷暑，冬无严寒，一年四季宜游宜养，是理想的旅游、度假、避暑之胜地。

宁德福鼎市政府大院内（管理处）
Fuding City Government Institutions (Management Office)

0593-7852067

355200

http://www.517time.com

太姥山动车站门口有班车前往景区。

白水洋 · 鸳鸯溪景区

Baishuiyang—Yuanyang(Mandarin Duck) River Scenic Area

白水洋 • 鸳鸯溪景区以自然山水风光为主，以亲水、嬉水为特色，包括白水洋、宜洋、刘公岩、太堡楼、鸳鸯湖五大景区。融溪、峰、岩、瀑、洞、湖等山水景观为一体。这里群峰竞秀、百瀑争流、万木葱茏。这里环境清幽，溪水清碧如镜，其中的白水洋景区景观奇特，被誉为“天下绝景，宇宙之谜”，是世界唯一的“浅水广场”，是“天然冲浪游泳池”。

鸳鸯湖景区拥有湖光山色，种类繁多的鸟类、鸳鸯、野鸭群，争艳的杜鹃花和寺庙，古塔等风光，人文生态资源丰富。

宁德市屏南县古峰镇
Gufeng Town, Pingnan County

0593-3300689　3309388

352302

http://www.yyx.com.cn

在屏南汽车站分别有到白水洋、鸳鸯溪的班车。

福州国家森林公园

Fuzhou National Forest Park

福州市新店上赤桥
Shangchiqiao, Xindian, Fuzhou

0591-87916444

350012

于山风景区

Yushan Mountain Scenic Area

福州市鼓楼区于山顶 1 号
No.1 Yushanding, Gulou District, Fuzhou

0591-83340074

350001

中国船政文化景区

China Shipbuilding Industry and Ship Administration Culture Tourism Area

福州市马尾区港口路 83 号
No.83 Gangkou Road, Mawei District

0591-83686331

350015

鼓山风景区

Gushan Mountain Scenic Area

福州市晋安区东鼓山镇下院
Xiayuan, Gushan Town, Jin'an District, Fuzhou

350014

福清天生农庄景区

Fuqing Tiansheng Farm House Tourism Area

福州福清市新厝镇棉亭村
Mianting Village, Xincuo Town, Fuqing

350311

石竹山风景区

Shizhu Mountain Scenic Area

福州福清市宏路镇东张水库
Dongzhang Reservoir, Honglu Town, Fuqing

350301

闽侯旗山国家森林公园

Minhou Qishan Mountain National Forest Park

福州市闽侯县南屿镇
Nanyu Town, Minhou County

350109

贵安新天地休闲旅游度假区

Gui'an New Field Leisure Tourism Resort

福州市连江县潘渡乡贵安村
Gui'an Village, Pandu Town, Lianjiang County

350001

溪山休闲旅游度假村

Xishan Leisure Tourism Resort

福州市连江县
Lianjiang County

350001

罗源湾海洋世界旅游区
Luoyuanwan Coastal Ocean World

福州市罗源县滨海新城
Luoyuanwan Coastal New City, Luoyuan County

350600

青云山风景区
Qingyun Mountain Scenic Spot

福州市永泰县青云山白马山庄
White Horse Manor, Qingyun Mountain, Yongtai County

350700

天门山景区
Tianmen Mountain Scenic Spot

福州市永泰县葛岭镇溪洋村
Xiyang Village, Geling Town, Yongtai County

350700

www.52tms.com

云顶景区
Yunding Scenic Area

福州市永泰县
Yongtai County

350700

百漈沟生态旅游景区
Baijigou Ecotourism Area

福州市永泰县梧桐镇大漈口
Daweikou, Wutong Town, Yongtai County

350700

厦门胡里山炮台
Xiamen Hulishan Emplacement

厦门市思明区胡里山
Hulishan, Siming District, Xiamen

361005

厦门园林植物园
Xiamen Botanical Garden

厦门市思明区古园路 25 号
No.25 Guyuan Road, Siming District, Xiamen

361003

厦门天竺山森林公园
Xiamen Tianzhu Mountain Forest Park

厦门市海沧区东孚镇天竺山 1 号
No.1 Tianzhushan, Dongfu Town, Haicang District, Xiamen

361009

日月谷温泉度假村
Xiamen Riyuegu Hot Springs Resort

厦门市海仓区孚莲路 1888 号
No.1888 Fulian Road, Haicang District, Xiamen

0592-6312222

361027

海沧青礁慈济祖宫—东宫
Haicang Qingjiao Ciji Ancestral Palace —East Palace

厦门市海沧区青礁村
Qingjiao Village, Haicang District, Xiamen

361026

集美嘉庚公园
Jimei Jiageng Park

厦门市集美区集美街道石鼓路 8 号
No.8 Shigu Road, Jimei Community, Jimei District, Xiamen

361021

厦门园博苑
Xiamen Happy Life·CIGF Expo Garden

厦门市集美区集杏海堤中段
Middle of Jixinghaidi, Jimei District, Xiamen

361021

厦门诚毅科技探索中心
Xiamen Chengyi Technology Explore Center

厦门市集美区杏林湾路 339 号
No.339 Xinglinwan Road, Jimei District, Xiamen

361021

厦门老院子民俗文化风情园
Xiamen Old Yard Folk Culture Garden

厦门市集美区华夏路 9 号
No.9 Huaxia Road, Jimei District, Xiamen

361021

厦门方特梦幻王国
Xiamen Fantawild Dreamland

厦门市同安区石浔南路 1111 号
No.1111 South Shixun Road, Tong'an District, Xiamen

361100

0592-3111332

xiamen.fangte.com

同安北辰山
Tong'an Beichen Mountain

厦门市同安区五显镇
Wuxian Town, Tong'an District, Xiamen

361100

湄洲岛国家旅游度假区
Meizhou Island National Tourism Resort

莆田市湄洲岛湄洲大道 1588 号
No.1588 Mei zhou Avenue, Putian

351154

九龙谷生态旅游景区
Jiulong (Nine Dragons) Valley Ecotouirsm Area

莆田市城厢区常太镇溪南村
Xinan Village, Changtai Town, Chengxiang District, Putian

351100

莆田工艺美术城
Putian Crafts & Arts City

莆田市荔城区黄石镇塘头
Tangtou, Huangshi Town, Licheng District, Putian

0594-2126611

351100

仙游县九鲤湖风景区
Xianyou County Jiuli Lake Scenic Area

莆田市仙游县钟山镇
Zhongshan Town, Xianyou County

351257

中国古典工艺博览城
China Classical Art Expo City

莆田市仙游县工艺产业园
Art Industry Garden, Xianyou County

0594-8676088

351200

梅列瑞云山
Meilie Ruiyun Mountain

三明市梅列区陈大镇大源村
Dayuan Village, Chenda Town, Meilie District, Sanming

365009

三明格氏栲国家森林公园
Sanming Geshikao National Forest Park

三明市三元区莘口镇
Xinkou Town, Sanyuan District, Sanming

365001

永安桃源洞旅游区
Yong'an Taoyuan Cave Tourism Area

三明永安市兴平街道坂尾村
Banwei Village, Xingping Street, Yong'an

366000

清流天芳悦潭生态休闲景区
QingliuTianfangyuetan Ecological Leisure Scenic Area

三明市清流县嵩口镇高赖村
Gaolai Village, Songkou Town, Qingliu County

365300

宁化县石壁客家祖地
Ninghua County The Origin of Hakka Ethnic Group in Shibi Town

三明市宁化县石壁镇
Shibi Town, Ninghua County

365400

大仙峰 · 茶美人景区
Daxian Peak — Tea Beauty Scenic Area

三明市大田县南部
South of Datian County

366100

福建省侠天下景区
Fujian Xiatianxia Scenic Area

三明市尤溪县汤川乡胡厝村
Hucuo Village, Tangchuan Town, Youxi County

365100

尤溪朱子文化园景区
Youxi Zhuzi(Zhu xi) Culture Park

三明市尤溪县城关镇
Chengguan Town, Youxi County

365100

沙县小吃文化城
Shaxian County Snacks Culture City

三明市沙县西园小区小吃文化城 C-2 幢
C-2 Building, Snacks Culture City, Xiyuan Community, Shaxian County

0598-5699263 5858377

365500

玉华洞风景区
Yuhua Cave Scenic Area

三明市将乐县古镛镇梅花村天阶山
Tianjie Mountain, Meihua Village, Gupu Town, Jiangle County

353300

泰宁明清园
Taining Ming Qing Garden

三明市泰宁县五里亭
Wuliting, Taining County

354400

中央苏区反“围剿”纪念园
Memorial Museum for the Central Soviet Area Against “Encirclement & Suppression”

三明市建宁县溪口街 49 号
No.49 Xikou Street, Jianning County

354500

闽江源生态旅游区
Source of Minjiang River Ecotourism Area

三明市建宁县东南部
Southeast of Jianning County

354500

泉州市博物馆
Quanzhou Museum

泉州市西湖北侧
North Side of West Lake, Quanzhou

0595-22288818

362000

闽台缘博物馆
China Museum for Fujian-Taiwan Kindship

泉州市丰泽区北清路北畔 212 号
No.212 North Side of Beiqing Road, Fengze District, Quanzhou

0595-22387788

362000

www.mtybwg.org.cn

泉州森林公园景区
Quanzhou Forest Park Scenic Area

泉州市丰泽区东海镇
Donghai Town, Fengze District, Quanzhou

362000

泉州开元寺
Quanzhou Kaiyuan Temple

泉州市鲤城区西街 176 号
No.176 West Street, Licheng District, Quanzhou

362000

泉州创意产业园景区
Quanzhou Yuanhe 1916 Creative Industry Garden Scenic Area

泉州市鲤城区新门街 610 号
No.610 Xinmen Street, Licheng District, Quanzhou

362000

安平桥（五里桥）景区
Anping Bridge(Wuli Bridge) Scenic Area

泉州晋江市安海镇
Anhai Town, Jinjiang

362200

崇武古城风景区
Chongwu Ancient Town Scenic Area

泉州市惠安县崇武镇古城路
Gucheng Road, Chongwu Town, Hui'an County

362100

安溪清水岩旅游区
Anxi Qingshuiyan (Clean Water Rock)Tourism Area

泉州市安溪县蓬莱鹤前村
Heqian Village, Penglai, Anxi County

362402

牛姆生态旅游区
Niumu Ecological Tourism Area

泉州市永春县下洋镇溪塔村
Xita Village, Xiayang Town, Yongchun County

362617

德化县九仙山风景区
Dehua County Jiuxiau (Nine Fairy)Mountain Scenic Area

泉州市德化县赤水镇
Chishui Town, Dehua County

362500

德化县石牛山风景区
Dehua County Shiniu (Stone Bull) Mountain Scenic Area

泉州市德化县水口镇湖坂村
Huban Village, Shuikou Town, Dehua County

362500

云洞岩风景区
Yundongyan (Cloud, Cave & Rock) Scenic Area

漳州市龙文区蓝田镇蔡坂村
Caiban Village, Lantian Town, Longwen District, Zhangzhou

363000

云霄县金汤湾旅游区
Yunxiao County Jintang Bay Tourism Area

漳州市云霄县陈岱镇南新村 1 号
No.1 Nanxin Village, Chendai Town, Yunxiao County

363300

滨海火山地貌国家地质公园
Binhai Volcano Physiognomy National Geological Park

漳州市漳浦县前亭镇崎沙村
Qisha Village, Qianting Town, Zhangpu County

363200

天福茶博物院
Tenfu Tea Museum

漳州市漳浦县盘陀镇官陂村
Guanpi Village, Pantuo Town, Zhangpu County

0596-3184102

363202

天福“唐山过台湾”石雕园
Tianfu Through Tangshan to Taiwan Stone Carving Garden

漳州市漳浦县赤土乡
Chitu Town, Zhangpu County

363200

花博园
Flowers Expo Garden

漳州市漳浦县官浔镇马口村
Makou Village, Guanxun Town, Zhangpu County

363204

十里蓝山景区
Shililanshan(Ten miles Blue Mountain) Scenic Area

漳州市长泰县马洋溪生态旅游区山重村
Shanchong Village, Mayangxi Ecotourism Area, Changtai County

363900

马銮湾风景区
Maluan Bay Scenic Area

漳州市东山县康美镇
Kangmei Town, Dongshan County

363400

东山风动石景区
East Mountain Wind Move Stone Scenic Area

漳州市东山县铜陵镇公园街关帝庙
Guanyu Temple, Park Street, Tongling Town, Dongshan County

363401

三平寺风景区
Sanping Temple Scenic Area

漳州市平和县文峰镇三坪村
Sanping Village, Wenfeng Town, Pinghe County

363704

南平溪源峡谷景区
Nanping Xiyuan Canyon Scenic Area

南平市延平区四鹤街道上洋村
Shangyang Village, Sihe Community, Yanping District, Nanping

353000

建阳（卧龙湾）武夷花花世界景区
Jianyang (Wolong Bay) Wuyi Flower World Scenic Area

南平市建阳区考亭村
Kaoting Village, Jianyang District, Nanping

354200

南平天成奇峡旅游区
Tiancheng(Nature Formed) Magic Canyon Tourism Area

南平邵武市肖家坊镇将上村
Jiangshang Village, Xiaojiafang Town, Shaowu

354000

邵武市金坑红色旅游景区
Shaowu Jinkeng Red Tourism Area

南平邵武市金坑乡
Jinkeng Town, Shaowu

364000

邵武市云灵山生态峡谷景区
Shaowu Yunling Mountain Ecological Valley Scenic Area

南平邵武市水北镇龙斗村
Longdou Village, Shuibei Town, Shaowu

354000

和平古镇景区
Heping Ancient Town Scenic Area

南平邵武市和平镇
Heping Town, Shaowu

345000

武夷山大安源生态旅游景区
Wuyishan Da'anyuan Ecotourism Area

南平武夷山市洋庄乡大安村
Da'an Village, Yangzhuang Town, Wuyishan

354300

中华武夷茶博园
China Wuyi Tea Expo Garden

南平武夷山市国家旅游度假区
Inside Wuyi National Tourism Resort, Wuyishan

354300

自游小镇汽车主题乐园景区
Ziyou(Self-guided Travel) Little Town Car Theme Park Scenic Area

南平武夷山市三姑度假区仙凡界路 60-63 号
No.60-63 Xianfanjie Road, Sangu Resort, Wuyishan

354300

武夷香江茗苑
Wuyi Xiangjiang Tea Garden

南平武夷山市生态创业园区仙云路 1 号
No.1 Xianyun Road, Ecological Innovation Zone, Wuyishan

354300

顺昌县华阳山生态旅游区
Shunchang County Huayang Mountain Ecotourism Area

南平市顺昌县水南镇下沙村
Xiasha Village, Shuinan Town, Shunchang County

353200

印象小密 · 中国包酒文化博览园景区
Impression Xiaomi—China Baojiu Liquor Cultural Expo Scenic Area

南平市浦城县
Pucheng County

353400

龙岩龙硿洞风景名胜区
Longyan Longkong Cave Famous Scenic Area

龙岩市新罗区燕石镇龙康村
Longkang Village, Yanshi Town, Xinluo District, Longyan

364000

龙岩天子生态旅游区
Longyan Tianzi Ecotourism Area

龙岩市永定区
Yongding District, Longyan

364100

漳平市九鹏溪景区
Zhangping Jiupeng River Scenic Area

龙岩漳平市南洋乡
Nanyang Village, Zhangping

364400

长汀红色旧址群旅游区
Changting Red Relics Group Tourism Area

龙岩市长汀县汀州镇兆征路 41 号
No.41 Zhaozheng Road, Tingzhou Town, Changting County

366300

梅花山华南虎园国家自然保护区
Plum Blossom Mountain South China Tiger National Nature Reserve

龙岩市上杭县步云乡马坊村
Mafang Village, Buyun Town, Shanghang County

364017

连城冠豸山风景区
Liancheng Guanzhai Mountain Scenic Area

龙岩市连城县豸峰街 44 号
No.44 Zhifeng Street, Liancheng County

366200

天一温泉度假村
Tianyi Hot Spring Resort

龙岩市连城县文亨镇汤头村
Tangtou Village, Wenheng Town, Liancheng County

366202

www.fjtywq.com

连城培田古村落
Liancheng Peitian Ancient Village

龙岩市连城县宣和乡培田村
Peitian Village, Xuanhe Town, Liancheng County

366200

福安白云山国家地质公园
Fu'an Biyunshan National Geological Park

宁德福安市解放路 19 号
No.19 Jiefang Road, Fu'an

350800

鲤鱼溪 · 九龙漈旅游区
Liyuxi (Carp River)–Jiulongji Tourism Area

宁德市周宁县狮城镇北门路 32 号
No.32 Beimen Road, Shicheng Town, Zhouning County

355400

江西

JIANGXI

江西风景独好。

这里有四大名山：匡庐奇秀甲天下的庐山，养生福地井冈山，峰林奇观三清山，道教祖庭龙虎山。

这里是“四大摇篮”：中国革命的摇篮——井冈山，人民军队的摇篮——南昌，人民共和国的摇篮——瑞金，中国工人运动的摇篮——安源。

这里有“四个千年”：千年瓷都——景德镇，千年名楼——滕王阁，千年书院——白鹿洞书院，千年古刹——东林寺。

这里有“六个一”：一湖——鄱阳湖，一村——婺源，一海——庐山西海，一峰——龟峰，一道——小平小道，一城——共青城。

这里，佳山丽水与名胜古迹交相辉映，历史文化与绿色生态浑然一体，优美田园与乡村风韵和谐如画，自然风光与民俗风情相映成趣……这里就是风景独好的江西。

滕王阁

Teng Wang Pavilion

“落霞与孤鹜齐飞，秋水共长天一色。”脍炙人口、传诵千秋的一篇美文《滕王阁序》让滕王阁名扬天下。滕王阁素有“西江第一楼”之美誉，它坐落于赣江与抚河故道交汇处，依城临江，“瑰伟绝特”。滕王阁与湖北黄鹤楼、湖南岳阳楼并称为“江南三大名楼”。滕王阁始建于唐永徽四年（653 年），为唐高祖李渊之子李元婴所建，因李元婴曾被封为滕王，故名滕王阁，后历朝重建数十次，现在的滕王阁是仿宋建筑风格。滕王阁是南昌的骄傲，是豫章古文明的象征，是中华民族文化遗产之瑰宝。

南昌市仿古街 58 号
No.58 Fanggu Street, Nanchang

0791-86704772

330008

http://www.cntwg.com

52 路、26 路、38 路公交车可达。

1 号线。

景德镇古窑民俗博览区

Jingdezhen Ancient Kiln Folk Custom Expo Area

景德镇古窑始建于五代，在宋、元、明、清时期不断发展壮大。景德镇古窑民俗博览区将古窑场、古作坊、古建筑异地集中保护，形成了集文化博览、陶瓷体验、娱乐休闲于一体的文化旅游景区。景区分为历代古窑展示区、陶瓷民俗展示区、水岸前街创意休憩区三大区域。这里保存了中国乃至世界上最为丰富独特的、最为完整的陶瓷文物遗存，以实物形式生动地再现了 15、16 世纪瓷都景德镇的历史风貌，成为景德镇悠久陶瓷历史文化的缩影。

景德镇市瓷都大道古窑路 1 号
No.1 Guyao Road, Cidu Avenue, Jingdezhen

0798-8524444

333000

http://www.chinaguyao.com

2 路、5 路、9 路公交车可达。

庐山风景名胜区

Lushan Mountain Scenic Area

白居易的一句“匡庐奇秀甲天下”评价了庐山。李白的千古绝唱《望庐山瀑布》使全国乃至全世界的华人都熟知了庐山。庐山“外险内秀”，“一山飞峙大江边”，山崖险峻，峰峦奇拔，长江如带，鄱湖如镜。五老峰耸立在鄱阳湖之滨，危崖千仞，苍松如虬。五老峰险崖之前，还有一排“五小峰”，各显奇态。康王谷、锦绣谷、东谷、西谷、莲花谷、栖贤谷等构成了庐山幽深秀丽的“万顷松涛”“乱云飞渡”美景。

庐山和中国历史特别是现代历史紧密相连。1937 年，周恩来两度上庐山，与蒋介石谈判，促成了国共合作抗日；1959 年、1961 年、1970 年，中共中央分别在庐山举行了对中国社会主义建设有着重大影响的三次会议。

庐山还保留有 20 世纪 30 年代初美国、英国、德国、瑞典、意大利、法国等 20 个国籍业主建造的别墅 600 余栋，这些各具特色的建筑，至今依然风采如初。

九江市濂溪区河东路 9 号
No.9 Hedong Road, Lianxi District, Jiujiang

0792-8281040

332900

http://www.china-lushan.com

10 路公交车。

龙虎山风景旅游区
Longhu Mountain Scenic Area

龙虎山为道教正一派"祖庭"，正一派创始人张道陵曾在此炼丹，传说"丹成而龙虎现"，山因此得名。龙虎山是中国第八处世界自然遗产，是世界地质公园。龙虎山有"丹霞仙境"之称，主要景区有上清宫景区、天师府景区、龙虎山景区、仙岩水岩景区、岩墓群景区、象鼻山排衙石景区、独峰马祖岩景区。龙虎山属于发育到老年期的丹霞地貌，山块离散，呈峰林状，总体显得秀美多姿。

鹰潭市龙虎大道 1 号
No.1 Longhu Avenue, Yingtan

0701-6656211

335000

http://www.longhushan.com.cn

K24 路公交车可达。

瑞金共和国摇篮景区
Ruijin PRC Cradle Scenic Area

瑞金共和国摇篮景区由叶坪、红井、二苏大、中华苏维埃纪念园（南园和北园）、中央苏区军事文化博览园等景点组成。景区内风景秀丽，旧址群、纪念园、博物馆各具特色，一处一诗，一步一景，是融参观、瞻仰、会议、休闲、度假为一体的理想场所。

叶坪景区是全国保存最为完好的革命旧址群景区之一。包括中共苏区中央局、中央政府旧址、红军烈士纪念塔、红军烈士纪念亭、红军检阅台、公略亭、博生堡等 22 处旧址和纪念建筑物。

语文课本中《吃水不忘挖井人》的故事讲的就是红井，红井位于沙洲坝村中华苏维埃共和国中央执行委员会旧址东南。1933 年 4 月，毛泽东随临时中央政府从叶坪迁来沙洲坝后，发现这个地方的群众饮水非常困难，便亲自实地勘察和调查地下水源，并带领干部、红军官兵与当地群众一道开了这口井。1950 年，瑞金人民将井取名为"红井"，同时在井边立石碑，上书"吃水不忘挖井人"。

赣州瑞金市叶坪乡叶坪村（红井：沙洲坝镇）
Yeping Village, Yeping Town, Ruijin (Red Well: Shazhouba Town)

342500

1 路、2 路、3 路、6 路、7 路、9 路公交车可达。

井冈山风景区
Jinggang Mountain Scenic Area

井冈山，是一块红色的土地。

1927 年，毛泽东等老一辈无产阶级革命家率领中国工农红军来到井冈山，创建了中国第一个农村革命根据地，开辟了"以农村包围城市、武装夺取政权"的具有中国特色的革命道路，从此鲜为人知的井冈山被载入中国革命历史的光荣史册，被誉为"中国革命的摇篮"和"中华人民共和国的奠基石"。

井冈山，是一个绿色的宝库。

"四面重峦障，五溪曲水萦。"井冈山森林覆盖率为 81.2%，是亚热带植物原生地之一，至今仍保留众多人迹罕至的大片原始态或半原始态森林，这里峰峦、山石、瀑布、气象、溶洞、温泉，雄、奇、险、峻、秀、幽。"物华天宝钟灵毓秀，绿色明珠流光溢彩。"

吉安井冈山市茨坪镇
Ziping Town, Jinggangshan

0796-6552293

343600

http://www.jgstour.com

南昌、吉安、泰和等地每天都有长途汽车开往井冈山。

明月山风景区
Mingyue Mountain Scenic Area

"山上有个月亮湖，山下一个月亮湾，沿途都是月亮景，处处体现月亮情。"明月山以月为名，因月扬名。月亮文化是明月山之灵，是明月山之魂。明月山将月亮文化景观和自然景观有机融合，将月亮文化与禅宗文化、农耕文化有机结合，融山、石、林、泉、瀑、湖、竹海为一体，集雄、奇、幽、险、秀于一身，是"以月亮情吸引人，用生态美景留住人"的"天然氧吧"。

宜春市袁州区温汤镇
Wentang Town, Yuanzhou District, Yichun

0795-3516666

336000

http://www.myswq.com

宜春汽车站有发往明月山风景区的班车。

抚州市资溪大觉山景区

Zixi Dajue Mountain Tourism Area

这里有浩瀚如海的30万亩原始森林，这里有蜿蜒崎岖的小溪和高山湖泊，这里有古朴典雅的小桥流水，这里有轻纱千丈的茫茫云海，这里有飞流直泻的银河瀑布，这里还有坐落在千山万壑、石奇崖峻的莲花山天然石洞中，佛、道、儒三教合一的宗教朝拜圣地——大觉岩寺。

资溪大觉山景区分东西两区，拥有原始森林独轨车观光、高山湖泊度假、原始森林大峡谷漂流等旅游项目，景区山水风光优雅，宗教文化氛围浓郁，是大自然和原生态的完美结晶，是神奇、神秘的佛教文化圣地。

抚州市资溪县
Zixi County

335300

http://www.jxdjs.com

资溪有到大觉山的公交车。

三清山风景名胜区

Sanqingshan Mountain Famous Scenic Area

三清山因玉京、玉虚、玉华三峰峻拔，宛如道教玉清、上清、太清三位最高尊神列坐山巅而得名。三清山风景名胜区内千峰竞秀、万壑奔流、古树茂盛、珍禽栖息，终年云缠雾绕，充满仙风神韵，被誉为“世界最美的山”。

三清山是一座经历了千年人文浸润的道教名山，三清福地景区承载着三清山厚重的道教文化，道教历史源远流长，共有宫、观、殿、府、坊、泉 、池、桥、墓、台、塔等古建筑遗存及众多石雕、石刻。这些古建筑依“八卦”精巧布局、藏巧于拙，是研究我国道教古建筑设计布局的独特典范，被誉为“中国古代道教建筑的露天博物馆”。

上饶市玉山县三清山风景名胜区
Sanqingshan Mountain Scenic Area, Yushan County

0793-8220307

334000

http://sqs.sqs.gov.cn

玉山县新汽车站有到景区班车。

上饶弋阳龟峰景区

Shangrao Yiyang Guifeng Mountain Scenic Area

龟峰是世界自然遗产“中国丹霞”的组成部分。龟峰因其境内有无数形态酷似乌龟的石头，且整座山体就像一只硕大无朋的昂首巨龟而得名。龟峰共有36峰72景，集“奇、险、灵、巧”于一身，素有“江上龟峰天下稀”和“天然盆景”之美誉。龟峰是佛教禅宗的发祥地之一，有以南岩寺为代表的佛教文化游览区，有名刹瑞相寺，有唐宋时期佛雕40余座。龟峰同时又有着深厚的道教文化底蕴，有著名的道教遗址葛仙观。儒教在龟峰也留下印迹，著名的儒学叠山书院遗址为证。

上饶市弋阳县杨桥路22号
Fang Zhimin Avenue, Yiyang County

0793-7112400

334400

1路、2路公交车可达。

婺源江湾景区

Wuyuang Jiangwan Scenic Area

中国最美的乡村是婺源，婺源最靓的风景在江湾。自唐以来，江湾便是婺源通往皖、浙、赣三省的交通要塞，为婺源东大门。这里山水环绕、风光旖旎、文风鼎盛、群贤辈出。村中有保存尚好的御史府，中宪第等明清官邸，有滕家老屋、三省堂、敦崇堂、培心堂等徽派商宅，其中“仙人桥”是古人实践风水理论的杰出典范，“北斗七星井”体现了“天、地、人合一”的中国风水学最高原则，南侧梨园河呈太极图“S”形，古村、古风、古韵，极具历史价值和观赏价值。

上饶市婺源县
Wuyuan County

333200

http://www.jiangwan5a.com

婺源高铁站乘到江岭或篁岭的班车可经停江湾景区。婺源文公北路短途汽车站（也称汽车老北站）乘前往江湾、江岭、篁岭景区的班车可到达江湾景区。

AAAA

梅岭竹海明珠景区
Meiling Zhuhai (Bamboo Sea) Mingzhu (Pearl) Scenic Area

南昌市梅岭主峰
Top of Meiling Mountain, Nanchang

330008

南昌八一起义纪念馆
Nanchang August 1st Uprising Memorial Museum

南昌市中山路 256 号
No.256 Zhongshan Road, Nanchang

0791-86783806

330006

南昌新四军军部旧址陈列馆
Nanchang New Fourth Army Headquater Site Exhibition Museum

南昌市西湖区友竹路 7 号
No.7 Youzhu Road, Xihu District, Nanchang

0791-86613806

330008

天香园
Tianxiang Palace

南昌市青山湖南大道 333 号
No.333 Qing Shanhu South Avenue, Nanchang

0791-88207788

330029

南昌绿地中心双子塔
Nanchang Green Land Center Twin Tower

南昌市红谷滩新区红谷中大道 998 号
No.998 Hongguzhong Avenue, Honggutan New District, Nanchang

30000

梅岭洪崖丹井景区
Meiling Mountain Hongya Danjing Scenic Area

南昌市湾里区西郊 30 公里处
30km West Suburb, Wanli District, Nanchang

300004

梅岭狮子峰景区
Meiling Mountain Shizi(Lion) Peak Scenic Area

南昌市西郊 15 公里湾里区
Wanli District, 15km West of Nanchang

0791-83760263

330004

江西凤凰沟风景区
Jiangxi Phoenix Valley Scenic Area

南昌市南昌县黄马乡
Huangma Township, Nanchang County

0791-85023232

330202

怪石岭生态景区
Guaishiling (Strange Stone Mountain) Ecotourism Area

南昌市新建县溪霞镇
Xixia Town, Xinjian County

330100

景德镇陶瓷博物馆
Jingdezhen Ceramics Museum

景德镇市枫树山
Fengshu Mountain, Jingdezhen

0798-8502272

333000

景德镇市御窑厂遗址景区
Jingdezhen Royal Kilns Site Scenic Area

景德镇市珠山区珠山中路 187 号
No.187 Middle Zhushan Road, Zhushan District, Jingdezhen

333000

景德镇市皇窑景区
Jingdezhen Imperial Kilns Scenic Area

景德镇市高岭大道 668 号
No.668 Gaoling Avenue, Jingdezhen

333000

乐平市洪岩仙境风景区
Leping Hongyan Fairyland Scenic Area

景德镇乐平市洪岩镇
Hongyan Town, Leping

0798-6318228

333400

乐平市文山怪石林风景区
Leping Wenshan Strange Stone Forest Scenic Area

景德镇乐平市众埠镇
Zhongbu Town, Leping

0798-7101666

333300

景德镇市高岭·瑶里风景区
Jingdezhen Gaoling—Yaoli Scenic Area

景德镇市浮梁县瑶里镇
Yaoli Town, Fuliang County
0798-2601196
333000

景德镇市浮梁古县衙景区
Jingdezhen Fuliang Acieng County Government Building Scenic Area

景德镇市浮梁县
Fuliang County
333400

萍乡市安源路矿工人运动纪念馆
Pingxiang Anyuan Coal Miner Uprising Memorial Museum

萍乡市安源镇
Anyuan Town, Pingxiang
0799-6351085
337000

安源锦绣城景区
Anyuan Jinxiu City Scenic Area

萍乡市安源镇
Anyuan Town, Pingxiang
337000

荷花博览园景区
Lotus Expo Garden Scenic Area

萍乡市莲花县琴亭镇莲花村
Lianhua Village, Qinting Town, Lianhua County
0799-8123918
337100

杨岐山景区
Yangqi Mountain Scenic Area

萍乡市上栗县杨岐乡清溪村
Qingxi Village, Yangqi Town, Shangli County
0799-3681236
337009

江西武功山风景区
Jiangxi Wugong Mountain Scenic Area

萍乡市芦溪县麻田乡
Matian Town, Shangli County
0799-7631158
337060

芦溪仙凤三宝农业休闲观光园
Luxi Xianfeng Sanbao Agriculture Sightseeing Garden

萍乡市芦溪县宣风镇竹垣村
Zhuyuan Village, Xuanfeng Town, Luxi County
337053

九江市八里湖景区
Jiujiang Bali Lake Scenic Area

九江市八里湖新区
Balihu New District, Jiujiang
332000

大千世界梦幻乐园
Daqianshijie(Buddhist Cosmology) Dream World

九江市赛湖凤凰岛
Fenghuang Island, Saihu Lake, Jiujiang
332000

九江市南山景区
Jiujiang Nanshan Mountain Scenic Area

九江市濂溪区南山路
Nanshan Road, Lianxi District, Jiujiang
332005

共青城富华山景区（耀邦陵园）
Gongqing Town Fuhua Mountain Scenic Area（Yaobang's Cemetery）

九江共青城市富华大道 2 号
No.2 Fuhua Avenue, Gongqingcheng
0792-4342387
332020

九江市中部红木博览城景区
Jiujiang Zhongbu(Middle Part) Red Wood Expo City Scenic Area

九江瑞昌市
Ruichang
332200

中华贤母园景区
China Good Mother Garden Scenic Area

九江市九江县渊明大道南侧
South Side of Yuanming Avenue, Jiujiang County
332100

武宁西海湾景区
Wuning Xihaiwan (West Bay) Scenic Area

九江市武宁县朝阳湖东路 11 号
No.11 East Chaoyanghu Road, Wuning County
0792-2988266
332300

阳光照耀 29 度假村
The Sun Shine 29 Degrees Resort

九江市武宁县杨洲乡界牌村
Jiepai Village, Yangzhou Town, Wuning County
332300

男崖—马家洲景区
Nanya—Majiazhou Scenic Area

九江市修水县四都镇
Sidu Town, Xiushui County

330300

九江市庐山西海国际温泉度假村景区
Jiujiang Lushan Xihai International Hot Spring Resort Scenic Area

九江市永修县易家河村
Yijiahe Village, Yongxiu County

0792-3123333

330300

庐山西海风景名胜区
Lushan Xihai Famous Scenic Area

九江市永修县柘林镇云居山山顶
On Top of Yunju Mountain, Zhelin Town, Yongxiu County

0792-3060220

330300

庐山龙湾温泉度假村
Lushan Mountain Longwan Hot Spring Resort

九江庐山市温泉镇
Wenquan Town, Lushan

0792-2615566

332000

庐山天沐温泉度假村
Lushan Mountain Tianmu Hot Spring Resort

九江庐山市温泉镇
Wenquan Town, Lushan

0792-2615888

332802

九江石钟山景区
Jiujiang Shizhong Mountain Scenic Area

九江市湖口县石钟山
Shizhong Mountain, Hukou County

0792-6332816

332500

台山公园景区
Taishan Park Scenic Area

九江市湖口县台山大道
Taishan Avenue, Hukou County

332500

龙宫洞风景区
Longkong Cave Scenic Area

九江市彭泽县天红乡
Tianhong Town, Pengze County

0792-5840010

332711

昌坊度假村
Changfang Resort

新余市渝水区欧里镇昌坊村
Changfang Village, Ouli Town, Yushui District, Xinyu

0790-6420059

338025

仙女湖风景名胜区
Fairy Lake Famous Scenic Area

新余市西南 16 公里
16 km Southwest of Xinyu

0790-6850187

338025

鹰潭市眼镜产业园景区
Yingtan Glasses Industry Garden Scenic Area

鹰潭市余江县中童镇
Zhongtong Town, Yujiang County

335200

赣州市五龙客家风情园
Ganzhou Five Dragon Hakka Custom Park

赣州市沙河大道 18 号
No.18 Shahe Street, Ganzhou

0797-8186669

341000

赣州通天岩景区
Ganzhou Tongtianyan (Reach Heaven Rock) Scenic Area

赣州市章贡区水西镇通天岩村
Tongtianyan Village, Shuixi Town, Zhanggong District, Ganzhou

0797-8334418

341000

赣县客家文化城
Ganxian Hakka Culture City

赣州市赣县区
Ganxian District, Ganzhou

0797-4431590

341100

赣州上犹陡水湖风景区
Ganzhou Shangyou County Doushui Lake Scenic Area

赣州市上犹县梅水乡
Meishui Town, Shangyou County

0797-8591088

341200

赣州阳岭森林公园
Ganzhou Yangling Foreast Park

赣州崇义县
Chongyi County

0797-7623435

341300

赣州市安远三百山景区
Ganzhou Anyuan Sanbai(Three Hundred) Mountain Scenic Area

赣州市安远县东南
East of Anyuan County

342100

龙南关西围屋景区
Longnan Guanxi Weiwu Tourism Area

赣州市龙南县关西村
Guanxi Village, Longnan County

341700

九曲度假村
Jiuqu Tourism Resort

赣州市定南县天九镇

0797-4210000

341900

翠微峰国家森林公园
Cuiwei Mountain Natioanl Forest Park

赣州市宁都县梅江镇
Meijian Town, Ningdu County

0797-6807667

342800

屏山旅游区
Pingshan Mountain Tourism Area

赣州市于都县靖石乡
Jingshi Town, Yudu County

342300

苏区干部好作风纪念园
Memorial Museum for Good Cadres in Soviet Area

赣州市兴国县
Xingguo County

342400

汉仙岩景区
Hanxian(Fairy Han Zhongli) Rock Scenic Area

赣州市会昌县筠门岭镇
Junmenling Town, Huichang County

0797-5612616

342600

通天寨风景区
Tongtian(Reach Heaven) Stockaded Village Scenic Area

赣州市石城县大畲村
Dashe Village, Shicheng County

0797-5733166

342700

九寨温泉旅游度假区
Jiuzhai Hot Spring Tourism Resort

赣州石城县屏山镇长江村
Changjiang Village, Pingshan Town, Shicheng County

0797-5763888

342700

庐陵文化生态公园
Luling Culture Ecological Park

吉安市吉州区井冈山大道
Jinggangshan Avenue, Jizhou District, Ji'an

343000

钓源古村景区
Diaoyuan Ancient Village Scenic Area

吉安市吉州区兴桥镇钓源村
Diaoyuan Village, Xingqiao Town, Jizhou District, Ji'an

343000

陂下古村景区
Poxia Ancient Village Scenic Area

吉安市青原区富田镇陂下村
Poxia Village, Futian Town, Qingyuan District, Ji'an

343009

吉安市渼陂古村
Ji'an Meipo Ancient Village

吉安市青原区渼陂村
Meipo Village, Qingyuan District, Ji'an

343009

吉安青原山风景旅游区
Ji'an Qingyuan Mountain Tourism Area

吉安市青原区河东镇
Hedong Town, Qingyuang District, Ji'an

0796-8120545

343000

文天祥纪念馆
WenTianxiang's Memorial Museum

吉安市吉安县庐陵大道
Luling Avenue, Ji'an County

0796-8442579

343100

吉州窑景区
Jizhou Kiln Scenic Area

吉安市吉安县永和镇
Yonghe Town, Ji'an County

331600

吉水县燕坊古村景区
Jishui County Yanfang Ancient Village Scenic Area

吉安市吉水县金滩镇燕坊村
Yanfang Village, Jintan Town, Jishui County

331608

羊狮慕风景区
Yangshimu Scenic Area

吉安市安福县泰山乡方竹坪
Fangzhuping, Taishan Town, Anfu County

0796-7636988

343200

宜春明月山天沐温泉度假村
Yichun Mingyue Mountain Tianmu Hot Spring Resort

宜春市袁州区温汤镇
Wentang Town, Yuanzhou District, Yichun

0795-3588888

336000

宜春市古海景区
Yichun Guhai (Ancient Sea) Scenic Area

宜春市葛玄路 99 号
No.99 Gexuan Road, Yichun

400-6059183

336000

宜春市禅博园景区
Yichun Chanboyuan Scenic Area

宜春市袁州区锦绣大道
Jinxiu Avenue, Yuanzhou District, Yichun

336000

宜春花博园
Yichun Flower Expo Garden

宜春市袁州区湖田镇
Hutian Town, Yuanzhou District, Yichun

336000

明月千古情景区
Bright Moon Qianguqing(Thousand Years Love) Scenic Area

宜春市袁州区温汤镇千古情大道
Qianguqing Avenue, Wentang Town, Yuanzhou District, Yichun

336000

宜阳新区蜂窝农场景区
Yiyang New District Fengwo Farm Center Scenic Area

宜春市宜阳新区蜂窝农场
Fengwo Farm Center, Yiyang New District, Yichun

336000

阁皂山旅游风景区
Gezao Mountain Tourism Area

宜春樟树市阁山镇
Geshan Town, Zhangshu

0795-7871033

331200

丰城爱情花卉小镇
Fengcheng Love Flower Town

宜春丰城市梅林镇
Meilin Town, Fengcheng

331100

万载古城景区
Wanzai Ancient Town Scenic Area

宜春市万载县沿河西路 111 号
No. 111 West Yanhe Road, Wanzai County

336100

九天国家生态旅游区
Jiutian National Ecological Tourism Area

宜春市宜丰县黄岗山垦殖场院前分场
Yuanqian Branch, Huangshangang Farm Center, Yifeng County

0795-2928666

336300

三爪仑国家森林公园
Sanzhualun National Foreast Park

宜春市靖安县森林大厦七楼（管理处）
（Management Office）7th Floor, Forest Building, Jing'an County

0791-84651548

330600

靖安中部梦幻城
Dream World in Middle Jing'an

宜春市靖安县东部
East of Jing'an County

330600

靖安中华传统文化园
Jing'an Chinese Traditional Culture Garden

宜昌市靖安县宝峰镇周郎村
Zhoulang Village, Baofeng Town, Jing'an County

330600

铜鼓县天柱峰景区
Tonggu County Tianzhu Peak Scenic Area

宜春市铜鼓县大塅镇
Daduan Town, Tonggu County

336200

铜鼓秋收起义纪念地景区
Tonggu the Autumn Harvest Uprising Memorial Museum Scenic Area

宜春市铜鼓县定江东路 489 号
No.489 East Dingjiang Road, Tonggu County

336200

抚州名人雕塑园
Fuzhou Celebrities Sculpture Garden

抚州市赣东大道
Gandong Avenue, Fuzhou

0794-8257219

344000

梦湖景区
Menghu Lake Scenic Area

抚州市城西
West of Fuzhou

344000

南丰橘文化旅游产业集聚区
Nanfeng Tangerine Culture & Tourism Industry Gathering Area

抚州市南丰县
Nanfeng County

0794-3288111

344500

黎川同胜九曲东黎景区
Lichuan Tongsheng Jiuqudongli Scenic Area

抚州市黎川县日峰镇燎原水库
Liaoyuan Reservoir, Rifeng Town, Lichuan County

344600

流坑古村景区
Liukeng Ancient Village Scenic Area

抚州市乐安县牛田镇流坑村
Liukeng Village, Niutian Town, Le'an County

344300

上饶集中营旧址景区
Shangrao Concentration Camp Former Site Scenic Area

上饶市信州区茅家岭乡
Maojialing Town, Xinzhou District, Shangrao

0793-8153595

334000

广丰铜钹山（九仙湖）景区
Guangfeng Tongbo Mountain Jiuxian Lake Scenic Area

上饶市广丰区
Guangfeng District, Shangrao

334600

红木文化创意产业园景区
Rosewood Culture Creative Industry Garden Scenic Area

上饶市广丰区
Gufeng District, Shangrao

334600

上饶灵山工匠小镇
Shangrao Lingshan Artisans Town

上饶市广信区上饶北大道 666 号
No. 666 North Shangrao Avenue, Guangxin District, Shangrao

334100

上饶望仙峡谷小镇
Shangrao Wangxian Valley Town

上饶市广信区望仙乡
Wangxian Town, Guangxin District, Shangrao

334100

灵山风景区
Lingshan Mountain Scenic Area

上饶市广信区清水乡
Qingshui Township, Guangxin District Shangrao

334100

大茅山风景区
Damao Mountain Scenic Area

上饶德兴市龙头山乡
Longtoushan Town, Dexing

0793-7818128

334200

三清山田园牧歌景区
Sanqing Mountain Idyllic Scenic Area

上饶市玉山县三清山东部金沙服务区
Jinsha Service Area, East of Sanqingshan Mountain, Yushan County

334000

葛源景区
Geyuan Scenic Area

上饶市横峰县葛源镇
Geyuan Town, Hengfeng County

334300

鄱阳湖国家湿地公园
Poyang Lake National Wetland Park

上饶市鄱阳县
Poyang County

333100

万年县神农源（仙人洞）景区
Wannian County Shennongyuan(Fairy Cave) Scenic Area

上饶市万年县大源镇盘岭村
Panling Village, Dayuan Town, Wannian County

0793-5512507

335500

婺源县大鄣山卧龙谷旅游区
Wuyuan County Dazhang Mountain Wolong Valley Tourism Area

上饶市婺源县大鄣山乡
Dazhangshan Village, Wuyuan County

0793-7246688

333200

思溪延村古村景区
Sixi Yancun Ancient Village Scenic Area

上饶市婺源县思口镇
Sikou Town, Wuyuan County

333200

李坑古村景区
Likeng Ancient Village Scenic Area

上饶市婺源县秋口镇李坑村
Likeng Village, Qiukou Town, Wuyuan

333200

汪口古村景区
Wangkou Ancient Village Scenic Area

上饶市婺源县江湾镇汪口村
Wangkou Village, Jiangwan Town, Wuyuan County

333200

鸳鸯湖景区
Yuanyang（Mandarin Duck） Lake Scenic Area

上饶市婺源县赋春镇
Fuchun Town, Wuyuan County

0793-7393098

333200

婺源县灵岩洞旅游区
Wuyuan County Lingyan Cave Tourism Area

上饶市婺源县古坦乡
Gutan Town, Wuyuan County

333200

篁岭景区
Huangling Scenic Area

上饶市婺源县江湾镇
Jiangwan Town, Wuyuan County

0793-7255555

333200

文公山景区
Wengong Mountain Scenic Area

上饶市婺源县中云镇
Zhongyun Town, Wuyuan County

333200

婺源五龙源景区
Wuyuan Wulongyuan Scenic Area

上饶市婺源县段莘乡段莘村
Duanxin Village, Duanxin Town, Wuyuan County

333200

婺源严田景区
Wuyuan Yantian Scenic Area

上饶市婺源县甲路乡严田村
Yantian Village, Jialu Town, Wuyuan County

333200

婺源熹园景区
Wuyuan Xiyuan Scenic Area

上饶市婺源县紫阳镇汤村
Tangcun Village, Ziyang Town, Wuyuan County

333200

婺源翼天文化旅游城
Wuyuan Yitian Culture Tourism City

上饶市婺源县
Wuyuan County

333200

山东
SHANDONG

山东，历史悠久的齐鲁大地，岱青海蓝，文化底蕴深厚。

这里的山有五岳独尊的东岳泰山，有“海上第一名山”崂山，有汇聚众多英雄好汉的水泊梁山，有诞生了无数可歌可泣的革命英雄儿女的沂蒙山，更有虚幻缥缈的海上仙山蓬莱……

这里的海岸线长达 3100 多公里，日照、青岛、威海等众多沿海城市构成中国东部唯一的黄金海滨城市群。

这里是齐鲁文化的诞生地，是千百年来中华尊崇的儒家文化创始人孔子的故乡，是儒家文化的发源地。

东方神圣、仙境海岸、平安泰山、泉城济南、齐国故都、鲁风运河、水浒故里、黄河入海、亲情沂蒙、鸢都龙城十大文化旅游目的地品牌魅力无限，使山东成为“文化圣地，度假天堂”。

济南天下第一泉风景区
Jinan the First Spring in the Word Scenic Area

济南天下第一泉风景区由“一河（护城河）一湖（大明湖）三泉（趵突泉、黑虎泉、五龙潭三大泉群）四园（趵突泉公园、环城公园、五龙潭公园、大明湖风景名胜区）”组成，是集独特的自然山水景观和深厚的历史文化底蕴于一身的精品旅游景区。

景区以天下第一泉趵突泉为核心，泉流成河，河汇成湖，并与明府古城相依相生，泉、河、湖、城融为一体，集中展现了独特的“四面荷花三面柳，一城山色半城湖”泉城风光。

济南市历下区
Lixia District, Jinan

0531-86088900

250011

http://www.txdyq.cn

K11 路、K41 路、k109 路、k54 路、k95 路、k98 路公交车可至大明湖景区。K3 路、K28 路、K41 路、K49 路、K66 路、K72 路、K82 路、K101 路、K102 路等公交车可至趵突泉、五龙潭景区。K5 路、K14 路、K36 路、k109 路、k91 路公交车可至环城公园。

崂山风景名胜区
Laoshan Mountain Famous Scenic Area

崂山风景名胜区东、南两面濒临黄海，西部与青岛市区接壤，北部与即墨市相邻，主峰“巨峰”海拔1132.7 米，是我国大陆万里海岸线上最高的山峰。一山镇海，万象归怀。崂山气势雄伟，山海紧错，岚光变幻，云气离合，是闻名遐迩的“海上第一名山”。崂山是道教发祥地之一，太清游览区有道教宫观太清宫、上清宫、明霞洞和太平宫等。同时，佛教在崂山也留下不少庙宇，华严游览区有著名的佛寺古刹海印寺、潮海院、华严寺等。

青岛市高科园秦岭路
Qinling Road, Hightech Garden, Qingdao

0532-88898866

266100

http://www.qdlaoshan.cn

104 路、109 路、110 路、113 路、304 路、383 路、615 路、616 路公交车可达。

11 号线至浦里站换乘交运接驳专线或 109 路、620 路、926 路公交车可达。

淄博原山国家森林公园
Zibo Yuanshan National Forest Park

闻名遐迩的原山国家森林公园由望鲁山、原山（禹王山）、岳阳山及胡山四大山系构成，下设五大景区：凤凰山景区、禹王山景区、望鲁山景区、薛家顶景区和夹谷台景区。齐长城贯穿于景区东西，蜿蜒曲折的城墙盘踞山巅，如龙横卧。凤凰山景区集林、泉、洞、谷于一身，历史悠久、文化底蕴深厚。禹王山南面山势陡峭，北面岩缝中积雪较长时期不化，故有“禹山积雪阴无日”之称，为博山八大景之一。禹王山上残存的古长城遗址斑驳可辨，峰顶有禹王庙。望鲁山山势绵亘高耸，是博山与莱芜较高的界山之一，在此远眺，百里山峰，尽收眼底。夹谷台景区四面环山，相传为春秋时期齐鲁会盟之地。薛家顶景区是以自然景观为主线的旅游景区，薛家顶山上有抗日战争时期日军垒建的炮楼，如今遗址尚存。

淄博市博山区颜山公园路 4 号
No.4 Yanshan Park Road, Boshan District, Zibo

0533-4187724

255200

2 路、7 路、35 路、89 路、108 路、123 路、125 路、132 路、139 路、222 路公交车可达。

台儿庄古城
Taierzhuang Ancient City

这是中国首座“二战”纪念城市，被世人誉为“中华民族扬威不屈之地”，有 53 处战争遗迹保存完好。

这是运河文化的活化石，台儿庄拥有京杭运河唯一一处古驳岸、古码头等水工遗存完整的古运河，被世界旅游组织称为“活着的古运河”。

台儿庄城内拥有 18 个汪塘和 30 华里的水街水巷，可以舟楫摇曳、遍游全城。

台儿庄古城集“运河文化”和“大战文化”于一城，融“齐鲁豪情”和“江南韵致”为一域，是“中国最美水乡”“一个寻梦的地方”。

枣庄市台儿庄区大衙门街西
West Dayamen Street, Taierzhuang District, Zaozhuang

0632-6679095

277400

http://www.tezgc.com

BRT 快速公交 B2 线、B10 线公交车可达。

烟台南山旅游区

Yantai Nanshan Tourism Area

烟台南山旅游区位于龙口市的卢山之中，自然风景秀丽宜人，人文景观古朴典雅，宏伟壮观。南山旅游区包括宗教文化园、中华历史文化园、主题公园和东海旅游度假区四部分。其中宗教文化园由南山禅寺、南山大佛、香水庵、华严世界等组成。景区内的南山大佛，是一座举世罕见的锡青铜释迦牟尼大坐佛，高 38.66 米、重 380 吨，堪称世界第一铜铸坐佛。大佛莲花座下建有功德堂、万佛殿、佛教历史博物馆。

烟台龙口市东江镇
Dongjiang Town, Longkou

0535-8616868

265718

http://www.nanshanlvyou.com

5 路、105 南山专线公交车可达。

蓬莱阁旅游区

Penglai Pavilion Tourism Area

蓬莱素有人间仙境之称，“八仙过海、各显其能”的美丽传说就发生在这里。蓬莱阁始建于北宋嘉祐六年（1061 年），历经千年的风雨洗礼，仍屹立于丹崖山巅。其与岳阳楼、黄鹤楼、滕王阁并列为四大名楼。蓬莱阁坐落在丹崖山上，主要由吕祖殿、蓬莱阁、三清殿、天后宫、龙王宫、弥陀寺等建筑组成，建筑风格庄重古朴、自然本真。

蓬莱阁两侧有观澜亭、宾日楼、避风亭、卧碑亭、姜公祠等建筑。阁西侧有避风亭及田横山。田横山是黄渤海分界线的南端起点，相传为田横五百壮士筑营扎寨之处。

烟台蓬莱市迎宾路 59 号
No.59 Yingbing Road, Penglai

0535-5621111

265600

http://www.plg.com.cn

1 路、2 路、3 路、4 路、5 路、6 路、7 路公交车可达。

蓬莱三仙山 · 八仙过海旅游景区

Penglai Sanxian Mountain—The Eight Immortals Crossing the Sea Scenic Area

蓬莱八仙过海景区是神话传说中八仙过海的地方，造型宛如横卧海上的宝葫芦，由八仙坊、八仙桥、望瀛楼、八仙祠、会仙阁、拜仙台等近 40 处景观组成，并有滨海平台、观景长廊、奇石林、海豹岛等环区景观和快艇游览项目。景区以道教文化和蓬莱神话为背景，以八仙传说为主题，发掘八仙文化，宣传八仙的文化形象，弘扬八仙的文化精神，凝聚八仙独具魅力特色的文化形象，大力倡导“各显其能，同舟共济”——竞争不忘和谐，和谐不废竞争的精神。

烟台蓬莱市滨海路 8 号
No.8 Haibin Road, Penglai

0535-5664777

265600

www.baxian..cn

1 路、2 路、5 路、6 路、8 路公交车可达。另外在蓬莱长途汽车站十字路口 有景区观光车。

青州古城旅游区

Qingzhou Ancient town Tourism Area

青州为古九州之一，历史悠久，文化积淀深厚。青州古城内现存古街巷上百条，包括昭德古街、偶园街、卫街、东门大街、北门大街、参将府街等，大部分街巷的名称已经延续了几百年甚至上千年。这些街巷肌理清晰，空间布局完整，较为完好地保留了古城传统风貌。

潍坊青州市老城区南环路
South Ring Road, Old Town of Qingzhou

262500

http://qzgucheng.sohuqz.com

2 路公交车可达。青州有高铁站，是全国动车经停最多的县级车站之一。

曲阜明故城（三孔）旅游区

Qufu Ming Dynasty City (Three Confucius Places) Tourism Area

曲阜明故城（三孔）旅游区主要为曲阜三孔即孔庙、孔府和孔林景区，是中国历代纪念孔子、推崇儒学的首要场所，也是儒学重要地位的象征。其中孔府是孔子嫡长孙历代世袭“衍圣公”的官衙住宅，雕梁画栋，富丽堂皇；孔庙是祭祀孔子的祠庙，规模宏大，雄伟壮丽。孔林是孔子及其后代的墓地，内种树木繁多。明故城是明朝时为保护孔庙而建的城墙，曾被损毁后又复建，明故城的正南门上“万仞宫墙”四字为乾隆所题。

济宁曲阜市鼓楼北街 18 号
No.18 North Gulou Street Qufu

0537-4487469

273100

1 路、2 路、5 路、6 路公交车可达。

泰山风景名胜区

Mount Tai Famous Scenic Area

泰山，通天拔地，雄风盖世，自古就有“五岳独尊”“天下第一山”的美誉，是中国首例世界文化与自然双遗产，是世界地质公园。泰山拥有5000年的文化积淀，历代帝王及文人墨客留下了众多诗文华章与文物古迹。独特的封禅文化，岱庙、南天门、碧霞祠等巧夺天工的古建筑，秦刻石、经石峪、唐摩崖等古石刻，秦松、汉柏、唐槐等古树名木，使泰山成为“东方文化的缩影”。诗圣杜甫的“会当凌绝顶，一览众山小”，诗仙李白的“天门一长啸，万里清风来”道出了泰山“问天下，谁是英雄？唯我独尊”的豪迈情怀。

泰安市泰山区红门路45号
No.45 Hongmen Road, Taishan District, Tai'an

0538-8285461

271000

http://www.mount-tai.com.cn

14路、19路、45路、k3路、k16路、k37路、k39路内外环、k49路公交车均可达。

刘公岛风景名胜区

Liugong Island Scenic Area

清光绪十二年（1886年），北洋水师成立，设督署于刘公岛上，习称北洋水师提督衙门，是北洋海军的指挥机关。清光绪二十年（1894年）中日甲午战争爆发，北洋水师与日寇激战于黄海。提督丁汝昌和舰长邓世昌英勇奋战，最后壮烈殉国，北洋水师全军覆没，在中国近代抗击日本侵略的历史上留下了悲壮的一幕。如今的刘公岛上仍然保留有北洋海军提督署，并建有中国甲午战争博物院以及按原貌复制再现的清末北洋海军旗舰“定远”号。另外刘公岛上还有刘公岛国家森林公园，公园内苍松翠柏，风景独特，且有数百头野生梅花鹿出没林中，素有“海上仙山”和“世外桃源”之美誉。

威海市新威路52号刘公岛管委会
the Management Committee of Liugong Island, No.52 Xinwei Road, Weihai

0631-5232028

264200

http://www.liugongdao.com.cn

10路、32路公交车可到威海旅游码头再乘船至刘公岛。

华夏城景区

Huaxia City Scenic Area

这是历经10余年“愚公移山”“凤凰涅槃”式艰苦卓绝的奋斗，修复威海龙山的44处矿坑，在各个采石场上建成的旅游景区：有最全面展示尧舜禹时期历史文化的禹王宫，集中展示胶东民俗特色的夏园；有在矿坑里打造的地下工程威海人民防空教育馆，矿坑上面覆土绿化，矿坑下面参观游览；有依照矿坑地势而建的华夏第一牌楼、三面圣水观音以及佤族武术等丰富多彩的传统演出。

威海市华夏路1号
No.1 Huaxia Road, Weihai

0631-5999150

264205

35路、49路、50路、58路公交车可达。

蒙阴云蒙景区

Mengyin Yunmeng Scenic Area

云蒙景区位于临沂市西北部，东西雄列，绵延百余里。自然资源丰富多彩。森林植被覆盖率达98%以上，有“百里林海，天然课堂”之称，被誉为“天然氧吧”“超洁净地区”。景区有中国瀑布、云蒙峰、雨王庙、金刚门、天壶峰、邵家寨、流碧桥等百余处景点。近年来，景区倾情打造了森林冲锋车、森林索道、森林漂流、森林观光车、森林游乐场、蒙山会馆、蒙山天池、金刚门文化广场八大精品项目及旅游服务设施。

临沂市蒙阴县
Mengyin County

0539-4552178

276200

蒙阴汽车站乘去桃曲镇的班车可路过蒙山脚下。

蒙山旅游区

Mengshan Mountain Tourism Area

蒙山，古称东山，“孔子登东山而小鲁，登泰山而小天下”中的“东山”即是蒙山。蒙山主峰龟蒙顶海拔1156米，秀出云表，耸翠天际，因其状如神龟伏卧云端而得名，为山东第二高峰，与泰山遥遥相望，被誉为“岱宗之亚”。

蒙山是历史文化名山，是“东夷文化”的发祥地之一。蒙山道佛共修，向有“三十六洞天，七十二古刹”之说。蒙山钟灵毓秀，孕育了诸如孔子弟子仲由、“算圣”刘洪、“智圣”诸葛亮、“书圣”王羲之、书法家颜真卿等贤圣人杰。蒙山也是一座英雄的山，是沂蒙山革命老区的象征。

蒙山集山岳景观、森林景观、瀑布景观于一身，自然景观博大雄浑。蒙山森林茂密，山泉广布，泉水甘洌。这里千峰万壑，云海松涛，泉飞瀑鸣，鸟语花香，是世界养生长寿胜地，是生态旅游、运动休闲、养生度假的理想场所。

临沂市平邑县柏林镇万寿宫
Wanshou Palace, Bolin Town Pingyi County

0539-4406289

273304

http://www.mengshan.gov.cn

AAAA

跑马岭野生动物世界
Paomaling Wild Animals' World

济南市跑马岭风景区云顶路 2 号
No.2 Yunding Road, Paomaling Tourism Area, Jinan

0531-82840836

250113

济南市千佛山省级风景名胜区
Qianfo Mountain Provincial Scenic Area

济南市经十一路 18 号
No.18 Jingshiyi Road, Jinan

0531-82662292

250014

济南九如山瀑布群风景区
Jinan Jiuru Mountain Group of Waterfall Tourism Area

济南市历城区西营镇
Xiying Town, Licheng District, Jinan

250100

九顶塔民俗欢乐园
Jiudingta Folk Ethic Garden

济南市历城区柳埠镇秦家庄
Qinjia Village, Liubu Town, Licheng District, Jinan

0531-82840001

250113

济南金象山乐园
Jinxiang(Golden Elephant) Mountain Amusement Area

济南市历城区
Licheng District, Jinan

0351-62311789

250100

济南红叶谷生态文化旅游区
Jinan Hongyegu Biological and Cultural Tourism Area

济南市历城区锦绣川乡
Jinxunchuan Village, Licheng District, Jinan

0531-82818666

250012

灵岩寺
Lingyan Temple

济南市长清区万德镇
Wande Town, Changqing District, Jinan

0531-87468099

250309

济南国际园博园
Jinan International Garden Exposition Park

济南市长清区大学城
University Area, Changqing District, Jinan

0531-87206666

250300

百脉泉景区
Baimanquan Scenic Area

济南章丘市明水西北 19 公里处
19km Northwest of Mingshui, Zhangqiu

0531-83221618

250200

朱家峪民俗旅游区
Zhujiayu Folk Custom Tourism Area

济南章丘市官庄乡朱家峪村
Zhujiayu Village, Guanzhuang Village, Zhangqiu

0531-83806677

250217

青岛市海滨风景区
Qingdao Seashore Scenic Area

青岛市京山路 11 号
No.11 Jingshan Road, Qingdao

0532-82879737

266003

青岛银海国际游艇俱乐部旅游区
Qingdao Yinhai International Yacht Club Tourism Area

青岛市东海中路 30 号
No.30 Middle Haizhong Road, Qingdao

0532-85870108

266001

青岛啤酒博物馆
Qingdao Beer Museum

青岛市登州路 56 号
No.56 Dengzhou Road, Qingdao

0532-83833108

266001

青岛珠山国家森林公园
Qingdao Zhushan Mountain National Forest Park

青岛开发区长江中路 177 号
No.77 Middle Changjiang Road, Development Zone, Qingdao

0532-86870927

266001

青岛滨海学院世界动物标本艺术馆
Qingdao Binhai University Global Animal Specimens Art Gallery

青岛市开发区青岛滨海学院内
Inside Qingdao Binhai University, Development Zone, Qingdao

0532-86915794

266001

青岛奥林匹克帆船中心
Qingdao Olympic Sailing Center

青岛市市南区普宁路
Puning Road, Shinan District, Qingdao

266001

青岛海底世界
Qingdao Underwater World

青岛市市南区莱阳路 1 号
No.1 Laiyang Road, Shinan District, Qingdao

0532-82892187

266003

青岛葡萄酒博物馆
Qingdao Wine Museum

青岛市市北区延安一路 68 号
No.68 1st Yan'an Road, Shibei District, Qingdao

0532-82727866

266011

青岛金沙滩景区
Qingdao Golden Beach Scenic Area

青岛市开发区
Development District, Qingdao

0532-86707399

266555

青岛石老人观光园
Shilaoren Tourism Sightseeing Garden

青岛市崂山区崂山路 1 号
No.1 Laoshan Road, Laoshan Zone, Qingdao

266001

青岛极地海洋世界
Qingdao Polar Ocean World

青岛市崂山区东海东路 60 号
No.60 Donghai East Road, Laoshan District, Qingdao

0532-85882373

266100

青岛华东葡萄酒庄园
Qingdao Huadong Wineyard

青岛市崂山区南龙口九龙坡
Jiulongpo, Nanlongkou, Laoshan District, Qingdao

0532-83894171

266105

青岛国际工艺品城
International Art Works City

青岛市城阳区 308 国道与华仙路交会处
Intersection of 308 State Way & Huaxian Road, Chengyang District, Qingdao

266041

青岛宝龙乐园
Qingdao Baolong Amusement Park

青岛市城阳区崇阳路 510 号
No.510 Chongyang Road, Chengyang District, Qingdao

0532-66968168

266109

青岛方特梦幻王国
Fanta Wild Dreamland Qingdao

青岛市城阳区
Chengyang District, Qingdao

0532-55677777

266041

青岛奥林匹克雕塑文化园
Qingdao Olympic Sculpture Culture Park

青岛市城阳区兴阳路 318 号
No.318 Xingyang Road, Chengyang District, Qingdao

0532-87757733

266109

胶州少海风景区
Jiaozhou Shaohai Scenic Area

青岛胶州市城区东南侧
Southeast of Downtown, Jiaozhou

0532-85329867

266300

天泰温泉度假区
Tiantai Hot Spring Resort

青岛即墨市温泉镇
Wenquan Town, Jimo

0532-86560000

266200

茶山风景区
Chashan(Tea Mountain) Scenic Area

青岛平度市店子镇
Dianzi Town, Pingdu
0532-85329867
266700

青岛琅琊台风景区
Qingdao Jiaonan Langyatai Scenic Area

青岛市黄岛区琅琊镇
Langya Town, Huangdao District, Qingdao
0532-84119659
266407

青岛大珠山风景名胜旅游区
Qingdao Dazhu Mountain Scenic Area

青岛市黄岛区大珠山镇
Dazhushan Town, Huangdao District, Qingdao
0532-84121015
266000

淄博市陶瓷博物馆
Zibo Ceramics Museum

淄博市张店区西四路 119 号
No.119 Xisi Road, Zhangdian District, Zibo
255033

淄博聊斋旅游区
Zibo Liaozhai Tourism Area

淄博市淄川区洪山镇蒲家庄
Pujia Village, Hongshan Town, Zichuan District, Zibo
255120

潭溪山景区
Tanxi Mountain Scenic Area

淄博市淄川区峨庄乡石沟村
Shigou Village, Ezhuang Town, Zichuan District, Zibo
0533-5036666
255181

博山开元溶洞
Boshan Kaiyuan Limestone Cave

淄博市博山区源泉镇东高村
Donggao Village, Yuanquan Town, Boshan District, Zibo
0533-4814066
255204

鲁山国家森林公园
Lushan National Forest Park

淄博市博山区池上镇
Chishang Town, Boshan District, Zibo
0533-4880002
255205

中国古车博物馆 · 太公生态文化旅游区
China Museum of Ancient Army Carriages—Taigong Culture Ecotourism Area

淄博市临淄区齐陵镇后李村
Houli Village, Qiling Town, Lizi District, Zibo
0533-7083310
255430

淄博市周村古商城
Zhoucun Ancient Business City

淄博市周村区新建中路 1 号
No.1 Middle Xinjian Road, Zhoucun District, Zibo
0533-6430009
255300

国井酒文化生态博览园
Guojing Alcohol Culture Expo Garden

淄博市高青县黄河路 89 号
No.89 Huanghe Road, Gaoqing County
0533-6962203
256300

沂源鲁山溶洞群景区
Yiyuan Lushan Mountain Karst Caves Scenic Area

淄博市沂源县土门镇
Tumen Town, Yiyuan County
0533-3680898
256103

鲁南水城 · 枣庄老街
Water City in South Shandong—Ancient Street in Zaozhuang

枣庄市市中区
Shizhong District, Zaozhuang
0632-3083235
277101

枣庄冠世榴园风景区
Zaozhuang Guanshi Pomegranate Garden Scenic Area

枣庄市峄城区西部
West Yicheng District, Zaozhuang
0632-7711118
277300

台儿庄大战纪念馆
Taierzhuang Battle Memorial Museum

枣庄市台儿庄区马湾
Mawan, Taierzhuang District, Zaozhuang
0632-6612711
277400

山亭汉诺庄园
Shanting Hannuo Manor

枣庄市山亭区汉诺路
Hannuo Road, Shanting District, Zaozhuang

0632-8867657

277200

熊耳山国家地质公园
Xionger Mountain National Geology Park

枣庄市山亭区北庄镇
Beizhuang Town, Shanting District, Zaozhuang

0632-8912939

277218

抱犊崮国家森林公园
Baodugu National Forest Park

枣庄山亭区北庄镇
Beizhuang Town, Shanting District, Zaozhuang

0632-8911234

277218

月亮湾旅游区
Moon Bay Tourism Area

枣庄市山亭区城头镇
Chengtou Town, Shanting District, Zaozhuang

277200

翼云石头部落旅游区
Yiyun Stone Tribe Tourism Area

枣庄市山亭区兴隆庄村
Xinglongzhuang Village, Shanting District, Zaozhuang

0632-8809888

277200

滕州盈泰温泉度假村
Tengzhou Yingtai Hot Spring Resort

枣庄滕州市区南 3 公里
3km South of Tengzhou

277500

滕州微山湖湿地红荷旅游区
Tengzhou Weishan Lake Marsh and Red Lotus Tourism Area

枣庄市滕州市滨湖镇
Binghu Town, Tengzhou

0632-2610567

277517

揽翠湖旅游度假区
Lancui Lake Tourism Resort

东营市南二路 201 号
No.201 Second South Road, Dongying

257099

黄河口湿地生态旅游区
The Yellow River Estuary Wetland Ecotourism Zone

东营市河口区
Hekou District, Dongying

0546-8584381

257000

龙居黄河森林旅游区
Longju Yellow River Forest Tourism Area

东营市东营区龙居镇
Longju Town, Dongying District, Dongying

257029

天宁寺文化旅游区
Tianning Temple Culture Tourism Area

东营市垦利区胜坨镇
Shengtuo Town, Kenli District, Dongying

257500

广饶孙子文化旅游区
Guangrao Sun Wu's Culture Tourism Area

东营市广饶县
Guangrao County

0546-6095555

257300

烟台金沙滩旅游度假区
Yantai Golden Beach Tourism Resort

烟台市开发区海滨路 40 号
No.40 Haibin Road, Development Zone, Yantai

0535-6396995

264006

磁山温泉小镇
Cishan Hot Spring Town

烟台市开发区长江路西首
West End of Changjiang Road, Dvelopment Zone, Yantai

0535-6941999

264006

烟台市张裕国际葡萄酒城
Yantai Zhangyu International Wine City

烟台市开发区卡斯特酒庄内
Inside Caster Wine Yard, Yantai

0535-6952000

264001

海昌渔人码头旅游景区
Haichang Fisherman's Wharf Tourism Area

烟台市莱山区滨海中路 45 号
No.45 Middle Binhai Road, Laishan District, Yantai

0535-6792656

264600

烟台山景区
Yantai Mountain Scenic Area

烟台市芝罘区烟台山东路 15 号
No.15 East Yantaishan Road, Zhifu District, Yantai

0535-6606860

264600

张裕酒文化博物馆
Zhangyu Wine Cultural Museum

烟台市芝罘区大马路 56 号
No.56 Dama Road, Zhifu District, Yantai

0535-6632892

264001

牟平养马岛省级旅游度假区
Muping Yangma Island Provincial Tourism Resort

烟台市牟平区养马岛
Yangma Island, Muping District, Yantai

0535-4763763

264119

烟台昆嵛山国家森林公园
Yantai Kunyu Mountain National Forest Park

烟台市牟平区昆嵛山林场
Kunyu Mountain Forest, Muping District, Yantai

0535-4693307

264113

艾山温泉旅游度假村
Aishan Mountain Hot Spring Tourism Resort

烟台栖霞市松山镇艾山汤村
Aishantang Village, Songshan Town, Qixia

0535-5170999

265300

牟氏庄园
Mu's Manor

烟台栖霞市霞光路庄园南街 6 号
No.6 South Zhuangyuan Street, Xiaguang Road, Qixia

0535-5228372

265300

太虚宫景区
Taixu Palace Scenic Area

烟台栖霞市迎宾路 33 号
No.33 Yingbin Road, Qixia

0535-5200799

265300

招虎山国家森林公园
Zhaohu Mountain National Forest Park

烟台海阳市山海路北
North of Shanhai Road, Haiyang

0535-3638000

265118

海阳旅游度假区
Haiyang Tourism Resort

烟台市海阳市海滨路
Haibin Road, Haiyang

0535-3311999

265100

莱州大基山景区
Laizhou Daji Mountain Scenic Area

烟台莱州市文昌路
Wenchang Road, Laizhou

0535-2549787

261400

蓬莱海洋极地世界
The World of Ocean and Polar Region Penglai

烟台蓬莱市海港路 88 号
No.88 Haigang Road, Penglai

0535-5927999

265600

中粮君顶酒庄
Chateau Junding

烟台蓬莱市君顶大道 1 号
No.1 Junding Avenue, Penglai

0535-5980636

265607

山东蓬莱欧乐堡梦幻世界
Europark of Penglai

烟台蓬莱市海市西路三山大酒店对面
Opposite Sanshan Hotel, West Haishi Road, Penglai

0535-5823630

265600

招远罗山黄金文化旅游区
Zhaoyuan Luoshan Gold Culture Tourism Area

烟台招远市玲珑镇欧家夼村
Oujiakuang Village, Linglong Town, Zhaoyuan

0535-8367166

265400

淘金小镇
Gold Washing Town

烟台招远市玲珑镇
Linglong Town, Zhaoyuan

0535-8391799

265400

山东长岛旅游景区
Shandong Changdao Island Scenic Area

烟台市长岛县长园路 464 号
No.464 Changyuan Road, Changdao County
0535-3216568
265800

金泉寺
Jinquan (Golden Spring) Temple

潍坊市奎文区潍州路 428 号
No.428 Weizhou Road, Kuiwen District, Weifang
261031

潍坊金宝乐园
Weifang Jinbao Amusement Park

潍坊市潍洲路 438 号
No.438 Weizhou Road, Weifang
0536-8804032
261051

潍坊市白浪绿洲湿地公园
Weifang Bailang Greenland Wetland Park

潍坊市南
West of Weifang City
261041

潍坊杨家埠民间艺术大观园
Weifang Yangjiabu Folk Arts Giand View Garden

潍坊市寒亭区杨家埠
Yangjiahu, Hanting District, Weifang
0536-7252050
261100

景芝酒之城
Jingzhi Liquor City

潍坊安丘市景芝镇景酒大道 010 号
No.010 Jingjiu Avenue, Jingzhi Town, Anqiu
0536-4905507
262119

安丘青云山民俗游乐园
Anqiu Qingyun Mountain Folk Custom Amusement Park

潍坊安丘市青云山路东首
East End of Qingyun Mountain Road, Anqiu, Weifang
0536-4321090
262106

昌邑绿博园
Changyi Green Plants Exhibition Garden

潍坊市昌邑市宋庄镇
Songzhuang Town, Changyi
0536-7710960
261300

青州云门山风景名胜区
Qingzhou Yunmen Mountain Scenic Area

潍坊青州市城南 2.5 公里
2.5 Kilometers South to Qingzhou
0536-3278561
262500

泰和山景区
Taihe Mountain Scenic Area

潍坊青州市庙子镇
Miaozi Town, Qingzhou
0536-3786179
262503

仰天山国家森林公园
Yangtian Mountain National Forest Park

潍坊青州市西南 46 公里处
46 Kilometers Southwest of Qingzhou
0536-3738399
262502

诸城常山景区
Zhucheng Changshan Mountain Scenic Area

潍坊诸城市皇华镇西部
West of Huanghua Town, Zhucheng
0536-6213175
262200

潍河公园
Weihe River Park

潍坊诸城市和平北街
North Heping Street, Zhucheng
0536-6438268
262200

诸城市恐龙公园（文化旅游区）
Zhucheng Dinosaur Park (Culture Tourism Area)

潍坊诸城市密州路
Mizhou Road, Zhucheng
0536-6155678
262200

恐龙博物馆
Dinosaur Museum

潍坊诸城市密州路恐龙公园内
Inside Dinosaur Park, Mizhou Road, Zhucheng
0536-6155678
262200

寿光林海生态博览园
Shouguang Linhai Ecological Exhibition Garden

潍坊寿光市机械林场
Jixie Forest Fam, Shouguang

0536-5561508

262716

寿光市蔬菜高科技示范园
Shouguang Vegetable Hightech Demonstration Garden

潍坊寿光市城东 1 公里
1 Kilometer East to Shouguang

0536-5662081

262705

寿光生态农业观光园
Shouguang Ecological Agriculture Sightseeing Garden

维坊寿光市弥河东岸
East Bank of Mihe River, Shouguang

262700

寿光三元朱村
Shouguang Sanyuanzhu Village

潍坊寿光市三元朱村
Sanyuanzhu Village, Shouguang

262700

沂山风景区
Yishan Mountain Sceneic Area

潍坊市临朐县新华路 63 号
No.63 Xinhua Road, Linqu County

0536-3463558

262600

临朐揽翠湖温泉度假村
Linqu Lancui Lake Hot Spring Resort

潍坊市临朐县兴隆东路与东镇路交会处
Intersection of East Xinglong Road & Dongzhen Road, Linqu County

0536-3669000

262600

中国宝石城
China's Precious Stone City

潍坊市昌乐县新城街 903 号
903 Xincheng Street, Changle County

0536-6285001

262400

济宁市南池景区
Jining Nanchi Scenic Area

济宁市王母阁路与任城路交会处
Intersection of Wangmuge Road & Rencheng Road, Jining

272100

济宁北湖省级旅游度假区
Jining North Lake Provincial Tourism Resort

济宁市任城区
Rencheng District, Jining

0537-2317069

272000

兖州兴隆文化园（大兴隆寺）
Yanzhou Xinglong Culture Park（Big Xinglong Temple）

济宁市兖州区
Yanzhou District, Jining

272100

曲阜孔子六艺城
Qufu Confucius Liuyi (Six Kinds of Art) Town

济宁曲阜市南新区春秋路 15 号
No.15 Chunqiu Road, Nanxin District, Qufu

0537-4494810

273100

曲阜尼山孔庙及书院景区
Qufu Nishan Confucious Temple & Ancient Academy

济宁曲阜市东南 30 公里处
30 Kilometers Southeast of Qufu

0537-4486500

273100

邹城孟庙、孟府旅游区
Zoucheng Mencius Temple & Mencius Residence Tourism Area

济宁邹城市城南
South of Zoucheng

0537-5212027

273500

峄山省级风景名胜区
Yishan Provincial Famous Scenic Area

济宁邹城市城南 10 公里
10 Kilometers South of Zoucheng

0537-5670091

273501

明鲁王陵旅游区
Ming Dynasty Prince Zhutan's Tomb Tourism Area

济宁邹城市东北 12 公里处九龙山南麓
South Jiulong Mountain, 12km Northeast of Zoucheng

273500

微山湖风景旅游区
Weishan Lake Scernic Area

济宁市微山县微山湖风景旅游区
Weishan Lake, Weishan County

0537-8551001

277600

羊山古镇国际军事旅游度假区
Yangshan Ancient Town International Military Tourism Resort

济宁市金乡县羊山镇
Yangshan Town, Jinxiang County

0573-8917000

272200

汶上宝相寺景区
Wenshang Baoxiang Temple Scenic Area

济宁市汶上县尚书路
Shangshu Road, Wenshang County

0537-7234106

272500

莲花湖湿地景区
Lotus Lake Wetland Scenic Area

济宁市汶上县城北
North Wenshan County

272500

万紫千红生态养生旅游度假区
Endless Colors Ecological & Healthy Tourism Resort

济宁市泗水县泗张镇
Sizhang Town, Sishui County

0537-3146100

273200

水泊梁山风景名胜区
Shuibo Liangshan Scenic Area

济宁市梁山县越山南路 36 号
No.36 South Yueshan Road, Liangshan County

0537-7322965

272600

泰山花样年华景区
Taishan Bloom Ages (Huayangnianhua) Scenic Area

泰安市泰山区博阳路
Boyang Road, Taishan District, Tai'an

0538-6579999

271000

泰山方特欢乐世界
Fantawild Adventure Tai'an

泰安市泰山区东部新区明堂路北段
North Part of Mingtang Road, East New Area, Taishan District, Tai'an

0538-8526888

271000

泰山宝泰隆旅游区
Taishan Baotailong Tourism Area

泰山市泰山区邱家店镇崇文路第十三中学对面
Opposite 13th School, Chongwen Road, Qiujiadian Town, Taishan District, Taishan

271000

泰山森林温泉城
Taishan Forest Hot Spring City

泰安市岱岳区徂徕镇
Culai Town, Daiyue District, Tai'an

0538-8851700

271000

泰安天乐城
Tai'an Tianle Amusement Paradise

泰安市岱岳区满庄镇
Manzhuang Town, Daiyue District, Tai'an

0538-5365999

271000

泰安市徂徕山汶河景区
Tai'an Zulai Mountain Wenhe River Scenic Area

泰安市岱岳区
Daiyue District, Tai'an

0538-8920266

271000

天颐湖旅游度假区
Tianyi Lake Tourism Resort

泰安市岱岳区满庄镇
Manzhuang Town, Daiyue District, Tai'an

0538-8155999

271000

太阳部落景区
Sun Tribe Tourism Area

泰安市岱岳区满庄镇
Manzhuang Town, Daiyue District, Tai'an

0538-5366666

271000

泰安新泰市莲花山省级森林公园
Tai'an Xintai Lianhua Mountain Provincial Forest Park

泰安新泰市泉沟镇
Quangou Town, Xintai

0538-7549166

271207

东平湖水浒文化旅游区
Dongping Lake Shuihu Culture Tourism Area

泰安市东平县东平湖
Dongping Lake, Dongping County

0538-2820596

271500

白佛山景区
Baifo Mountain Scenic Area

泰安市东平县东平镇焦村北
North Jiaocun Village, Dongping Town, Dongping County

0538-2222207

271500

威海市仙姑顶旅游区
Weihai Xianguding Tourism Area

威海市青岛中路望岛村
Wangdao Village, Qingdao Middle Road, Weihai

0631-5327384

264200

威海天沐温泉度假区
Weihai Tianmu Hot Spring Resort

威海市文登区张家产镇
Zhangjiachan Town, Wendeng District, Weihai

264400

汤泊温泉度假村
Tangpo Hot Spring Resort

威海市文登区文登营镇止马岭村
Zhimaling Village, Wendeng Town, Wendeng District, Weihai

0631-8666666

264400

荣成市成山头风景名胜区
Rongcheng Chengshantou Scenic Area

威海荣成市成山镇
Chengshan Town, Rongcheng

0631-7836888

264321

荣成市赤山风景名胜区
Rongcheng Chishan Mountain Scenic Area

威海荣成市石岛镇
Shidao Town, Rongcheng

0631-7385446

264300

乳山银滩省级旅游度假区
Rushan Silver Beach Provincial Tourism Resort

威海乳山市白沙滩镇
Shatan Town, Rushan

0631-6723231

264504

大乳山滨海旅游度假区
Darushan Seashore Tourism Resort

威海乳山市海阳所镇
Haiyangsuo Town, Rushan

264500

福如东海文化园
Furudonghai(Happiness as More as East Sea) Culture Park

威海乳山市银滩
Silver Beach, Rushan

264500

日照万平口海滨旅游区
Rizhao Wanpingkou Seaside Tourism Area

日照市海曲东路东首
East End of Haiqu Road, Rizhao

0633-8785910

276826

龙门崮风景区
Longmengu Scenic Area

日照市东港区三庄镇
Sanzhuang Town, Donggang District, Rizhao

0633-8810340

276800

日照海滨国家森林公园
Rizhao Lunan Seaside National Forest Park

日照市东港区丝山镇
Sishan Town, Donggang District, Rizhao

0633-8319998

276825

日照刘家湾赶海园
Rizhou Liujia Bay Ganhai Garden

日照市东港区涛雒镇
TaoLuo Town, Donggang District, Rizhao

0633-8658178

276800

五莲山旅游风景区
Wulian Mountain Scenic Area

日照市五莲县兰陵路 1 号
East end of Wenhua Road, Wulian County

0633-5666111

262303

浮来青生态旅游度假区
Fulaiqing Ecotourism Resort

日照市莒县夏庄镇
Xiazhuang Town, Juxian County

0633-6858688

276514

莱芜战役纪念馆
Laiwu Battle Memorial Museum

莱芜市莱城区英雄路北首
North End of Yingxiong Road, Laicheng District, Laiwu

0634-8805690

271100

莱芜房干生态旅游区
Laiwu Fanggan Ecotourism Area

莱芜市莱城区雪野镇房干村
Fanggan Village, Xueye Town, Laicheng District, Laiwu

271131

山东雪野现代农业科技示范园
Shandong Xueye Modern Agricultural Technology Demonstrate Garden

莱芜市莱城区房干村
Fanggan Village, Laicheng District, Laiwu

0634-6578867

271100

临沂市科技馆
Linyi Science and Technology Hall

临沂市北城新区府右路 8 号
No.8 Fuyou Road, New North Area, Linyi

0539-8605667

276000

华丰国际休闲旅游区
Huafeng International Leisure Tourism Area

临沂市兰山区
Lanshan District, Linyi

276002

观唐（国际）温泉度假村
Guantang (International) Hot Spring Resort

临沂市河东区汤头镇
Tangtou Town, Hedong District, Linyi

0539-8018888

276034

龙园休闲度假农庄
Dragon Park Leisure Resort Villa

临沂市河东区龙王堂子村
Longwangtangzi Village, Hedong District, Linyi

0539-7388999

276032

山东省政府和八路军 115 师司令部旧址
Shandong Province Government and 115th Division of the Eighth Route Army(Balujun) Headquarter Former Site

临沂市莒南县大店镇
Dadian Town, Junan County

0539-7813115

276600

天马岛旅游区
Tianma Island Tourism Area

临沂市莒南县城北 16 公里处
16km North of Junan County

0539-7839666

276600

临沂雪山彩虹谷旅游区
Linyi Tourism Area of Snow Mountain Rainbow Valley

临沂市沂水县城东 3 公里处
3km East of Yishui County

0539-2315678

276400

沂水天然地下画廊
Yishui Natural Underground Art Gallery

临沂市沂水县院东头乡留虎峪
Liuhuyu, Dongtou Town, Yishui County

0539-2598888

276419

地下大峡谷旅游区
Undergorund Canyon Tourism Area

临沂市沂水县姚店子镇莲花山
Lotus Mountain, Yaodianzi County, Yishui Town, Linyi

0539-2553606

276400

沂水地下萤光湖旅游区
Yishui Underground Fluorescence Lake Tourism Area

临沂市沂水县城南 19 公里处时密山下
Under Shimi Mountain, 19km South of Yishui County

276400

天上王城景区
Kingdom in Heaven Scenic Area

临沂市沂水县泉庄乡
Quanzhuang Town, Yishui

0539-2698888

276400

东方瑞海国际温泉度假村
Oriental Ruihai International Hot Spring Resort

临沂市沂水县新南环路长安路口
Intersection of Chang'an Road, New South Wing Road, Yishui County
0539-2209222
276400

蒙阴县孟良崮旅游区
Menglianggu Tourism Area

临沂市蒙阴县垛庄镇泉桥村
Quanqiao Village, Duozhuang Town, Mengyin County
0539-4580026
276200

岱崮地貌旅游区
Daigu Landform Tourism Area

临沂市蒙阴县笊篱坪村
Zhaoliping Village, Mengyin County
0539-4655777
276200

山东省天宇自然博物馆
Shandong Tianyu Natural Museum

临沂市平邑县城莲花山路西段
West Part of Lianhuashan Road, Pingyi County
273300

沂蒙云瀑洞天旅游区
Yimeng Cloud & Waterfall Cave Tourism Area

临沂市费县南张庄乡
Nanzhangzhuang Town, Feixian County
0539-58377788
273400

智圣汤泉旅游度假村
Zhisheng Tangquan(Hot Spring) Resort

临沂市沂南县
Yinan County
0539-33333336
376300

竹泉村旅游度假区
Zhuquan Village Tourism Resort

临沂市沂南县
Yinan County
0539-3826666
376300

沂蒙红色影视基地
Yimeng Red Movie & TV Base

临沂市沂南县马牧池乡常山庄村
Changshanzhuang Village, Muchi Town, Yinan County
0539-3767222
276300

沂蒙马泉休闲园
Yimeng Maquan Leisure Park

临沂市沂南县铜井镇保泉村
Baoquan Village, Tongjing Town, Yinan County
276300

董子园景区
Dong Zhongshu's Garden

德州市东部德州经济开发区
Economic Development Zone, East of Dezhou
0534-2585011
253012

德州市太阳谷景区
Dezhou Sun Valley Tourism Area

德州市经济开发区太阳谷大道南首
South of Taiyanggu(Sun Valley) Street, Economic Development Zone, Dezhou
253012

德州乐陵千年枣林生态旅游区
1000 Years old Jujube Forest Ecotourism Area

德州乐陵市朱集镇
Zhuji Town, Leling
0534-6268171
253600

黄河故道森林公园
Old Yellow Riverway Forest Park

德州市夏津县城东北 15 公里处
15km Northeast of Xiajin County
0534-3638109
253200

泉城极地海洋世界
Quancheng Polarland Ocean World

德州市齐河县生态旅游开发区
Ecotourism Development Area, Qihe County
251100

泉城欧乐堡梦幻世界景区
Quancheng Europark Dream World Scenic Area

德州市齐河县黄河国际生态城旅游路 08 号
No.08 L ü you Road, Huanghe International Ecological City, Qihe County
251100

庆云海岛金山寺景区
Qingyun Haidao Island Jinshan Temple Scenic Area

德州市庆云县汾水王村
Fenshuiwang Village, Qingyun County
253700

东昌湖旅游区
Dongchang Lake Tourism Area

聊城市东昌府区东昌湖西城墙 20 号
No.20 Xichengqiang, Dongchangfu District, Liaocheng

252000

阳谷景阳冈·狮子楼景区
Yanggu Jingyanggang—Shizilou(Lion Building) Scenic Area

聊城市阳谷县张秋镇
Zhangqiu Town, Yanggu County

0635-6738474

252300

中国阿胶博物馆·东阿阿胶养生文化苑景区
The National Ejiao Glue Museum Dong'e Ejiao Health Culture Centre Scenic Area

聊城市阿县阿胶街 78 号
No.78 Ejiao Street, Dong'e County

252201

聊城市天沐·山东江北水城温泉度假村
Tianmu Hot Spring Resort of JBSC

聊城市冠县马颊河林场
Majiahe Forest Centre, Guanxian County

252500

杜受田故居
Du Shoutian's Former Residence

滨州市滨城区滨北镇南街
South Street of Binbei Town, Bincheng District, Binzhou

0543-3561688

256613

滨州沾化冬枣生态旅游区
Zhanhua Winter Jujube Ecotourism Area

滨州市沾化区下洼镇
Xiawa Town, Zhanhua District, Binzhou

256800

惠民孙武古城
Huimin Sunwu Ancient Town

滨州市惠民县武圣大道
Wusheng Avenue, Huimin County

251700

黄河三角洲生态文化旅游岛
Yellow River Delta Ecological Culture Tourism Island

滨州市无棣县棣州大街 67 号
No.67 Dizhou Avenue, Wudi County

0543-2156555

251900

博兴县打渔张森林公园
Boxing County Dayuzhang(Fisherman Zhang) Forest Park

滨州市博兴县乔庄镇打渔张村
Dayuzhang Village, Qiaozhuang Town, Boxing County

256500

鹤伴山国家森林公园
Heban Mountain National Forest Park

滨州市邹平县西董镇
Xidong Town, Zouping County

0543-4557038

256619

曹州牡丹园
Caozhou Peony Garden

菏泽市牡丹区人民路 1000 号
No/1000 Renmin Road, Mudan District, Heze

0530-5640188

274000

浮龙湖生态旅游度假区
Fulong(Floating Dragon) Lake Ecological Tourism Resort

菏泽市单县西南 18 公里处
18km Southwest of Shanxian County

0530-4611766

273700

水浒文化旅游城
Shuihu Culture Tourism Area

菏泽市郓城县西门街南段
South Part of Ximen Street, Yuncheng County

0530-6896888

274700

孙膑旅游城·亿城寺景区
Sun Bin Tourism City—Yicheng Temple Scenic Area

菏泽市鄄城县吉山镇
Jishan Town, Juancheng County

0530-2421303

274600

河南
HENAN

河南位于黄河中下游，因大部分地区位于黄河以南，故称河南。河南简称“豫”,《尚书·禹贡》将天下分为“九州”，豫州位居天下九州之中，故河南亦有“中原”“中州”之称。

河南地理位置优越，古时即为驿道、漕运必经之地，商贾云集之所。河南是中华民族的发祥地之一，中国八大古都河南有四个（九朝古都洛阳、七朝古都开封、殷商古都安阳、商都郑州）。

河南既是历史文化资源大省，也是自然景观荟萃之地，山川壮美，风光秀丽，融南秀北雄于一体。河南还是中国姓氏的重要发源地，当今中国的 300 个大姓中根在河南的有 171 个。“老家河南”欢迎您回家看看。

嵩山少林风景区
Mount Songshan Shaolin Scenic Spot

嵩山是我国著名的"五岳"之"中岳"。古老的嵩山起始于36亿年前，堪称万山之祖，它拥有"五代同堂"的地质奇观，被誉为"天然地质博物馆""地学百科全书"。这里有中国现有最古老的汉代礼制建筑——汉三阙、佛教禅宗祖庭——少林寺、道教策源地——中岳庙、宋代四大书院之一——嵩阳书院、中国现存最早的砖塔——嵩岳寺塔、中国现存最古老最完好的天文建筑——观星台等，文化遗存星罗棋布，佛道儒三教荟萃，内涵博大精深。

- 郑州登封市西北部 Northwest of Dengfeng
- 0371-62745000
- 452470
- http://www.songshancn.com
- 登封市2路公交车可达前往景区。在郑州中心站有旅游专线。

开封清明上河园
Kaifeng Millennium City Park

这是以中国传世名画《清明上河图》为蓝本，按照1:1比例复原再现的大型宋代历史文化主题公园。清明上河园占地40万平方米，其中水面12万平方米，大小古船百余艘，房屋400余间，景观建筑面积3万多平方米，形成了中原地区大型的仿宋古建筑群。在《清明上河图》中浓墨重彩描绘的上善门、虹桥、临水大殿等建筑辉煌壮观，令人称赞。千年历史画卷在这里得以重现。

- 开封市龙亭区龙亭西路5号 No.5 West Longting Road, Longting District, Kaifeng
- 0371-25663865
- 475001
- http://www.qingmings.com
- 1路、4路、5路、9路、15路、16路、20路公交车可达。

洛阳牡丹园
Luoyang Peony Garden

"单株开花最多的牡丹""单株最具观赏性的牡丹""单株造型最奇特的牡丹"，一棵达7种花色的"什锦牡丹"……花开富贵的牡丹，姚黄、魏紫、洛阳红、火炼金丹、贵妃插翠、宝石兰等传统名品雍容华贵，尽显芬芳，海黄、金阁、白王狮子、金色爱丽丝等海外引进品种奇葩斗艳，各展英姿。洛阳牡丹园里汇集了中原牡丹、西北紫斑牡丹，品种达600个，9大牡丹品种色系齐全，花开时节，这里"满庭芬芳生烂熳""花开时节动京城"。

- 洛阳机场路与310国道交叉口 Intersection Between Jichang Road and 310th National Highway, Luoyang
- 0379-62302980
- 471000
- http://www.lymudanyuan.com
- 51路公交车可达。

洛阳龙门石窟
Luoyang Longmen Grotto

这里两山对峙，伊水中流，佛光山色，风景秀丽，是宋代苏过所描绘"峥嵘两山门，共挹一水秀"的天阙奇观。龙门石窟始凿于北魏孝文帝迁都洛阳之际（493年），之后历经东魏、西魏、北齐、隋、唐、五代的营造，从而形成了南北长达1公里、具有2345个窟龛、10万余尊造像、2860余块碑刻题记的石窟遗存。龙门石窟是与敦煌莫高窟、云冈石窟、麦积山石窟并称为中国四大石窟。

洛阳市洛龙区龙门镇龙门中街13号
No.13 Middle Longmen Street, Longmen Town, Luolong District, Luoyang
0379-65981299
471023
http://www.lmsk.gov.cn
53路、60路、81路公交车可达。

龙潭大峡谷景区
Longtan Great Valley Scenic Area

龙潭大峡谷是黛眉山世界地质公园的核心景区。龙潭大峡谷是一条由紫红色石英砂岩经流水追踪下切形成的深切峡谷，全长12公里，谷内嶂谷、隘谷呈串珠状分布，云蒸霞蔚，激流飞溅，红岩绿荫，悬崖绝壁，不同时期的流水切割、旋蚀磨痕十分清晰，因崩塌作用所形成的山崩地裂奇观国内外罕见。景区的六大自然谜团（水往高处流、佛光罗汉崖、巨人指纹、石上天书、蝴蝶泉、仙人足迹）、七大幽潭瀑布（五龙潭、龙涎潭、青龙潭、黑龙潭、卧龙潭、阴阳潭、芦苇潭）、八大自然奇观（绝世天碑、石上春秋、石瓮瓮谷、波纹巨石、山崩地裂、通灵巷谷、喜鹊迎宾、银链挂天）令人惊叹。

洛阳市新安县石井镇
Shijing Town, Xin'an County
0379-67134180
471800
www.lyltdxg.com
洛阳汽车一运站每天有直通景区的班车。

老君山景区
Laojun Mountain Scenic Area

老君山是秦岭余脉八百里伏牛山的主峰，海拔高达2200余米，相传是道教始祖"老子"的归隐修炼之地，北魏时在山中建庙纪念，唐贞观年间修建"铁顶老君庙"，明万历十九年（1591年）封为"天下名山"。

老君山是伏牛山国家地质公园的核心景区之一，山中有独特的"滑脱峰林"地貌、壮观的石林景区。老君山树木茂盛，风景如画，山泉丰富，在郁郁葱葱的山林中隐藏着十几处瀑布，山顶则有机会观赏到极美的云海和日出。老君山景区面积庞大，主要分为居中的老君山主景区、西部的追梦谷景区和东部的寨沟景区。

洛阳市栾川县城东3公里
3km East of Luanchuan County
0379-66873890
471500

鸡冠洞风景名胜区
Jiguan Cave Famous Scenic Area

鸡冠洞位于洛阳栾川县城西3公里处，属天然石灰岩溶洞，地质学上称其为"喀斯特地貌"。现已探明洞长5600米，上下分5层，落差138米。现已开发洞长1800米，观赏面积2.3万平方米。洞内峰回路转，景观布局疏密有致，石林耸秀、石花吐芳、石帷垂挂、石瀑飞溅，形态各异，姿态万千，天然成趣，巧夺天工，具有极高的观赏和科研价值。洞中四季恒温18℃，被誉为"自然大空调"，四季宜游。

洛阳市栾川县栾川乡双堂村
Shuangtang Village, Luanchuan Town, Luanchuan County
0379-66890999
471500
http://www.jiguandong.com

白云山国家森林公园
Baiyun Mountain National Forest Park

白云山国家森林公园位于洛阳市嵩县西南部伏牛山腹地。公园地跨长江、黄河、淮河三大流域。景区内1300米以上的山峰有103座，动植资源丰富，被专家誉为"自然博物馆"。景区内森林覆盖率高达99.2%，白云林海、山峻石奇、飞瀑流泉，既有北国山水的雄伟，又有南方山水的俏丽，是理想的避暑度假和休闲胜地。

洛阳市嵩县南部
South of Songxian County
0379-66590158
471400
http://www.chinabym.com
洛阳有到白云山的班车。

尧山—中原大佛景区
Yaoshan Mountain—Zhongyuan Big Buddha Scenic Area

尧山雄踞中原，雄伟峻拔又兼钟灵毓秀。景区内奇峰林立、怪石纷呈，有36处名胜，72个景点，处处绮丽如画，是旅游观光、避暑疗养、休闲娱乐、科研探险的绝佳去处。

中原大佛位于尧山佛泉寺，大佛身高108米，莲花座高20米，金刚座高25米，须弥座高55米。大佛法相庄严，巍峨耸立在尧山脚下，周围九层山峰环围，佛前四季长流的沙河圣水，佛泉汤地，景观资源丰富，环境秀美。

平顶山市鲁山县西部
West of Lushan County
0375-5760999
467300
http://www.yaoshanly.com
鲁山长途汽车站有到尧山景区的旅游班车。

殷墟博物苑
Ruins of Yin Museum

这是中国商代晚期的都城，也是中国历史上第一个有文献可考并为甲骨文和考古发掘所证实的古代都城遗址，距今已有3300年的历史。殷墟，位于中国历史文化名城安阳市西北郊，横跨洹河南北两岸。殷墟博物苑就建在殷墟宫殿宗庙区内，集中展现了殷代王宫殿堂的布局与建筑，成为集考古、园林、古建、旅游为一体的胜地。2006年被列入世界遗产名录。

安阳市西郊小屯村
Xiaotun Village, West Suburb, Anyang
0372-3161002
455004
http://www.ayyx.com
1路、6路、15路、18路、39路、41路公交车可达。

太行大峡谷景区
Taihang Grand Canyon Scenic Area

太行大峡谷南北长50公里，东西宽1.5公里，海拔800～1739米，相对高差1000米以上。景区植被覆盖率达90%，有“天然氧吧”之美誉。大峡谷内断崖高起，群峰峥嵘，阳刚劲露，台壁交错，苍溪水湍，流瀑四挂，是“北雄风光”的典型代表。太行大峡谷景区交通便捷，接待设施完善，是休闲养生、漂流滑翔、避暑度假、绘画写生、寻古探幽、旅游观光的好地方。

安阳林州市石板岩乡
Shibanyan Town, Linzhou, Anyang
0372-6082999
456591
http://www.thdxg.net
林州至石板岩班车可达景区。

林州红旗渠游览区
Linzhou Hongqiqu Touris Area

20世纪60年代，10万开山者，历时10年，绝壁穿石，挖渠千里，把中华民族的一面精神之旗，插在巍巍太行之巅。“北雄风光最胜处”的太行山上，红旗渠像一条蓝色飘带缠绕其间。红旗渠工程之艰巨，工程美学价值之高，堪称人间奇迹，形成了独一无二的红旗渠风光。

红旗渠旅游黄金线路由红旗渠分水苑和青年洞景区组成。红旗渠总干渠到分水苑后分为三条干渠，南去北往延伸林州腹地。青年洞景区是以红旗渠的代表性工程——青年洞为主景，以太行山为依托的融人文景观和自然景观为一体的综合性景区，是红旗渠艰苦奋斗精神的实景体验场所。

安阳林州市太行路225号
No.225 Taihang Road, Linzhou
0372-6811466
456550
http://www.hqq.org.cn
林州汽车站到任村镇的班车可达景区。

神农山风景名胜区
Shennong Mountain Famous Scenic Area

神农山因炎帝神农氏在这里辨五谷、尝百草、设坛祭天而得名。神农山风景名胜区是世界地质公园，千峰竞秀，谷壑幽深，自然风光奇丽优美。神农山最具代表性的自然景观为龙脊长城，长城蜿蜒起伏，犹如一条神龙盘横在太行一岭九峰之巅，令人叹为观止。

神农山历史文化底蕴厚重。炎帝神农氏在这里开创了农业和医学的先河，肇启了中华文明之源。神农山静应庙是道教上清派发源地，被中国道教协会尊奉为上清祖庭。这里还有太平寺千年摩崖石刻，有佛、道共存的云阳寺、清静宫，有历史悠久的三大天门，古迹众多、香火鼎盛，自古就是广大信众祈财、祈福和祈运的圣地。

焦作沁阳市紫陵镇
Ziling Town, Qinyang
0391-5036258
454592
http://www.sns.cn
焦作旅游车站、沁阳汽车站均有直达神农山的专车。

青天河风景名胜区
Qingtian River Famous Scenic Area

这里有世界奇观天然长城和石鸡下蛋，有“华夏第一泉”三姑泉及由此泉水形成的大泉湖。有世界罕见的身上有文字记载的天然大佛，有中国最早期的男身观音铜像，有距今1500年的北魏摩崖石刻和北魏古丹道，有与少林寺齐名天下、清乾隆皇帝曾三次朝拜的千年古刹月山寺，有面积达10万亩的红叶林……这里就是青天河风景名胜区，“北方三峡”名副其实。

焦作市博爱县
Bo'ai County
0391-8972910

454430

http://www.qingtianhe.cn

博爱县汽车站有专车到青天河。

西峡县伏牛山老界岭·恐龙遗址园旅游区

Xixia County Funiu Mountain Laojieling Scenic Area —Dinosaur Site Museum Tourism Area

“八百伏牛凌绝顶，长江黄河分水岭”“中华大地的脊梁”——老界岭是伏牛山世界地质公园的核心区，由情人谷、仙人谷、日月谷及界岭主峰四大景区和老界岭休闲度假区组成。景区内群山叠翠，山川秀美，林海苍莽，四季景色异彩缤纷。

西峡恐龙遗址园旅游区位于秦岭山脉东段、伏牛山南麓，主要由地质科普广场、恐龙蛋化石博物馆、恐龙馆、恐龙蛋遗址、仿真恐龙园、嘉年华游乐园、龙都水上乐园等组成，是一个集科普、观光、娱乐、休闲、科研于一身，将原始和现代紧密结合的大型恐龙主题公园。

南阳市西峡县太平镇
Taiping Town, Xixia County

0377-69778999

474550

http://www.ljlkly.com

云台山风景名胜区

Yuntai Mountain Famous Scenic Area

云台山山势险峻，峰壑之间常年云锁雾绕，因而得名云台山。云台山主峰茱萸峰海拔 1308 米，有落差 314 米的云台天瀑。“独在异乡为异客，每逢佳节倍思亲。遥知兄弟登高处，遍插茱萸少一人”的千古绝句就是唐代大诗人王维曾登临此峰而写下。云台山以山称奇，以水叫绝，集秀、幽、雄、险于一山，融泉、瀑、溪、潭于一谷，“是一首最美妙的山水交响乐”。

焦作市修武县
Xiuwu County

0391-7709300

454361

http://www.yuntaishan.net

修武西站有到云台山的中巴车。焦作市 3 路公交车亦可达云台山。

芒砀山旅游区

Mangdang Mountain Tourism Area

这里有世界上规模最大的地下西汉梁王陵墓群——汉梁王陵景区，这里是汉高祖刘邦斩蛇处，这里有大汉雄风景区、芒砀山地质公园、陈胜园景区、夫子山景区、僖山景区等几大部分。其中西汉梁王陵内出土的“四神云气图彩绘壁画”“金缕玉衣”等中华瑰宝举世瞩目。芒砀山旅游区群峰争秀，风光旖旎，历史厚重，文化神秘，是集山水观光、文化观赏、生态休闲于一体的综合性旅游景区。

商丘永城市芒山镇
Mangshan Town, Yongcheng

0370-5970777

476641

http://www.mangshan.net

商丘市火车站乘坐往芒山镇的班车可至景区。

嵖岈山风景区

Chaya Mountain Scenic Area

这里是中央电视台《西游记》续集的主要外景拍摄基地。嵖岈山风景区与西游文化、石猴文化密切相联，源远流长。著名高僧玄奘早期在嵖岈山一带诵经修行。淮安才子吴承恩为避祸远行，途经嵖岈山，从嵖岈山石猴、睡唐僧、醉八戒等天造地设、惟妙惟肖的奇石景观中汲取灵感，创作了千古巨著《西游记》。

嵖岈山是伏牛山东缘余脉，又名玲珑山、石猴仙山，山势嵯峨，怪石林立。南山、北山、花果山、六峰山砥足而立，秀蜜湖、琵琶湖、百花湖、天磨湖点缀其间，构成了一幅奇特秀丽的风光画卷。景区人文史迹星罗棋布，自然景观不胜枚举，享有“中华盆景”“中州独秀”“江北石林”“伏牛奇观”之美誉。

驻马店市遂平县
Suiping County

0396-4779338

463100

www.chayashan.com

遂平县汽车站有至景区的班车。

郑州黄河风景名胜区
Zhengzhou Yellow River Famous Scenic Area

郑州市惠济区黄河南岸
South Bank of Yellow River, Huiji District, Zhengzhou

0371-68222181

450042

郑州世纪欢乐园
Zhengzhou Century Amusement Garden

郑州市管城回族区石化路 1 号
No.1 Shihua Road, Guangcheng Hui Nationality District, Zhengzhou

0371-66375008

450002

郑州市丰乐农庄 · 黄河谷马拉湾海浪浴场景区
Zhengzhou Fengle Farm—Yellow River Valley Mala Bay Wave Beach Scenic Area

郑州市惠济区江山路北段
North Part of Jiangshan Road, Huiji District, Zhengzhou

0371-66771188

450000

郑州绿博园
The Afforestation Garden of Zhengzhou

郑州市郑开大道人文路向南 1 公里
1km South of Renwen Road, Zhengkai Avenue, Zhengzhou

0371-60216055

450000

中原福塔
Zhongyuan(Middle China)Happy Tower

郑州市管城回族区
Guancheng Hui Nationality District, Zhengzhou

450000

黄帝故里
Native Place of Huangdi(Yellow Emperor)

郑州新郑市北关轩辕路
Xuanyuan Road, Beiguan, Xinzheng

0371-69902555

451100

登封中岳庙
Dengfeng Zhongyue Temple

郑州登封市
Dengfeng

0371-62745000

452470

郑州嵩阳书院
Zhengzhou Songyang Academy

郑州登封市嵩山
Mountain Songshan, Dengfeng

0371-62745000

452470

少林寺 · 三皇寨景区
Shaolin Temple—Sanhuangzhai Scenic Area

郑州登封市嵩山
Mount Songshan, Dengfeng

452470

伏羲大峡谷景区
Fuxi Great Valley Scenic Area

郑州新密市钟沟村
Zhonggou Village, Xinmi

452300

三泉湖景区
Sanquan(Three Spring) Lake Scenic Area

郑州新密市尖山景区内
Jianshan Scenic Area, Xinmi

452300

巩义市康百万庄园
Gongyi Kangbaiwan Manor

郑州巩义市康店镇庄园路 59 号
No.59 Zhuangyuan Road, Kangdian Town, Gongyi

0371-64326777

451200

巩义竹林景区
Gongyi Bamboo Forest Scenic Area

郑州市巩义市竹林镇
Zhulin Town, Gongyi

451200

古柏渡飞黄旅游区
Gubaidu Feihuang Tourism Area

郑州市荥阳市王村镇孤柏咀
Gubaiju, Wangcun Town, Xingyang

450100

古柏渡丰乐樱花园
Gubaidu Fengle Cherry Blossom Garden

郑州市荥阳市王村镇
Wangcun Town, Xingyang

450100

郑州方特欢乐世界
Zhengzhou Fantawild Adventure

郑州市中牟县郑开大道与人文路交叉口向南
South of Intersection of Zhengkai Avenue & Renwen Road, Zhongmou County

400-166-0006

451450

开封包公祠
Kaifeng Baozheng's Temple

开封市包公湖西岸
West Bank of Baogong Lake, Kaifeng

0371-23931595

475000

开封相国寺
Kaifeng Grand Xiangguo Temple

开封市自由路西段 36 号
No.36 West Segment of Ziyou Road, Kaifeng

0371-25665053

475000

开封龙亭公园
Kaifeng Longting Area

开封市鼓楼区中山路北段
North Part of Zhongshan Road, Gulou District, Kaifeng

0371-25660316

475001

开封府景区
Kaifeng Capital Scenic Area

开封市包公东湖北岸
North Bank of East Baogong Lake, Kaifeng

0371-23937228

475000

www.kaifengfu.cn

中国翰园碑林
Imperial Garden Stele Forest of China

开封市龙亭北路 15 号
No.15 North Longting Road, Kaifeng

0371-22891558

475001

开封铁塔公园
Kaifeng Iron Pagoda Park

开封市北门大街 210 号
No.210 Beimen Street, Kaifeng

0371-22862279

475001

兰考焦裕禄纪念园
Lankao Jiao Yulu's Memorial Park

开封市兰考县建设路 88 号
No.88 Jianshe Road, Lankao County

0371-26998766

475300

关林景区
Guanlin Scenic Area

洛阳市关林镇洛阳古代艺术馆
Luoyang Ancient Art Hall, Guanlin Town, Luoyang

0379-65962018

471023

洛阳白马寺
Luoyang Baima Temple

洛阳市洛龙区白马寺镇
Baimasi Town, Luolong District, Luoyang

0379-63789090

471013

洛阳市隋唐城遗址植物园景区
Luoyang Botanic Garden in Ancient Sui & Tang Site

洛阳市洛龙区古城路
Gucheng Road, Luolong District, Luoyang

0379-65917101

741000

中国国花园景区
China State Flower Garden Scenic Area

洛阳市洛龙区龙门大道 1 号
No.1 Longmen Avenue, Luolong District, Luoyang

0379-65522119

741000

洛阳 · 中国薰衣草庄园
Luoyang China Lavender Garden

洛阳市洛龙区（伊滨区）
Luolong (Yibin) District, Luoyang

471000

黄河小浪底水利枢纽风景区
Yellow River Xiaolangdi Water Control Project Scenic Area

洛阳市孟津县
Mengjin County

0379-67926388

471100

千唐志斋博物馆
Qiantangzhizhai Museum

洛阳市新安县铁门镇
Tiemen Town, Xin'an County
0379-69729800
471832

黛眉山世界地质公园
Daimei Mountain World Geological Park

洛阳市新安县石井镇
Shijing Town, Xin'an County
0379-65082116
471800

龙峪湾国家森林公园
Longyuwan National Forest Park

洛阳市栾川县庙子乡
Miaozi Town, Luanchuan Countya
0379-66669112
471500

抱犊寨景区
Baoduzhai Scenic Area

洛阳市栾川县三川镇
Sanchuan Town, Luanchuan County
0379-66629666
471500

重渡沟自然风景区
Chongdugou National Scenic Area

洛阳市栾川县
Luanchuan County
0379-66685999
471500

洛阳伏牛山滑雪度假乐园
Luoyang Funiu Mountain Skiing Resort

洛阳市栾川县伏牛山老界岭北坡
North of Funiu Mountain, Luanchuan County
0379-66644888
471500

栾川养子沟旅游休闲度假区
Luanchuan the Adopted Son Ditch Leisure Tourism Resort

洛阳市栾川县
Luanchuan County
0379-66838406
471500

木札岭景区
Muzhaling Tourism Area

洛阳市嵩县车村镇龙王村
Longwang Village, Checun Town, Songxian County
471400

天池山国家森林公园
Tianchi Mountain National Forest Park

洛阳市嵩县德庆乡
Deqing Town, Songxian County
0379-66553700
471400

西泰山旅游区
Xitai Mountain Tourist Area

洛阳市汝阳县付店镇
Fudian Town, Ruyang County
0379-68081888
471200

恐龙谷漂流景区
Dinosaur Valley Drift Scenic Area

洛阳市汝阳县靳村乡石寨村东南方向 3.29 公里处
3.29km Southeast of Shizhai Village, Jincun Town, Ruyang County
0379-68090669
471200

洛宁县神灵寨风景区
Luoning County Shenling Cottage Scenic Area

洛阳市洛宁县涧口
Jiankou, Luoning County
0379-66139888
471700

平顶山市博物馆
Pingdingshan Museum

平顶山市新华区新城区平安广场西侧
West Side of Ping'an Square, New Area of Xinhua District, Pingdingshan
0375-2660517
467002

石漫滩国家森林公园二郎山景区
Erlang Mountain Tourism Area in Shimantan National Forest Park

平顶山舞钢市石漫滩国家森林公园内
Inside Shimantan National Forest Park, Wugang
0375-8185898
462500

灯台架景区
Lampstands Like Mountain Scenic Area

平顶山舞钢市石漫滩国家森林公园
Inside Shimantan National Forest Park, Wugang
0375-8185898
462500

香山寺景区
Xiangshan Temple Scenic Area

平顶山市宝丰县闹店镇南
South of Naodian Town, Baofeng County

467400

画眉谷景区
Thrush Birds Valley Scenic Area

平顶山市鲁山县尧山镇
Yaoshan Town, Lushan County

0375-5784368

467300

尧山大峡谷漂流景区
Yaoshan Valley Drift Scenic Area

平顶山市鲁山县尧山镇
Yaoshan Town, Lushan County

0375-5791123

467300

三苏园
Garden For Su Xun, Su Shi & Suzhe

平顶山市郏县茨芭乡三苏园村
Sansuyuan Village, Ciba Town, Jiaxian County

0375-5117259

467100

安阳洹水湾温泉旅游区
Anyang Huanshui Bay Hot Spring Tourism Area

安阳市彰德路与长江大道交叉口往南 500 米
500m South of Intersection of Zhangde Road & Changjiang Avenue, Anyang

0372-5369999

455000

林虑山国际滑翔基地
Linlu Mountain International Gliding Base

安阳林州市城关镇西北 10 公里处
10km Northwest of Chengguan Town, Linzhou

456550

万泉湖景区
Wanquan Lake Scenic Area

安阳林州市临淇镇
Linqi Town, Linzhou

0372-6718698

456550

安阳县马氏庄园景区
Anyang County Ma's Manor Scenic Area

安阳市安阳县蒋村乡西蒋村
Xijiang Village, Jiangcun Township, Anyang County

0372-3233666

455000

安阳羑里城景区
Anyang Youli Town Scenic Area

安阳市汤阴县羑河村
Youhe Village, Tangyin County

0372-6221216

456150

安阳岳飞庙景区
Anyang Yuefei's Temple Scenic Area

安阳市汤阴县城内岳庙街 84 号
No.84 Yuemiao Street, Tangyin County

0372-6221216

456150

五岩山风景区
Wuyan(Five Rocks) Mountain Scenic Area

鹤壁市鹤山区姬家山乡
Jijiashan Town, Heshan District, Hebi

0392- 2833192

458010

浚县大伾山风景区
Junxian County Dapi Mountain Scenic Area

鹤壁市浚县伾浮路东段 97 号
No.97 East Part of Pifu Road, Junxian County

0392-5530283

456250

云梦山风景名胜区
Yunmeng Mountain Famous Scenic Area

鹤壁市淇县西部
West of Qixian County

0392-7223364

456750

古灵山风景区
Ancient Lingshan Mountain Scenic Area

鹤壁市淇县西北部
Northwest of Qixian County

0392-7223364

456750

新乡潞王陵景区
Xinxiang King Lu's Tombs Scenic Area

新乡市凤泉区坟上村
Fenshang Village, Fengquan District Xinxiang

0373-3981827

453700

比干庙景区
Bigan's Temple Scenic Area

新乡卫辉市顿坊店乡比干庙村
Biganmiao Village, Dunfangdian Town, Weihui

453100

辉县万仙山风景区
Huixian County Wanxian Mountain Scenic Spot

新乡辉县市沙窑乡
Shayao Town, Huixian

453648

新乡八里沟景区
Xinxiang Baligou Scenic Area

新乡辉县市八里镇松树枰村
Songshuping Village, Bali Town, Huixian

453600

九莲山风景区
Jiulian Mountain Scenic Area

新乡辉县市上八里镇松树坪村
Songshuping Village, Shangbali Town, Huixian

453600

回龙天界山景区
Huilong (Turning Dragon) Tianjie Mountain Scenic Area

新乡市辉县市上八里镇回龙村
Huilong Village, Shangbali Town, Huixian

0373-6691800

453600

轿顶山旅游景区
Jiaoding Mountain Tourism Area

新乡辉县市沙窑乡小井村
Xiaojing Village, Shayao Town, Huixian

0373-6936777

453600

宝泉旅游度假区
Baoquan Tourism Resort

新乡辉县市薄壁镇
Bobi Town, Huixian

0373-6515555

453600

新乡京华园景区
Xinxiang Jinghua Garden Scenic Area

新乡市新乡县小冀镇
Xiaoji Town, Xinxiang County

453731

焦作影视城
Jiaozuo Film and Television City

焦作市普济路北端
North Head of Puji Road, Jiaozuo

0391-2903168

454001

修武圆融寺景区
Xiuwu Yuanrong Temple Scenic Area

焦作市修武县西村乡当阳峪村
Dangyangyu Village, Xicun Town, Xiuwu County

0391-7801813

454350

武陟嘉应观景区
Wuszhi Jiaying Temple Scenic Area

焦作市武陟县嘉应观乡
Jiayingguan Town, Wuzhi County

0391-7685699

454950

陈家沟景区
Chenjiagou Scenic Area

焦作市温县陈家沟村
Chenjiagou Village, Wenxian County

0391-6418826

454850

戚城文物景区
Qicheng Heritage Scenic Area

濮阳市京开大道 71 号
No.71 Jingkai Avenue, Puyang

457000

禹州均官窑址博物馆
Yuzhou Ruin of Jun Government Kiln Museum

许昌禹州市钧官窑路 60 号
No.60 Junguanyao Road, Yuzhou

0374-8188127

461670

禹州大鸿寨景区
Yuzhou Dahongzhai Scenic Area

许昌禹州市西北边陲鸠山乡
Jiushan Town, Northwest of Yuzhou

0374-8811116

461670

许昌钧瓷文化创意产业园
Xuchang Jun Kiln Cultural Creative Industry Garden

许昌禹州市区西南 20 公里
20km Southwest of Yuzhou

461670

许昌鄢陵国家花木博览园
Xuchang Yanling National Flower and Wood Exhibition Garden

许昌市鄢陵县新城区
New District, Yanling County
0374-7167222
461200

鄢陵花都温泉小镇
Yanling Flower City Hot Spring Town

许昌市鄢陵县陈化店镇
Chenhuadian Town, Yanling County
461200

金雨香草庄园旅游区
Jinyu Vanilla Manor Tourism Area

许昌市鄢陵县花溪大道
Huaxi Avenue, Yanling County
461100

沙澧河风景区
Sha and Li Rivers Scenic Area

漯河市源汇区文景路 4 号
No.4 Wenjing Road, Yuanhui District, Luohe
0395-2390963
462000

许慎文化园景区
Xu Shen Culture Scenic Area

漯河市龙江路与中山路交叉口东 800 米
800m East of Intersection of Zhongshan Road & Longjiang Road, Luohe
0395-6770677
462000

金凤凰鸟文化乐园景区
Golden Phoenix Birds Culture Garden Scenic Area

漯河市西南 3 公里处
3km Southwest of Luohe
0395-3335111
462000

漯河南街村
Luohe Nanjie Village

漯河市临颍县南街村
Nanjie Village, Linying County
462600

小商桥景区
Xiaoshang Bridge Scenic Area

漯河市临颍县城南 12 公里处
12km South of Linying County
0395-8566617
462600

天鹅湖国家城市湿地公园
Swan Lake National Wetland Park in City

三门峡市湖滨区黄河路西
West Huanghe Road, Hubin District, Sanmenxia
0398-2821788
472000

虢国博物馆
Kingdom Guo Meseum

三门峡市湖滨区六峰北路
North Liufeng Road, Hubin District, Sanmenxia
0398-2955760
472000

三门峡市黄河公园
Sanmenxia Yellow River Park

三门峡市湖滨区北环路北
North Side of North Ring Road, Hubin District, Sanmenxia
472000

黄河丹峡景区
The Yellow River Red Valley Scenic Area

三门峡市湖滨区崤山东路 62 号
No.62 East Xiaoshan Road, Hubin District, Sanmenxia
0398-4812161
472000

三门峡函谷关历史文化旅游区
Sanmenxia Hanguguan History Cultural Tourism Zone

三门峡灵宝市函谷关古文化旅游区
Hanguguan, Lingbao
0398-6922012
472501

汉山景区
Hanshan Mountain Scenic Area

三门峡市灵宝市故县镇
Guxian Town, Lingbao
0398-6853618
472500

娘娘山风景区
Niangniang(Queen or Princess) Mountain Scenic Area

三门峡灵宝市西南 11 公里处
11km Southwest of Lingbao
472500

灵宝燕子山生态旅游区
Lingbao Yanzi(Swallow) Mountain Ecotourism Area

三门峡灵宝市
Lingbao

472500

仰韶村文化遗址博物馆
Yangshao Village Culture Site Museum

三门峡市渑池县仰韶镇仰韶村
Yangshao Village, Yangshao Town, Mianchi County

472400

三门峡甘山国家森林公园
Sanmenxia Ganshan Mountain National Forest Park

三门峡市陕县西张村
Xizhang Village, Shanxian County

0398-2826144

472000

卢氏县豫西大峡谷风景区
Lushi County Yuxi Great Valley Scenic Area

三门峡市卢氏县官道日镇
Guandaori Town, Lushi County

0398-7107066

472200

双龙湾景区
Shuanglong(Double Dragons) Bay Scenic Area

三门峡市卢氏县磨沟口乡
Mogoukou Town, Lushi County

0398-7449285

472200

南阳卧龙岗武侯祠
Nanyang Wollongong Wuhou Temple

南阳市西卧龙岗
West Wolonggang, Nanyang

0377-63512907

473000

邓州花洲书院
Dengzhou Huazhou Ancient Academy

南阳邓州市东南隅
Southeast of Dengzhou

474150

南召宝天曼景区
Nanzhao Baotianman Scenic Area

南阳市南召县乔端镇
Qiaoduan Town, Nanzhao County

474650

五朵山景区
Wuduo Mountain Scenic Area

南阳市南召县四棵树乡
Sikeshu Town, Nanzhao County

0377-66866137

474650

七峰山生态旅游区
Qifeng(Seven Peaks) Mountain Ecotourism Area

南阳市方城县杨集乡大河口村
Dahekou Village, Yangji Town, Fangcheng County

473200

方城七十二潭景区
Fangcheng 72 Pools Scenic Area

南阳市方城县
Fangcheng County

473200

老鹳河漂流风景区
Laoguan River Drift Scenic Area

南阳市西峡县军马河乡
Junmahe Town, Xixia County

474550

西峡恐龙遗址园
Xixia Dinosaur Ruins Garden

南阳市西峡县丹水镇三里庙村
Sanlimiao Village, Danshui Town, Xixia County

0377-69778968

474550

南阳龙潭沟景区
Nanyang Longtan Valley Scenic Area

南阳市西峡县双龙镇
Shuanglong Town, Xixia County

0377-69921003

474550

老君洞景区
Laojun Cave Scenic Area

南阳市西峡县二郎坪乡
Erlangping Town, Xixia County

474550

寺山国家森林公园景区
Sishan Mountain National Forest Park Scenic Area

南阳市西峡县城西灌河岸边
Bank of Guanhe River, West of Xixia County

474550

南阳国际玉城
Nanyang International Jade City

南阳市镇平县石佛寺镇
Shifosi Town, Zhenping County
0377-65818888
474250

内乡县衙博物馆
Neixiang Ancient County Government Museum

南阳市内乡县
Neixiang County
0377-65333488
474350

大宝天曼原始生态旅游区
Baotianman Original & Ecological Tourism Area

南阳市内乡县夏馆镇葛条爬村
Getiaopa Village, Xiaguan Town, Neixiang County
0377-63518185
474350

宝天曼峡谷漂流景区
Baotianman Valley Drift Scenic Area

南阳市内乡县七里坪乡大龙村
Dalong Village, Qiliping Town, Neixiang County
0377-6351818665157511
474364

云露山景区
Yunlu Mountain Scenic Area

南阳市内乡县马山口镇火星庙村
Huoxingmiao Village, Mashankou Town, Neixiang County
0377-60215555
474350

香严寺风景名胜区
Xiangyan Temple Famous Scenic Area

南阳市淅川县仓房镇
Cangfang Town, Xichuan County
0377-69386666
474450

社旗山陕会馆
Sheqi Mountain Shanxi & Shaanxi Clubhall

南阳市社旗县社旗镇
Sheqi Town, Sheqi County
0377-67921873
473300

桐柏山淮源风景名胜区
Tongbai Mountain Huaiyuan Famous Scenic Area

南阳市桐柏县城西 2 公里处
2 Kilometers West of Tongbai County
474750

商丘古城文化旅游区
Shangqiu Ancient Town Cultural Tourism Area

商丘市睢阳区古城内小隅首东一街 5 号
No.5 Dongyi Street, Small Yushou, Suiyang District, Shangqiu
0370-3310695
476100

淮海战役陈官庄纪念馆景区
Chenguanzhuang Memorial Museum for Huaihai Campaign

商丘永城市陈官庄乡
Chenguanzhuang Town, Yongcheng
476600

睢县北湖景区
Suixian County North Lake Scenic Area

商丘市睢县城北
North of Suixian County
476900

鸡公山国家自然保护区
Jigong Mountain National Nature Reserve

信阳市浉河区鸡公山
Jigong Mountain, Shihe District, Xinyang
0376-6912044
461434

南湾湖风景名胜区
Nanwan Lake Famous Scenic Area

信阳市浉河区南湾乡
Nanwan Town, Shihe District, Xinyang
0376-6373378
464031

西九华山旅游风景区
West Jiuhua Mountain Tourism Area

信阳市固始县陈淋子镇
Chenlinzi Town, Gushi County
0376-4183000
465250

黄柏山国家森林公园
Huangbai Mountain National Forest Park

信阳市商城县南部
South of Shangcheng County
0376-7419288
465350

金刚台国家地质公园
Jingangtai National Geological Park

信阳市商城县东南 20 公里
20km Southeast of Shangcheng County
465350

信阳灵山风景名胜区
Xinyang Ling Mountain Famous Scenic Area

信阳市罗山县西南部境内
Southwest in Luoshan County, Xinyang

464200

新县鄂豫皖苏区首府景区
Capital of Hubei, Henan & Anhui Soviet Area Tourism Attraction in Xinxian

信阳市新县城关首府路文博新村 004 号
No.4 Wenbo New Village, Shoufu Road, Xinxian County

0376–2987315

465550

许世友将军故里
General Xu Shiyou's Hometown

信阳市新县田铺乡许家洼
Xujiawa, Tianpu Town, Xinxian County

465550

周口老子故里旅游区
Zhoukou Laozi Hometown Tourism Area

周口市鹿邑县
Luyi County

0394–7101188

477200

太昊陵博物馆
Tombs of Taihao Museum

周口市淮阳县
Huaiyang County

0394–2690336

466700

老乐山景区
Leshan Mountain Scenic Area

驻马店市中华路西段
West Part of Zhonghua Road, Zhumadian

0396–3555555

463000

金顶山景区
Jinding Mountain Scenic Area

驻马店市驿城区蚁蜂镇
Yifeng Town, Yicheng District, Zhumadian

0396–7388196

463000

竹沟革命历史纪念馆
Zhugou Revolution and History Memorial Museum

驻马店市确山县竹沟镇
Zhugou Town, Queshan County

0396–7100010

463200

铜山风景名胜区
Tongshan Mountain Famous Scenic Area

驻马店市泌阳县铜山乡
Tongshan Town, Biyang County

0396–7783301

463718

南海禅寺
Nanhai Temple

驻马店市汝南县东南隅
Southeast of Runan County

463300

黄河三峡
Yellow River Three Gorges

济源市张岭指挥部
Headquarters of Zhangling, Jiyuan

0391–6077888

454650

王屋山风景区
Wangwu Mountain Scenic Area

济源市王屋乡愚公村
Yugong Village, Wangwu Town, Jiyuan

0391–6733358

454693

五龙口旅游区
Wanglongkou Touristm Area

济源市五龙口乡山口村
Shankou Village, Wulongkou Town, Jiyuan

454650

小沟背 · 银河峡景区
Xiaogoubei—Yinhe Valley Scenic Area

济源市邵原镇
Shaoyuan Town, Jiyuan

454650

湖北

HUBEI

湖北“颜值”高。

湖北山水名胜、文物古迹兼备，长江、汉江、清江如三条玉带镶嵌荆楚大地，大江大湖大水库等众多的河流湖泊，构成了绝无仅有的“水魅湖北”。“黄鹤楼中吹玉笛，江城五月落梅花”，“昔人已乘黄鹤去，……白云千载空悠悠。”白云黄鹤、如诗如画的湖北，想想就很美。

湖北“家底”厚。

湖北旅游资源丰富。这里有盛世长江的雄奇秀美，有原始神农的神奇秘境，有太极武当的雄浑厚重，有仙居恩施的民俗风情。这里还有炎帝故里、三国传奇、屈原故里、千年编钟，这里更有新式长江首部漂移式多维体验剧“知音号”……这里的每一处，都如一颗璀璨的珍珠，闪耀着光芒，引人神往。

灵秀湖北欢迎您！

黄鹤楼公园
Yellow Crane Tower Park

“昔人已乘黄鹤去，此地空余黄鹤楼。黄鹤一去不复返，白云千载空悠悠。”唐代诗人崔颢一首千古绝唱，使黄鹤楼名声大噪，世人皆知。黄鹤楼与岳阳楼、滕王阁并称江南三大名楼。千百年来，白云环绕其上，滚滚长江从其脚下东流而去。龟蛇两山相夹，江上舟楫如织，黄鹤楼巍峨耸立于此。

黄鹤楼是古典与现代熔铸、诗化与美意构筑的精品。黄鹤楼始建于三国时期，至唐朝，已为著名景点，历代文人墨客到此游览，留下不少脍炙人口的诗篇。不少江夏名士“游必于是，宴必于是”。然而兵火频繁，黄鹤楼屡建屡废。目前的黄鹤楼于 1985 年 6 月建成，运用现代建筑技术施工，飞檐五层，攒尖楼顶，金色琉璃瓦屋面。楼外铸铜黄鹤造型、胜像宝塔、牌坊、轩廊、亭阁等，将主楼烘托得更加壮丽。登楼远眺，“极目楚天舒”，不尽长江滚滚来，三镇风光尽收眼底。

武汉市武昌区蛇山西坡特 1 号
No.1 Sheshan Xipo, Wuchang District, Wuhan

430060

http://www.cnhhl.com

1 路、4 路、10 路、61 路、64 路（内环）、108 路、401 路、402 路、411 路、413 路、507 路、519 路、537 路、542 路、554 路、561 路、571 路、584 路、607 路、608 路、609 路等公交车可达。

武汉东湖风景区
Wuhan Donghu Lake Scenic Area

东湖因位于武汉市武昌东部而得名，东湖水域面积达 33 平方公里，是中国第二大城中湖，是杭州西湖的 6 倍。东湖风景区由听涛区、磨山区、落雁区、吹笛区、白马区和珞洪区 6 个片区组成，楚风浓郁，楚韵精妙。

武汉市武昌区沿湖大道 16 号
No.16 Yanhu Avenue, Wuchang District, Wuhan

430077

http://www.whdonghu.gov.cn

电 1 专线、8 路电车、14 路、36 路、401 路、402 路、411 路、413 路、515 路、578 路、573 路、537 路、605 路、701 路、712 路、643 路、810 路公交车可达。

4 号线、8 号线。

黄陂木兰文化生态旅游区
Huangpi Mulan Culture Ecotourism Area

黄陂木兰文化生态旅游区由四个独立风景区组成，分别是：木兰山、木兰天池、木兰草原、木兰云雾山。

木兰山是因代父从军而流芳千古的花木兰将军的故里，相传花木兰屡立战功，被封为“孝烈将军”。这里先后建了木兰殿、木兰庙 、唐木兰将军坊、木兰祠。

木兰天池是木兰的外婆家、木兰成长地，再现了木兰童年生活的快乐时光。木兰天池由“浪漫山水”“高峡人家”和“森林公园”三大主题景园组成，是一个南北走向，长达 10 余公里的森林山水大峡谷，峡谷、大小天池的两岸遍布野杏花、野菊花、油茶花，风光奇丽。

木兰草原是木兰骑马射箭、演兵练武之地，空气清新，草地绿幽，蓝天白云下，处处显示着浓郁的民族风情。

木兰云雾山是木兰将军归隐之地，有“西陵胜地、楚北名区、陂西睡障、汉地祖山”的美誉。木兰云雾山是武汉市最大的城市郊野公园，地貌奇特而秀美，集峰、谷、堰、川、古寨、古建筑于一身，被称为木兰生态旅游区中的“百景园”。云雾山还是著名的杜鹃花研究基地，每年四五月间竞相怒放的杜鹃花，红白相间，漫山遍野，蔚为壮观。

武汉市黄陂区境内
Huangpi District, Wuhan

432200

武当山风景区
Wudang Mountain Scenic Area

武当山又名太和山，是我国著名的道教圣地、太极拳的发祥地。武当山自然景观秀美，风光旖旎，众峰嵯岈，高险幽深，气势磅礴。武当山人文景观丰厚，其规模宏大的古建筑群、源远流长的道教文化、博大精深的武当武术名扬海内外，武当山因此被誉为“亘古无双胜境，天下第一仙山”。

十堰市武当山旅游经济特区
Wudangshan Special Economic Zone, Shiyan

442714

www.wudangshan.gov.cn

202 路、205 路、203 路公交车可达。

三峡大坝旅游区
Three Gorges Dam Tourism Area

三峡大坝旅游区以世界著名的水利枢纽工程——三峡工程为依托，全方位展示水利工程文化，将现代工程、自然风光和人文景观有机结合，使之成为国内外游客向往的旅游胜地。登上坛子岭观景点，可鸟瞰三峡工程全貌，体会“截断巫山云雨，高峡出平湖”的豪迈情怀；在近坝观景点，能零距离感受雄伟壮丽的大坝；在截流纪念园，可欣赏人与自然的完美结合，仿佛置身于“山水相连，天人合一”的人间美景。

宜昌市三峡坝区江峡大道 13 小区
13rd Area, Jiangxia Avenue, Three Gorges Dam District, Yichang

443002

宜昌市区大三峡国际旅行社（东山大道 80 号）门口有旅游班车可直达景区。

宜昌三峡人家风景区
Yichang Three Gorges Households Scenic Area

三峡人家风景区位于宜昌市夷陵区西陵峡内三峡大坝和葛洲坝之间，跨越秀丽的灯影峡两岸，依山傍水，风情如画。三峡人家“一肩挑两坝，一江携两溪”，这里石、瀑、洞、泉……多种景观元素巧妙组合，极致的大自然之鬼斧神工，造就了这里的洪荒之美、苍凉之美、阴柔之美和雄浑之美。除了优美的风景，三峡文化和当地的巴楚文化也在这里得到充分显现，许多三峡人祖祖辈辈生活在船上，常年以打鱼为生，在水上流动，和风浪搏击，与渔船为伴，形成了“水上人家”。

宜昌市夷陵区三斗坪镇石牌村
Shipai Village, Sandouping Town, Yiling District, Yichang

443100

宜昌城区乘 4 路公交车到达“三峡茶城或 22 公司站”，有从夷陵客运站发往三峡人家景区的专线公交车。

宜昌市屈原故里文化旅游区
Yichang Qu Yuan's Hometown Cultural Tourism Area

为纪念爱国诗人屈原，秭归人于 820 年修建屈原祠。20 世纪，屈原祠历经了葛洲坝工程和三峡工程两次搬迁，最终迁至秭归凤凰山。屈原祠规模宏大，建筑精美，被评为“中华建筑文化奖”。屈原故里文化旅游区是以屈原祠、屈原衣冠冢、屈原祭祀活动为主要内容，以青滩仁村、崆岭纤夫雕塑、牛肝马肺原样搬迁、兵书宝剑复制、峡江石刻、峡江古索桥等为主要景点的峡江文化主题园区。峡江皮影、巫术表演、船工号子、秭归高腔、民间乐器演奏、龙舟博物馆、端午习俗馆等项目众多，是全国中小学生研学实践教育基地、海峡两岸交流基地、港澳青少年游学基地。

宜昌市秭归县茅坪镇
Maoping Town, Zigui County

443600

在宜昌客运中心站有直达秭归（茅坪）的大巴车及旅游专线车。

清江画廊旅游度假区
Qingjiang Gallery Tourism Resort

清江是长江在湖北境内的第二大支流，是巴人的发祥地，土家儿女的母亲河。5000年前，古代巴人从这里开疆拓土建立古代巴国，2000年前，土家族在这里诞生。清江画廊主景区东起清江隔河岩大坝倒影峡，西至清江水布垭大坝盐池温泉，涵盖沿线所有旅游资源，高峡平湖东西纵深长达100公里。度假区内山清水秀，风光满眼，青山绿如缎带，江水蓝如宝石。清江画廊，一步一景，一里一画，是名副其实山水画廊。

宜昌市长阳县龙舟坪镇
Longzhouping Town, Changyang County

443500

www.qjhlw.com

长阳县城车站有直达景区的豪华旅游公交车。

恩施大峡谷景区
Enshi Grand Canyon Scenic Area

恩施大峡谷坐落于神秘的“北纬30度”，是全球最长、最美丽的大峡谷之一。神秘险峻的恩施大峡谷，拥有“清江升白云”“绝壁环峰丛”“天桥连洞群”“暗河接飞瀑”“天坑配地缝”五大奇观。峡谷中遍布绝壁悬崖，流水飞瀑，千仞孤峰，壮观地缝，原始森林，乡村梯田，迎客松、一炷香、情侣峰、绝壁长廊、大地山川、母子情深，步步为景，美不胜收。

恩施州恩施市屯堡乡和板桥镇
Tunbao & Banqiao Town, Enshi

445029

http://www.esdaxiagu.com

恩施汽车客运中心有到大峡谷的专线车。

巴东神农溪旅游区
Badong Shennong Stream Scenic Area

神农溪地处长江三峡巫峡与西陵峡之间的巴东县长江北岸，发源于有“华中第一峰”之称的神农架南坡，因而得名。神农溪是一条典型的峡谷溪流，两岸山峰紧束，绝壁峭耸，溪水在刀削般的峡壁间冲撞，水道曲折，湍急的溪流中有险滩、长滩、弯滩、浅滩60余处。神农溪的美，体现在它的原始古朴，没有人工雕饰，全是大自然的造化，秀丽而神奇。神农溪流经三个风景各异的峡谷：棉竹峡、鹦鹉峡、龙昌洞峡。两岸风光奇美，峡谷中少有开阔地。船行峡中，如穿幽巷重门。唐朝诗人杜甫为其赋诗曰：“迢迢水出走长蛇，怀抱江村在野牙，一叶兰舟龙洞府，数间茅屋野人家，冬来纯绿松杉树，春到间红桃李花。”

恩施州巴东县沿江大道145号
No.145 Yanjiang Avenue, Badong County

444300

巴东县信陵镇有游船可达景区。

神农架旅游区
Shennongjia Tourism Area

神农架是发现“野人”的次数最多、目击者人数最多的地方之一。“野人”的出现让这里充满了神秘的色彩。神农架因华夏始祖之一神农氏在此架木为梯、采尝百草、救民疾夭、教民稼穑而得名。神农架旅游区多山，最高峰神农顶为华中第一峰，神农架因此有“华中屋脊”之称。神农架生态旅游资源丰富，是长江和汉水的分水岭、中华农耕文明的发祥地，拥有神农架穹隆“华中屋脊”纷繁多样的地质地貌、气象水文景观。旅游区有原始洪荒神农顶、金猴部落大龙潭、科普体验官门山、高山湿地大九湖、生态创作天生桥、古杉炎帝神农坛、云海佛光燕子垭7大景观区和17处精品景点。

神农架林区木鱼镇
Muyu Town, Shennongjia Forest District

0719-3452143

442421

http://ly.snj.gov.cn

十堰每天上午有班车发往神农架木鱼镇。从宜昌乘坐808路城际公交车到兴山县，再转车到木鱼镇。

AAAA

武汉市博物馆
Wuhan Museum

武汉市汉口青年路273号
No.273 Qingnian Road, Hankou, Wuhan

027-85625587

430023

武汉市科技馆
Wuhan Science and Technology Museum

武汉市江岸区赵家条 104 号
No.104 Zhaojiatiao, Jiang'an District, Wuhan
027-82281188
430014

武汉市规划展示馆
Wuhan City Planning Exhibition Museum

武汉市江岸区金桥大道 117 号
No.117 Jinqiao Avenue, Jiang'an District, Wuhan
027-85661111
430014

武汉归元禅寺
Wuhan Guiyuan Temple

武汉市汉阳区翠微路 20 号
No.20 Cuiwei Road, Hanyang District
430050

首义文化旅游区
The First Uprising Culture Tourism Area

武汉市武昌区阅马场
Yuemachang, Wuchang District, Wuhan
027-88875306
430060

中科院武汉植物园
CAS Wuhan Botanical Garden

武汉市武昌区磨山
Moshan, Wuchang District, Wuhan
027-87510815
430074

湖北省博物馆
Hubei Province Museum

武汉市武昌东湖路 156 号
No.156 Donghu Road, Wuchang, Wuhan
027-86783171
430077

武汉市革命博物馆
Wuhan Revolutionary Museum

武汉市武昌区红巷 13 号
No.13 Hong Lane, Wuchang District, Wuhan
027-88873616
430000

东湖听涛风景区
Donghu Lake Listening Waves Scenic Area

武汉市武昌区沿湖大道 2 号东湖西北岸
Northwest Bank of Donghu Lake, No.2 Yanhu Avenue, Wuchang District, Wuhan
430061

华侨城欢乐谷
Overseas Chinese Town Happy Valley

武汉市武昌区东湖生态旅游风景区欢乐大道 196 号
No.196 Huanle Avenue, Donghu Lake Ecotourism Area, Wuchang District, Wuhan
027-86780000
430061

东湖磨山景区
Donghu Moshan Scenic Area

武汉市武昌区东湖东岸
East Bank of Donghe, Wuchang District, Wuhan
027-87510452
430077

中国地质大学逸夫博物馆
China University of Geosciences Yifu Museum

武汉市洪山区鲁磨路 388 号
No.388 Lumo Road, Wuhan
027-67883344
430074

东湖落雁景区
Donghu Lake Luoyan Scenic Area

湖北省武汉市洪山区三环线
3rd Ring Road, Hongshan District, Wuhan
430070

马鞍山森林公园
Ma'anshan Forest Park

武汉市洪山区珞喻东路 619 号
No.619 East Luoyu Road, Hongshan District, Wuhan
027-87804351
430070

武汉海昌极地海洋世界
Wuhan Haichang Polar Land Ocean World

武汉市东西湖区金银潭大道 96 号
No.96 Jinyintan Avenue, Dongxihu District, Wuhan
027-85699999
430040

九真山风景区
Jiuzhen Mountain Scenic Area

武汉市蔡甸区永安街炉房村
Lufang Village, Yong'an Street, Caidian District, Wuhan
430100

大余湾旅游区
Dayu Bay Tourism Area

武汉市黄陂区木兰乡
Mulan Town, Huangpi District, Wuhan
432200

木兰清凉寨景区
Mulan Cool Stockaded Village Scenic Area

武汉市黄陂区蔡店乡
Caidian Town, Huangpi District, Wuhan

027-82430547

432200

锦里土家风情谷旅游区
Jinli Tujia Nationality Ethnic Customs Valley Tourism Area

武汉市黄陂区蔡店乡道士冲村
Daoshichong Village, Caidian Town, Huangpi District, Wuhan

027-61521851

432200

黄石市东方山风景区
Huangshi Oriental Mountain Scenic Area

黄石市下陆区东方山路 007 号
No.007 Dongfangshan Road, Xialu District, Huangshi

0714-5330538

435005

黄石市黄石国家矿山公园
Huangshi National Mine Park

黄石市铁山区直辖村
Zhixia Village, Tieshan District, Huangshi

0714-3813862

435006

大冶市雷山风景区
Daye Leishan Mountain Scenic Area

黄石大冶市陈贵镇雷山风景区管理处
Leishan Mountain Scenic Spot Management Office, Chengui Town, Daye

0714-8997488

435124

阳新湘鄂赣边区鄂东南革命烈士陵园
Yangxin Southeast Hubei Cemetery for Revolutionary Martyrs of Hunan-Hubei-Jiangxi Area

黄石市阳新县兴国镇阳新大道 68 号
No.68 Yangxin Avenue, Xingguo Town, Yangxin County

0714-7322489

435200

仙岛湖生态旅游风景区
Xiandao Lake Ecotourism Area

黄石市阳新县王英乡
Wangying Town, Yangxin County

0714-7686666

435236

十堰市赛武当旅游区
Shiyan Saiwudang Tourism Area

十堰市茅箭区小川乡
Xiaochuan Town, Maojian District, Shiyan

442012

十堰市博物馆
Shiyan City Museum

十堰市茅箭区北京北路 91 号
No.91 North Beijing Road, Maojian District, Shiyan

0719-8489388

442000

十堰市人民公园
Shiyan People's Park

十堰市张湾区车城路
Checheng Road, Zhangwan District, Shiyan

0719-8652061

442000

九龙瀑布
Jiulong(Nine Dragons) Waterfalls

十堰市郧阳区南化塘镇青岩村
Qingyan Village, Nanhuatang Town, Yunyang District, Shiyan

0719-7108999

442500

虎啸滩旅游区
Huxiaotan Tourism Area

十堰市郧阳区大柳乡
Daliu Town, Yunyang District, Shiyan

0719-7010856

442500

太极峡风景名胜区
Taiji Gorge Famous Scenic Area

十堰丹江口市石鼓镇
Shigu Town, Danjiangkou

442700

净乐宫景区
Jingle Palace Scenic Area

十堰丹江口市单赵路
Danzhao Road, Danjiangkou

0719-5252725

442700

丹江口旅游港景区
Danjiangkou Tourism Port Scenic Area

十堰丹江口市武当大道 1 号
No.1 Wudang Avenue, Danjiangkou

0719-5077777

442700

武当山南神道旅游区
Wudang Mountain South Immortal Road Tourism Area

十堰丹江口市官山镇吕家河村
L ü jiahe Village, Guanshan Town, Danjiangkou

442700

竹山县女娲山旅游区
Zhushan County Nüwa Mountain Tourism Area

十堰市竹山县宝丰镇
Baofeng Town, Zhushan County

0719-4442927

442200

房县野人谷・野人洞旅游区
Fangxian County Savage Valley & Cave Tourism Area

十堰市房县野人谷镇桥上村
Qiaoshang Village, Yerengu Town, Fangxian County

0719-3611205

442114

房县观音洞旅游区
Fangxian County Guanyin Cave Tourism Area

十堰市房县城关镇炳公村
Binggong Village, Chengguan Town, Fangxian County

442100

五龙河旅游景区
Wulong(Five Dragons) River Tourism Area

十堰市郧西县安家乡
Anjia Town, Yunxi County

0719-6239988

442600

郧西天河旅游区
Yunxi Heaven River Tourism Area

十堰市郧西县城关镇
Chengguan Town, Yunxi County

0719-6318777

442300

郧西龙潭河旅游区
Yunxi Longtan River Tourism Area

十堰市郧西县羊尾镇
Yangwei Town, Yunxi County

0719-6316888

442300

郧西上津文化旅游区
Yunxl Shangjin Culture Tourism Area

十堰市郧西县上津镇
Shangjin Town, Yunxi County

442300

车溪民俗风情区
Chexi Folk Custom Scenic Area

宜昌市点军区土城乡车溪村
Chexi Village, Tucheng Town, Dianjun District, Yichang

0717-7884167

443123

长江三峡工程坛子岭风景区
Changjiang Three Gorges Peoject Tanziling Scenic Area

宜昌市东山大道 80 号
No.80 Dongshan Avenue, Yichang

0717-6756271

443002

宜昌三游洞风景区
Yichang Sanyou Cave Scenic Area

宜昌市夷陵区南津关
Nanjinguan, Yiling District, Yichang

0717-8861760

443002

宜昌市西陵峡口风景名胜区
Yichang Xiling Gorge Passage Scenic Area

宜昌市夷陵区南津关
Nanjinguan, Yiling District, Yichang

0717-8862221

443002

长江三峡风景名胜区宜昌景区
Changjiang Three Gorges Famous Scenic Area Yichang Scenic Spot

宜昌市夷陵区南津关
Nanjinguan, Yiling District, Yichang

443002

三峡石牌要塞旅游区
Three Gorges Shipai Fort Tourism Area

宜昌市夷陵区三斗坪镇石牌村
Shipai Village, Sandouping Town, Yiling District, Yichang

443100

宜昌市三峡大瀑布景区
Yichang Three Gorges Water Fall Scenic Area

宜昌市夷陵区黄花镇
Huanghua Town, Yiling District, Yichang

0717-7958908

443106

金狮洞风景区
Jinshi Cave Scenic Area

宜昌市夷陵区金狮洞乡杨家冲村七组
Group 7, Yangjiachong Village, Jinshidong Town, Yiling District, Yichang

0717-7824464

443100

晓峰风景区
Xiaofeng Scenic Area

宜昌市夷陵区黄花镇
Huanghua Town, Yiling District, Yichang

443100

百里荒高山草原旅游区
Bailihuang High Mountain Prairie Tourism Area

宜昌市夷陵区夷陵经济开发区宜兴路 253 号
No.253 Yixing Road, Yiling Economic Development Zone, Yiling District, Yichang

0717-7971111

443100

三峡湿地 · 杨守敬书院
Three Gorges Wetland—Yang Shoujing's Academy

宜昌宜都市五眼泉镇
Wuyanquan Town, Yidu

0717-4805330

443300

当阳玉泉寺风景区
Dangyang Yuquan Temple Scenic Area

宜昌当阳市玉泉街道
Yuquan Community, Dangyang

444102

鸣凤山风景区
Mingfeng Mountain Scenic Area

宜昌市远安县鸣凤镇凤山村三组
Group 3 Fengshan Village, Mingfeng Town, Yuan'an County

0717-3812483

444200

高岚朝天吼漂流景区
Gaolan Chaotianhong Drift Scenic Area

宜昌市兴山县水月寺镇高岚村
Gaolan Village, Shuiyuesi Town, Xingshan County

0717-2446888

443711

秭归县九畹溪风景区
Zigui Jiuwan Stream Scenic Area

宜昌市秭归县九畹溪镇
Jiuwanxi Town, Zigui County

0717-28872482886198

443600

三峡竹海生态风景区
Three Gorges Bamboo Sea Ecotourism Area

宜昌市秭归县茅坪镇泗溪村
Sixi Village, Maoping Town, Zigui County

0717-2853012

443600

宜昌市柴埠溪大峡谷风景区
Yichang Chaibuxi Canyon Scenic Area

宜昌市五峰县渔洋关镇
Yuyangguan Town, Wufeng County

0717-5759516

443413

天门峡景区
Tianmen Canyon Scenic Area

宜昌市五峰县五峰镇后河村
Houhe Village, Wufeng Town, Wufeng County

443401

隆中风景名胜区古隆中景区
Longzhong Famous Scenic Area Ancient Longzhong Scenic Spot

襄阳市襄城区隆中路 461 号
No.461 Longzhong Road, Xiangcheng District, Xiangyang

0710-3591656

441053

Tangcheng Scenic Area

唐城景区 AAAA

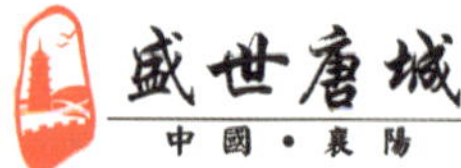

襄阳盛世唐城景区是由湖北志强集团斥巨资打造、襄阳智谷文化开发有限公司开发施建的集文化旅游、影视拍摄、全景演绎和商业运营为一体的大型复合型旅游景区。著名导演陈凯歌执导的电影《妖猫传》在唐城景区拍摄。其后，以唐城景区为主拍摄场地的优秀影视作品《天盛长歌》《将夜》《九州缥缈录》等也已顺利播出。更有《图兰朵》《木兰》《帝凰业》《将夜之光明之战》等大型影视剧先后在唐城景区取景并完成拍摄。

夜游唐城——《盛世唐城之大唐倚梦》

2018 年 7 月 14 日，大型嵌入行进式全景秀《盛世唐城之大唐倚梦》夜游项目盛大开启。该项目斥 2.8 亿元巨资精心打造，引入先进的裸眼 3D 墙体投影技术，以气势恢宏的朱雀门城墙为整体背景，进行全屏投影，近 400 名专业演员，以 40 万平方米仿唐建筑群为舞台背景，全景呈现恢宏的皇家军阵、浩浩荡荡的皇家马队、大气端庄的唐风乐舞及异域风情的歌舞，营造出一幅盛世唐城穿越之旅的不夜画景。

花萼相辉楼——《大唐飞歌》

大型原创实景梦幻演艺秀《大唐飞歌》360° 全景再现了陈凯歌巨制《妖猫传》中的极乐盛宴。在“大唐盛世”“花间一壶酒”“安史之乱”“忠烈琴师”“贵妃之死”“梦回盛唐”六大华章中，有宏伟庄重的大唐礼乐、缠绵悱恻的爱情故事、激烈紧张的大唐历史，更有万国朝贺的盛世之景。

地址：湖北省襄阳市襄城区庞公办事处十家庙社区　　联系方式：0710-3063333

唐城景区
Tangcheng Scenic Area

襄阳市襄城区庞公街道
Panggong Community, Xiangcheng District, Xiangyang

0710-3063333

441000

春秋寨旅游区
Chunqiuzhai Tourism Area

襄阳市南漳县东巩镇
Donggong Town, Nanzhang County

0710-5515550

441500

尧治河旅游区
Yaozhi River Tourism Area

襄阳市保康县马桥镇尧治河村
Yaozhihe Village, Maqiao Town, Baokang County

0710-5069809

441614

五道峡自然风景区
Wudao Valley Nature Scenic Area

襄阳市保康县
Baokang County

0710-5760071

441606

湖北莲花山旅游区
Hubei Lotus Mountain Tourism Area

鄂州市凤凰路 76 号
No.76 Fenghuang Road, Ezhou

0711-5030017

436000

鄂州梁子岛生态旅游度假区
Ezhou Liangzi Island Ecotourism Resort

鄂州市梁子湖区
Liangzi Lake District, Ezhou

0711-2481018

436064

漳河风景名胜区
Zhanghe Famous Scenic Area

荆门市漳河镇
Zhanghe Town, Jingmen

0724-6042556

448156

明显陵旅游景区
Ming Dynasty Xian Tombs Tourism Area

荆门市钟祥市洋梓镇
Yangzi Town, Zhongxiang

0724-4217387

431900

钟祥市黄仙洞
Huangxian Cave

荆门市钟祥市客店镇
Kekian Town, Zhongxiang

0724-4382222

431804

荆门市绿林山风景区
Jingmen Lülin Mountain Scenic Area

荆门市京山县绿林镇
Lulin Town, Jingshan County

0724-7488888

431800

天紫湖生态度假区
Tianzi Lake Ecotourism Area

孝感市孝南区肖港镇
Xiaogang Town, Xiaonan District, Xiaogan

0712-2699999

432100

孝感董永公园
Xiaogan Dongyong Park

孝感市孝南区槐荫大道 200 号
No.200 Boulevard, Xiaonan District, Xiaogan

0712-2822185

432100

应城市汤池温泉旅游景区
Yingcheng Tangchi Hot Spring Tourism Area

孝感市应城市汤池镇
Tangchi Town, Yingcheng

432415

Chibi 赤壁

“天下赤壁，茶香万里。”赤壁，是一座充满传奇色彩的城市，不仅有着厚重的三国文化，还有着悠久的“茶路”文明。1800 多年前这里见证了震古烁今的赤壁之战，1650 年前道教名家葛洪在此修炼飞仙，300 年前赤壁砖茶踏上了欧亚万里茶叶之路，谱写了欧亚万里茶道源头的传奇。这里有历史上以少胜多、以弱胜强的三国赤壁古战场（国家 5A 级旅游景区），有“万里茶道源头”——羊楼洞明清古街，有陆水湖风景区、龙佑赤壁温泉度假区、赤壁市博物馆、三峡试验坝、玄素洞、雪峰山等众多国家 A 级旅游景区，还有万亩竹海、万亩茶园、万亩猕猴桃园等自然风光，如诗如画、交相辉映。羊楼洞万里茶道获评进入《中国世界文化遗产预备名单》。

如今，赤壁这座古老而又年轻的城市在全域旅游的规划下，春赏花、夏避暑、秋摘果、冬踏雪，绿水青山好生态，一年四季各有滋味。

白兆山李白文化旅游区
Baizhao Mountain Li Bai's Culture Tourism Area

孝感安陆市烟店镇
Yandian Town, Anlu

0712-5815999

432600

孝昌观音湖旅游度假区
Xiaochang Guanyin Lake Tourism Resort

孝感市孝昌县东北部
Northeast of Xiaochang County

0712-4856368

432900

双峰山旅游度假区
Shuangfeng Mountain Tourism Resort

孝感市孝昌县
Xiaochang County

432100

荆州古城历史文化旅游区
Jingzhou Ancient Town Historical and Cultural Tourism Area

荆州市荆州区张居正街 2 号
No.2 Zhang Juzheng Street, Jingzhou District, Jingzhou

0716-8468124

434100

荆州博物馆
Jingzhou Museum

荆州市荆州区荆中路 142 号
No.142 Jingzhou Road, Jingzhou District, Jingzhou

0716-8494808

434020

荆州九老仙都景区
Jingzhou Jiulaoxiandu Scenic Area

荆州市荆州区荆州古城内
Inside Jingzhou Ancient Town, Jingzhou District, Jingzhou

434100

楚王车马阵景区
King Chu's Carriages & Horses Array Scenic Area

荆州市荆州区川店镇
Chuandian Town, Jingzhou District, Jingzhou

434020

洪湖蓝田生态旅游风景区
Honghu Lantian Ecotourism Scenic Area

荆州洪湖市瞿家湾镇唐城大道
Tangcheng Avenue, Qujiawan Town, Honghu

0716-2742799

433228

洪湖悦兮半岛旅游区
Honghu Yuexi Peninsula Tourism Area

荆州洪湖市乌林镇胡洲村
Huzhou Village, Wulin Town, Honghu

433200

涴水风景区
Weishui Scenic Area

荆州松滋市涴水镇
Weishui Town, Songzi

0716-6955157

434200

东坡赤壁风景区
Dongpo Chibi Scenic Area

黄冈市黄州区公园路
Park Road, Huangzhou District, Huanggang

0713-8366568

438000

遗爱湖景区
Yi'ai Lake Scenic Area

黄岗市黄州区
Huangzhou District, Huanggang

0713-8829729

438000

五脑峰森林公园
Wunaofeng Forest Park

黄冈麻城市西北部
Northwest of Macheng

0713-2941311

438300

龟峰山风景区
Guifeng Mountain Tourism Area

黄冈麻城市龟山镇
Guishan Town, Macheng

0713-2880001

438300

麻城市革命烈士陵园
Macheng Cemetery for Revolutionary Martyrs

黄冈麻城市陵园路 75 号
No.75 Lingyuan Road, Macheng

0713-2958138

438300

孝感乡文化园
Xiaogan Town Culture Garden

黄冈麻城市孝感乡
Xiaogan Town, Mancheng

0713-2956115

438300

黄冈市李先念故居纪念园
Li Xiannian's Former Residence & Memorial Museum

黄冈市红安县高桥镇长丰村
Changfeng Village, Gaoqiao Town, Hong'an County
0713-5355018
438401

红安天台山风景区
Tiantai Mountain Scenic Area

黄冈市红安县
Hong'an County
0713-8320868
438401

黄麻起义和鄂豫皖苏区革命烈士陵园
Cemetery of Revolutionary Martyrs for Huangma Uprising & Hubei-Henan-Anhui Soviet Area

黄冈市红安县城关镇陵园大道 1 号稞子山下
No.1 Lingyuan Ave, Chengguan Town, Hong'an County
0713-5285739
438401

罗田县天堂寨景区
Luotian County Tiantangzhai Scenic Area

黄冈市罗田县九资河镇
Jiuzihe Town, Luotian County
0713-5826191
438600

罗田县大别山薄刀峰风景区
Luotian County Dabie Mountain Bodao Peak Scenic Area

黄冈市罗田县大别山森林公园
Dabie Mountain Forest Park, Luotian County
0713-5109999
438600

大别山主峰旅游景区
Main Peak of Dabie Mountain Tourism Area

黄冈市英山县石头咀镇
Shitouzui Town, Yingshan County
438700

英山县桃花冲旅游风景区
Yingshan County Taohua Chong Toruism Area

黄冈市英山县东北部
Northeast of Yingshan County
0713-7723001
438700

浠水县三角山旅游风景区
Xishui County Sanjiao Mountain Tourism Area

黄冈市浠水县三角山林场
Sanjiaoshan Forest Center, Xishui County
0713-4898188
438219

李时珍医道文化旅游区（普阳观）
Li Shizhen Medical Culture Tourism Area(Puyang Temple)

黄冈市蕲春县漕河镇何大垸村
Hedayuan Village, Caohe Town, Qichun County
0713-8975199
435300

四祖寺禅宗文化旅游区
Sizu Temple Chan Buddhism Culture Tourism Area

黄冈市黄梅县大河镇
Dahe Town, Huangmei County
0713-3320150
436500

梦蝶泉—三江森林温泉度假区
Butterfly Dream — Sanjiang Forest Hot Spring Resort

咸宁市咸安区
Xian'an District, Xianning
0715-8218506
437000

温泉谷度假区
Hot Spring Valley Resort

咸宁市咸安区月亮湾路特一号
No.1 AYueliangwan Road, Xian'an District, Xianning
437100

咸宁太乙温泉度假村
Xianning Taiyi Hot Spring Resort

咸宁市咸安区太乙村
Taiyi Village, Xian'an District, Xianning
437000

楚天瑶池温泉度假景区
Chutian Yaochi Hot Spring Resort

咸宁市咸安区温泉路 3 号
No.3 Wengquqn Road, Xian'an District, Xianning
437000

咸宁市三国赤壁古战场旅游区
Xianning Three Kingdom Chibi Ancient Battle Field Tourism Area

咸宁赤壁市赤壁镇武侯巷 6 号
No.6 Wuhou Lane, Chibi Town, Chibi
0715-5786307
437331

龙佑赤壁温泉度假区
Longyou Chibi Hot Spring Resort

咸宁赤壁市蒲圻街道公安泉村
Gong'anquan Village, Puqi Community, Chibi

437300

咸宁市陆水湖风景区
Xianning Lushui Lake Scenic Area

咸宁赤壁市陆水湖大道 650 号
No.650 Lushuihu Avenue, Chibi

0715-5367199

437300

山湖温泉旅游景区
Mountain Lake Hot Spring Tourism Area

咸宁市嘉鱼县
Jiayu County

0715-6668888

437200

隐水洞景区
Yinshui Cave Scenic Area

咸宁市通山县大畈镇
Dafan Town, Tongshan County

0715-2750888

437600

咸宁市九宫山风景名胜区
Jiugong Mountain Famous Scenic Area

咸宁市通山县城东路
Chengdong Road, Tongshan County

0715-2065568

437600

随州市文化公园
Suizhou Culture Park

随州市曾都区
Zengdu District, Suizhou

441300

随州千年银杏谷景区
Suizhou Ancient Ginkgo Valley Scenic Area

随州市曾都区洛阳镇永兴村
Yongxing Village, Luoyang Town, Zengdu District, Suizhou

0722-4807808

441300

炎帝神农故里风景名胜区
Yandi(Emperor Yan) Shennong's Hometown Famous Scenic Area

随州市曾都区历山镇绕城公路
No.72 Datong Street, Lishan Town, Zengdu District, Suizhou

0722-3339939

441309

徐家河旅游度假区
Xujia River Tourism Resort

随州广水市长岭镇
Changling Town, Guangshui

0722-6711276

432732

恩施土司城景区
Enshi Tusi Town Scenic Area

恩施州恩施市郊旗峰大道 96 号
No.96 Qifeng Avenue, Enshi Suburb, Enshi

445000

恩施市梭布垭风景区
Enshi Suobuya Scenic Area

恩施州恩施市太阳河乡境内
Taiyanghe Town, Enshi

0718-8788011

445000

土家女儿城旅游区
Tujia Nationality Girls City Tourism Area

恩施州恩施市七里坪
Qiliping, Enshi

0718-8025900

445000

利川腾龙洞风景旅游区
Lichuan Tenglong Cave Scenic Area

恩施州利川市腾龙大道 1 号
No.1 Tenglong Avenue, Lichuan

445400

利川龙船水乡景区
Lichuan Dragon Boat Water Village Scenic Area

恩施州利川市凉务乡
Liangwu Town, Lichuan

0718-5285888

445401

利川大水井文化旅游区
Dashuijing(Big Well) Culture Tourism Area

恩施州利川市团堡镇
Tuanpu Town, Lichuan

0718-6347888

445400

建始野三河旅游区
Jianshi Yesanhe River Tourism Area

恩施州建始县花坪镇小西湖村
Xiaoxihu Village, Huaping Town, Jianshi County

0718-3818801

445300

建始县石门河景区
Jianshi County Shimen River Scenic Area

恩施州建始县高坪镇
Gaoping Town, Jianshi County
0718-3415666
445300

巴人河旅游景区
Baren River Tourism Area

恩施州巴东县茶店子镇
Chadianzi Town, Badong County
444300

链子溪景区
Lianzi Stream Scenic Area

恩施州巴东县信陵镇
Xinling Town, Badong County
444300

伍家台旅游区
Wujiatai Tourism Area

恩施州宣恩县万寨乡
Wanzhai Town, Xuan'en County
0718-5783001
445500

坪坝营原生态休闲旅游区
Pingbaying Original Ecotourism Leisure Area

恩施州咸丰县坪坝营镇
Pingbaying Town, Xianfeng County
0718-6831886
445600

唐崖河旅游区
Tangya River Tourism Area

恩施州咸丰县黄金洞乡
Huangjindong Town, Xianfeng County
0718-6896322
445614

仙佛寺景区
Xianfo(Fairy & Buddha) Temple Scenic Area

恩施州来凤县翔凤镇关口村
Guankou Village, Xiangfeng Town, Laifeng County
445700

来凤杨梅古寨景区
Laifeng Yangmei Ancient Stocked Village Scenic Area

恩施州来凤县三胡乡
Sanhu Town, Laifeng County
0718-6280520
445700

红坪景区
Hongping Scenic Area

神农架林区红坪镇
Hongping Town, Shennongjia Forest District
0719-3372126
442400

神农架天燕旅游区
Shennongjia Tianyan Tourism Area

神农架林区红坪镇
Hongping Town, Shennongjia Forest District
442400

湖南

HUNAN

这里是伟人故里。

毛泽东、刘少奇、任弼时、彭德怀等无产阶级革命家都出生在这里，他们为创建中国共产党、缔造中华人民共和国做出了卓越贡献。新中国首批授衔的 10 大元帅中有 3 位是湖南人，10 位大将中有 6 位是湖南人……湖南是“伟人故里”“将帅之乡”“革命圣地”“红色摇篮”。

这里是锦绣潇湘。

这里因大部分区域处于洞庭湖以南而得名“湖南”，因境内最大河流湘江流贯全境而简称“湘”。这里自古盛植木芙蓉，五代时就有“秋风万里芙蓉国”之说，因此又有“芙蓉国”之称。湖南处于亚热带常绿阔叶林带，植被丰茂，四季常青，风光秀美。这里的名胜古迹众多，是闻名遐迩的旅游胜地。这里有古老的“潇湘八景”（潇湘夜雨、平沙落雁、烟寺晚钟、山市晴岚、江天暮雪、远浦归帆、洞庭秋月、渔村夕照），这里有神奇的张家界武陵源，有绚丽的邵阳崀山丹霞地貌，有风格独特的凤凰古城……锦绣潇湘，魅力无穷。

刘少奇故里景区
Liu Shaoqi's Hometown Scenic Area

刘少奇故里（刘少奇同志纪念馆）是全国刘少奇文物资料收藏研究中心和思想宣传阵地。

景区主要包括以全国重点文物保护单位刘少奇同志故居和门楼广场、铜像广场、生平业绩陈列馆、文物馆、刘少奇母校炭子冲学校旧址为主体的纪念场馆，以花明楼、修养亭、万德鼎、刘少奇坐过的飞机、一叶湖、柳叶湖、安湖塘山水太极图、炭子冲民俗文化村为主体的旅游景观，形成了人文荟萃、山水和谐、风光秀美的花明楼风景名胜区。

长沙市宁乡县花明楼镇
Huaminglou Town, Ningxiang County

0731-87094027

410611

www.Shaoqiguli.com

宁乡县 901 路公交车可达。长沙汽车西站也有直达花明楼的班车。

韶山旅游区
Shaoshan Mountain Tourism Area

史载："韶山，相传舜南巡时，奏韶乐于此，因名。"韶山位于长沙、娄底、湘潭三市交界处，这里群山环抱，峰峦耸峙，气势磅礴，翠竹苍松，田园俊秀，山川相趣。这里是中国人民伟大领袖毛泽东同志的故乡。

韶山旅游区主要景点有毛泽东故居、毛泽东铜像、毛泽东纪念馆、毛泽东遗物馆、毛泽东诗词碑林、毛泽东纪念园等人文景观以及充满神秘色彩的"西方山洞"滴水洞，还有韶峰耸翠、仙女茅庵、石屋清风、陨石成门、胭脂古井、银河渡槽等景观和许多珍贵的古树名木，深受广大游客青睐。

湘潭韶山市韶山乡
Shaoshanchong, Shaoshan

0731-55682485

411301

长沙、湘潭、宁乡均有直达景区的大巴。

南岳衡山风景名胜区
Nanyue Heng Mountain Famous Scenic Area

中国名山当数"五岳"，"五岳"之南岳即为衡山。衡山又名寿岳、南山，有祝融、紫盖、天柱、石廪、芙蓉"衡岳五峰"，其中最高峰祝融海拔 1300.2 米。"祝融万丈拔地起，欲见不见轻烟里。"高耸云霄、雄峙南天的祝融峰以中国古老传说中的火神祝融的名字命名。衡山对应天上 28 星宿之轸翼，度应玑衡，即像衡器一样称量天地的轻重，保持天地间的平衡。

衡山是中国著名的道教、佛教圣地，环山有寺、庙、庵、观 200 多处。道教"三十六洞天，七十二福地"中有四处位于衡山之中，佛祖释迦牟尼两颗真身舍利子藏于衡山南台寺金刚舍利塔中。在衡山半山腰上还有一块"黄巢试剑石"，偌大的石块如同被利剑"劈"成两半，如今已经成为著名"打卡"景点。

衡阳市南岳区西街 90 号
No.90 West Street, Nanyue District, Hengyang

0734-5662250

421900

http://www.nanyue.net.cn

1 路、2 路、3 路、6 路公交车可达。

新宁县崀山风景区
Xinning County Langshan Mountain Scenic Area

"崀，山之良也"，而崀山之美，又岂在一个"良"字。崀山山水地貌得天独厚，风光旖旎，红盆丹霞地貌完整，被地质专家们赞誉为"丹霞瑰宝"。崀山风景区山、水、林、洞浑然一体，景美如画。风景区辖八角寨、辣椒峰、天一巷、扶夷江、紫霞峒、天生桥六大景区，有三大溶洞和一座原始森林，是难得的环保型山水自然风景区。

邵阳市新宁县金石镇连村
Liancun Village, Jinshi Town, Xinning County

0739-4822405

422700

邵阳东站、邵阳南站、邵阳西站均有大巴前往景区。

岳阳楼公园
Yueyang Tower Park

"先天下之忧而忧，后天下之乐而乐"，北宋范仲淹一篇名传千古的《岳阳楼记》使岳阳楼亦名传千古。耸立在岳阳市西门城头、紧靠洞庭湖畔的岳阳楼与江西南昌的滕王阁、湖北武汉的黄鹤楼并称为江南三大名楼。岳阳楼自古有"洞庭天下水，岳阳天下楼"之誉。岳阳楼始建于 220 年前后，相传为三国时期东吴大将鲁肃的"阅军楼"，西晋南北朝时称"巴陵城楼"，中唐李白赋诗之后，始称"岳阳楼"。岳阳楼除主楼外，还有朱德同志书写匾额的怀甫亭，建于明朝崇祯年间的仙梅亭，取材于吕洞宾"三醉岳阳楼"传说的三醉亭，都极具观赏价值。此外，岳阳楼下还有一个著名的诗书碑廊，全长百米，古朴、庄重、典雅。

岳阳市洞庭北路 60 号
No.60 Dongting North Road, Yueyang

0730-8319435

414000

www.yytour.com.cn

6 路、7 路、10 路、15 路、19 路、21 路、22 路、31 路、39 路、50 路、55 路公交车可达。

岳阳市君山公园
Yuyang Junshan Park

君山古称洞庭山、湘山、有缘山，是八百里洞庭湖中的一个小岛，与千古名楼岳阳楼遥遥相对。君山由大小七十二座山峰组成，被“道书”列为天下第十一福地。君山名胜古迹众多，文化底蕴深厚，这里有历史上最早的摩崖石刻，有“星云图”、新石器遗址，有惊天地、泣鬼神的爱情见证——斑竹及娥皇、女英二妃墓，有民间传说柳毅传书故事发生地柳毅井，有秦始皇的封山印，有汉武帝的射蛟台，有宋代农民起义的飞来钟等。而最有名的当数君山茶，中国十大名茶之一的君山银针就产自这里。

岳阳市君山区
Junshan District, Yueyang

414000

岳阳楼南岳坡旅游码头可乘坐游船抵达君山岛。

天门山国家森林公园
Tianmen Mountain National Foreast Park

天门山位于张家界市城区南郊 8 公里，海拔 1518.6 米，是张家界的文化圣地，被尊为“张家界之魂”“湘西第一神山”。天门山古称嵩梁山，三国时期嵩梁山忽然峭壁洞开如门，形成迄今罕见的世界奇观——天门洞，吴帝孙休认为这是吉祥的征兆，于是将嵩梁山改名天门山，山下置天门郡，即今天的张家界市。

天门山国家森林公园属典型的喀斯特地貌，四面绝壁，雄伟壮丽。保存着完整的原始次生林，植物资源丰富，有世界罕见的高山珙桐群落。天门山文化底蕴深厚，神农、赤松子、鬼谷子均留有遗迹，还有大量赞咏天门山的诗词，“天门洞开、鬼谷显影、独角瑞兽”等传说扑朔迷离。天门山终年云雾缭绕，云海景象变化无穷，兼峰、石、泉、溪、云于一体，集雄、奇、秀、险、幽于一身，被誉为空中原始花园。公园有碧野瑶台、觅仙奇境、天界佛国、天门洞开四大游览区，景色各异。

张家界市永定区政府院内（管理处）
Yongding District Government, Zhangjiajie

0744-8224972

427000

http://www.tianmenshan.com.cn

4 路、5 路、10 路公交车均可抵达。

武陵源风景名胜区
Wulingyuan Famous Scenic Area

轰动全球的美国电影《阿凡达》让中国的张家界武陵源风景名胜区也吸引了全球的目光。武陵源风景名胜区是张家界旅游区的核心景区，地处武陵山脉腹地，位于湖南四大水系之一澧水的中上游。莽莽武陵源，独立天地间。大自然的鬼斧神工，造就了这里蔚为壮观的石英砂岩峰林地貌风光。这里地质构造复杂，地貌景观奇特，素有“奇峰三千、秀水八百”之美誉。造型之巧，神韵之妙，意境之美，无与伦比。武陵源 1992 年被联合国列入《世界遗产名录》，2003 年被联合国评为世界地质公园，2006 年被评为国家 5A 级旅游景区。

张家界市武陵源区军地坪
Jundiping, Wulingyuan District, Zhangjiajie

0744-85618010

427400

http://www.zjjpark.com

长沙汽车西站和汽车东站均可转车到达张家界。

东江湖风景区
Dongjiang Lake Scenic Area

1986年8月2日，东江大坝重达240吨的巨型铁闸落下，奔腾的东江被拦腰锁住，一坝锁东江，高峡出平湖。而库区所在的11个乡近6万移民举家搬迁、离别故园，开启了开荒拓土、重建家园的步伐，谱写了一曲曲自强不息、催人奋进的赞歌！

东江湖烟波浩渺，水天相接，湖面面积160平方公里，平均水深51米，最深处达157米，蓄水量相当于半个洞庭湖，因此被誉为“湘南洞庭”，是湖南省最大的人工湖泊。东江湖融山的隽秀、水的神韵于一体，挟南国秀色、禀历史文明于一身，被誉为“人间天上一湖水，万千景象在其中”。

郴州资兴市东江镇
Dongjiang Town, Zixing

0735-3274369

423400

https://www.dongjianghu.com

资兴市1路、2路、3路公交车均可到达东江湖景区。郴州万华汽车站有到东江湖景区直通车。

AAAA

天心阁
Tianxin Pavilion

长沙市天心区天心路17号
No.17 Tianxin Road, Tianxin District, Changsha

0731-85155379

410008

洋湖湿地景区
Yanghu Wetland Scenic Area

长沙市岳麓区洋湖大道
Yanghu Avenue, Yuelu District, Changsha

0731-88768892

410208

湖南省博物馆
Hunan Province Museum

长沙市开福区东风路3号
No.3 Dongfeng Road, Kaifu District, Changsha

0731-84431630

4101003

长沙世界之窗
Changsha Global Window

长沙市浏阳河大桥东
East Liuyang River Bridge, Changsha

0731-84256969

410003

长沙海底世界
Changsha Underwater World

长沙市浏阳河东金鹰影视文化城
Jinying Movie and TV Culture Town, Liuyang River East, Changsha

0731-84256005

410003

湖南省森林植物公园
Hunan Province Forest Botanic Park

长沙市雨花区洞进铺镇
Dongjinpu Town, Yuhua District, Changsha

0731-85592074 85056369

410116

雷锋纪念馆
Lei Feng's Memorial Museum

长沙市望城区雷锋镇
Leifeng Town, Wangcheng District, Changsha

0731-88105244

410217

靖港古镇景区
Jinggang Ancient Town Scenic Area

长沙市望城区靖港镇
Jinggang Town, Wangcheng District, Changsha

0731-88305999

410204

长沙千龙湖生态旅游区
Changsha Qianlong(Thousand Dragons) Lake Ecotourism Area

长沙市望城区格塘镇
Getang Town, Wangcheng District, Changsha

0731-88341888

410200

长沙黑麋峰森林公园
Changsha Heimi Peak Forest Park

长沙市望城区桥驿镇
Qiaoyi Town, Wangcheng District, Changsha

0731-88430518

410200

长沙大围山自然保护区
Changsha Dawei Mountain Nature Reserve

长沙浏阳市东区大围山
East District, Dawei Mountain, Liuyang

0731-83488188

410309

胡耀邦故里旅游区
Hu Yaobang's Hometown Tourism Area

长沙浏阳市浏南新区中和镇
Zhonghe Town, Liunan New District, Liuyang
0731-83782568
410315

秋收起义纪念园景区
Autumn Harvest Uprising Memorial Museum Scenic Area

长沙浏阳市文家市镇人民路
Renmin Road, Wenjiashi Town, Liuyang
0731-83773842
410000

长沙生态动物园
Changsha Ecological Zoo

长沙市长沙县暮云镇西湖村
Xihu Village, Muyun Town, Changsha County
0731-85476906
410009

杨开慧纪念馆
Yang Kaihui's Memorial Museum

长沙市长沙县开慧镇开慧村 178 号
No.178 Kaihui Village, Kaihui Town, Changsha County
0731-86430095
410146

长沙石燕湖生态旅游公园
Changsha Shiyan Lake Ecotourism Park

长沙市长沙县跳马乡石门村
Shimen Village, Tiaoma Town, Changsha County
0731-86968065
410025

宁乡沩山密印景区
Ningxiang Weishan Miyin(Secret Stamp) Scenic Area

长沙市宁乡县沩山乡
Weishan Town, Ningxiang County
0731-87351177
410600

宁乡紫龙湾旅游区
Ningxiang Zilongwan (Purple Dragon Bay) Tourism Area

长沙市宁乡县灰汤镇
Huitang Town, Ningxiang County
410600

关山景区
Guanshan Scenic Area

长沙市宁乡县金州镇关山村
Guanshan Village, Jinzhou Town, Ningxiang County
0731-87801745
410600

株洲方特欢乐世界
Zhuzhou Fanta Wild Adventure

株洲市云龙示范区
Yunlong Demonstration Area, Zhuzhou
400-0971225
412000

神农城炎帝文化主题公园
Shennong City Emperor Yan Culture Theme Park

株洲市天元区
Tianyuan District, Zhuzhou
412007

茶陵云阳山森林公园
Chaling Yunyang Mountain Foreast Park

株洲市茶陵县
Chaling County
0731-25260481
412400

炎帝陵旅游区
Emperer Yan's Tomb Tourism Area

株洲市炎陵县鹿原镇
Luyuan Town, Yanling County
0731-26325111
412500

神农谷景区
Shennong Valley Scenic Area

株洲市炎陵县十都镇
Shidu Town, Yanling County
0731-26525225
412502

湘潭盘龙大观园
Xiangtan Panlong Grand View Garden

湘潭市岳塘区荷塘乡
Hetang Town, Yuetang District, Xiangtan
0731-52777777
411101

湘潭昭山风景名胜区
Xiangtan Zhaoshan Mountain Famous Scenic Area

湘潭市易家湾株易路口
End of Zhuyi Road, Yijiawan, Xiangtan
0731-53281245
411103

湘乡东山书院
Xiangxiang Dongshan(East Mountain) Academy Site

湘潭湘乡市书院路 1 号
No.1 Shuyuan Road, Xiangxiang
0731-56781988
411400

湘乡茅浒水乡度假区
Xiangxiang Maohu Water Town Resort

湘潭湘乡市东郊乡东山电站旁
Near Dongshan Power Station, Dongjiao Town, Xiangxiang
0731-56208588
411400

湖南水府旅游区
Hunan Shuifu Tourism Area

湘潭湘乡市
Xiangxiang
411400

韶山滴水洞景区
Shaoshan Dishui Cave Tourism Area

湘潭韶山市韶山冲
Shaoshanchong, Shaoshan
0731-55685174
411301

石鼓书院
Shigu Ancient Academy

衡阳市石鼓区青草桥边
At Qingcao Bridge, Shigu District, Hengyang
0734-8347663
421001

印山文化旅游区
Yinshan Mountain Culture Tourism Area

衡阳常宁市庙前镇金龙村
Jinlong Village, Miaoqian Town, Changning
0734-7235460
421400

蔡伦竹海旅游风景区
Cai Lun Bamboo Sea Tourism Area

衡阳市耒阳市黄市镇
Huangshi Town, Leiyang
421800

罗荣恒故居—纪念馆
Luo Ronghuan's Former Residence & Memorial Museum

衡阳市衡东县荣桓镇南湾村
Nanwan Village, Ronghuan Town, Hengdong County
421400

黄桑生态旅游区
Huangsang Ecotourism Area

邵阳市绥宁县月岩林场
Yueyan Forest Center, Suining County
422600

岳阳市君山公园
Yuyang Junshan Park

岳阳市君山区
Junshan District, Yueyang
0730-8212033
414000

君山野生荷花世界
Junshan Wild Lotus World

岳阳市君山区
Junshan District, Yuyang
414000

岳阳圣安寺
Yueyang Sheng'an Temple

岳阳市岳阳楼区云梦路
Yunmeng Road, Yueyanglou District, Yueyang
414000

岳阳市任弼时纪念馆
Yueyang Ren Bishi's Memorial Museum

岳阳市汨罗市弼时镇唐家桥
Tangjia Bridge, Bishi Town, Miluo
0730-5751968
414416

五尖山森林公园
Wujianshan Foreast Park

岳阳临湘市城西南 1 公里处
1km Southwest to Linxiang
0730-3723917
414300

岳阳张谷英村
Yueyang Zhangguying Village

岳阳市岳阳县张谷英镇
Zhangguying Town, Yueyang County
414100

石牛寨景区
Shiniu (Stone Ox) Stockaded Village Scenic Area

岳阳市平江县石牛寨镇
Shiniuzhai Town, Pingjiang County
414500

平江起义纪念馆
Pingjiang Uprising Memorial Museum

岳阳市平江县城关镇
Chengguan Town, Pingjiang County
0730-6669638
414500

幕阜山国家森林公园
Mubu Mountain National Forest Park

岳阳市平江县南江镇
Nanjiang Town, Pingjiang County
0730-6085008
414500

柳叶湖旅游度假区
Villow Lake Tourism Resort

常德市柳叶大道东段
Liuye East Avenue Changde
0736-7898288
415000

花岩溪国家森林公园
Huayanxi National Foreast Park

常德市鼎城区
Dingcheng District, Changde
0736-7490018
415129

常德市规划展示馆
Changde City Planning Exhibition Hall

常德市武陵区
Wuling District, Changde
415000

常德清水湖旅游区
Changde Qingshui Lake Tourism Area

常德市汉寿县株木山乡
Zhumushan Town, Hanshou County
0736-2098888
415900

彭山景区
Pengshan Mountain Scenic Area

常德市澧县澧南镇彭山村
Pengshan Village, Linan Town, Lixian County
0736-3254777
415500

澧县城头山博物馆
Lixian County Chengtou Mountain Museum

常德市澧县车溪乡南岳村
Nanyue Village, Chexi Town, Lixian County
0736-3259839
415500

临澧修梅林伯渠故居
Linli Xiumei Lin Boqu's Former Residence

常德市临澧县高桥
Gaoqiao Linli County
0736-5588679
415200

桃花源风景区
Taohuayuan Scenic Area

常德市桃源县桃花源镇
Taohuayuan Town, Taohuayuan County
0736-6822491
415722

枫林花海旅游区
Maple Forest Flower Sea Tourism Area

常德市桃源县枫树乡
Fengshu Town, Taoyuan County
415700

夹山国家森林公园
Jiashan Mountain National Forest Park

常德市石门县东南 8 公里处
8km Southeast of Shimen County
0736-5220616
415300

张家界国家森林公园
Zhangjiajie National Foreast Park

张家界市张家界林场
Zhangjiajie Forest Center, Zhangjiajie
0744-85712330
427401

张家界土家风情园
Zhangjiajie Tujia Nationality Culture Park

张家界市南庄坪五子坡
Wuzipo Nanzhuang Village, Zhangjiaje
0744-88230579
427400

老道湾景区
Laodaowan Scenic Area

张家界市永定区天门山南
South of Tianmen Mountain, Yongding District, Zhangjiajie
427000

黄龙洞旅游区
Huanglong Cave Tourism Area

张家界市武陵源区索溪峪镇河口村
Hekou Village Suoxiyu Town, Wulingyuan District
0744-85618489
427400

张家界市溪布老街非遗文化体验基地
Zhangjiajie Xibu Old Street Intangible Cultural Heritage Experience Base

张家界市武陵源区溪布街
Xibu Street, Wulingyuan District, Zhangjiajie
427400

张家界宝峰湖风景区
Zhangjiajie Baofeng Lake Scenic Area

张家界市索溪峪镇
Suoxiyu Town, Zhangjiajie

0744-85629888

427000

贺龙纪念馆
He Long's Memorial Museum

张家界市桑植县
Sangzhi County

0744-6221568

427400

张家界茅岩河九天洞旅游区
Zhangjiajie Maoyan River Jiutian Cave Tourism Area

张家界市桑植县利福塔镇
Lifuta Town, Sangzhi County

0744-86791236

427400

张家界大峡谷景区
Zhangjiajie Great Canyon Scenic Area

张家界市慈利县三官寺乡
Sanguansi Town, Cili County

0744-8363888

427000

江垭温泉度假村
Jiangya Hot Spring Resort

张家界市慈利县江垭镇
Jiangya Town, Cili County

0744-83355888

427221

张家界万福温泉国际度假风景区
Wanfu Hot Spring International Holiday Scenic Area

张家界市慈利县
CIli County

0744-83333333

427200

龙王洞旅游区
Longwang (Dragon King) Cave Tourism Area

张家界市慈利县
Cili County

427200

益阳市山乡巨变第一村旅游区
The First Village Which Have Great Changes in Yiyang

益阳市谢林港镇清溪村
Qingxi Village, Xielingang Town, Yiyang

413000

益阳奥林匹克公园
Yiyang Olympic Park

益阳市赫山区康富南路 30 号
No.30 South Kangfu Road, Heshan District, Yiyang

0737-6203106

413002

安化茶马古道风景区
Anhua Ancient Tea Horse Route Scenic Area

益阳市安化县江南镇
Jiangnan Town, Anhua County

0755-33356199

413500

郴州市苏仙岭风景名胜区
Chenzhou Suxianling Famous Scenic Area

郴州市苏仙北路 2 号
No.2 Suxian North Road, Chenzhou

0735-2885797

423000

郴州市天堂温泉
Chenzhou Tiantang Hot Spring

郴州市苏仙区许家洞镇天堂村
Tiantang Village, Xujiadong, Suxian District, Chenzhou

423041

龙女温泉景区
Longnü(Daughter of Dragon) Hot Spring Scenic Area

郴州市北湖区南岭大道
Nanling Avenue, Beihu District, Chenzhou

0735-2898787

423000

王仙岭生态旅游度假区
Wangxianling Ecotourism Resort

郴州市王仙岭公园
Wangxianling Park, Chenzhou

0735-2857111

423000

飞天山国家地质公园
Feitian(Flying to Sky) Mountain National Geological Park

郴州市苏仙区桥口镇
Qiaokou Town, Suxian District, Chenzhou

423000

万华岩风景区
Wanhuayan Scenic Area

郴州市万华岩镇
Wanhuayan County, Chenzhou

0735-2795057

423000

宝山工矿旅游景区
Baoshan Mine Park Tourism Area

郴州市桂阳县西
West of Guiyang County

424400

板梁古村旅游区
Banliang Ancient Village Tourism Area

郴州市永兴县高亭乡板梁村
Baliang Village, Gaoting Town, Yongxing County

0735-5868288

423300

湖南莽山国家森林公园
Hunan Mangshan Mountain National Foreast Park

郴州市宜章县
Yizhang County

0735-3991182

424221

汝城温泉福泉山庄
Rucheng Hot Spring Fuquan Villa

郴州市汝城县热水镇
Reshui Town, Rucheng County

020-38767791

424100

九龙江国家森林公园
Jiulongjiang National Forest Park

郴州市汝城县东南部
Southeast of Rucheng County

424100

稻田公园
Daotian(Paddy-Field) Park

郴州市安仁县永乐江镇
Yonglejiang Town, Anren County

423600

柳宗元文化旅游区
Liu Zongyuan's Culture Tourism Area

永州市零陵区柳子街中段
Middle Part of Liuzi Street, Lingling District, Yongzhou

425100

舜皇山国家森林公园
Shunhuang(Emperor Shun) Mountain National Forest Park

永州市东安县大庙口镇
Damiaokou Town, Dong'an County

0746-4611555

425600

九嶷山舜帝陵景区
Jiuyi Mountain Emperor Shun's Tomb Scenic Area

永州市宁远县城南 30 里处
30km South of Ningyuan County

425600

九嶷山三分石景区
Jiuyi Mountain Sanfen Stone Scenic Area

永州市宁远县九嶷山景区
Jiuyi Mountain Scenic Area, Ningyuan County

400-1767566

425600

祁阳浯溪碑林景区
Qiyang Wuxi Stele Forest Scenic Area

永州市祁阳县城西南
Southwest of Qiyang County

426100

阳明山国家森林公园
Yangming Mountain National Forest Park

永州市双牌县
Shuangpai County

0746-7950001

425212

怀化洪江古商城
Huaihua Hongjiang Ancient Trade City

怀化市洪江管理区沅江路 76 号
No.76 Yuanjiang Road, Hongjiang Management Zone, Huaihua

0745-7632579

418000

黔阳古城景区
Qianyang Ancient Town Scenic Area

怀化洪江市黔城镇
Qiancheng Town, Hongjiang

418100

湖南省凤滩景区
Hunan Fengtan Scenic Area

怀化市沅陵县黄铁坪村
Huangtieping Village, Yuanling County

0745-4491303

419621

溆浦穿岩山景区
Xupu Chuanyan Mountain Scenic Area

怀化市溆浦县统溪河乡枫林村
Fenglin Village, Tongxihe Town, Xupu County

419600

中国人民抗日战争胜利受降纪念馆
China Anti-Japanese War Victory and Accepting Surrender Memorial Museum

怀化市芷江县
Zhijiang County

0745-6822937

419100

通道万佛山旅游景区
Tongdao Wanfo Mountain Tourism Area

怀化市通道县临口镇太平岩村
Taipingyan Village, Linkou Town, Tongdao County

418500

皇都侗文化村
Huangdu Dong Nationality Culture Village

怀化市通道县黄土乡
Huangtu Township, Tongdao County

418500

芋头古侗寨景区
Yutou Ancient Dong Nationality Village Scenic Area

怀化市通道县双江镇芋头村
Yutou Village, Shuangjiang Town, Tongdao County

418500

通道转兵纪念地景区
Tongdao Memorial Place Were the Red Army Turn the Direction

怀化市通道县县溪镇红长路
Hongchang Road, Xianxi Town, Tongdao County

418500

涟源湄江风景区
Lianyuan Meijiang Scenic Area

娄底涟源市
Lianyuan

417100

曾国藩故居旅游区
Zeng Guofan's Former Residence Tourism Area

娄底市双峰县荷叶镇
Heye Town, Shuangfeng County

417700

梅山龙宫景区
Meishan Mountain Longgong(Dragon's Palace) Scenic Area

娄底市新化县游溪乡高桥村
Gaoqiao Village, Youxi Township, Xinhua County

417600

紫鹊界梯田景区
Ziquejie Terraced Fields Scenic Area

娄底市新化县水车镇
Shuiche Town, Xinhua County

417600

乾州古城景区
Qianzhou Ancient Town Scenic Area

湘西州吉首市乾州镇
Qianzhou Town, Jishou

0743-8512997

416000

吉首矮寨奇观
Jishou Aizhai Magic Scenery

湘西州吉首市矮寨镇
Aizhai Town, Jishou

416000

浦市古镇景区
Pushi Ancient Town Scenic Area

湘西州泸溪县浦市镇
Pushi Town, Luxi County

416100

凤凰古城景区
Fenghuang Ancient Town Scenic Area

湘西凤凰县地税局大院内（管理处）
Fenghuang County(Management office)

0743-3502059 3502065

416200

凤凰齐梁洞景区
Fenghuang Qiliang Cave Scenic Area

湘西凤凰县古城北 5 公里吉凤公路旁
Near Jifeng Road, 5km North of Fenghuang County

416200

凤凰南华山神凤文化景区
Fenghuang South Huashan Mountain Magic Phoenix Culture Scenic Area

湘西凤凰县虹桥西侧
West Side of Hongqiao Bridge, Fenghuang County

0743-3222222

416200

古丈县红石林景区
Guzhang County Red Stone Forest Scenic Area

湘西州古丈县断龙山乡
Duanlongshan Town, Guzhang County

416300

湘南猛洞河漂流景区
Xiangnan Mengdong River Drift Scenic Area

湘西永顺县王村镇
Wangcun Toun, Yongshun County

0743-5222874

416700

芙蓉镇景区
Furong Town Scenic Area

湘西州永顺县芙蓉镇
Furong Town, Yongshun County

0743-6740046

416700

老司城景区
Laosicheng Scenic Area

湘西州永顺县灵溪镇老司城村
Laosicheng Village, Lingxi Town, Yongshun County

416700

广东

GUANGDONG

这里是中国的南大门，这里是我国改革开放的前沿阵地，这里有国内领先的长隆主题乐园和欢乐谷，这里有云雾缭绕的白云山，有“色如渥丹，灿若明霞”的丹霞山，有清幽秀丽的西樵山，有惠州西湖，有海陵岛，有观澜湖，有地下长河……这里就是广东。

广东历来都是活力四射的商旅重镇，广交会、高交会、旅博会、文博会早已让这里人气十足，热闹红火，而新兴的粤港澳大湾区涵盖了广东省广州、深圳、珠海、佛山、惠州、东莞、中山、江门、肇庆（珠三角）等地区，将打造成世界级文化旅游目的地。

活力广东，心悦之旅！

广州白云山风景名胜区
Guangzhou Baiyun Mountain Famous Scenic Area

白云山位于广州市东北部，是南粤名山之一，自古就有“羊城第一秀”之称。白云山由30多座山峰组成，主峰为摩星岭，峰峦重叠，溪涧纵横，每当雨后天晴或暮春时节，山间云雾缭绕，蔚为奇观，白云山之名由此而来。

白云山景色秀丽，自古以来就是广州著名的风景胜地。白云山风景名胜区从南至北共有7个游览区，依次为麓湖游览区、三台岭游览区、鸣春谷游览区、摩星岭游览区、明珠楼游览区、飞鹅岭游览区及荷依岭游览区。景区内有三个全国之最：全国最大的园林式花园——云台花园；全国最大的天然式鸟笼——鸣春谷；全国最大的主题雕塑专类公园——雕塑公园。

广州市白云区广园中路801号
801 Middle Guangyuan Road, Baiyun District, Guangzhou

020-66612888

510075

www.baiyunshan.com.cn

24路、46路、60路、63路、127路、175路、179路、199路、223路、240路、241路、257路、285路、540路、B18路、旅游1线、旅游3线等公交车可达。

广州长隆旅游度假区
Guangzhou Changlong Tourism Resort

广州长隆旅游度假区是个欢快的乐园，这里有长隆欢乐世界、长隆野生动物世界、长隆水上乐园和长隆飞岛乐园。其中长隆欢乐世界位于度假区的中心位置，是长隆集团倾力打造的集乘骑游乐、特技剧场、巡游表演、生态休闲、特色餐饮、主题商店、综合服务于一体的具国际先进技术和管理水平的超大型主题游乐园，是“中国新一代游乐园的典范之作”。长隆野生动物世界以大规模野生动物种群放养和自驾车观赏为特色，集动、植物的保护、研究、旅游观赏、科普教育于一体，是动物种群众多、大型的野生动物主题公园。长隆水上乐园“水上电音节”致力于将青春、个性、激情、流行和创意多种元素完美融合，多年来吸引了不少电音爱好者。长隆飞岛乐园是集鸟类观赏、科普教育、各类动物行为展示于一体的鸟类主题公园，也是生态湿地公园。

广州市番禺区迎宾路
Yingbin Road, Panyu District, Guangzhou

020-84780333

510130

www.chimelong.com

304路、562路公交车可达。

3号线。

丹霞山风景名胜区
Danxia Mountain Famous Scenic Area

丹霞山是世界“丹霞地貌”命名地。丹霞山风景区由680多座顶平、身陡的红色砂砾岩石构成，“色如渥丹，灿若明霞”，以赤壁丹崖为特色。在世界已发现的1200多处丹霞地貌中，丹霞山是发育最典型、类型最齐全、造型最丰富、景色最优美的丹霞地貌集中分布地。丹霞山人文景观丰富，现有佛教别传禅寺以及80多处石窟寺遗址，历代文人墨客在这里留下了许多传奇故事、诗词和摩崖石刻，具有极大的历史文化价值。

韶关市仁化县丹霞山风景区
Danxia Mountain Scenic Area, Renhua County

512300

http://www.tourdxs.com

1路、2路、3路、4路、9路、10路公交车可达。

深圳华侨城旅游度假区
Shenzhen Overseas Chinese Town Tourism Resort

深圳华侨城旅游度假区坐落在美丽的南海之滨、深圳湾畔，这里长年繁花似锦、绿树成荫，这里汇聚了中国最为集中的文化主题公园群、文化主题酒店群和文化艺术设施群，这里是“精彩深圳、欢乐之都”流光溢彩的一张城市名片。

深圳华侨城旅游度假区以锦绣中华、中国民俗文化村、世界之窗、欢乐谷四大主题公园为核心。在锦绣中华，可以“一步迈进历史，一日游遍中国”；在中国民俗文化村，可以游一园“二十五个村寨”，饱览“五十六族风情”；世界之窗囊括了世界园林艺术、民俗风情、民间歌舞、大型演出以及高科技娱乐项目；“动感、时尚、激情”的欢乐谷，以创造、传递和分享欢乐为理念，引领中国现代主题公园的发展方向。

深圳市南山区华侨城
Overseas Chinese Town, Nanshan District, Shenzhen

0755-26918839

518053

http://www.chinaoct.com

国内第一条城市高架观光游览干线——欢乐干线可达。罗湖火车站有鹏运观光巴士直达。101路、105路、113路、126路、204路、209路、210路、222路、223路、301路、310路、311路、320路、370路公交车均可达。

深圳观澜湖休闲度假区
Shenzhen Guanlan Lake Leisure Resort

观澜湖主要以高尔夫及户外有氧运动为主题，是集运动、商务、养生、旅游、会议、文化、美食、购物、居住等于一体的国际休闲旅游度假区。

观澜湖是中国极富盛名的高尔夫国际赛事举办地和国际体育、文化、商贸交流平台。观澜湖先后荣获全球“绿色奥斯卡”大奖——国际花园小区金奖第一名，世界高尔夫旅游超高荣誉大奖“全球最佳高尔夫旅游休闲胜地”。

深圳市宝安区观澜镇高尔夫大道
Golf Avenue, Guanlan Town, Bao'an District, Shenzhen

0755-28085888

518110

312路公交车可达。

西樵山风景名胜区
Xiqiao Mountain Famous Scenic Area

西樵山是广东四大名山之一，自然风光清幽秀丽，旅游文化底蕴厚重，民俗风情古朴自然。自明清以来，文人雅士，群贤毕至，旅人游子，纷至沓来，使秀美的西樵山成为名噪南粤的旅游热点。西樵山自然资源丰富，有72座奇峰，36个岩洞，232眼清泉，28处飞瀑。西樵山林深苔厚，郁郁葱葱，湖、潭、瀑、泉、涧、岩、壁、台点缀其间，景美如画，被称为整个“珠江三角洲”的“前花园”。

佛山市南海区西樵镇
Xiqiao Town, Nanhai District, Foshan

0757-86886646

528211

http://www.xiqiaoshantour.com

乘“佛山城巴禅城—高明线”在“登山大道口”下车可达。

长鹿旅游休博园
Chuanlord Manor

长鹿旅游休博园由广东长鹿集团投资兴建，是一个以岭南历史文化、顺德水乡风情、农家生活情趣为特色，集食、住、玩、赏、娱、购于一体的综合性景区，主要由长鹿尖叫岛、童话动物王国、长鹿度假村、军事主题乐园、农家乐主题乐园、海底世界主题公园和湿地主题公园组成。其中的长鹿尖叫岛上，荟萃上百种世界巅峰游乐项目，炫目刺激的游乐体验令游客尖叫声不绝于耳。童话动物王国突破了世界传统动物园模式，以独特的园林造型向游客展示出动物神秘而又有趣的一面。临水而建、果蔬满园的五星级长鹿度假村，令人如身临岭南水乡。长鹿军事主题公园是一个将食、住、行、游、购、娱、学全方位融入军事文化的主题公园。农家乐主题乐园里，岭南水乡楼榭，竹林掩映，可以亲身体验农耕乐趣。海底世界主题公园拥有丰富的海洋动植物资源以及多个玩赏项目。长鹿湿地公园水色天光交相辉映，风景秀丽，犹如城市中的一片自然绿洲。

佛山市顺德区伦教三洲建设东路
East Jianshe Road, Shunde District, Foshan

528300

www.chuanloo.com

314路、349路公交车可达。

罗浮山风景名胜区
Luofu Mountain Famous Scenic Area

罗浮山素有“岭南第一山”之称，自然景观众多，山、水、泉、瀑、池、洞、观、寺、塔、林等景观独特，这里“天际一轴线，仙凡两重天”“一山分四季，十里不同温”。

罗浮山文化积淀深厚，集道、佛、儒三教于一山，是中国道教十大名山之一。东晋时期，葛洪、鲍姑、黄大仙等仙道曾在此采药炼丹、修行济世、著书立说。李白、杜甫、苏轼、杨万里等历代文人骚客都曾以罗浮山为题而做诗文。苏东坡的“罗浮山下四时春，卢桔杨梅次第新。日啖荔枝三百颗，不辞长作岭南人”就是盛赞罗浮山的佳作。

惠州市博罗县长宁镇罗浮山朱明洞
Zhumingdong, Luofu Mountain, Changning Town, Boluo County

516133

http://www.lfs.com.cn

惠州汽车总站有旅游专线车直达。

惠州西湖旅游景区

Huizhou West Lake Tourism Area

惠州西湖旅游景区地处惠州市惠城中心区，由西湖和红花湖两大景区组成，是以素雅幽深的山水为特征、以历史文化为底蕴、以休闲和观光为主要功能的国家风景名胜区。惠州西湖旅游景区山川秀丽，幽径曲折，浮洲四起，青山似黛，古色古香的亭台楼阁隐现于树木葱茏之中，景域妙在天成，有“苎萝西子”之美誉。

惠州市惠城区二环路紫微山下
Foothills of Cuiwei, Erhuan Road, Huicheng District, Huizhou

0752-2230390

516001

http://www.hzxihu.net

2路、5路、7路、8路、10路、11路、13路、15路、17路、18路、19路、21路、24路、25路等公交车均可达。

梅州雁南飞度假村

Meizhou Yannanfei Resort

雁南飞度假村坐落于叶剑英元帅的故乡——梅县雁洋镇。雁南飞似灵山秀水所孕育的一颗“明珠”，在青山环绕中向世人呈现一幅世外桃源的醉人画卷。在这里，你能深深感受到源远流长的客家文化、博大精深的茶文化和生态优美的旅游文化。这里有荣获中国建筑工程最高奖项——鲁班奖的围龙大酒店、围龙食府。这里有数千亩青翠欲滴的生态茶田和风景秀美的龙那山生态谷。在这里，你将远离城市的喧嚣，放松浮躁的心情，尽情呼吸清新的空气，听鸟语，闻花香，静心享受慢生活。

梅州市梅县区雁洋镇长教村
Changjiao Village, Yanyang Town, Meixian District, Meizhou

0753-2828888

514759

www.yearning.cn

17路公交车可达。

阳江海陵岛大角湾海上丝绸之路风景名胜区

Yangjiang Hailing Island Dajiao Bay—Maritime Silk Road Famous Scenic Area

大角湾位于阳江市海陵岛闸坡镇东南，背倚青山翠岭，独得大自然垂青，以阳光、沙滩、海浪、海鲜驰名于世，是海陵岛知名度最高的景点。大角湾滩长近3公里，呈螺线形，湾似巨大的牛角，故名“大角湾”。大角湾面向浩瀚南海，两边大角山与望寮岭拱卫，湾内风和浪软，峰顶时有云雾缭绕，景观层次丰富。这里四季气候宜人，素以阳光灿烂明媚、沙质均

匀松软、海水清澈纯净、空气清新纯洁而著称，是名扬海内外的天然海水浴场。

丝路船韵景区坐落于海陵岛十里银滩西侧，其中的广东海上丝绸之路博物馆是以“南海Ⅰ号”宋代古沉船发掘、保护、展示与研究为主题，展现水下考古现场发掘动态演示过程的世界首个水下考古专题博物馆，为揭秘和复原宋代历史和古代海上丝绸之路，提供了难得的史料。

阳江市海陵岛闸坡镇海滨路38号
No.38 Haibin Road, Zhapo Town, Hailing Island, Yangjiang

529536

www.djwtour.com

从阳江坐闸坡的班车可达。

连州地下河

Lianzhou Underground River

连州地下河隐逸在绵绵群山之中。它是典型的亚热带喀斯特溶洞，以规模宏大、神秘、瑰丽、多姿的石钟乳及洞穴暗河而蜚声中外。有广东地下第一河之称，更是唯一一个被中国地质学会评为“中国洞穴奇观”的景区。连州地下河上下共分三层，有陆路和水路两部分，地下暗河位于下层，水流由北向南，蜿蜒曲折十八弯，经过三个美丽的峡谷——“龙门峡”“莲花峡”“香蕉峡”，全长1500米。地下河水面平静，流速缓慢，沿河两岸布满石钟乳、石英、石柱、石花、石幔等，形态万千。陆路部分为第二层和第三层，有佛光普照、东陂马蹄、关公神像、巴西仙人掌、南天门、连州汉白玉鹊桥等众多景点，绚丽多彩，令人流连忘返。连州地下河气势恢宏，景观壮丽独特，洞中有洞、洞中有河、洞中有桥、洞中有瀑布，堪称岭南一绝。

清远连州市东陂镇大洞村
Dadong Village, Dongpo Town, Lianzhou

0763-6269189

513400

www.lzdxh.com

连州汽车站至东陂（丰阳、洛阳）的班车在连州地下河路口下车可达。

广东

孙中山故居

Sun Zhongshan's Former Residence

孙中山故居（纪念馆）位于中山市翠亨村，南、北、西三面环山，东临珠江口，隔珠江口与深圳、香港相望。孙中山故居包括孙中山纪念展示区、翠亨民居展示区、农耕文化展示区、杨殷、陆皓东纪念展示区和非物质文化遗产展示区几大部分。其中孙中山纪念展示区有孙中山故居、孙中山生平史迹陈列等。翠亨民居展示区利用翠亨村一部分旧民居展示童年孙中山的生活环境。农耕文化展示区是在孙中山曾经劳作过的耕地上开辟的包括水稻种植、作物种植、禽畜饲养等传统生态农业区。杨殷、陆皓东纪念展示区包括杨殷故居、杨殷纪念展览、陆皓东故居、陆皓东纪念展览等。非物质文化遗产展示区展示本地列入国家和广东省非遗保护目录的非物质文化遗产项目。

中山市南朗镇翠亨村
Cuiheng Village, Nanlang Town, Zhongshan

0760-85501691

528454

www.sunyat-sen.org

12 路、K16 路、K26 路、087 路、089 路公交车可达。

广州起义烈士陵园

Martyrs Cemetery for Guangzhou Uprising

广州市越秀区中山二路 92 号
No.92 Second Zhongshan Road, Yuexiu District, Guangzhou

020-83825037

510032

广东美术馆

Guangdong Museum of Art

广州市越秀区二沙岛烟雨路 38 号
No.38 Yanyu Road, Ersha Island, Yuexiu District, Guangzhou

020-87351468

510105

南越王宫博物馆

Nanyue Royal Court Museum

广州市越秀区中山四路 316 号
No.316 4th Zhongshan Road, Yuexiu District, Guangzhou

510130

广州中山纪念堂

Sun Yat-sen's Memorial Hall

广州市越秀区东风中路 259 号
No.259 Middle Dongfeng Road, Yuexiu District, Guangzhou

020-83552030

510030

广州动物园

Guangzhou Zoo

广州市越秀区先烈中路 120 号
No.120 Middle Xianlie Road, Yuexiu District, Guangzhou

020-38377702

510070

黄花岗公园

Huanghuagang Commemoration Park

广州市越秀区先烈中路 79 号
No.79 Middle Xianlie Road, Yuexiu District, Guangzhou

020-37588321

510076

西汉南越王墓博物馆

Western Han Dynasty Nanyue King's Tomb Museum

广州市越秀区解放北路 867 号
No.867 North Jiefang Road, Yuexiu District, Guangzhou

020-86664920

510030

越秀公园

Yuexiu Park

广州市越秀区解放北路 988 号
No.988 North Jiefang Road, Yuexiu District, Guangzhou

020-83556494

510030

北京路文化旅游区

Beijing Road Culture Tourism Area

广州市越秀区中山四路
Fouth Zhongshan Road, Yuexiu District, Guangzhou

510030

广东民间工艺博物馆（陈家祠）

Guangdong Folk Arts Museum(Chen Ancestral Temple)

广州市荔湾区中山七路恩龙里 30 号
No.30 Enlongli, 7th Zhongshan Road, Liwan District, Guangzhou

020-8181965381814559

510180

广州塔
Canton Tower

广州市海珠区阅江西路 222 号
No.222 West Yuejiangxi Road, Haizhu District, Guangzhou

020-89338225

510310

华南植物园
South China Botanical Garden

广州市天河区沙河镇天源路 1190 号
No.1190 Tianyuan Road, Shahe Town, Tianhe District, Guangzhou

020-85231993

510520

正佳广场商贸旅游区
Zhengjia Square Biz & Trade Tourism Area

广州市天河区天河路 228 号
No.228 Tianhe Road, Tianhe District, Guangzhou

510630

南海神庙
Nanhai Temple

广州市黄埔区南岗镇庙头村
Miaotou Village, Nangang Town, Huangpu District, Guangzhou

020-82222210

510730

广州科学中心
Guangdong Science Center

广州市番禺区大学城西六路 168 号
No.168 West Six Road, University City, Panyu District, Guangzhou

020-39348080

510006

岭南印象园景区
Lingnan Impression Scenic Area

广州市番禺区大学城外环西路
West Waihuan(Outside Ring)Road, University City, Panyu District, Guangzhou

020-39343030

510006

番禺莲花山旅游风景区
Panyu Lotus Hill Tourism Area

广州市番禺区石楼镇西门路 18 号
No.18 Ximen Road, Shilou Town, Panyu District, Guangzhou

020-84861599

511440

番禺宝墨园
Panyu Baomo Garden

广州市番禺区沙湾镇紫泥村
Zini Village, Shawan Town, Panyu District, Guangzhou

020-84746666

511487

番禺沙湾古镇
Panyu Shanwan Ancient Town

广州市番禺区沙湾镇
Shawan Town, Panyu District, Guangzhou

020-84731247

511483

九龙湖旅游度假区
Jiulong(Nine Dragons) Lake Tourism Resort

广州市花都区花东镇
Huadong Town, Huadu District, Guangzhou

510897

广州石头记矿物园
Guangzhou Istone Mineral Park

广州市花都区珠宝城大观园路 2 号
No.2 Daguanyuan Road, Jewelry City, Huadu District, Guangzhou

020-36865666

510800

广东圆玄道观
Guangdong Yuanxuan Taoism Temple

广州市花都区新华镇迎宾大道 38 号
No.38 Yingbin Avenue, Xinhua Town, Huadu District, Guangzhou

020-36861900

510800

南沙滨海湿地景区
Nansha Seashore Wetland Scenic Area

广州市南沙区万顷沙镇新垦 18 涌
No.18 Yong, Xinken, Wanqingsha Town, Nansha District, Guangzhou

511458

百万葵园主题公园
Million Sunflower Theme Park

广州市南沙区新垦镇
Xinken Town, Nansha District, Guangzhou

511458

广东省番禺南沙天后宫
Guangdong Panyu Nansha Tianhou Palace

广州南沙区南沙经济技术开发区角山
Jiao Mountain, Nansha Economic and Technology Development Zone, Nansha, District, Guangzhou

020-84981232

511458

广
东

广州白水寨风景名胜区
Guangzhou Baishui (White Water) Stockade Village Famous Scenic Area

广州市增城区派潭镇
Paitan Town, Zengcheng District, Guangzhou

020-8282118836799580

511385

碧水湾温泉度假村
Bishuiwan Hot Spring Tourism Resort

广州市从化区良口镇
Liangkou Town, Conghua District, Guangzhou

020-87842888

510900

银山户外运动养生度假区
Yinshan Outdoor Sports & Health Resort

韶关市浈江区
Zhenjiang District, Shaoguan

0751-8123918

512023

韶关曹溪温泉假日度假村
Shaoguan Caoxi Spa Resort

韶关市曲江区马坝镇
Maba Town, Qujiang District, Shaoguan

0751-6666666

512100

经律论文化旅游小镇景区
Jinglülun Culture Tourism Town Scenic Area

韶关市曲江区
Qujiang District, Shaoguan

512100

古佛洞天风景区
Gufo(Ancient Buddha) Cave Scenic Area

韶关乐昌市河南镇西郊 5 公里
5 km West to Henan Town, Lechang

0751-5503598

512219

珠玑古巷
Zhuji Old Lane

韶关南雄市珠玑镇
Zhuji Town, Nanxiong

0751-3612684

512400

梅关古道
Meiguan Old Path

韶关南雄市梅岭镇
Meiling Town, Nanxiong

0751-3591765

512432

云天海温泉原始森林度假村
Yuntianhai (Cloud-Sky-Sea) Hot Spring Original Forest Resort

韶关市新丰县梅坑镇
Meikeng Town, Xinfeng County

0751-6920888

511100

乳源南岭国家森林公园
Ruyuan Nanling National Forest Park

韶关市乳源县五指山
Wuzhi Mountain, Ruyuan County

0751-5232038

512700

丽宫国际旅游度假区
Ligong International Tourism Resort

韶关市乳源县乳城镇
Rucheng Town, Ruyuan County

0751-6122888

512721

云门寺
Yunmen Temple

韶关市乳源县乳城镇云门村
Yunmen Village, Rucheng Town, Ruyuan County

0751-5385577

512711

乳源广东大峡谷风景区
Ruyuan Guangdong Grand Canyon Scenic Area

韶关市乳源县大布镇
Dabu Town, Ruyuan County

512723

深圳仙湖植物园
Fairy Lake Botanical Garden

深圳市罗湖区仙湖路 160 号
No.160 Xianhu Road, Luohu District, Shenzhen

0755-25736061

518004

东部华侨城旅游度假区
East Part Overseas Chinese Town Tourism Area

深圳市罗湖区大梅沙
Dameisha, Luohu District, Shenzhen

0755-81464596

518000

锦绣中华景区
Beautiful China Scenic Area

深圳市南山区华侨城
Overseas Chinese Town, Nanshan District, Shenzhen

0755-26600626

518053

深圳欢乐谷
Shenzhen Joy Vale

深圳市南山区华侨城
Overseas Chinese Town, Nanshan District, Shenzhen

0755-26949168

518053

深圳野生动物园
Shenzhen Wild Animals Park

深圳市南山区西丽镇西丽湖东侧
East Xili Lake, Xili Town, Nashan District, Shenzhen

0755-26622888

518055

深圳青青世界
Shenzhen Evergreen Resort

深圳市南山区月亮湾青青街 1 号
No.1 Qingqing Street, Moon Bay, Nanshan District, Shen zhen

0755-26646988

518054

中国民俗文化村
China Folk Culture Village

深圳市华侨城
Overseas Chinese Town, Shenzhen

0755-26600626

518053

深圳世界之窗
Window of the World in Shenzhen

深圳市华侨城
Overseas Chinese Town, Shenzhen

0755-26608000

518053

深圳市观澜山水田园农庄景区
Shenzhen Guanlan Hill & Lake Farm Garden

深圳市宝安区观澜镇君子布村环观南路
South Huanguan Road, Junzibu Village, Guanlan Town, Bao'an District, Shenzhen

0755-29679888

518110

海上田园旅游区
Shenzhen Waterlands Resort

深圳市宝安区沙井镇民主村
Minzhu Village, Shajing Town, Bao'an District, Shenzhen

0755-27259888

518000

深圳市光明农场大观园景区
Shenzhen Guangming Farm Center Grand View Scenic Area

深圳市宝安区光明新区碧水路
Bishui Road, Guangming New Area, Bao'an District, Shenzhen

0755-29930022

518000

中信明思克航母世界
CITIC Minsk World

深圳市盐田区沙头角
Shatoujiao, Yantian District, Shenzhen

0755-25355333

518081

珠海市圆明新园
Zhuhai Yuanming New Garden

珠海市前山镇白石坑
Baishikeng Qianshan Town, Zhuhai

0756-8610388

519070

珠海罗西尼工业旅游区
Zhuhai Rossini Watch Industry Tourism Area

珠海市香洲区金峰北路
North Jinfeng Road, Xiangzhou District, Zhuhai

0756-3333805

519000

珠海市农业科学研究中心农科奇观
Agricultural Wonders in Zhuhai Agricultural Science Research Center

珠海市香洲区前山梅溪村双龙山
Shuanglong Mountain, Meixi Village, Qianshan, Xiangzhou District, Zhuhai

0756-8535888

519070

外伶仃岛度假村
Wailingding Island Resort

珠海市吉大新港大道北侧
North Xingang Avenue, Jida, Zhuhai

0756-8855119 8855118

519000

珠海市东澳岛旅游度假区
Zhuhai Dong'ao Island Tourism Resort

珠海市香洲区东澳岛
Dong'ao Island, Xiangzhou District, Zhuhai

519000

珠海御温泉度假村
Zhuhai Yu Hot Spring Resort

珠海市斗门区斗门镇斗门大道
Doumen Avenue, Doumen Town, Doumen District, Zhuhai

0756-5797128

519110

汕头中信高尔夫海滨度假村
Shantou Zhongxin Golf Seashore Resort

汕头市濠江区河浦大道中段斧头山北麓
Northern Foot of Futou Mountain, Middle Section of Hepu Avenue, Haojiang District, Shantou

0754-87874514

515071

礐石海滨风景名胜区
Queshi Seaside Famous Scenic Area

汕头市濠江区礐石海旁路 4 号
No.4 Haipang Road, Queshi, Haojiang District, Shantou

0754-87490684

515070

汕头方特欢乐世界 · 蓝水星景区
Fantawild Acventure Shantou—Blue Water Star Scenic Area

汕头市龙湖区泰星庄泰星路 12 号
No.12 Taixing Road, Taixing Villa, Longhu District, Shantou

0754-89986661

515041

莲花峰风景区
Lianhua Peak Scenic Area

汕头市潮阳区海门镇
Haimen Town, Chaoyang District, Shantou

0661-86632419

515132

前美古村潮侨文化旅游区
Qianmei Ancient Village Overseas Chinese Culture Tourism Area

汕头市澄海区隆都镇前美村
Qianmei Village, Longdu Town, Chenghai District, Shantou

515800

莲华乡村旅游区
Lianhua Rural Tourism Area

汕头市澄海区莲华镇
Lianhua Town, Chenghai District, Shantou

0754-85323538

515800

南澳岛省级旅游度假区
Nan'ao Island Provincial Tourism Resort

汕头市南澳县青澳湾
Qingao Bay, Nan'ao County

0754-86997081

515920

祖庙博物馆
Ancestor Temple Museum

佛山市祖庙路 21 号
No.21 Zumiao Road, Foshan

0757-82293723

528000

佛山市南风古灶旅游区
Foshan Nanfeng Guzao Tourism Area

佛山市禅城区石湾镇高庙路 6 号
No.6 Gaomiao Road, Shiwan Town, Chancheng District, Foshan

0757-8271179882701118

528231

佛山市（国际）家具博览城景区
Foshan Internation Furniture Expo City Scenic Area

佛山市禅城区佛山大道
Foshan Avenue, Chancheng District, Foshan

528000

南海湾森林生态园
Nanhaiwan(South Sea Bay) Forest Ecological Garden

佛山市南海区西樵镇庆云大道
Qingyun Arenue, Xiqiao Town, Nanhai District, Foshan

0757-86802348

528200

平洲玉器街景区
Pingzhou Jade Street Scenic Area

佛山市南海区桂城平洲玉器街
Pingzhou Jade Street, Guicheng, Nanhai District, Foshan

0757-86765003

528251

中央电视台南海影视城
CCTV Nanhai Movie Town

佛山南海区松岗镇
Songgang City, Nanhai District, Foshan

528234

罗浮宫国际家具艺术博览中心景区
Louvre International Furniture Art Exhibition Center

佛山市顺德区 325 国道乐从路段
Lecong Part, 325 National Road, Shunde District, Foshan

0757-28839999

528315

顺德区清晖园
Shunde District Qinghui Garden

佛山市顺德区大良镇清晖路 23 号
No.23 Qinghui Road, Daliang Town, Shunde District, Foshan

0757-22226196

528300

陈村花卉世界
Chencun Flowers World

佛山市顺德区陈村镇佛陈公路潭村路段
Tancun Section, Fochen Road, Chencun Town, Shunde Dstrict, Foshan

0757-23316138

528131

乐从国际会展中心
Lecong International Exhibition Center

佛山市顺德区乐从大道南 1/2 号
No.1/2 South Lecong Avenue, Shunde District, Foshan

0757-28906881

528300

三水市森林公园
Sanshui Forest Park

佛山市三水区西南镇云东海旅游经济区
Yundonghai Tourism and Economy Area, Xinan Town, Sanshui District, Foshan

0757-87821633

528100

三水市荷花世界
Sanshui Lotus World

佛山市三水区南丰大道
Nanfeng Avenue, Sanshui District, Foshan

528100

佛山皂幕山旅游风景区
Foshan Zaomu Mountain Tourism Area

佛山市高明区杨和镇坑美村
Kengmei Village, Yanghe Town, Gaoming District, Foshan

0757-89932128

528513

盈香生态园景区
Yingxiang Ecological Garden Scenic Area

佛山市高明区荷城街道
Hecheng Community, Gaoming District, Foshan

528500

圭峰山风景名胜区
Guifeng Mountain Famous Scenic Area

江门新会区会城镇北郊圭峰山
Guifeng Mountain, north Huicheng Town, Xinhui District, Jiangmen

0750-6180693

529100

新会区古兜温泉旅游度假村
Xinhui District Gudou Hot Spring Tourism Resort

江门新会区崖门镇
Yanan Town, Xinhui District, Jiangmen

0750-6455763

529149

金山温泉旅游度假村
Jinshan Hot Spring Tourism Resort

江门恩平市那吉镇东郊
East Naji Town, Enping

0750-7281188

529471

山泉湾旅游景区
Shanquanwan Tourism Area

江门恩平市大田镇
Datian Town, Enping

529400

锦江温泉旅游度假区
Jinjiang Hot Spring Tourism Resort

江门恩平市大田镇朗底
Langdi, Datian Town, Enping

0750-7333333

529431

下川岛省级旅游度假区
Xiachuan Island Provincial Tourism Resort

江门台山市川岛镇
Chuandao Town, Taishan

0750-5756677

529200

台山康桥温泉景区
Taishan Dreamland Resort

江门台山市白沙镇朗南村
Langnan Village, Baisha Town, Taishan

0750-5813888

529527

立园旅游区
Liyuan Tourism Area

江门开平市塘口镇
Tangkou Town, Kaiping

0750-2678888

529300

湛江蓝月湾温泉度假村
Zhanjiang Lanyuewan Hot Spring Resort

湛江市海滨大道中 2 号
No.2 Haibin Avenue, Zhanjiang

0759-2286888-2008

524005

金沙湾滨海休闲旅游区
Golden Beach Leisure Tourism Area

湛江市赤坎区
Chikan District, Zhanjiang

524033

湛江湖光岩风景名胜区
Zhanjiang Huguang Rock Famous Scenic Area

湛江市麻章区湖光镇
Huguang Town, Mazhang District, Zhanjiang

0759-2800400

524088

茂名森林公园
Maoming Forest Park

茂名市茂南区公馆镇
Gongguan Town, Maonan District, Maoming

0668-2331338

525000

中国第一滩省级旅游度假区
China the First Beach Provincial Tourism Resort

茂名市电白区海滨二路
Second Haibin Road, Dianbai District, Maoming

0668-2683633

525027

茂名放鸡岛
Maoming Chicken Island

茂名市电白区博贺镇翠湖路
Cuihu Road, Bohe Town, Dianbai District, Maoming

4006-520-266

525447

浪漫海岸旅游度假区
Romantic Beach Tourism Resort

茂名市电白区麻岗镇热水村
Reshui Village, Magang Town, Dianbai District, Maoming

525400

肇庆星湖风景名胜区
Zhaoqing Xinghu Famous Scenic Area

肇庆市七星岩景区内
Inside Qixingyan Scenic Area, Zhaoqing

0758-2271555

526040

龙母祖庙景区
Longmu Ancestors Temple

肇庆市德庆县悦城镇
Yuecheng Town, Deqing County

0758-7619855

526638

德庆学宫（孔庙）景区
Deqing Study Palace(Confucius Temple)Scenic Area

肇庆市德庆县朝阳西路 26 号
No.26 Chaoyang West Road, Deqing County

0758-7760942

526600

盘龙峡景区
Panlong Valley Scenic Area

肇庆市德庆县官圩镇大满村
Daman Village, Guanyu Town, Deqing County

0758-7235038

526600

叶挺将军纪念园
General Ye Ting's Memorial Museum

惠州市惠阳区秋长街道周田村
Zhountian Village, Qiuchang Community, Huiyang District, Huizhou

0752-3370155

516211

惠州五矿·哈施塔特旅游小镇
Huizhou Wukuang Hashitate Tourism Town

惠州市博罗县罗阳镇麦田岭
Maitianling, Luoyang Town, Boluo County

0752-6155868

516100

惠州市海滨温泉旅游度假区
Huizhou Coast Hot Spring Tourism Resort

惠州市惠东县平海镇
Pinghai Town, Huidong County

0752-8578888

516363

巽寮湾海滨旅游度假村
Xunliao Bay Tourism Resort

惠州市惠东县巽寮镇
Xunliao Town Huidong County

0752-8336688

516367

永记高科技农业生态示范园（惠东）
Yongji Hightech Agriculture Ecological Demonstration Garden (Huidong)

惠州市惠东县大岭镇桥新区
Qiaoxin District, Daling Town, Huidong County

0752-8917888

516321

龙门南昆山温泉旅游大观园
NKS Hot Spring Tourism Grand View Garden

惠州市龙门县永汉镇油田村
Youtian Village, Yonghan Town, Longmen County

0752-7698888

516870

龙门铁泉旅游度假区
Longmen Tiequan Tourism Resort

惠州市龙门县龙田镇热水锅村
Reshuiguo Village, Longtian Town, Longmen County

0752-7888889

516800

南昆山生态旅游区
Nankun Mountain Ecological Tourism Zone

惠州市龙门县南昆山镇
Nankunshan Town Longmen County

0752-7690065

516876

尚天然花海温泉小镇
Sun Nature Flower & Hot Spring Resort

惠州市龙门县龙田镇赖屋村
Laiwu Village, Longtian Town, Longmen County

0752-7333333

516800

客天下旅游产业园
Hakka Word Tourism Industry Garden

梅州市梅江区三角镇东升村
Dongsheng Village, Sanjiao Town, Meijiang District, Meizhou

514000

雁鸣湖旅游度假村
Yanming Lake Tourism Resort

梅州市梅县区雁洋镇南福村
Nanfu Village, Yanyang Town, Meixian District, Meizhou

0753-2839288

514059

叶剑英纪念园
Memorial Museum of Marshal Ye Jianying

梅州市梅县区雁洋镇雁上村
Yanshang Village, Yanyang Town, Meixian District, Meizhou

0753-2827395

514759

灵光寺旅游区
Lingguang Temple

梅州市梅县区雁洋镇阴那村
Yinna Village, Yanyang Town, Meixian District, Meizhou

514059

兴宁市神光山旅游区
Xingning Shenguang Mountain Tourism Area

梅州兴宁市福兴镇神光村
Shenguang Village, Fuxing Town, Xingning

514521

百侯名镇旅游区
Baihou Famous Town Tourism Area

梅州市大埔县百侯镇
Baihou Town, Dapu County

514200

泰安楼客家文化旅游产业园
Tai'anlou Hakka Culture Tourism Industry Garden

梅州市大埔县百侯镇
Baihou Town, Dapu County

514200

平远县五指石旅游区
Pingyuan County Wuzhi Stone Tourism Area

梅州市平远县差干镇
Chaigan Town, Pingyuan County

514625

蕉岭县长潭旅游度假区
Jiaoling County Chang Tan Tourism Resort

梅州市蕉岭县长潭镇溪峰路 24 号
No.24 Xifeng Road, Changtan Town, Jiaoling County

0753-7892758

514100

汕尾红海湾旅游区
Shanwei Honghai Bay Tourism Area

汕尾市通港 366 号
No.366 Tonggang, Shanwei

0660-3385000

516600

汕尾凤山祖庙旅游区
Shanwei Fengshan Ancestor Temple Tourism Area

汕尾市城区凤山路
Fengshan Road, Urban of Shanwei

516600

铜鼎山旅游区
Tongding Mountain Tourism Area

汕尾市城区
Urban of Shanwei

516600

汕尾玄武山旅游区
Shanwei Xuanwu Mountain Tourism Area

汕尾陆丰市碣石镇
Jieshi Town, Lufeng

0660-6891368

516545

广东海丰莲花山度假村
Guangdong Haifeng Lianhuashan Resort

汕尾市海丰县莲花山镇
Lianhuashan Town, Haifeng County

0660-6728888

516400

龙源温泉旅游度假区
Longyuan Hot Spring Tourism Resort

河源市源城区高埔岗龙源大道 1 号
No.1 Longyuan Avenue, Gaopugang, Yuancheng District, Heyuan

400-8882921

517000

巴伐利亚庄园
Bavaria Manor

河源市源城区
Yuancheng District, Heyuan

517000

河源市御临门温泉度假区
Heyuan Yulinmen Hot Spring Resort

河源市紫金县九和镇幸福热水村
Xingfureshui Village, Jiuhe Town, Zijin County

0762-7498888

517400

和平温泉之都旅游区
Heping Capital of Hot Spring Tourism Area

河源市和平县热水镇南湖村
Nanhu Village, Reshui Town, Heping County

517100

新丰江国家森林公园
Xinfeng River National Forest Park

河源市东源县新港镇港中路 17 号
No.17 Gangzhong Road, Xingang Town, Dongyuan County

0762-8771088

517001

河源新丰万绿湖风景区
Heyuan Xinfeng Wanlü Lake Scenic Area

河源市东源县新港镇港中路 17 号
No.17 Gangzhong Road, Xingang Town, Dongyuan County

0762-8780001

517527

苏家围东江画廊景区
Sujiawei Dongjiang River Painting Corridor Scenic Area

河源市东源县义合镇苏家围村
Sujiawei Village, Yihe Town, Dongyuan County

0762-8882888

517500

河源市叶园温泉旅游区
Heyuang Yeyuan Hot Spring Tourism Area

河源市东源县黄田镇
Huangtian Town, Dongyuan County

0762-8809867

517500

阳春凌霄岩景区
Yangchun Lingxiao Rock Scenic Area

阳江阳春市河朗镇
Helang Town, Yangchun

0662-7879126

529613

阳西咸水矿温泉景区
Yangxi Salty Water Hot Spring Scenic Area

阳江市阳西县东湖生态开发区
Donghu Ecological Development Zone, Yangxi County

0662-5885188

529800

黄腾峡生态旅游区
Huangteng Valley Ecotourism Area

清远市清城区东城街
Dongcheng Street, Qingcheng District, Qingyuan

0763-3906999

511500

碧桂园假日半岛故乡里旅游度假区
Biguiyuan Holiday Island Hometown Tourism Area

清远市清城区石角镇碧桂园
Biguiyuan, Shijiao Town, Qingcheng District, Qingyuan

0763-3836679

511500

狮子湖休闲旅游区
Shizihu Leisure Tourism Area

清远市横荷镇狮子湖山庄 1 号
No.1 Shizihu Villa, Henghe Town, Qingyuan

0763-3556688

511515

德盈新银盏温泉度假村
Deying New Yinzhan Hot Spring Resort

清远市龙塘镇广清高速路银盏收费站出口处
Yinzhan Exit, Guangqing Highway, Longtang Town, Qingyuan

0763-3680698

511542

清新温矿泉度假区
Qingxin Hot Spring Resort

清远市清新区三坑镇
Sankeng Town, Qingxin District, Qingyuan

0763-5862611

511855

清远玄真古洞生态旅游度假区
Qingyuan Xuanzhen Ancient Cave Ecotourism Resort

广东清远市清新区玄真路尾
Xuanzhen Road, Qingxin District, Qingyuan

0763-5829988

511800

古龙峡原生态旅游区
Gulong(Ancient Dragon)Valley Original Ecotourism Area

清远市清新区太和镇
Taihe Town, Qingxin District, Qingyuan

0763-5851668

511800

英德市宝晶宫生态旅游度假区
Yingde Baojing Palace Ecotourism Resort

清远英德市南郊
Southern Yingde

0763-2219198

513000

英德奇洞温泉度假区
Yingde Qidong(Magic Cave) Hot Spring Resort

清远英德市望埠镇李屋村
Liwu Village, Wangbu Town, Yingde

0763-2581888

513000

洞天仙境生态旅游度假区
Dongtian Xianjing Ecological Tourism Resort

清远英德市九龙镇
Jiulong Town, Yingde

0763-2751666

513000

湟川三峡旅游风景区
Huangchuan Three Gorges Tourism Area

清远连州市九陂镇龙潭村
Longtan Village, Jiupo Town, Lianzhou

0763-6669860

513400

清远市聚龙湾天然温泉度假村
Qingyuan Julong（Gathered Dragons） Bay Nature Hot Spring Resort

清远市佛冈县汤塘镇
Tangtang Town, Fogang County

0763-4632888

511600

广东森波拉度假森林
Guangdong Shamoola Tourism & Holiday Forest

清远市佛冈县羊角山森林公园
Yangjiaoshan Forest Park, Fogang County

0763-4382333

511600

广东第一峰旅游风景区
Guangdong the First Peak Tourism Area

清远市阳山县秤架乡
Pingjia Town, Yangshan County

0763-7886838

513100

连南千年瑶寨景区
Liannan Qiannian(Thousand Years) Yao Nationality Stockaded Village Scenic Area

清远市连南县三排镇
Sanpai Town, Liannan County

513300

广东瑶族博物馆
Guangdong Yao Nationality Museum

清远市连南县三江镇
Sanjiang Town, Liannan County

513300

东莞市松山湖景区
Dongguan Songshan Lake Scenic Area

东莞松山湖科技产业园区礼宾路一号
No.1 Songshan Lake Science & Technology Industry Park, Dongguan

523808

粤晖园旅游景区
Yuehui Garden Tourism Area

东莞市道滘镇粤晖路一号
No.1 Yuehui Road, Daojiao Town, Dongguan

0769-88389279

523186

龙凤山庄影视度假村
Longfeng Villa Video Resort

东莞市凤岗镇官井头嘉辉路
Jiahui Road, Guanjingtou, Fenggang Town, Dongguan

523709

东莞市科学技术博物馆
Dongguan Science and Technology Museum

东莞市南城区新城市中心元美中路 2 号
No.2 Middle Yuanmei Road, Center of New Urban, Nancheng Districts, Dongguan

523075

观音山国家森林公园
Guanyin Mountain National Forest Park

东莞市樟木头镇石新区笔架大道
Bijia Avenue, Shixin District, Zhangmutou Town, Dongguan

0769-87183005

523635

东莞市香市动物园
Dongguan Xiangshi Zoo

东莞市寮步镇药勒管理区
Yaole Management Zone, Liaobu Town, Dongguan

0769-82819988

523888

东莞市展览馆
Dongguan Exhibition Center

东莞市南城区鸿福路 97 号
No.97 Hongfu Road, Nancheng District, Dongguan

523000

东莞市广东东江纵队纪念馆景区
Memorial Museum for Guangdong Dongjiang Guerrilla

东莞市大岭山镇大王岭村厚大路
Houda Road, Dawangling Village, Dalingshan Town, Dongguan

0769-85651155

523000

清溪银瓶山森林公园
Qingxi Yinping Mountain Forest Park

东莞市清溪镇石田二街 53 号
No.53, 2nd Shitian Street, Qingxi Town, Dongguan

0769-87386638

523000

鸦片战争博物馆
The Opium War Museum

东莞市虎门镇解放路 88 号
No.88 Jiefang Road, Humen Town, Dongguan

0769-85512065

523900

东莞市南社村和塘尾村古建筑群
Dongguan Nanshe & Tangwei Villages Ancient Building Group

东莞市茶山镇
Chashan Town, Dongguan

523888

东莞市可园博物馆
Dongguan Keyuan Museum

东莞市莞城区博厦村
Boxia Village, Guancheng District, Dongguan

523888

逸颐艺舍博物馆
Yiyiyishe Museum

东莞市横沥镇田头村彩霞路 18 号
No.18 Caixia Road, Tiantou Village, Hengli Town, Dongguan

523888

中山詹园
Zhongshan Zhan's Garden

中山市南区北台村 105 国道旁
Near 105 National Highway, Beitai Village, Zhongshan

0760-23336288

528455

中国（大涌）红木文化博览城景区
China Dayong Rose Wood Culture Expo City Scenic Area

中山市大涌镇
Dayong Town, Zhongshan

528403

潮州淡浮院
Chaozhou Danfu Museum of Steles of Calligraphy

潮州市红山林场砚峰公园内
Inside Yanfeng Park, Hongshan Forest Center, Chaozhou

0768-2505747

521000

潮州市广济桥文物旅游景区
Chaozhou Guangji Ancient Bridge Cultural Relic Scenic Area

潮州市环城东路广济城门对面
Opposite the Guangji Gate, East Huancheng Road, Chaozhou

0768-2222683

521000

潮州市紫莲森林度假村景区
Chaozhou Zilian Forest Resort

潮州市湘桥区意溪镇锡美村
Zimei Village, Yixi Town, Xiangqiao District, Chaozhou

0768-2311777

521021

韩愈纪念馆（韩文公祠）
HanYu's Memorial Museum(Hanwengong's Memorial Temple)

潮州市桥东韩师山顶
Hanshi Mountaintop, Qiaodong, Chaozhou

0768-2523581

521000

饶平绿岛旅游山庄
Raoping Green Island Tourism Manor

潮州市饶平县钱东镇万山红农场
Wanshanhong Farm Center, Qiandong Town, Raoping County

0768-8705928

515726

阳美玉都旅游区
Yangmei Jade City Tourism Area

揭阳市东山区磐东镇阳美村
Yangmei Village, Pandong Town, Dongshan District, Jieyang

0663-8811742

522071

广东望天湖生态旅游度假区
Guangdong Wangtianhu Ecotourism Resort

揭阳市揭东区白塔镇
Baita Town, Jiedong District, Jieyang

515500

揭阳市京明温泉度假区
Jieyang Jingming Hot Spring Resort

揭阳市揭西县京溪园镇新洪村
Xinhong Village, Jingxiyuan Town, Jiexi County

0663-5851888

515431

黄满寨瀑布旅游区
Huangmanzhai Waterfall Tourism Area

揭阳市揭西县京溪园镇粗坑村
Cukeng Village, Jingxiyuan Town, Jiexi County

515400

金水台温泉景区
Jins huitai Hot Spring Scenic Area

云浮市新兴县水台镇
Shuitai Town, Xinxing County

0766-2513111

527400

六祖故里旅游度假区
Liuzu(Sixth Ancestor's) Hometown Tourism Resort

云浮市新兴县六祖镇
Liuzu Town, Xinxing County

0766-2920128

527400

天露山旅游度假区
Tianlushan Tourism Resort

云浮市新兴县里洞镇
Lidong Town, Xinxing County

0766-2963887

527400

广西

GUANGXI

“唱山歌唉，这边唱来那边和”，伴随着优美动听的山歌，荡漾在清澈的漓江山水之间，你会忘记所有的烦忧与不快。这里不仅有美妙的歌声，有如画的山水，还有古老灿烂的历史，有神秘多彩的民族风情。这里的银滩沙白似雪，这里的瀑布如雷声震天。这里就是山水之间的——广西。

青秀山风景旅游区
Qingxiu Mountain Tourism Area

“山不高而秀，水不深而清”的青秀山坐落在蜿蜒流淌的邕江畔，群峰起伏、林木青翠、岩幽壁峭、泉清石奇，以南亚热带植物景观为特色，常年云雾环绕，是独特的天然休闲氧吧，素有“城市绿肺”“绿城翡翠，壮乡凤凰”的美誉，是南宁市最亮丽的城市名片之一。青秀山风景旅游区拥有迁地保护和园林造景完美结合的经典之园——千年苏铁园，有独具热带雨林特色的生态园林景观——雨林大观，有全国最大的自然生态兰花专类园——兰园，还有富有民族特色的壮锦广场、青秀山友谊长廊，有汇聚东盟各国国花、国树和南宁友好城市代表性雕塑的东盟友谊园……近在咫尺的城市文明与自然生态的和谐之美尽在青秀山中。

南宁市青秀区凤岭南路 6-6 号
No.6-6 South Fengling Road, Qingxiu District, Nanning

530021

www.qxslyfjq.com

靖江王城（王府、独秀峰）景区
Jingjiang Nobality Town(Wangfu, Duxiu Peak) Scenic Area

靖江王城景区位于桂林市中心，是以桂林的“众山之王”——独秀峰为中心，明代靖江藩王府为范围的精品旅游景区。独秀峰素有“南天一柱”的美誉，史称桂林第一峰。山峰突兀而起，形如刀削斧砍，孤峰傲立，有如帝王之尊。靖江王府位于独秀峰下，是明朝开国皇帝朱元璋分封给其侄孙的府邸，王城周围的城桓以方形青石修砌，十分坚固。城开东南西北四门，分别命名为“体仁”（东华门）、“端礼”（正阳门）、“遵义”（西华门）、“广智”（后贡门）。坚城深门，气势森严。靖江王府共有 11 代 14 位靖江王在此居住过，历时 280 年之久，系明代藩王中历史最长及目前全中国保存最完整的明代藩王府。靖江王城景区内山水风光与历史人文景观交相辉映，是桂林历史文化的典型代表。

桂林市秀峰区王城 1 号
No.1 Wangcheng, Xiufeng District, Guilin

0773-2851941

541901

http://www.glwangcheng.com

两江四湖 · 象山景区
Liangjiang(Two Rivers) Sihu(Four Lakes) — Xiangshan Mountain Scenic Area

两江四湖是指由漓江、桃花江榕湖、杉湖、桂湖、木龙湖、所构成的桂林环城水系，两江四湖的水路贯通构成了桂林城市中心最优美的环城风景带。两江四湖景区真实地体现了“千峰环野立，一水抱城流”的美妙景致和“城在景中，景在城中”的诗情画意。象山景区因有一座酷似一头大象的象鼻山而得名，象鼻山位于桂林市漓江与桃花江的汇流处，以其独特的山形和悠久的历史成为桂林城徽标志，更成为了中国山水中人与自然合谐的符号。

桂林市秀峰区丽君路 2 号
No.2 Lijun Road, Xiufeng District, Guilin

541001

http://www.ljshxs.com

桂林漓江景区
Guilin Lijiang River Scenic Area

这是一处被印在人民币上、为世人所熟知的如诗如画的美景。“千峰环野立，一水抱城流”，南宋诗人留下的千古佳句，正是桂林漓江的真实写照。千百年来，漓江依旧以它独特的自然魅力，让来自世界各地的游客沉醉于它的美丽之中。乘船从桂林至阳朔游漓江，看两岸的山峰伟岸挺拔，形态万千，每一处都是一幅中国水墨画。

桂林市福旺路 178 号
No.178 Fuwang Road, Guilin

541002

http://www.liriver.com.cn

ChongZuo 崇左

★★★★★ 德天跨国瀑布 Detian Transnational Waterfall

德天跨国瀑布位于广西大新县硕龙镇和越南高平省重庆县玉溪镇交界的边境线上，为亚洲最大的跨国瀑布。德天瀑布横跨中越两国，宽约200余米，高约60米，纵深约70米，年均流量50立方米/秒，是黄果树瀑布的5倍，终年有水。瀑布四周古树参天，花草掩映。瀑布景色随季节变化而不同。冬季，瀑水纤秀，多束水流悠然飞落；春季，木棉似火，点缀其间，绿色梯田，相映生光辉；夏季，河水溢涨，激流排山倒海奔腾而下，响声如雷，水雾遮天；秋季，素绢高挂，碧水清流，梯田铺金，水雾夹着阵阵稻香扑面而来，令人陶醉。

德天跨国瀑布景区是国家5A级旅游景区，目前正在建设中国首个跨境旅游合作区，免税购物店、水上跨国贸易集市、跨国高空秋千、夜德天等旅游项目将会给游客带来全新的旅游体验。

★★★★★ 明仕田园 Mingshi Countryside Garden

——广西五星级乡村旅游区

明仕田园位于广西大新县堪圩乡明仕村，距县城西53公里，距南宁195公里，由南坛高速转316省道到达。是以典型的喀斯特地形地貌景观为主的自然风景区。

明仕田园由峰丛洼地、峰林谷地和盆地等溶岩地貌形态组成。由于岩溶发育深度不一，地貌类型多样，构成了奇峰峥嵘、群峰竞秀的地貌景观。景区内四季景色皆如诗如画，有着“山水画廓”和“隐者之居”的美誉。主要景点有明仕田园、明仕碧河、天然崖画等13处。明仕河从广袤千里的田园中绕过。河上游层峦叠嶂、群峰罗列，中下游谷地开阔平坦、峰林散布。这里河水蜿蜒，清澈如镜，山峰倒影，稻田开阔，竹丛掩岸，农舍依于山脚。沿河可见独木桥、竹水车、牧童骑牛、农人荷锄等田园景象。

★★★★ 友谊关 Youyi（Friendship）Pass

友谊关位于广西崇左市凭祥市南面中越边境线上，是集古军事遗迹、自然风光与边关风情为一体的旅游景区和国家一类口岸。友谊关始设于汉代，古名雍鸡关、界首关、镇南关。清朝时，建关楼一层，两重门，贯以通道，外门额书“南疆重镇”，内门额书“镇南关”。清末广西提督苏元春在友谊关东西两侧的山顶上修筑了四座炮台。抗法战争和抗日战争时期，关楼曾先后五次被外国侵略军占领，两度毁于战火。现存关楼于1957年重修，1965年更名为友谊关。

友谊关是中国九大名关中唯一与外国接壤、至今还起通关作用的边关，是中国通往越南及东南亚各国重要的陆路通道。

世界文化遗产——左江花山岩画 ★★★★

The World Cultural Heritage——Zuojiang Huashan Rock Painting

左江花山岩画位于广西崇左市宁明县、龙州县、江州区及扶绥县境内，由岩画密集分布的、最具代表性的 3 个文化景观区域组成，包含 38 个岩画点（共 109 处岩画，4050 个图像），岩画所在的山体和对面的台地，以及约 105 公里左江、明江河段，总面积 61.12 平方公里。2016 年 7 月，左江花山岩画文化景观成为我国第 49 处世界遗产，填补了中国岩画类世界遗产的空白。

花山岩画是左江流域岩画中的代表，也是世界同类岩画中单位面积最大、画面最集中、内容最丰富、保存最完好的一处岩画，被誉为是中国稻作文化的最大标志、壮族文化瑰宝和世界岩画的极品。据专家考证，岩画创作始于春秋，延至后汉，迄今已有 2300 多年历史。岩画画面绘有大小图像 1900 多个，画面以人物造型为主，也有铜鼓、箭簇和野兽之类，神态各异，生动朴素，形象逼真。人像最大的有 3 米多高，最小的也有 30 厘米。画面色调为赭红色，图像线条粗犷，结构严谨，整个画面气势恢宏，热情奔放，场面热烈而富有神秘色彩，具有相当高的艺术造诣和浓厚的少数民族情调。花山岩画图像之多、分布之广密、作画地点之陡峭、作画条件之艰险，均被公认为国内外罕见。

桂林乐满地度假世界
Guilin Merryland Resort

在兴安县灵湖景区6000余亩的土地上，融合桂林山水之美与广西少数民族艺术的乐满地度假世界，欢乐满满。这里有缤纷主题乐园，时尚、动感、刺激与欢乐并存。有乐满地欢乐文化度假酒店，闲逸高雅，隐晰山林间，尽享自然特色；有美式丘陵国际标准36洞高尔夫球场，独揽桂林山水盛景，挑战你的极至尊荣。这些构成了融自然、浪漫、闲逸、欢乐为一体的度假胜地——桂林乐满地度假世界。

桂林市兴安县志玲路
Zhiling Road, Xing'an County

541300

http://www.merry-land.com.cn

德天跨国瀑布景区
Detian Transnational Waterfall Scenic Area

德天跨国瀑布位于中国广西大新县硕龙镇和越南高平省重庆县玉溪镇交界的边境线上。德天跨国瀑布是亚洲第一大跨国瀑布。景区以归春界河为轴线，自然景观由德天瀑布、绿岛行云和大阳幽谷等组成，瀑布气势磅礴，层层叠叠，水势激荡，闻声数里。景区将瀑布、山体、河流、植被、乡村田园等景观相结合，融跨国瀑布山水景观、丰富多彩的边境民俗风情、悠久神奇的边关历史文化为一体，形成山清、水秀、瀑美、情浓的南国边疆喀斯特特色景观。

崇左市大新县硕龙镇德天村
Detian Village, Shuolong Town, Daxin County

532300

http://www.detian1999.com

AAAA

南宁嘉和城景区
Naning Jiahe Town Scenic Area

南宁市东北方向南梧大道嘉和城内
Jiahe Town, Nanwu Avenue, Northeast of Nanning

530012

九曲湾温泉度假村
Jiuqu Bay Hot Spring Resort

南宁市三塘温泉路9号
No.9 Wenquan Road, Santang, Nanning

530012

南宁市八桂田园景区
Nanning Bagui Farm Scenic Area

广西南宁市大学路48号
No.48 University West Road, Nanning

530012

广西药用植物园
Guangxi Medicinal Plants Garden

南宁市新城区长岗路189号
No.189 Changgang Road, Xincheng District, Nanning

530023

南宁市动物园
Nanning Zoo

南宁市大学西路3号
No.3 University West Road, Nanning

530003

良凤江国家森林公园
Liangfeng River National Forest Park

南宁市友谊路78号
No.78 Friendship Road, Nanning

530031

南宁市大明山风景旅游区
Nanning Daming Mountain Tourism Area

南宁市东北部
Northeast of Nanning

530012

广西科技馆
Guangxi Science & Technology Museum

南宁市民族大道20号
No.20 Minzu Avenue, Nanning

530022

广西规划馆景区
Guangxi Planning Hall Scenic Area

南宁市凤岭南路平乐大道西侧
West Side of Pingle Avenue, South Fengling Road, Nanning

530028

广西民族博物馆
Guangxi Nationality Museum

南宁市民主路
Minzhu Road, Nanning

530023

民歌湖景区
Minge (Folk Song) Lake Scenic Area

南宁市青秀区金浦路 23 号
No.23 Jinpu Road, Qingxiu District, Nanning

530028

凤岭儿童公园
Fengling Children's Park

南宁市青秀区月湾路 1 号
No.1 Yuewan Road, Qingxiu District, Nanning

530213

南宁乡村大世界
Nannig Country World

南宁市兴宁区三塘镇蒙村
Mengcun Village, Santang Town, Xingning District, Nanning

530024

南宁市人民公园
Nanning Renmin Park

南宁市兴宁区人民东路
Renmin East Road, Xingning District, Nanning

530012

南宁武鸣伊岭岩风景区
Nanning Wuming Yiling Rock Scenic Area

南宁市武鸣区双桥镇伊岭村
Yiling Villege, Shuangqiao Town, Wuming District, Nanning

530100

南宁花花大世界景区
Nanning Flower World Scenic Area

南宁市武鸣区双桥镇伊岭工业区
Yiling Industry Area, Shuangqiao Town, Wuming District, Nanning

530100

隆安龙虎山风景区
Long'an Dragon & Tiger Mountain Scenic Area

南宁市隆安县 316 省道
316 Provincial Road, Long'an County

532700

昆仑关旅游风景区
Kunlun Pass Tourism Area

南宁市宾阳县凤翔路 1 号
No.1 Fengxiang Road, Binyang County

530400

马山金伦洞景区
Mashan Jinlun Cave Scenic Area

南宁市马山县古零镇新扬村
Xinyang Village, Guling Town, Mashan County

530600

金莲湖景区
Jinlian Lake Scenic Area

南宁市上林县
Shanglin County

530500

上林县大龙湖景区
Shangling County Great Dragon Lake Scenic Area

南宁市上林县西南 22 公里处
22km Southwest of Shanglin County

530500

柳州柳侯公园
Liuzhou Liuhou Park

柳州市文惠路 62 号
No.62 Wenhui Road, Liuzhou

0772–2824230

545001

柳州龙潭景区
Liuzhou Longtan Scenic Area

柳州市龙潭路 43 号
No.43 Longtan Road, Liuzhou

0772–3171018

545005

柳州文庙景区
Liuzhou Confucius'Temple Scenic Area

柳州市水南路灯台花园旁
Beside of Dengtai Garden, Shuinan Road, Liuzhou

0772–2660216

545000

柳州城市规划馆景区
Liuzhou Urban Planning Museum Scenic Area

柳州市城中区文昌路 66 号
No.66 Wenchang Road, Chengzhong District, Liuzhou

0772–2660037

545001

柳州马鹿山奇石博览园
Liuzhou Malushan Strange Stone Expo Garden

柳州市河东新区东环路 272 号
No.272 Donghuan Road, Hedong New District, Liuzhou
0772-3128176
545005

柳州博物馆
Liuzhou City Museum

柳州市解放北路 37 号
No.37 Jiefang North Road, Liuzhou
0772-2824539
545001

柳州工业博物馆
Liuzhou Industry Museum

柳州市鱼峰区柳东路 220 号
No.220 Liudong Road, Yufeng District, Liuzhou
0772-8853810
545005

百里柳江景区
Hundred Miles Liujiang River Scenic Area

柳州市
Liuzhou
545001

柳州都乐岩风景区
Liuzhou Dule Rock Scenic Area

柳州市柳石路都乐岩
Duleyan, Liushi Road, Liuzhou
0772-3350549
545005

柳州园博园景区
Liuzhou Expo Garden Scenic Area

柳州市柳东新区柳东大道北侧
North Side of Liudong Avenue, Liudong New District, Liuzhou
450200

柳州动物园
Liuzhou Zoo

柳州市南郊航银路 89 号
No.89 Hangyin Road, South Suburb, Liuzhou
545001

凤凰河生态旅游度假区
Fenghuang River Ecotourism Resort

柳州市柳江区
Liujiang District, Liuzhou
545100

柳城涯山景区（洛崖知青城）
Liucheng Yashan Mountain Scenic Area

柳州市柳城县大埔镇洛崖社区中寨村
Zhongzhai Village, Luoya Community, Dapu Town, Liucheng County
545200

鹿寨香桥岩溶国家地质公园
Luzhai Xiangqiao Karst National Geology Park

柳州市鹿寨县中渡镇
Zhongdu Town, Luzhai County
545600

石门仙湖旅游景区
Shimen(Stone Gate) Xianhu(Fairy Lake) Tourism Area

柳州市融安县大良镇新和、石门两村
Xinhe & Shimen Village, Daliang Town, Rong'an County
545400

柳州立鱼峰风景区
Liuzhou Liyufeng Scenic Area

柳州市鱼峰路
Yufeng Road, Liuzhou
545005

三江程阳侗族八寨景区
Sanjiang Chengyang Dong Nationality's Bazhai Scenic Area

柳州市三江县林溪乡
Linxi Town, Sanjiang County
545500

丹洲旅游景区
Danzhou Tourism Area

柳州市三江县丹洲镇丹洲村
Danzhou Villege, Danzhou Town, Sanjiang County
545502

三江县大侗寨景区
Sanjiang County Great Dong Nationality Village Scenic Area

柳州市三江县古宜镇
Guyi Town, Sanjiang County
545500

融水贝江景区
Rongshui Beijiang River Scenic Area

柳州市融水县
Rongshui County
545300

元宝山龙女沟景区
Yuanbao Mountain Longnu (Daughter of Dragon) Valley Scenic Area

柳州市融水县四荣乡
Sirong Town, Rongshui County

545300

融水县民族体育公园
Rongshui County Nationality Sports Park

柳州市融水县园林路北首西侧
West Side, North End of Yuanlin Road, Rongshui County

545300

西山公园
Xishan Park

桂林市秀峰区西山路 2 号
No.2 Xishan Road, Xiufeng District, Guilin

0773-2824490

541001

桂林七星公园
Guilin Qixing Garden

桂林市七星路 1 号
No.1 Qixing Road, Guilin

0773-5836240

541004

桂林冠岩景区
Guilin Guanyan Scenic Area

桂林市安新北路 5 号
No.5 North Anxin Road, Guilin

0773-3848899

541002

滨江景区
Binjiang Scenic Area

桂林市龙珠路 1 号
No.1 Longzhu Road, Guilin

0773-2821887

541002

古东瀑布风景区
Gudong Waterfalls Scenic Area

桂林市七星路 50 号
No.50 Qixing Road, Guilin

0773-5849968

541004

桂林芦笛岩公园
Guilin Ludi Rock Park

桂林市芦笛路
Ludi Road, Guilin

0773-2692473

541001

桂林市穿山景区
Guilin Chuanshan Scenic Area

桂林市穿山小街 55 号
No.55 Chuanshan Xiaojie, Guilin

0773-5866878

541002

桂林刘三姐景观园
Guilin Liusanjie Scenic Garden

桂林市桃花江路 1 号
No.1 Taohuajiang Road, Guihua

0773-2891758

541001

桂林尧山景区
Guilin Yaoshan Scenic Area

桂林市靖江路
Jingjiang Road, Guilin

0773-5864592

541004

桂林叠彩伏波景区
Guilin Diecai Fubo Tourism Area

桂林市叠彩路
Diecai Road, Guilin

0773-2852522

541000

南溪山公园
Nanxishan Garden

桂林市中山南路
Zhongshan South Road, Guilin

541004

罗山湖玛雅水上乐园景区
Luoshan Lake Maya Water Wonderland Scenic Area

桂林市临桂区罗山水库旁
Near Luoshan Reservoir, Lingui District, Guilin

541100

融水旅游

Rongshui Tourism

融水苗族自治县位于广西北部，成立于 1952 年。全县总面积 4638 平方公里，县辖 20 个乡镇、207 个行政村（社区），居住着苗、瑶、侗、壮、汉等 13 个民族，少数民族人口占 75.27%，其中主体民族苗族人口 21.86 万。

融水山水秀丽，生态环境优美，民族风情浓郁，旅游资源十分丰富，境内有元宝山国家森林公园（元宝山国家自然保护区）和九万山国家自然保护区，森林覆盖率达 81%，素有“杉木王国”“毛竹之乡”之称。享有“百节之乡”“中国芦笙·斗马文化之乡”的美誉，“融水苗族系列坡会群”被列入国家首批非物质文化遗产名录，先后荣获“中国百节民俗之乡”“广西优秀旅游县”“全国绿化模范县”“中国绿色生态旅游目的地”“中国民俗风情旅游目的地”“广西特色旅游名县”“中国生态文化旅游名县”等多项荣誉称号。

全县有 11 家国家 A 级旅游景区，其中，国家 4A 级旅游景区 4 家（龙女沟景区、民族体育公园景区、老君洞景区、双龙沟景区），国家 3A 级旅游景区 7 家（老子山景区、田头苗寨景区、雨卜苗寨景区、石上人家景区、龙宝大峡谷景区、田塘瑶寨景区、西洞景区），广西生态旅游示范区 1 家（双龙沟景区），三星级汽车旅游营地 2 家（田塘汽车旅游营地、大方汽车旅游营地），四星级乡村旅游区 2 家（四荣归报乡村旅游区、芳馨农庄）。

桂林市义江缘景区
Guilin Yijiangyuan Scenic Area

桂林市临桂区五通镇
Wutong Town, Lingui Lingui District, Guilin

541100

桂林愚自乐园
Guilin Yuzi Paradise

桂林市雁山区大埠乡
Dabu Town, Yanshan District, Guilin

0773-3869006

541006

桂林神龙水世界
Guilin Saint Dragon Water World

桂林市雁山区草坪乡潜经村
Qianjing Village, Caoping Town, Yanshan District, Guilin

0773-2252888

541000

桂林世外桃源景区
Guilin Heaven of Peace Scenic Area

桂林市阳朔县白沙五里店世外桃源
Wulidian Village, Baisha Town, Yangshuo County

0773-8822152

541901

阳朔蝴蝶泉景区
Yangshuo Butterfly Spring Scenic Area

桂林市阳朔县月亮山风景区 321 国道旁
In Moon Mountain Scenic Area, Near 321 National Road, Yangshuo County

541900

阳朔图腾古道 · 聚龙潭景区
Yangshuo Julong Pond Tourism Area

桂林市阳朔县高田乡历村
Xiangli Village, Gaotian Town, Yangshuo County

0773-8822813

541901

逍遥湖景区
Xiaoyao Lake Scenic Area

桂林市灵川县大圩镇上茯荔村
Fuli Village, Daxu Town, Lingchuan County

0773-2153018

541200

灵渠风景区
Lingqu Scenic Area

桂林市兴安县灵渠南路
Lingqu South Road, Xing'an County

0773-6221913

541300

兴安华江猫儿山自然保护区
Xing'an Huajiang Maoer Mountain Nature Reserve

桂林市兴安县华江乡
Huajiang Villege, Xing'an County

541300

永福金钟山旅游度假区
Yongfu Jinzhong Mountain Tourism Resort

桂林市永福县罗锦镇
Luojin Town, Yongfu County

0773-3233333

541800

桂林丰鱼岩田园旅游度假区
Guilin Fengyuyan Countryside Tourism Resort

桂林市荔浦县三河东里丰鱼岩
Fengyuyan, Sanhe Dongli, Lipu County

0773-7128190

546609

桂林银子岩旅游度假区
Guilin Yinziyan Tourism Resort

桂林市荔浦县马岭镇小青山
Xiaoqingshan Maling Town, Lipu County

0773-7132626

546001

荔浦荔江湾景区
Lipu Lijiang River Bay Scenic Area

桂林市荔浦县青山镇
Qingshan Town, Lipu County

546600

龙胜龙脊梯田景区
Longsheng Longji (Dragon's Back) Terraced Fields Scenic Area

桂林市龙胜县和平乡平安村
Ping'an Village, Heping Town, Longsheng County

541700

龙胜温泉旅游度假区
Longsheng Hot Spring Tourism Resort

桂林市龙胜县江底乡
Jiangdi Town, Longsheng County
0773-7482241
541712

梧州骑楼城 · 龙母庙景区
Wuzhou Qiloucheng—Longmu Temple Scenic Area

梧州市桂林路 75 号
No.75 Guilin Road, WuZhou
0774-2826098
543000

梧州苍海旅游区
Wuzhou Canghai Tourism Area

梧州市龙圩区龙圩镇
Longxu Town, Longxu District, Wuzhou
543002

石表山休闲旅游景区
Shibiao Mountain Leisure Tourism Area

梧州市藤县象棋镇道家村
Daojia Village, Xiangqi Town, Tengxian County
543300

永安王城景区
Yong'an Ancient Town Scenic Area

梧州市蒙山县民主街
Minzhu Street, Mengshan County
0774-6285733
546700

北海海洋之窗
Beihai the Window of Ocean

北海市四川南路中段
Middle Section of Sichuan South Road, Beihai
0779-3202238
536000

北海市涠洲岛火山国家地质公园鳄鱼山景区
Beihai Weizhou Island Vocano National Geology Park Eyu Mountain Tourism Area

北海市海城区
Haicheng District, Beihai
536000

北海市嘉和—冠山海景区
Beihai Jiahe–Guanshanhai Scenic Area

北海市银滩西区
West Area of Silver Beach
0779-3833712
536000

北海海底世界
Beihai Underwater World

北海市茶亭路 27 号海滨公园内
Inside Seaside Park, No.27 Chating Road, Beihai
0779-2069973
536000

北海银滩旅游区
Beihai Silver Beach Tourism Area

北海市银滩四号路
No.4 Road of Silver Beach, Beihai
0779-3885555
536000

北海老城历史文化旅游区
Beihai Old City History & Culture Tourism Area

北海市老街
Laojie Street, Beihai
536000

北海金海湾红树林生态旅游区
Beihai Golden Bay Mangrove Ecotourism Area

北海市银滩往东 6 公里
6km East of Silver Beach, Beihai
0779-3992601
536000

北海市园博园景区
Beihai Expo Garden Scenic Area

北海市银海区南珠大道
Nanzhu Avenue, Yinhai District, Beihai
0779-2089908
536000

合浦汉闾文化公园
Hepu Hanlü Culture Park

北海市合浦县廉州镇
Lianzhou Town, Hepu County
536100

防城港西湾旅游景区
Fangchenggang Xiwan (West Bay) Tourism Area

防城港市西湾广场
Xiwan Square, Fangchenggang
538001

防城港江山半岛白浪滩旅游景区
Fangchenggang Jiangshan Peninsula Bailang Beach Tourism Area

防城港市江山半岛
Jiangshan Peninsula, Fangchenggang
0770-3391088
535638

东兴市京岛旅游度假区
Dongxing Jingdao Island Tourism Resort

防城港东兴市江平镇
Jiangping Town, Dongxing

0770-7222463

538001

东兴市屏峰雨林公园
Dongxing Pingfeng Rainforest Park

防城港东兴市马路镇平丰村
Pingfeng Village, Malu Town, Dongxing

538100

十万山国家森林公园
Shiwan Mountain National Forest Park

防城港市上思县
Shangsi County

0770-8462088

535500

百鸟乐园
Birds Paradise

防城港市上思县
Shangsi County

535500

钦州三娘湾旅游区
Qinzhou Saniniang Bay Tourist Area

钦州市人民路 13 号
No.13 Renmin Road, Qinzhou

0777-2834077

535000

钦州刘冯故居景区
Qinzhou Liu Yongfu & Feng Zicai's Fomer Residence Scenic Area

钦州市钦南区
Qinnan District, Qinzhou

535000

钦州八寨沟旅游景区
Qinzhou Bazhaigou Tourism Area

钦州市钦北区贵台镇洞利村
Dongli Village, Guitai Town, Qinbei District, Qinzhou

535000

五皇山景区
Wuhuang Mountain Scenic Area

钦州市浦北县龙门镇
Longmen Town, Pubei County

535000

桂平西山风景名胜区
Guiping Xishan Famous Scenic Area

贵港桂平市西山风景区
Xishan Scenic Area, Guiping

0775-3382917

537200

桂平龙潭国家森林公园
Guiping Longtan National Forest Park

贵港桂平市金田林场
Jintian Forest Center, Guiping

0775-3382490

537200

五彩田园现代特色农业示范区
Colorful Field Modern Agriculture Demonstration Area

玉林市玉东新区茂林镇
Maolin Town, Yudong New District, Yulin

537000

玉林云天文化城
Yulin Yuntian Culture City

玉林市玉州区江滨路 461 号
No.461 Jiangbin Road, Yuzhou District, Yulin

537000

大容山国家森林公园
Darong Mountain National Forest Park

玉林北流市民乐镇容山路 1 号
No.1 Rongshan Road, Ninle Town, Beiliu

0775-6662663

537400

鹿峰山风景区
Lufeng Mountain Scenic Area

玉林市兴业县城隍镇
Chenghuang Town, Xingye County

0775-3728180

537800

容州古城
Rongzhou Ancient Town

玉林市容县绣江两岸
Xiujiang River Bank, Rongxian County

537500

都峤山风景区
Duqiao Mountain Scenic Area

玉林市容县石寨镇
Shizhai Town, Rongxian County

537500

壮美红城 千姿百色

——百色市旅游资源基本情况

中国优秀旅游城市　　全国双拥模范城　　国家园林城市

国家卫生城市　　国家森林城市　　国家全域旅游示范区创建市

百色位于广西西部，地处云贵高原向广西丘陵过渡地带，广泛分布的喀斯特峰林、峰丛地貌造就了百色如诗如画的山水胜境。

百色市有得天独厚的山地旅游资源，天坑、峡谷、溶洞等地质景观俱全。其中，乐业县大石围天坑群是世界超大的天坑群，布柳河仙人桥是世界极长的天生桥，是“世界地质公园”。靖西通灵一古龙山峡谷被专家誉为“国内原生态峡谷的代表”。岑王老山、大王岭、仙人桥、吉星岩等也已具有一定知名度。

百色市有丰富的水文旅游资源，南盘江、红水河、驮娘江、剥隘河、右江、澄碧河、福禄河等河流纵横交织，百色水库、澄碧湖、浩坤湖、惠洞水库、渠洋湖、布镜湖、芦仙湖等湖泊镶嵌其中，形成了遍布全域的水文景观。

百色高度重视旅游事业发展，将着力打造成为“区域性休闲旅游健康养生中心”。目前，百色对外开放旅游景区 50 多家，其中世界地质公园 1 家（乐业凤山世界地质公园），国家 4A 级旅游景区 18 家（百色起义纪念公园、靖西通灵大峡谷等），国家 3A 级旅游景区 17 家（乐业布柳河仙人桥景区等），自治区生态旅游示范区 5 家，广西休闲农业与乡村旅游示范点 15 家；广西三星级以上乡村旅游区 16 家、农家乐 51 家。

百色欢乐小镇

已建成开放的一期项目包括“冰花水月车”等五大板块，即：冰——“星河雪世界乐园”，有滑雪道、雪地小火车、冰上碰碰车、水晶球飘雪等 20 多个冰雪娱乐项目。花——“星河四季花海”，主要有赏花区、婚纱摄影区、水果采摘区、体验娱乐区四大区域。水——“星河水上乐园”，是集现代水上主题游乐、国际演艺、欢乐探险于一身的国际性主题乐园，全园拥有 22 项顶级游乐项目和每天 20 余场异域风情表演。月——“星河都市时光”，内有全国首个桥上酒店“星心桥酒店”、小镇地标建筑“爱情双子塔”以及星河奇幻港、地心探险工国等项目，致力于打造成百色首席娱乐天堂、广西首个爱情主题乐园。车——“越野赛车运动公园”，引进“德国沃德”“澳大利亚凯乐石”世界一流户外运动品牌，设有沙滩车赛车、摩托车特技表演等项目，是目前西南较大的越野车户外体验场地。

地址： 百色市百东新区百东高速出口旁

门票： 水乐园 135 元 / 人、冰雪馆 98 元 / 人

开放时间： 水乐园 12:00-23:00；冰雪馆 10:00-20:30

咨询热线： 0776-2988616

交通： 景区入口距 G80 高速公路百东新区出入口仅 300 米，到达百色巴马机场、百色火车站和汽车站的平均车程约 30 分钟。

百色起义纪念园

1929 年 12 月 11 日，邓小平等老一辈无产阶级革命家在百色成功领导了震惊中外的百色起义，创建了右江革命根据地和中国红军第七军，在中国革命史上写下了光辉的一页，为后人留下了宝贵的精神财富。

百色起义纪念园位于广西百色市城区内后龙山、盘龙山、迎龙山上，是国家 4A 级旅游景区，是中央确定的全国 12 个红色旅游重点景区之一的“两江红旗，百色风雷”景区的核心区。园区代表性景点有中国工农红军第七军军部旧址、百色起义纪念碑、百色起义纪念馆和百色起义英雄雕塑园、邓小平手迹碑林、中轴线景观、右江民族博物馆，是集红色文化、绿色生态、民族风情、低碳环保、智慧旅游于一体的综合景区。已成为全国红色旅游目的地、全国中小学生研学实践教育基地、港澳青少年内地游学基地和令人向往的党史纪念地。

地址：广西百色市城东路 112 号

门票：免费　　游览时间：1 小时

开放时间：9:00—17:00（周一闭馆）　　咨询热线：0776-2824401

交通：景区位于市中心，有多路公交车直达。

田阳田州古城景区

田州古城以壮文化为灵魂，以古建筑为平台，集文化、旅游、商业于一体。田州古城于 2014 年 11 月正式对外开放，于 2016 年 12 月正式获评为国家 4A 级旅游景区。古城以布洛陀人文大道贯穿整个景区，一条核心水系观景带上，古城商家星罗棋布，祖公塔、碉楼、娅王阁等众多壮文化景点更是尽情展示了田州文化的古韵。沿古城而行，各式建筑鳞次栉比，白墙重檐，青瓦盖肩，各异的图案在古朴的街道上逐一呈现。酒吧茶吧街巷，小桥流水人家，和谐交融。更有独具壮乡特色的餐饮小吃和温馨浪漫的民族客栈酒店。

地址：百色市田阳县田州镇解放中路与瑞天大道交叉口

门票：无　　游览时间：2 小时　　开放时间：全天

咨询热线：0776-3233788

交通：景区有二级公路直接通达，县城内有 2 路专线公交车直达景区，田东有专线公交车直达景区。景区距离广昆高速公路田阳出口 4 公里，距离田阳动车站 3 公里，距离百色巴马机场 8 公里。

田东县湿地公园旅游景区

田东县湿地公园位于田东县城西，划分为“四区”和“一带”（即入口红色文化展示区、现代建设成就展示区、古人类文化展示区、茶马古道文化展示区、生态湿地核心带）。湿地公园以水为魂，通过整合周边景观资源，将城市娱乐、宜居美学和防洪需求结合成委婉流动的都市田园，成为田东县“城市生态绿肾”重要基地，并成为集商务居住、生态休息、休闲娱乐、体育运动于一体的休闲娱乐场所，对提高城市人居环境和城市品位具有重要意义。

地址：田东县湿地公园　**电话：**0776-2093941　**交通：**景区在县城区内。

鹅泉生态旅游风景区

鹅泉是世界第二大跨国瀑布德天瀑布的源头，位于广西靖西市区南小鹅山麓。因鹅山像一只鹅躺在泉水之上，故名。这里建有杨媪庙，庙前立有清代《鹅泉亭碑》等三块巨大石碑，石碑所载的大都是历史以来有关鹅泉的由来及题诗，古朴典雅，是研究鹅泉及靖西古代历史的重要资料。鹅泉风景区主要景点有鹅泉跃鲤、古桥、岜搭书、叫喊岩等。

地址：广西靖西市新靖镇鹅泉村念安屯　**电话：**0776-2516199

交通：景区有二级公路直接通达，距离合那高速公路靖西出口 5 公里。

德保红叶森林旅游景区

红叶森林旅游景区是德保县利用红叶森林景观资源优势打造的集生态休闲、观光游览、科普教育等于一体的旅游景区。景区拥有大规模的枫树林，秋冬时节，漫山红叶如火似霞，分有深红、绛红、霞红、黄红混合等 10 多个品种，观赏时期跨度大，有着“德保枫叶赛九寨”的美誉，堪称“南国红枫天堂”。景区内红枫湖、天鹅湖点缀其中，湖水轻柔，衬托着多姿多彩的红叶森林景观，颇具诗情画意。

地址：广西德保县云梯村百陇屯　**电话：**0776-3821998

交通：景区有二级公路直接通达，距离银百高速公路德保出口 1 公里。

平果鸳鸯滩漂流景区

鸳鸯滩是不可多得的自然河谷景观，森林茂密、野花烂漫、藤萝垂悬、空气清新、河水清澈透底、水草丛生、鱼虾群戏。“藤缠树绕千番景、江回路转九重天”就是鸳鸯滩最为真实的写照。在漂流途中，可不时看到白鹭、野鸭，更能偶见成对的鸳鸯戏水，鸳鸯滩也因此而得名。

漂流河段全长 4.8 公里，多半河段被森林覆盖，全程共 19 个落差点，天然河道，急而不险，是“广西较安全的漂流”“全家人的漂流乐园”，3 岁至 70 岁的各年龄段人群都可以参加，是市民家庭休闲、娱乐、亲水、消暑的极佳胜地。

地址：平果县马头镇金显村　**电话：**0776-5807777

网址：www.gxpgly.com　**交通：**景区有二级公路直接通达。

凌云浩坤湖旅游景区

浩坤湖湖面宽阔，水质清澈，四周山峦起伏，连绵不断，湖中独峰耸立，小岛显露，湖旁穿洞天坑密布，自然风光优美。湖边聚居着壮、瑶少数民族，民俗风情独特。

浩坤湖原名东湖。明崇祯三年（1630 年），泗城土司岑汉云游浩坤湖后写下长篇散文《游东湖记》，并刻于下甲钓鱼台旁的石壁上。浩坤湖的美丽和神秘以及凌云当时的交通、住房、民俗等信息，得以穿越时光，纹理细腻地呈现于后人的眼前。

地址：百色市凌云县伶站乡浩坤村　**电话：**0776-2617851　**交通：**景区有二级公路直接通达。

大石围天坑景区

大石围天坑属于典型的喀斯特漏斗奇观，是集独特奇绝的地下溶洞、地下原始森林（古银杏、桫椤、短肠蕨等珍稀植物）、稀有动物（盲鱼、白色毛头鹰、幽灵蜘蛛等国家保护动物）及地下暗河于一体的巨型天坑。大石围天坑景区内空气质量优良，素有“天然空调”“天然氧吧”之美称。景区周边村屯又有独特奇绝的白洞、神木、苏家坑、邓家坨等几十个天坑，形成了世界上鲜有的“天坑群”，堪称世界品级旅游资源胜地。

地址：百色市乐业县同乐镇刷把村北边　**电话：**0771-5798673、0776-7920585

交通：景区有二级公路（县道 X790）直接通达。

西林县宫保府景区

宫保府景区为明弘治年间（1448 ~ 1505 年）上林（今西林）长官司岑密始建，经其后裔增建、扩建而成，至今仍保留有围墙炮楼、岑氏十司府、岑怀远将军庙、岑氏宗祠、旧宫保府、宫保府、荣禄第，增寿亭、南阳书院、思子楼，孝子孝女坊等十多处文物古建筑，总占地面积 4 万余平方米，是桂西壮族地区保存规模大、延续时间长、保持完整的土司古建筑群。

地址：西林县那劳镇那劳村　**电话：**0776-8667965 \ 8667250

交通：景区有二级公路（国道 357）直接通达。

谢鲁温泉休闲景区
Xielu Hot Spring Leisure Tourism Area

玉林市陆川县乌石镇谢鲁村
Xielu Village, Wushi Town, Luchuan Country
0775-7132256
537700

百色起义纪念馆
Baise Uprising Memorial Museum

百色市解放街
Jiefang Street, Baise
0776-2894401
533000

大王岭景区
Dawangling（King's Mountain） Tourism Area

百色市大楞乡
Daleng Town, Baise
533000

通灵大峡谷景区
Tongling Great Canyon Scenic Area

百色靖西市湖润镇新灵村
Xinling Villege, Hurun Town, Jingxi County
0776-6180076
533800

古龙山峡谷群生态旅游风景区
Gulong Mountain Group of Valley Ecotourism Area

百色靖西市湖润镇
Hurun Town, Jingxi County
0776-6229328
533800

聚之乐休闲农业景区
Juzhile(Happy for Together) Leisure Agriculture Scenic Area

百色市田阳县
Tianyang County
533600

田州古城
Tianzhou Ancient Town

百色市田阳县田州镇
Tianzhou Town, Tianyang County
533600

十里莲塘景区
Shili(Ten Miles) Lotus Pound Scenic Area

百色市田东县祥周镇甘莲村
Ganlian Village, Xiangzhou Town, Tiandong County
531500

平果县黎明通天河旅游景区
Pingguo County Liming Tongtianhe(River to Heaven) Tourism Area

百色市平果县黎明乡 208 省道旁
Near 208 Provincial Road, Liming Town, Pingguo County
0776-5959721
531400

德保红叶森林旅游景区
Debao Red Leaf Forest Tourism Area

百色市德保县云梯村百龙屯
Bailongtun, Yunti Village, Debao County
533700

吉星岩景区
Jixing Rock Scenic Area

百色市德保县兴旺乡那布村吉岩屯
Jiyantun, Nabu Village, Xingwang Town, Debao County
533700

凌云茶山金字塔景区
Lingyun Tea Hill Pyramid Scenic Area

百色市凌云县加尤镇
Jiayou Town, Lingyun County
0776-7612011
533100

乐业大石围天坑群景区
Leye Dashiwei Natural Pit Scenic Area

百色市乐业县同乐镇刷把村北边
Shuaba Village, Tongle Town, Leye County
533200

贺州市姑婆山国家森林公园
Hezhou Gupo Mountain National Forest Park

贺州市平桂区黄田镇姑婆山林场
Guposhan Woods, Huangtian Town, Pinggui District, Hezhou
0774-5236994
542800

平桂十八水景区
Pinggui Shibashui(Eighteen Waters) Scenic Area

贺州市平桂区黄田镇
Huangtian Town, Pinggui District, Hezhou
542800

贺州市玉石林景区
Hezhou Yushilin Scenic Area

贺州市平桂区黄田镇
Huangtian Town, Pinggui District, Hezhou
542800

昭平县黄姚古镇旅游景区
Zhaoping County Huangyao Ancient Town Tourism Area

贺州市昭平县黄姚镇黄姚街 7 号
No.7 Huangyao Street, Huangyao Town, Zhaoping County

0774-6722119

546805

宜州市会仙山景区（白龙公园）
Yizhou Huixian Mountain（Bailong Park）Scenic Area

河池市宜州区城北 1 公里
1km North of Yizhou District, Hechi

0778-3188342

546300

刘三姐故居
Liushanjie's Former Residence

河池市宜州区流河寨
Liuhe Villege, Yizhou District, Hechi

546300

宜州市拉浪林场景区
Yizhou Lalang Forest Center Scenic Area

河池市宜州区拉浪林场
Lalang Forest Center, Yizhou District, Hechi

546300

怀远古镇景区
Huaiyuan Ancient Town Scenic Area

河池宜州区怀远镇
Huaiyuan Town, Yizhou District, Hechi

546300

丹泉洞天酒文化旅游区
Danquan Dongtian Liquor Culture Tourism Area

河池市南丹县
Nandan County

0778-7211508

547200

南丹歌娅思谷白裤瑶生态民俗风情园
Nandan Geyasigu Baiku Yao Nationality Ecological Folk Garden

河池市南丹县里湖乡怀里村
Huaili Village, Lihu Town, Nandan County

547200

龙滩大峡谷景区
Longtan Grand Canyon Scenic Area

河池市天峨县
Tian'e County

0778-7828066

547300

凤山国家地质公园
Fengshan Mountain National Geological Park

河池市凤山县袍里乡坡心村
Poxin Village, Paoli Town, Fengshan County

0778-6815399

547600

东兰县红色旅游区
Donglan County Red Tourism Area

河池市东兰县政协大院内
Inside Political Consultative Conference Courtyard, Donglan County

0778-6329603

547400

巴马盘阳河景区
Bama Panyang River Scenic Area

河池市巴马县甲篆乡
Jiazuan Town, Bama County

547500

巴马水晶宫景区
Bama Crystal Palace Scenic Area

河池市巴马县那社乡大洛村牛洞屯
Niudong, Daluo Village, Nashe Town, Bama County

0778-6218152

547500

大化七百弄国家地质公园
Dahua Qibainong National Geopark

河池市大化县大化镇新化东路 87 号
No.87 East Xinhua Road, Dahua Town, Dahua County

0778-5814379

530800

象州古象温泉旅游区
Guxiang Hot Spring Tourism Area

来宾市象州县东郊 8 公里处花池村
Huachi Village, 8km East of Xiangzhou County

545800

金秀莲花山旅游景区
Jinxiu Lotus Mountain Tourism Area

来宾市金秀瑶族自治县
Jinxiu County

545799

圣堂湖景区
Shengtang Lake Scenic Area

来宾市金秀县长垌乡
Changtong Town, Jinxiu County

0772-6133333

545799

圣堂山景区
Shengtang Mountain Scenic Area

来宾市金秀县西南
Southwest of Jinxiu County

545700

山水瑶城景区
Shanshui Yao Nationality City Scenic Area

来宾市金秀县
Jinxiu County

545700

金秀县银杉森林公园景区
Jinxiu County Yinshan(Cathaya Argyrophylla) Forest Park Scenic Area

来宾市金秀县忠良乡与金秀镇交界处
Intersection of Zhongliang & Jinxiu Town, Jinxiu County

545700

忻城县薰衣草庄园景区
Xincheng County Lavender Manor Scenic Area

来宾市忻城县城南新区
Nanxin District, Xincheng County

546200

崇左市左江石景林 · 园博园景区
Chongzuo Zuojiang Shijinglin—Expo Gardon Scenic Area

崇左市太平镇
Taiping Town, Chongzuo

0771-7831758

532200

凭祥友谊关景区
Pingxiang Youyi(Friendship) Pass Tourism Area

崇左凭祥市友谊镇
Youyi Town, Pingxiang

0771-8522601

532600

凭祥红木文博城景区
Pingxiang Red Wood City Scenic Area

崇左凭祥市
Pingxiang

532699

花山景区
Huanshan(Flower Mountaing) Scenic Area

崇左市宁明县
Ningming County

532599

山水画廊——大新德天风景区
Landscape Gallery Daxin Detian Scenic Area

崇左市大新县桃城镇民生街 83 号
No.83 Minsheng Street, Taocheng Town, Daxin County, Chongzuo

0771-3627088

532300

明仕景区
Mingshi Scenic Area

崇左市大新县堪圩乡明仕村
Mingshi Village, Kanxu Town, Daxin County

532399

龙州县起义纪念园景区
Longzhou County Uprising Memorial Park Scenic Area

崇左市龙州县小连城路
Xiaoliancheng Road, Longzhou County

0771-8812446

532400

海南
HAINAN

这是中国的最南端，这里四季温暖无冬，这里阳光充沛，空气清新，水质纯净，这里似“人间天堂”，这里是“南海明珠”，这里是“东方夏威夷”——海南。

海南有丰富的自然资源与丰厚的人文积淀。这里 1800 多公里的海岸线遍布着精彩绝伦的景色和成熟的海滨度假区，从博鳌亚洲论坛到世界休闲旅游博览会，一系列会展旅游让海南与国际接轨，这里将建成世界一流的海岛休闲度假旅游胜地，海南岛将成为开放之岛、绿色之岛、文明之岛、和谐之岛。

蜈支洲岛度假中心
Wuzhizhou Island Resort

蜈支洲岛坐落于三亚市北部的海棠湾内，北与南湾猴岛遥遥相对，南邻亚龙湾。蜈支洲岛呈不规则蝴蝶状，岛上自然风光绮丽，东、南、西三面漫山叠翠，原生植物郁郁葱葱。临海山石嶙峋陡峭，直插海底，惊涛拍岸，蔚为壮观。中部山林草地起伏逶迤，绿影婆娑。北部滩平浪静，沙质洁白细腻，恍若玉带天成。

蜈支洲岛度假中心集热带海岛旅游资源的丰富性和独特性于一体。这里富有特色的各类度假别墅、木屋及酒吧、游泳池、海鲜餐厅等配套设施一应俱全，这里已开展潜水、滑水、摩托艇、拖伞、香蕉船、飞鱼船、电动船、动感飞艇、海钓、鱼疗等 30 余个娱乐项目，给旅游者带来原始、静谧、浪漫和动感时尚的休闲体验。

三亚市海棠区
Haitang District, Sanya
0898-88751258
572000
http://www.wuzhizhou.com
28 路、海棠湾 1 路公交车到蜈支洲岛站下，到达码头后可购票登岛。

三亚南山文化旅游区
Sanya Nanshan Cultural Tourism Area

“福如东海，寿比南山”，我们常对过生日的老者如此祝福，这里所说的南山，就是三亚南山。南山古称鳌山，山势逶迤，遍野苍郁，面临一碧万顷、烟波浩渺的中国南海，海山连绵，景色奇绝。南山历史文化源远流长，据佛经记载，观音菩萨为救度众生，发愿“长居南海”；唐代著名高僧鉴真东渡日本、日本著名遣唐僧空海西渡求学，均于南山驻留休整。南山吉祥殊胜、神奇灵性，被佛家视为福泽圣地。

南山文化旅游区是具有“像寺合一”特质的佛教主题景区，这里有佛教文化苑、观音文化苑、福寿天地、南海风情、大门景观区、天竺圣迹佛陀馆等项目，更有举世瞩目的 108 米“南山海上观音”圣像，造型挺拔，气势恢宏。

三亚市崖州区
Yazhou District, Sanya
0898-88837888
572025
www.nanshan.com
新国线南山专线可达景区。

三亚大小洞天旅游区
Sanya Fancinating Plales(Daxiao Dongtian) Tourism Area

三亚大小洞天旅游区位于三亚南山西南隅，中国最南端的鳌山之麓，南海之滨，是海南省历史最悠久的风景名胜，是中国最南端的道家文化旅游胜地，自古因其奇特秀丽的海景、山景、石景与洞景被誉为“琼崖八百年第一山水名胜”。

三亚大小洞天旅游区生态资源丰富，有保存完好的热带海岸常绿季雨林生态群落，这里的三万株“不老松”与这块宝地共同抒写了“寿比南山不老松”的千古福愿。这里还有青山碧海、白沙细浪的小月湾海岸风光。这里有中国最南端的唯一的自然博物馆，真实展现 1.4 亿年前的生命世界，这里还有揭示道家养生真谛的道家摩崖石刻群。在这里，你可以在椰风中踏浪嬉戏，可以在幽谷中自在随行，“山中问道，峰顶撷云”的悠闲时光，令人向往。

三亚市崖州区大小洞天旅游区
Yazhou District, Sabya
0898-88830188
572000
http://www.sanyapark.com
25 路新国线旅游公交车可达景区。

分界洲生态文化旅游度假区
Fenjiezhou Ecotouriism & Cultural Resort

分界洲生态文化旅游度假区是极具热带海岛风情特色的景区。分界洲是海南省第一个经政府授权开发的无人原始海岛，小岛以东北向西南长条状横卧在蓝色大海中，面积400多亩，海拔最高为99米。在分界洲山顶有一座石碑，上面标明由远海绵延而来经过分界洲并一直延伸到对面牛岭的神奇大自然分界线，是海南南北气候的分界线。这座小岛因此叫作分界洲岛。这里经常可以看到，牛岭岭北乌云磅礴，岭南却是阳光灿烂；冬季时，岭北天空阴郁，而岭南却是阳光明媚。诡谲多变的天气在这里可一览无遗。

分界洲岛自古无人居住，海洋环境非常洁净，生态资源丰富，海水清澈、能见度好，是海南最适宜潜水、观赏海底世界的海岛。这里还可以举办浪漫的海底婚礼。此外，岛上还提供海豚、鲸鲨等海洋动物观光，海上拖伞、摩托艇、半潜艇海底观光等海上游乐服务和海钓、户外拓展等高雅休闲活动。

陵水县东北部分界洲岛
Fenjiezhou Island, Northeast of Lingshui County

0898-83347222

572400

陵水汽车站有到分界洲岛的专线班车。

呀诺达雨林文化旅游区
Yanuoda Rainforest Culture Tourism Area

海南呀诺达雨林文化旅游区是名副其实的热带雨林，是海南岛五大热带雨林精品的浓缩，堪称中国钻石级雨林景区。“呀诺达”在海南本土方言中表示一、二、三，而景区则赋予了它新的内涵，“呀”表示创新，“诺”表示承诺，“达”表示践行，同时“呀诺达”又被寓意为欢迎、你好，表示友好和祝福。

呀诺达雨林文化旅游区以天然自然景观为基础，融汇“原始生态绿色文化、黎苗文化、南药文化、民俗文化”等优秀文化理念，已建成雨林谷、梦幻谷、三道谷等景观。其中雨林谷以展现原生态的热带雨林景观为核心，汇集参天巨榕、百年古藤、“活化石”黑桫椤、巨大的仙草灵芝、“冷血杀手”见血封喉、野生桄榔以及“高板根”“根抱石”“空中花园”“老茎结果”“植物绞杀”“藤本攀附”热带雨林的六大奇观。梦幻谷是热带雨林中沟谷瀑布的极品代表，在纵深1.2公里、落差200米的热带雨林沟谷内，迎宾瀑布、天门瀑布、连恩瀑布三个水位、落差各不相同的瀑布在沟谷中穿越，水体景观瑰丽多彩，与巨树、怪石、溪流等构成一个令人向往探奇的神秘梦幻地带。三道谷峡谷两岸层峦叠嶂，瀑布、奇石、巨树、龙潭、涌泉各具特色。呀诺达，雨林和峡谷充满了灵气，来这里可以涤荡尘世的污浊，令人心爽神清。

保亭县三道镇三道农场
Sandao Farm Center, Sandao Town, Baoting County

0898-83883363

572316

https://www.yanoda.com

三亚汽车总站乘三亚至保亭或五指山班车，在三道农场路口下。

甘什岭槟榔谷海南原住民文化旅游区
Ganshiling Areca Valley Native Culture Tourism Area

槟榔谷海南原住民文化旅游区位于保亭县与三亚市交界的甘什岭自然保护区境内，置身于古木参天、藤蔓交织的热带雨林中。槟榔谷两边层峦叠嶂、森林茂密，中间是一条延绵数公里的槟榔谷地，景区因有万余棵亭亭玉立、婀娜多姿的槟榔林海而得名“槟榔谷”。槟榔谷海南原住民文化旅游区由非遗村、甘什黎村、谷银苗家、田野黎家、《槟榔·古韵》大型实景演出、兰花小木屋、黎苗风味美食街七大文化体验区构成，风景秀丽。旅游区秉承“挖掘、保护、传承、弘扬海南黎苗文化，使其生生不息”的使命，向世界再现了海南千年的昨日文明，是海南原住民文化的传承者和创新实践者。

保亭县三道镇
Sandao Town, Baoting County

0898-83881003

572316

http://www.binglanggu.com

三亚汽车总站乘开往保亭、五指山方向的客车可达景区。

海南热带野生动植物园
Hainan Tropical Wildlife Park

海口市秀英区东山镇
Dongshan Town, Xiuying District, Haikou

0898-68526666

570125

中国雷琼海口火山群世界地质公园
China Leiqiong Haikou Volcanic Cluster Global Geopark

海口市秀英区石山镇
Shishan Town, Xiuying District, Haikou

571157

假日海滩旅游区
holidays Beach Tourism Area

海口市西海岸公园
West Coast Park, Haikou
0898-68719988
570125

观澜湖旅游度假区
Guanlan Lake Tourism Resort

海口市观澜湖大道 1 号
No.1 Guanlanhu Avenue, Haikou
571155

亚龙湾国家旅游度假区
Yalong Bay National Tourism Resort

三亚市吉阳区亚龙湾
Yalong Bay, Jiyang District, Sanya
572016

亚龙湾热带天堂森林旅游区
Yalong Bay Tropical Paradise Forest Tourism Area

三亚市吉阳区亚龙湾国家旅游度假区内
Inside Yalong Bay National Tourism Resort, Jiyang District, Sanya
0898-38219999
572016
www.ylwpark.com

大东海旅游区
Great Eastern Sea Tourism Area

三亚市吉阳区大东海
Great Eastern Sea, Jiyang District, Sanya
0898-88213888
572021

三亚珠江南田温泉旅游区
Sanya Pearl River Nantian Hot Spring Tourism Resort

三亚市海棠区
Haitang District, Sanya
572000

天涯海角风景区
Tianya Haijiao Scenic Area

三亚市天涯区
Tianya District, Sanya
572000

三亚西岛海上游乐世界
Sanya Xidao(West Island) Abovesea Amusement Wold

三亚市天涯区迎宾大道 88 号
No.88 Yingbin Avenue, Tianya District, Sanya
0898-88261861
572000

博鳌亚洲论坛永久会址景区
Bo'ao Acian Forum Permanent Site Scenic Area

琼海市博鳌镇东屿岛
Dongyu Island, Bo'ao Town, Qionghai
571400

东山岭风景区
Dongshan Mountain Ridge Tourism Area

万宁市万城东 3 公里处
3km East to Wancheng, Wanning
571500

海南文笔峰盘古文化旅游区
Hainan Wenbi Peak Pangu Culture Tourism Area

定安县龙湖镇
Longhu Town, Ding'an County
0898-63733318　63733266
571200

南湾猴岛生态景区
Nanwan Monkey Island Ecological Scenic Area

陵水县新村镇
Xincun Town, Lingshui County
572426

七仙岭温泉国家森林公园
Qixian(Seven Fairy) Mountain Hot Spring National Forest Park

保亭县东北约 8 公里处
About 8km Northeast of Baoting County
0898-31833888
572300

重庆

CHONGQING

“山城”重庆位于长江上游地区，境内多山，长江横贯全境，与嘉陵江、乌江等河流交汇。重庆旅游资源丰富，有长江三峡、世界文化遗产大足石刻、世界自然遗产武隆喀斯特和南川金佛山等壮丽景观。

重庆是中国著名历史文化名城，是巴渝文化的发祥地。1891 年，重庆成为中国最早对外开埠的内陆通商口岸。抗日战争时期，重庆是国民政府陪都和世界反法西斯战争远东指挥中心。抗日战争时期和解放战争初期，以周恩来同志为代表的中共中央南方局在重庆负责领导国统区、港澳及海外地区的党组织和统一战线工作，形成的“红岩精神”，是我们国家和民族的宝贵精神财富。

黑山谷生态旅游区
Black Valley Ecological Tourism Area

这是中国最美养生峡谷。黑山谷生态旅游区地处云贵高原向四川盆地过渡的大娄山余脉，位于重庆市万盛经济技术开发区黑山镇境内，与南川金佛山、贵州桐梓柏箐自然保护区毗邻，山顶与谷底高差最大1200米，峡谷长13公里，河谷两岸坡度70～80度，是峡谷穿越、漂流观景、攀岩探险、野营露宿、垂钓狩猎的绝佳去处。

黑山谷生态旅游区由黑山谷、龙鳞石海、鲤鱼河漂流组成，有峻岭、峰林、幽峡、峭壁、森林、竹海、飞瀑、碧水、溶洞、仿古栈道、浮桥、云海、田园、原始植被、珍稀动植物等各具特色的景观，是目前重庆地区最大的、原始生态保护最为完好的自然生态风景区，被专家誉为“渝黔生物基因库”“西南神农架”。

重庆市綦江区万盛经开区新田路75号
No.75 Xintian Road, Qijiang District

400800

http://www.hsgtour.net

在万盛观景湾车站乘坐万盛—黑山谷班车可达。

大足石刻艺术博物馆
Dazu Stone Carving Art Museum

大足石刻是大足区境内摩崖造像的总称，始凿于初唐，历经晚唐、五代、北宋，兴盛于南宋，延续至明、清，石刻题材以佛教为主，现存造像5万余尊，以宝顶山、北山、石篆山、南山、石门山摩崖造像（简称“五山”造像）为代表。大足石刻是公元9～13世纪中国石窟艺术史上最为壮丽辉煌的代表作，是佛教、道、儒“三教”和谐共处和空前的石窟艺术生活化的实物例证。大足石刻是中国石窟艺术宝库中的一颗璀璨明珠，是巴蜀地区石刻艺术的代表，也是中国晚期石窟艺术的优秀代表。

重庆市大足区龙岗镇北山中路7号
No.7 Middle Beishan Road, Longgang Town, Dazu District

402360

http://www.dzshike.com

重庆汽车西站每天有班车可到大足。

江津四面山国家重点风景名胜区
Jiangjin Simian Mountain Nantional Famous Scenic Area

江津四面山国家重点风景名胜区属云贵高原大娄山北翼余脉，系地质学上的“倒置山”，拥有世界自然遗产“丹霞地貌”的特征，极具世界品质景观观赏价值。四面山风景名胜区主要由望乡台、土地岩、龙潭湖、洪海、珍珠湖等核心景区组成，自然景观独特，生态环境优美，旅游资源丰富，集山、林、水、瀑、石于一身，融幽、险、奇、雄、怪、秀为一体，是中国长寿之乡、富硒之地，是休闲度假首选的旅游目的地。

重庆江津区四面山镇文峰路27号
No.27 Wenfeng Road, Simianshan Town, Jiangjin District

402296

江津客运中心有班车直达四面山景区。

武隆喀斯特旅游区（天生三桥·仙女山·芙蓉洞）
Wulong Karst Tourism Area(Natural Tree Bridges, Fairy Mountain, Lotus Cave)

武隆喀斯特旅游区由3家旅游景区组成，分别是天生三桥、仙女山和芙蓉洞。其中的仙女山以其江南独具魅力的高山草原、南国罕见的林海雪原、清幽秀美的丛林碧野景观而被誉为“东方瑞士”。

天生三桥地处仙女山南部，景区内天生三桥——天龙桥、青龙桥、黑龙桥气势磅礴，恢宏壮观，规模庞大，具有雄、奇、险、秀、幽、绝等特点，是亚洲最大的天生桥群。天生三桥景区林森木秀，峰青岭翠，悬崖万丈，壁立千仞，绿草茵茵，修竹摇曳，飞泉流水，一派雄奇、苍劲、神秘、静幽的原始自然风貌，是一处高品位的生态旅游区。

芙蓉洞是一个大型石灰岩洞穴，洞中主要景点有金銮宝殿、雷峰宝塔、玉柱擎天、玉林琼花、犬牙晶花、千年之吻、动物王国、海底龙宫、巨幕飞瀑、石田珍珠、生殖神柱、珊瑚瑶池等。其中有宽15米、高21米的石瀑和石幕，有光洁如玉的棕榈状石笋，有璨然如繁星的卷曲石和石花等，其数量之多、形态之美、质地之洁、分布之广，为国内罕见。净水盆池中的红珊瑚和犬牙状的方解石结晶更是珍贵无比。芙蓉洞被冠以“溶洞之王”的美名，是公认的地下最美的风景。

重庆市武隆县巷口镇
Xiangkou Town, Wulong County

408500

http://www.wlkst.com

重庆四公里汽车枢纽站有班车到天生三桥和芙蓉洞景区。武隆汽车站有短途车到达仙女山。

云阳龙缸景区
Yunyang Longgang Scenic Area

云阳龙缸景区以龙缸岩溶天坑为主，地貌奇特，溶洞密布，奇峰怪石林立，石笋摩天，雄险俊秀，是自然科学的博物馆、地质景观的大观园。云阳龙缸景区集天坑、峡谷、溶洞、高山草场、森林、土家风情于一体，主要景点有龙缸天坑、云端廊桥、龙洞风光、龙窟峡、岐山草场、蕈草古长城、岐阳关古道遗址、盖下坝湖泊等。其中龙缸天坑呈椭圆形，缸内壁如刀削，壁缝松柏横卧，古藤倒垂，缸底四季吐翠，百鸟争鸣，因形状似一个天然大石缸，还流传樵夫与龙女爱情的美妙传说，因而得名“龙缸”，并被誉为“天下第一缸”。

重庆市云阳县双江街道杏花路 60 号
No.60 Xinghua Road, Shuangjiang Community, Yunyang County

023-55128840

404500

http://www.cqyylg.com

乘云阳至清水的大巴可到达景区。

巫山小三峡—小小三峡风景区
Wushan Little Three Gorges Scenic Area

小三峡是大宁河下游流经巫山境内的龙门峡、巴雾峡、滴翠峡的总称，景区内有多姿多彩的峻岭奇峰、变幻无穷的云雾缭绕、清幽纯洁的飞瀑清泉、神秘莫测的悬岩古洞、茂密繁盛的山林竹林，还有迷存千古的巴人悬棺、船棺、古寨等珍贵的历史遗迹。小三峡奇特的峡谷风光，融自然景观与人文景观于一体，被誉为“天下奇峡”。

小小三峡是大宁河小三峡的姊妹峡，因比大宁河小三峡更小，故名“小小三峡”。是大宁河支流马渡河下游的三撑峡、秦王峡、长滩峡三段峡谷的总称，全长 15 公里。因其水道更为狭窄，山势显得尤为奇峻，峡谷愈发幽深，壁立千仞，天开一线，舟行其间，夹岸风光无限，满目苍翠，甚为美观。

重庆市巫山县巫峡镇、双龙镇、大昌镇
Wuxia, Shuanglong & Dachang Town, Wushan County

023-57756666

404700

巫山县 101 路、105 路公交车可达小三峡游客接待中心。

酉阳桃花源景区
Youyang Utopia Scenic Area

晋人陶渊明的《桃花源记》里，“土地平旷，屋舍俨然，有良田美池桑竹之属。阡陌交通，鸡犬相闻”的记载，为世人留下了一座令人向往的“世外桃源”。据《酉阳直隶州总志》和《四川通志》的记载，专家们一致认为酉阳桃花源与陶渊明笔下的桃花源相似度极高。酉阳桃花源景区由世外桃源、太古洞、酉州古城、桃花源国家森林公园、桃花源广场、桃花源风情小镇、二酉山世外桃源文化主题公园和梦幻桃源实景剧八大部分组成，集岩溶地质奇观、秦晋农耕文化、土家民俗文化、自然生态文化、休闲养生文化、运动康体文化于一体，是现代人远离尘世喧嚣、步入秦晋田园、探寻科学奥秘、回归绿色天堂的好去处。

重庆市酉阳县桃花源路 232 号
No.232 Taohuayuan Road, Youyang County

409800

http://www.zgyythy.com

AAAA

重庆人民大礼堂及人民广场
Chongqing People's Auditorium and the People's Square

重庆市渝中区人民路 173 号
No.173 Renmin Road, Yuzhong District

023-63857729

400015

洪崖洞民俗风貌旅游区
Hongya Cave Folk Custom Tourism Area

重庆市渝中区嘉滨路 88 号
No.88 Jiabin Road, Yuzhong District

400010

武隆旅游发展起步于1994年5月1日，以芙蓉洞正式对外开放为标志。20多年来，武隆区始终把旅游产业作为主导产业和富民产业，发挥旅游资源富集的优势，坚持把做大盘强旅游产业作为区域经济发展的重大战略任务来抓，旅游业从无到有、由小变大，武隆区现已开发了芙蓉洞、芙蓉江、天生三桥、仙女山大草原、龙水峡地缝景区、仙女山国家旅游度假区等，推出了“印象武隆”文化实景演出项目，取得了“世界自然遗产、国家5A级旅游景区、国家级旅游度假区”三块金字招牌。被联合国授予“可持续发展城市范例奖”，获得了“国家级旅游改革创新先行区”、国家“绿水青山就是金山银山”实践创新基地等多项殊荣。

近年来，全区上下深入贯彻党的十九大精神，紧扣习近平总书记对重庆提出的“两点”定位、“两地”“两高”目标、发挥“三个作用”和营造良好政治生态的重要指示要求，围绕全市“山水之城·美丽之地”目标定位和“行千里·致广大”价值定位，按照“深耕仙女山，错位拓展白马山，以点带面发展乡村旅游”思路，遵循“宜融则融、能融尽融”的原则，强力实施一批文旅重点项目建设，高质量推动文化旅游供给侧结构性改革，构建布局合理、功能齐备、多业共融、集聚集约，“产、城、景”深度融合的全域旅游发展大格局，打造武隆文化旅游产业升级版。

重庆市武隆区巷口镇芙蓉中路81号文化和旅游发展委员会 023-77820082

武隆区乡村旅游

近年来，武隆区把乡村旅游作为打赢扶贫攻坚战的重要抓手，作为推动大众创业、万众创新的重要平台，作为抓好“三农”工作的重要载体，作为创建全域旅游的有效补给，真抓实干、加快推进，乡村旅游取得较快发展。武隆区被命名为“全国休闲农业与乡村旅游示范区”；全区已建成 10 个乡村旅游示范村（点），9 个美丽乡村示范村，4 个中国传统古村落。2018 年，全区乡村旅游接待游客 890 万人次，综合收入 17 亿元；全区乡村旅游直接和间接从业人员达到 3 万余人，乡村旅游接待户达到 4000 余户，接待床位达到 4.6 万张。

1 乡村避暑游 城区—土坎镇紫沨泉庄—双河镇木根铺—国家 5 A 级景区（仙女山国家森林公园、天生三桥）—仙女山镇（石梁子村、龙宝塘）—巷口镇生态庄园

2 慢享时光游 城区—黄莺乡七门洞—羊角镇王家坝—白马镇天尺坪茶山小镇—赵家乡（白院子、山虎关水库）—大洞河乡（大佛岩、穆杨沟、赵云山杜鹃花海）—白云乡石林—长坝镇生态采摘园

3 采摘农趣游 城区——仙女山镇曲家坝林果园—火炉镇（凉水井生态农业庄园、黄泥凼脆桃园）—沧沟乡（西瓜基地、大田古村落）—土地乡犀牛寨

4 小镇探秘游 城区—平桥镇莲藕基地—凤来乡（大石箐、鳅田稻基地）—庙垭乡（凤凰寨、白云书院、油菜花基地）—鸭江镇（小三峡、翠冠梨基地）—和顺镇打蕨村

5 梦里水乡游 城区—巷口镇棉花坝—江口镇（国家 5 A 级景区“芙蓉洞”、李进士故里）—石桥乡芙蓉湖—浩口乡田家寨—文复乡（冉家湾传统村落、兴隆甜柿园）

6 古寨风情游 城区—沧沟乡大田古村—土地乡（犀牛寨、天生小镇）—桐梓镇（石林、梯田）—后坪乡（天坑、天池坝苗寨）—接龙乡（水库、千年银杏王）

7 户外运动游 城区—巷口镇（三坪、杨岔岭桃李天下庄园）—仙女山镇（梦幻谷、仙女湖）—土地乡天生小镇—火炉镇（梦冲塘生态渔业园、万峰林海）

重庆特园民主党派历史陈列馆
Chongqing Teyuan the Democratic Parties History Museum of China

重庆市渝中区上清寺街道嘉陵桥东村 1 号
No.1 Jialingqiaodong Village, Shangqingsi Community, Yuzhong District
023-63608077
400013

红岩革命纪念馆
Hongyan Revolutionary Museum

重庆市渝中区红岩村 52 号
No.52 Hongyan Village, Yuzhong District
023-63300192 65312300
400043

重庆市规划展览馆
Chongqing Planning Exhibition Hall

重庆市渝中区朝东路 1 号
No.1 Chaodong street, Yuzhong District
023-63730777
400011

重庆湖广会馆
Chongqing Huguang Clubhouse

重庆市渝中区芭蕉园 1 号
No.1 Bajiaoyuan, Yuzhong District
400013

重庆中国三峡博物馆
Chongqing Three Gorges Museum of China

重庆市渝中区人民路 236 号
No.236 Renmin Road, Yuzhong District
023-63679014
400015

重庆天地旅游区
ChongqingTiandi Tourism Area

重庆市渝中区化龙桥瑞天路 156 号
No.156 Ruitian Road, Hualongqiao, Yuzhong District
023-63706060
400013

万州大瀑布风景区
Wanzhou Waterfall Scenic Area

重庆市万州区白岩一支路 98 号
No.98 First Branch Baiyan Road, Wanzhou District
023-58125660
404003

白鹤梁水下博物馆
White Crane Underwater Museum

重庆市涪陵区滨江大道二段 185 号
No.185, Second Part of Binjiang Avenue, Fuling District
023-85688882
408000

涪陵武陵山大裂谷景区
Fuling Wuling Mountain Great Rift Valley Scenic Area

重庆市涪陵区武陵山乡
Wulingshan Town, Fuling District
023-72712188
408000

武陵山国家森林公园
Wuling Mountain National Forest Park

重庆市涪陵区白涛镇
Baitao Town, Fuling District
023-72509028 72712090
408000

大木花谷 · 林下花园景区
Damu Flower Valley—Linxia Garden Scenic Area

重庆市涪陵区大木乡
Damu Town, Fuling District
023-72755128
408015

重庆海洋公园
Chongqing Ocean Park

重庆市江北区洋河路 11 号
No.11 Yanghe Road, Jiangbei District
023-67701077
400020

金源方特科幻公园
Jinyuan Fantawild Hightech Themed Park

重庆市江北区董家溪
Dongjiaxi, Jiangbei District
400020

重庆科技馆
Chongqing Science & Technology Museum

重庆市江北区城西大街 7 号
No.7 Chengxi Avenue, Jiangbei District
023-61863050
400024

重庆观音桥商圈都市旅游区
Guanyin Bridge Metro Business & Tourism Area

重庆市江北区建新西路 2 号
No.2 West Jianxin Road, Jiangbei District
400020

铁山坪森林公园
Tieshanping Forest Park

重庆市江北区唐家沱岚垭村 120 号
No.120 Lanya Village, Tangjiatuo, Jiangbei District

400026

重庆歌乐山森林公园
Chongqing Gele Mountain Forest Park

重庆市沙坪坝区歌乐山镇
Geleshan Town, Shapingba District

023-65505778 65502002

400036

歌乐山烈士陵园
Gele Mountain Martyrs Cemetery

重庆市沙坪坝区红岩村 52 号
No.52 Hongyan Village, Shapingba District

023-65312300

400031

重庆磁器口古镇
Chongqing Ciqikou Ancient Town

重庆市沙坪坝区磁器口镇南街 1 号
No.1 South Street, Ciqikou Town, Shapingba District

400030

重庆海兰云天温泉度假区
Hailan Yuntian Hot Spring Resort

重庆市九龙坡区金凤镇海兰村
Hailan Village, Jinfeng Town

023-65746666 65746603

401329

贝迪颐园温泉度假村
Beidi Yiyuan Hot Spring Resort

重庆市九龙坡区白市驿镇农科大道 288 号
No.288 Nongke Ave, Baishiyi Town, Jiulongpo

023-65718888

401329

上邦温泉旅游区
Shangbang Hot Spring Tourism Area

重庆市九龙坡区金凤镇上邦路 3 号
No.3 Shangbang Road, Jinfeng Town, Jiulongpo District

023-89887175

401329

重庆市动物园
Chongqing Zoo

重庆市九龙坡区西郊一村 1 号
No.1 Village One of West Suburbs, Jiulongpo District

400050

重庆周君记火锅食品工业体验园
Chongqing Zhoujunji Hot Pot Food Industry Experience Garden

重庆市九龙坡区九龙工业园区华龙大道 16 号
No.16 Hualong Avenue, Jiulong Industry Garden, Jiulongpo District

023-68960762

400050

重庆南山植物园
Chongqing Nanshan Botanical Garden

重庆市南岸区南山公园路 101 号
No.101 Nanshan Park Road, Nan'an District

023-62479135

400065

重庆加勒比海水世界
Chongqing Caribbean Seawater World

重庆市南岸区崇文路 35 号
No.35 Chongwen Road, Nan'an District

023-86969999

400065

长嘉汇弹子石老街
Changjiahui Danzishi Old Street

重庆市南岸区南滨路
Nanbin Road, Nan'an District

400065

重庆缙云山国家自然保护区
Chongqing Jinyun Mountain National Nature Reserve

重庆市北碚区缙云山 27 号
No.27 Jinyun Mountain, Beibei District

400702

重庆北温泉风景区
Chongqing North Hot Spring Scenic Area

重庆市北碚区北温泉风景区管理处
Beibei District

400702

重庆金刀峡风景区
Chongqing Jindao Canyon Scenic Area

重庆市北碚区金刀峡镇小塘村 1 号
No.1 Xiaotang Village, Jindaoxia Town, Beibei District

023-68204917

400718

重庆自然博物馆
Chongqing Nature Museum

重庆市北碚区枇杷山正街 74 号
No.74 Zhengjie, Pipashan, Beibei District

400700

古剑山风景区
Gujianshan Scenic Area

重庆市綦江区古南镇清水村
Qingshui Village, Gunan Town, Qijiang District

401420

万盛石林风景区
Wansheng Stone Forest Scenic Area

重庆市綦江区石林镇
Shilin Town, Qijiang District

400800

重庆统景温泉风景区
Chongqing Tongjing Hot Spring Scenic Area

重庆市渝北区统景镇景泉路 66 号
No.66 Jingquan Road, Tongjing Town, Yubei District

023-67288666

401142

重庆园博园
Chongqing Expo Park

重庆市渝北区龙泉路 1 号
No.1 Longquan Road, Yubei District

023-63086100

401122

重庆东温泉风景区
Chongqing East Hot Spring Scenic Area

重庆市巴南区东泉镇正街 20 号
No.20 Zhengjie Street, Dongquan Town, Banan District

023-66459524

401320

中泰天心佛文化旅游区
Zhongtai Tianxin Buddhism Culture Tourism Area

重庆市巴南区 103 乡道
No.103 Township Road, Banan District

023-61963000

401320

丰盛古镇
Fengsheng Ancient Town

重庆市巴南区丰盛镇
Fengsheng Town, Banan District

401320

黔江小南海旅游景区
Qianjiang Xiaonanhai Tourism Area

重庆市黔江区西沙北路 100 号
No.100 North Xisha Road, Qianjiang District

023-79856299

409700

黔江濯水古镇
Qianjiang Zhuoshui Ancient Town

重庆市黔江区濯水镇
Zhuoshui Town, Qianjiang District

023-79468310

409700

蒲花暗河景区
Puhua Underground River Scenic Area

重庆市黔江区濯水镇
Zhuoshui Town, Qianjiang District

023-79462777

409700

土家十三寨景区
Tu Nationality 13 Stocked Villages Scenic Area

重庆市黔江区小南海镇新建村
Xinjian Village, Xiaonanhai Town, Qianjiang District

409700

芭拉胡景区
Balahu Scenic Area

重庆市黔江区濯水镇
Zhuoshui Town, Qianjiang District

409700

长寿湖风景区
Changshou Lake Scenic Area

重庆市长寿区长寿湖镇正街
Zhengjie Street, Changshouhu Town, Changshou District

023-40362660

401248

长寿菩提古镇文化旅游区
Changshou Puti Ancient Town Culture Tourism Area

重庆市长寿区长寿镇桃源西四路 2 号
No.2 West 4th Taoyuan Road, Changshou Town, Changshou District

023-4089988

401220

菩提山文化旅游区
Puti Mountain Culture Tourism Area

重庆市长寿区长寿镇
Changshou Town, Changshou District

401220

重庆江津聂荣臻元帅陈列馆
Chongqing Jiangjin Marshal Nie Rongzhen's Exhibition Hall

重庆江津区几江镇鼎山大道
Dingshan Avenue, Jijiang Town, Jiangjin

402260

合川涞滩古镇
Hechuan Laitan Ancient Town

重庆市合川区涞滩镇南园东路 99 号
No.99 East Nanyuan Road, Laitan Town, Hechuan District

401520

合川钓鱼城古战场
Hechuan Fishing Town Ancient Battleground

重庆市合川区石马街 4 号
No.4 Shima Street, Hechuan

023-42822763

401520

重庆野生动物世界
Chongqing Wildlife World

重庆市永川区凤龙路 999 号
No.999 Fenglong Road, Yongchuan District

402168

永川茶山竹海旅游区
Yongchuan Tea Mountain and Bamboo Sea Tourism Area

重庆永川区渝西大道西段 168 号
No.168 Westpart of Yuxi Avenue, Yongchuan District

402160

观音塘湿地公园
Guanyintang Wetland Park

重庆市璧山区新生路 36 号
No.36 Xinsheng Road, Bishan District

023-41430754

402760

铜梁安居古城
Tongliang Anju Ancient Town

重庆市铜梁区安居镇油房街 258 号
No.258 Youfang Street, Anju Town, Tongliang District

023-45852666

402560

铜梁黄桷门奇彩梦园
Tongliang Huangjuemen Magic Dream Garden

重庆市铜梁区南城街道黄桷门村
Huangjuemen Village, Nancheng Community, Tongliang District

023-45678010

402560

杨公旧居（杨尚昆故里）
Yanggong Former Residence

重庆市潼南区双江镇正街 48 号
No.48 Main Street of Shuangjiang Town, Tongnan District

402660

大佛寺景区
Great Buddha Temple Scenic Area

重庆市潼南区梓潼街道石碾村
Shinian Village, Zitong Community, Tongnan District

402600

荣昌万灵古镇
Rongchang Wanling Ancient Town

重庆市荣昌区万灵镇学府路 75 号
No.75 Xuefu Road, Wanling Town, Rongchang District

023-61473788

402461

梁平滑石古寨景区
Liangping Huashi Ancient Stockaded Village Scenic Area

重庆市梁平县金带镇滑石村
Huashi Village, Jindai Town, Liangping County

023-53587777

405200

刘伯承同志纪念馆
Comrade Liu Bocheng's Memorial Museum

重庆市开州区汉丰街道盛山社区
Shengshan Community, Hanfeng Street, Kaizhou District

023-52222914

405499

汉丰湖景区
Hanfeng Lake Scenic Area

重庆市开州区文峰街道中原村
Zhongyuan Village, Wenfeng Community, Kaizhou District

023-52226622

405400

丰都名山旅游区
Fengdu Mingshan Mountain Tourism Area

重庆市丰都县名山镇名山路 152 号
No.152 Mingshan Road, Mingshan Town, Fengdu County

408200

丰都雪玉洞景区
Fengdu Xueyu Cave Scenic Area

重庆市丰都县三键乡
Sanjiang Township, Fengdu County

408200

忠县石宝寨
Zhongxian County Shibao Cottage

重庆市忠县石宝镇印山街 17 号
No.17 Yinshan Street, Shibao Street, Zhongxian County

023-54215063

404300

云阳张飞庙
Yunyang Zhang Fei's Temple

重庆市云阳县望江大道 886 号
No.886 Wangjiang Avenue, Yunyang County

404500

三峡梯城景区
Three Gorges Ladder City Scenic Area

重庆市云阳县双江街道杏花路 60 号
No.60 Xinghua Road, Shuangjiang Community, Yunyang County

023-55128228

404599

奉节白帝城—瞿塘峡风景名胜区
Fengjie Baidi City—Qutang Gorge Famous Scenic Area

重庆市奉节县白帝城
BaidiCheng City, Fengjie County

404600

奉节天坑地缝旅游区
Fengjie Tiankeng Difeng Tourism Area

重庆市奉节县县政路 64 号
No.64 Xianzheng Road, Fengjie County

404600

巫山神女景区（神女峰·神女溪）
Wushan Mountain Shennu (Fairy) Scenic Area (Fairy Peak & Fairy Stream)

重庆市巫山县广东中路 177 号（管理处）

No.177 Middle Guangdong Road(Management Office), Wushan County

023-57675002

404700

红池坝森林旅游景区
Hongchiba Forest Tourism Area

重庆市巫溪县文峰镇
Wenfeng Town, Wuxi County

405803

大风堡景区
Dafengbao Scenic Area

重庆市石柱县黄水镇莼乡路 216 号
No.216 Chunxiang Road, Huangshui Town, Shizhu County

023-73394678

409168

川河盖景区
Chuanhegai Scenic Area

重庆市秀山县涌洞乡
Yongdong Town, Xiushan County

409900

龙潭古镇
Longtan Ancient Town

重庆市酉阳县龙潭镇
Longtan Town, Youyang County

409800

酉阳县龚滩古镇
Youyang County Gongtan Ancient Town

重庆市酉阳县龚滩镇
Gongtan Town, Youyang County

409800

彭水阿依河景区
Pengshui Ayi River Scenic Area

重庆市彭水县绍庆街道柏香村六组
Group 6, Baixiang Village, Shaoqing Community, Pengshui County

409699

四川

SICHUAN

在中国的西南腹地，有一片群山包裹的神奇土地，48.6 万平方公里内分布着 300 多条流域面积超过 500 平方公里的河流，100 余座海拔超过 5000 米的高山和 9000 平方公里的富庶平原，这里被誉为“天府之国”，这就是四川。

这里有绵延 1600 多公里的古老秦巴山区，有海拔 7500 多米的贡嘎神山和海拔 3000 多米的峨眉山，有童话般的世界九寨沟黄龙，有山佛一体的乐山大佛，有世界独一无二的大熊猫……千百万年地壳运动打磨的奇山异水，让这片土地空灵秀丽，丰饶多姿。

四川自古便被称为“巴蜀之地”。这里有 5000 多年前的三星堆文明，有建于 2300 多年前先秦时期的剑门关，有建于 2200 多年前战国时期的都江堰，有建于 1000 多年前的杜甫草堂和武侯祠，有积淀上千年的佛教与道教文化……这里吸引你的不只是绝美的风光，更有远古神秘而又灿烂多彩的巴蜀文明。

AAAAA

青城山—都江堰景区
Qingchengshan—Dujiangyan Scenic Area

青城山位于都江堰市西南15公里处，背靠岷山雪岭，面向川西平原，群峰环绕，状若城郭，林深树密，四季常绿，丹梯千级，曲径通幽，故历来享有“青城天下幽”的美誉。青城山是中国道教的重要发祥地，为道教“第五洞天”，天师洞、建福宫、上清宫、祖师殿、圆明宫、老君阁、玉清宫、朝阳洞等10余座道教宫观保存完好，殿宇规模宏伟，雕刻精细，并珍藏着大量文物和名家手迹。

都江堰景区坐落在成都平原西部的岷江上，始建于秦昭王末年（前256～前251年），是蜀郡太守李冰父子组织修建的大型水利工程，由分水鱼嘴、飞沙堰、宝瓶口等部分组成，2000多年来一直发挥着防洪灌溉的作用，使成都平原成为水旱从人、沃野千里的“天府之国”，是全世界迄今为止，年代最久、唯一留存、仍在一直使用、以无坝引水为特征的宏大水利工程，凝聚着中国古代劳动人民勤劳、勇敢、智慧的结晶。

成都都江堰市青城山镇都江堰大道231号
No.31 Dujiangyan Avenue, Qingchengshan Town, Dujiangyan

400-1151222

611844

www.djy517.com

成都茶店子客运站和成都新南门汽车站（成都旅游集散中心）有发往都江堰、青城山的旅游专线车。

北川羌城旅游区
Beichuan Qiang Nationality Town Tourism Area

2008年5月12日，一场突如其来的大地震，牵动了全国人民甚至全世界人民的心。四面八方的援助纷纷而来，所有的人都记住了这个地方——北川。震后，5·12汶川特大地震纪念馆在位于毗邻北川老县城地震遗址的任家坪建立，这成为北川羌城旅游区的一部分。

北川羌城旅游区由地震纪念地、大爱文化观赏区和禹羌文化体验区三大部分组成，包含北川老县城地震遗址、5·12汶川特大地震纪念馆、吉娜羌寨、北川羌族民俗博物馆、新北川巴拿恰商业街等景点。北川羌城旅游区是一个开放性景区，集纪念缅怀、感恩大爱、禹羌风情和生态休闲于一体，不仅记载着伟大的抗震救灾精神和大爱无疆的文化传承，同时也是领略禹羌文化的独特魅力、欣赏秀美壮丽的旖旎风光的理想旅游目的地。

绵阳市北川县永昌镇青片路
Qingpian Road, Yongchang Town, Beichuan County

0816-4822999

622750

剑门关风景区
Jianmen Pass Scenic Area

“剑阁峥嵘而崔嵬，一夫当关，万夫莫开。”唐代诗人李白《蜀道难》的千古名句让“峥嵘而崔嵬”的剑门关闻名于世。剑门关景区地处四川盆地北部边缘断褶带，为龙门山脉剑门山支干。这里悬崖峭壁，山高峰险，沟深谷狭。剑门关三国文化积淀深厚，三国蜀相诸葛亮依仗大、小剑山之险，在大剑山中断处，立石为门，修阁道三十里，始称“剑阁”。剑门关风景区由剑门关、翠云廊两个景区组成，主要景点有剑门关、剑阁道、七十二峰、小剑山、姜公祠、姜维墓、邓艾墓、钟会故垒、金牛道、后关门、石笋峰、梁山寺、雷霆峡、翠屏峰、仙峰观、古剑溪桥、志公寺、4D影院、鸟道、玻璃景观平台等。

广元市剑阁县下寺镇
Xiasi Town, Jiange County

0839-6750050

628300

剑阁县有至剑门关的旅游专线车。

乐山大佛景区
Leishan Grand Buddha Scenic Area

“山是一尊佛，佛是一座山。”乐山大佛通高71米，脚背宽8.5米，为当今世界第一大佛。乐山大佛为唐代开元名僧海通和尚创建，历时90载完成。大佛为一尊弥勒座像，雍容大度，气魄雄伟。

乐山大佛景区位于岷江、青衣江、大渡河三江汇流处，与乐山城隔江相望。这里依山傍水，风光旖旎，文化和自然景观和谐统一，构成一幅多彩的山水画卷。乐山大佛景区还有凌云山、麻浩岩墓、乌尤山、巨形卧佛等景点，其中的麻浩岩墓系汉代墓葬，墓门上均有精工雕刻，飞檐、瓦当、斗拱，花纹图案，无一雷同，墓壁上还有许多历史故事和动物浮雕。乌尤山与凌云山并肩立于岷江之滨，四面环水，如一堆碧玉浮于江水之中。而乌尤山、凌云山、龟城山共同构成了乐山巨形卧佛景观，隔江望去，三山酷似一巨大佛像仰卧于三江之上，为大佛景区更添魅力。

乐山市市中区凌云路 2435 号
No.2435 Lingyun Road, Shizhong District, Leshan

0833-2302121

614003

http://www.leshandafo.com

峨眉山旅游区
Emei Mountain Tourist Area

峨眉山位于神秘的北纬30°附近，雄踞在四川省西南部。峨眉山自然遗产极其丰富，素有天然“植物王国”“动物乐园”“地质博物馆”之美誉。峨眉山文化遗产亦极其深厚，是中国佛教圣地，是普贤菩萨的道场，自古就有“普贤者，佛之长子，峨眉者，山之领袖”之称，因此峨眉山亦被誉为“佛国天堂”。

峨眉山是大峨、二峨、三峨山的总称。北魏时郦道元《水经注》载“两山相对如峨眉，故称峨眉焉”。唐代诗人李白则有“蜀国多仙山，峨眉邈难匹”的千古绝唱。峨眉山以其“雄、秀、神、奇、灵”的自然景观和深厚的佛教文化，被联合国教科文组织列为世界文化与自然遗产。

乐山峨眉山市名山南路 41 号
No.41 South Mingshan Road, Emeishan

0833-5520451

614200

www.ems517.com

乐山中心站、肖坝车站有班车发往峨眉山。成都新南门车站、绵阳也有发往峨眉山的直达车。

阆中古城
Langzhong Ancient Town

阆中古城迄今已有 2300 多年历史，拥有张飞庙、贡院、滕王阁佛塔、天官院、华光楼、福音堂等众多文物古迹。阆中古城山锁四围，水绕三面，契合中国传统的风水格局，至善至美，自然天成，是当今保存最完好的一座“风水古城”。

阆中古城山水城相依相融，若即若离，亦真亦幻，犹如仙境。古城灿烂的历史人文与优美的自然风光交相辉映，是全国历史文化名城、中国优秀旅游城市、世界千年古县、中国春节文化之乡。

南充阆中市阆水中路 33 号
No.33 Middle Langshui Road, Langzhong

0817-6232778

637400

www.alangzhone.com

南充市朱德故里琳琅山景区
Nanchong Zhu De's Hometown Linlang Mountain Scenic Area

朱德故里景区位于南充市仪陇县东部，景区内关刀山—琳琅山—狮墩包—轿顶山一线山岭由高到底，自东北向西南蜿蜒而下，将景区一分为二：西北部分为朱家湾，东南部分为琳琅水库、大湾堰，区内山岭纵横交错，溪沟蜿蜒曲折，形成凹凸的复杂地形，其整体地形如虎。朱德故里琳琅山景区由琳琅山、柏杨湖、蓬莱阁、插旗山景区和马鞍古镇五部分组成。其中，核心景区内有朱德故居、朱德诞生地、丁氏庄园、朱德故里碑等景点，是全国爱国主义教育示范基地、中国红色文化旅游精品景区。

南充市仪陇县马鞍镇大湾路
Dawan Road, Ma'an Town, Yilong County

0817-7555022

637600

http://www.zhudeguli.com

邓小平故里景区
Deng Xiaoping's Former Residence Scenic Area

邓小平故里景区是集缅怀纪念、爱国主义教育、古镇文化、社会主义新农村展示、休闲度假于一体的复合型旅游景区。主要包括邓小平故里核心区、佛手山景区、翰林院子和协兴老街、牌坊新村等景点。经中共中央批准，修建了邓小平铜像广场、邓小平故居陈列馆和邓小平缅怀馆等纪念设施，恢复了清水塘、神道碑、德政坊、放牛坪等近 20 处邓小平青少年时期的重要活动场所。邓小平故里景区郁郁葱葱、井然有序、自然亲切，形成了令人仰慕的“天然纪念馆”风貌，是全国爱国主义教育示范基地、全国廉政教育基地、全国青少年教育基地。

广安市协兴镇牌坊村
Paifang Village, Xiexing Town, Guang'an

0826-2412393

638000

www.dxpgl.cn

8 路公交车可达。

阿坝州汶川特别旅游区
Aba Wenchuan Special Tourims Area

汶川特别旅游区包括“震中映秀”“水磨古镇”“三江旅游区”三部分，其中的“震中映秀”在汶川县南部，与卧龙自然保护区相邻。5·12 特大地震，震塌了镇内几乎所有建筑，灾情惨重。现经各方多年来的不懈努力，已将映秀镇建设为“现代抗震建筑博物馆”，各项建设事业蒸蒸日上。

“水磨古镇”在汶川县南部岷江支流寿溪河畔。由多条浸了百草的穿山泉溪汇成的寿溪湖水有延年益寿的功能，故从商代起，水磨镇就有“长寿之乡”的美誉。水磨古镇融和秀美的山水风光，散发出淳朴的民族风情。重建的民居是羌族传统工艺和现代建筑技术的结合，既新潮又古朴。水磨古镇被誉为“全球灾后重建的最佳例范”。

“三江生态旅游区”在都江堰北部，是通往九寨沟、黄龙、若尔盖、四姑娘山等地的必经之地。蓝色的漂流河谷，五彩的海子流泉，遮天的原始森林，珍稀的奇花珍兽，流云、霞光、红叶、白雪，朝气蓬勃，生机无限。

汶川特别旅游区可以使你零距离接触神圣的大自然，品味兄弟民族古朴的民风民情。

阿坝州汶川县映秀镇、水磨镇、三江乡
Yingxiu Town, Shuimo Town, Sanjiang Town, Wenchuan County

0837-6222729

623000

都江堰客运站有到映秀、水磨和三江的班车。

黄龙风景名胜区
Huanglong Famous Scenic Area

在终年积雪的岷山主峰雪宝顶下，海拔 3100 多米处，一条长 3600 米、结构奇巧、规模宏大的地表钙华体滚滚而下，在山谷中形成了金色的巨龙，这条金龙翻腾于雪山云海之中，成为世界罕见的自然奇观，这便是黄龙山谷。黄龙风景名胜区由黄龙谷、丹云峡、牟尼沟、雪宝鼎、雪山梁、红星岩、西沟等景区组成。主要景观集中于黄龙谷，谷内遍布碳酸钙华沉积，并呈梯田状排列，从谷口拾级而上，巨龙的脊背蜿蜒起伏，3400 个五色彩池像龙鳞一样叠盖其上。其中的五彩池是黄龙谷内最大的一组彩池群，也是当今世界上规模最大、海拔最高的露天钙华彩池群。五彩池错落有致，汪汪池水漫溢，远远看去，宛如片片碧色玉盘，在阳光照射下，白、紫、蓝、绿，浓淡各异，色彩缤纷，极尽美丽娇艳，不愧为“世界奇观”“人间瑶池”。

阿坝州松潘县黄龙乡瑟尔磋寨
Seercuo Village, Huanglong Town, Songpan County

0837-7249055

623300

http://www.huanglong.com

成都新南门车站有班车到黄龙。川主寺镇九黄机场旅游季节亦有机场巴士前往黄龙。

九寨沟风景名胜区
Jiuzhaigou Famous Scenic Area

九寨沟地处岷山南段弓杆岭的东北侧，是长江水系嘉陵江上游白水江源头的一条大支沟。九寨沟的得名来自于景区内九个世代居住于此的藏族寨子。九寨沟是大自然鬼斧神工之杰作。这里四周雪峰高耸，湖水清澈艳丽，飞瀑多姿多彩，急流汹涌澎湃，林木青葱婆娑。九寨沟风景名胜区内，高山湖泊群、瀑布、彩林、雪峰、蓝冰和藏族风情构成了“九寨沟六绝”，被世人誉为“童话世界”，号称“水景之王”。古老村寨、栈桥、磨坊与秀丽的山川组成了一幅内涵丰富、和谐统一的优美画卷，历来被当地藏族同胞视为“神山圣水”。

阿坝州九寨沟县漳扎镇
Zhangzha Town, Jiuzhaigou County

0837-7739777

623402

www.jiuzhai.com

九黄机场有旅游专车前往九寨沟景区。

泸定海螺沟冰川森林公园
Luding Hailuogou Glacier Forest Park

海螺沟冰川森林公园位于“蜀山之王”贡嘎山东坡，由海螺沟、燕子沟、磨子沟、南门关沟、雅家埂、磨西台地六个景区组成，是中国唯一的“冰川森林公园”，是贡嘎山的问鼎画卷和令人神往的“香巴拉门户”，是古代通往藏区茶马古道的必经之地。在这片广袤、古老、充满神奇色彩的大地上，居住着汉、彝、藏、白、蒙古等13个民族，是康巴地区多元文化的走廊。

这里，神圣的贡嘎山雄视东方，壮丽的冰川与森林共生，奇绝无比，雄伟的大冰瀑布宛如从蓝天直泻而下的一道银河，蔚为壮观；这里，原始森林树木参天，苍翠蓊郁，甘甜的山泉水或自地下涌出或成清澈的溪流或为石上飞瀑，轻柔温婉，玉珠挂帘；这里有最大规模的红石滩群，这里有低海拔现代冰川、高山湖泊，这里珍稀动植物种类丰富，这里“一沟有四季，十里不同天”。

甘孜州泸定县磨西镇二坪子
Erpingzi, Moxi Town, Luding County

0836-3266205

626102

https://www.hailuogou.com

成都新南门车站有直达景区的旅游班车。

AAAA

成都杜甫草堂博物馆
Chengdu Du Fu Straw Hall Museum

成都市青羊区清华路37号
No.37 Qinghua Road, Qingyang District, Chengdu

028-87319258

610072

金沙遗址博物馆
Jinsha Site Museum

成都市青羊区金沙遗址路2号
No.2 Jinshayizhi Road, Qingyang District, Chengdu

610091

国际非物质文化遗产博览园
The International Intangible Cultural Heritage Expo Park

成都市青羊区光华大道二段601号
No.601 2nd Section of Guanghua Avenue, Qingyang District, Chengdu

028-87071957

610031

成都大熊猫繁育研究基地
Chengdu Panda Breeding Research Base

成都市成华区熊猫大道1375号
No.1375 Xiongmao Avenue, Chenghua District, Chengdu

610081

东郊记忆旅游景区
Dongjiaojiyi Tourism Area

成都市成华区建设南支路1号
No.1 South Branch, Jianshe Road, Chenghua District, Chengdu

028-84383110

610066

三圣花乡
Sansheng Huaxiang(Flower Town)

成都市锦江区三圣乡
Sansheng Town, Jinjiang District, Chengdu

028-84676767

610066

成都市欢乐谷景区
Chengdu Happy Valley

成都市金牛区西华大道16号
No.16 Xihua Avenue, Jinniu District, Chengdu

610036

成都乌木艺术博物馆
Chengdu Black Wood Art Museum

成都市金牛村
Jinniu Village, Chengdu
028-87513729
610036

成都武侯祠博物馆
Chengdu Wuhouci Museum

成都市武侯区武侯祠大街 231 号
No.231 Wuhouci Street, Wuhou District, Chengdu
028-85552397
610041

天艺 · 浓园艺术博览园
Tianyi — Nongyuan Art Expo Park

成都市武侯区
Wuhou District, Chengdu
610041

成都市洛带古镇
Chengdu Luodai Ancient Town

成都市龙泉驿区洛带镇
Luodai Town, longquanyi District, Chengdu
028-84893729
610100

桃花故里景区
Hometown of Peach Blossom Scenic Area

成都市龙泉驿区山泉镇
Shanquan Town, Longquanyi District, Chengdu
028-84820361
610100

宝光桂湖文化旅游区
Baoguang Guihu Lake Culture Tourism Area

成都市新都区桂湖中路 92 号
No.92 Middle Guihu Road, Xindu District, Chengdu
610500

锦门丝绸商贸旅游小镇景区
Jinmen Silk Trade & Travel Town Scenic Area

成都市新都区三河古镇
Sanhe Town, Xindu District, Chengdu
610500

国色天香乐园景区
Floraland Scenic Area

成都市温江区万春镇
Wanchun Town, Wenjiang District, Chengdu
611130

崇州街子古镇景区
Chongzhou Jiezi Ancient Town Tourism Area

成都崇州市街子镇
Jiezi Town, Chongzhou
028-82289559
611230

崇州元通古镇景区
Chongzhou Yuantong Ancient Town Scenic Area

成都崇州市元通镇
Yuantong Town, Chongzhou
611230

邛崃市平乐古镇景区
Qinglai Pingle Ancient Town Scenic Area

成都邛崃市平乐镇迎宾路 247 号
No.247 Yingbin Road, Pingle Town, Qionglai
028-8881111
611530

天台山旅游区
Tiantan Mountain Tourism Area

成都邛崃市天台山镇马坪村
Maping Village, Tiantai Town, Qionglai
028-88793472
611530

中国酒村—邛酒文化旅游风情村落景区
China Liquor Village — Qionglai Liquor Cultural Tourism Village

成都邛崃市临邛镇文笔山村
Wenbishan Village, Linqiong Town, Qionglai
611530

虹口景区
Hongkou Scenic Area

成都都江堰市虹口乡
Hongkou Town, Dujiangyan
028-61732518
611830

灌县古城旅游景区
Guanxian Ancient Town Tourism Area

成都都江堰市灌口镇
Guankou Town, Dujiangyan
611830

中法风情小镇旅游景区
China & France Style Town Tourism Area

成都彭州市白鹿镇
Bailu Town, Pengzhou
028-83770151
611930

彭州宝山旅游区
Pengzhou Baoshan Tourism Area

成都彭州市龙门山镇宝山村
Baoshan Village, Longmenshan Town, Pengzhou
028-83852031
611930

成都市五凤溪旅游景区
Chengdu Wufeng Stream Tourism Area

成都市金堂县五凤镇
Wufeng Town, Jintang County
028-84959388
610400

海昌极地海洋世界
Haichang Polar Ocean World

成都市双流县华阳镇天府大道南段 2037 号
No.2037 South Part of Tianfu Avenue, Huayang Town, Shuangliu County
610200

黄龙溪古镇旅游区
Huanglongxi Ancient Town Tourism Area

成都市双流县黄龙溪镇
Huanglongxi Town, Shuangliu County
610200

海滨城旅游景区
Haibin(Seashore) City Tourism Area

成都市双流县双楠大道主干道与蛟龙大道交会处
Intersection of Main Way of Shuangnan Avenue & Jiaolong Avenue, Shuangliu County
610200

望丛祠景区
Wangcong Temple Scenic Area

成都市郫都区望丛中路 3-4 号
No.3-4 Middle Wangcong Road, Pidu District, Chengdu
028-87922648
611730

三道堰景区
Sandaoyan Scenic Area

成都市郫都区三道堰镇
Sandaoyan Town, Pidu District, Chengdu
028-87982718
611730

友爱农科村
You'ai Agriculture and Science Village

成都市郫都区友爱镇
You'ai Town, Pidu District, Chengdu
028-87963282
611735

大邑刘氏庄园
Dayi Liu's Manor

成都大邑县安仁镇场口
Anren Town, Dayi County
028-88315113
611331

四川省建川博物馆聚落
Sichuan Jianchuan Museums

成都市大邑县安仁镇
Anren Town, Dayi County
610015

新场古镇旅游景区
Xinchang Ancient Town Tourism Area

成都市大邑县新场镇
Xinchang Town, Dayi County
028-88350369
611830

花水湾温泉度假区
Huashui Bay Hot Spring Resort

成都大邑县花水湾镇温泉南街 7 号
No.7 South Wenquan Street, Huashuiwan Town, Dayi County
028-88390108
611830

西岭雪山风景名胜区
Xiling Snow Mountain Famous Scenic Area

成都大邑县西岭镇
Xiling Town, Dayi County
611830

石象湖生态风景区
Shixiang Lake Ecological Scenic Area

成都市蒲江县朝阳湖镇石象村
Shixiang Village, Chaoyanghu Town, Pujiang County
028-88591888
611630

花舞人间旅游景区
Flower Dance World Scenic Area

成都市新津县新蒲路梨花溪 1 号
No.1 Pear Creek, San Po Road, Xinjin County
028-82555666
611430

自贡恐龙博物馆
Zigong Dinosaur Museum

自贡市大安区大山铺 238 号
No.238 Dashanpu, Da'an District, Zigong
0813-5802095
643013

荣县大佛景区
Rongxian County Grand Buddha Scenic Area

自贡市荣县旭阳镇大佛街
Dafo Street, Xuyang Town, Rongxian County
643100

二滩国家森林公园
Ertan National Forest Park

攀枝花市盐边县中环南路 11 号
No.11 South Zhonghuan Road, Yanbian County
0812-8656002
617100

攀西大裂谷格萨拉生态旅游区
West Panzhihua Great Splited Valley Gesala Ecotourism Area

攀枝花市盐边县桐子林镇玉泉路 62 号
No.62 Yuquan Road, Tongzilin Town, Yanbian County
617100

泸州老窖旅游区
Luzhou Laojiao Tourism Area

泸州市江阳区三星街
Sanxing Street, Jiangyang District, Luzhou
0830-2285189
646000

泸州张坝桂圆林旅游区
Luzhou Zhangba Longan Forest Tourism Area

泸州市江阳区沙湾乡
Shawan Village, Jiangyang District, Luzhou
646000

泸州天仙洞景区
Luzhou Tianxian Cave Scenic Area

泸州市纳溪区天仙镇
Tianxian Town, Naxi District, Luzhou
646300

花田酒地旅游景区
Huatian(Flower Field) Jiudi(Wine Place)Tourism Area

泸州市纳溪区大渡口镇
Dadukou Town, Naxi District, Luzhou
646300

云溪温泉旅游景区
Yunxi Hot Spring Tourism Area

泸州市纳溪区白节镇映月路 2 号
No.2 Yingyue Road, Baijie Town, Naxi District, Luzhou
0830-4792627
6142000

龙桥文化生态园旅游景区
Longqiao Cultural & Ecological Tourism Area

泸州市泸县龙脑新农村示范片
Longnao New Village Demonstration Area, Luxian County
646100

尧坝古镇旅游区
Yaoba Ancient Town Tourism Area

泸州市合江县尧坝镇
Yaoba Town, Hejiang County
0830-5269387
646000

泸州黄荆老林景区
Luzhou Huangjing Forest Scenic Area

泸州市古蔺县黄荆乡
Huangjing Village, Gulin County
0830-7060166
646500

太平古镇景区
Taiping Ancient Town Scenic Area

泸州市古蔺县太平镇
Taiping Town, Gulin County
0830-7400037
646500

广汉三星堆博物馆
Guanghan Sanxingdui Museum

德阳广汉市南兴镇真武村
Zhenwu Village, Nanxing Town Guanghan
618307

锦竹年画博物馆
Mianzhu New Year Picture Museum

德阳绵竹市孝德镇
Xiaode Town, Mianzhu
618200

九龙山—麓棠山旅游区
Jiulong—Lutang Mountain Tourism Area

德阳绵竹市九龙镇
Jiulong Town, Mianzhu
0838-6793238
618200

白马关景区
Baimaguan Scenic Area

德阳市罗江县白马关镇
Baimaguan Town, Luojiang County
618500

绵阳市科技馆旅游景区
Mianyang Science & Technology Museum Tourism Area

绵阳市涪城区一环路东段 232 号
No.232 East Part of 1st Ring Road, Fucheng District, Mianyang

0816-2274278

621000

越王楼 · 三江半岛景区
Yuewang Building — Sanjiang Peninsula Scenic Area

绵阳市涪城区与游仙区交界处
Intersection of Youxian & Fucheng District, Mianyang

621000

仙海风景区
Xianhai Scenic Area

绵阳市游仙区
Youxian District, Mianyang

0816-2284553

621022

寻龙山景区
Xunlong Mountain Scenic Area

绵阳市安州区安昌镇
Anchang Town, Anzhou District, Mianyang

622650

匡山佛爷洞风景区
Kuangshan Buddha Cave Scenic Area

绵阳江油市大康镇
Dakang Town, Jiangyou

0816-3851522

621700

李白纪念馆
Li Bai's Memorial Museum

绵阳江油市文风街 1 号
No.1 Wenfeng Street, Jiangyou

621700

李白故居景区
Li Bai's Former Residence Scenic Area

绵阳江油市青年镇
Qingnian Town, Jiangyou

0816-3441887

621700

窦圌山风景区
Douchuang Mountain Scenic Area

绵阳江油市武都镇
Wudu Town, Jiangyou

0816-3879999

621700

梓潼七曲山风景区
Zitong Qiqu Mountain Scenic Area

绵阳市梓潼县七曲山
Qiqu Mountain, Zitong County

622150

北川县西羌九皇山猿王洞景区
Beichuan County Xiyang Jiuhuang Mountain Yuanwang Cave Scenic Area

绵阳市北川县桂溪乡
Guixi Town, Beichuan County

622750

北川药王谷景区
Beichuan Medicine King Valley Scenic Area

绵阳市北川县桂溪乡林峰村
Linfeng Village, Guixi Town, Beichuan County

028-4735166

611730

维斯特农业休闲旅游区
West Agricultural & Leisure Tourism Area

绵阳市北川县东南部
Southeast of Beichuan County

622750

四川平武报恩寺
Sichuan Pingwu Bao'en Temple

绵阳市平武县龙安镇北街 63 号
No.63 North Street, Longan Town, Pingwu County

622550

广元市昭化古城
Guangyuan Zhaohua Ancient Town

广元市昭化区昭化镇
Zhaohua Town, Zhaohua District, Guangyuan

0839-8310866

628017

广元市平乐旅游区
Guangyuan Pingle Tourism Area

广元市昭化区柳桥乡
Liuqiao Town, Zhaohua District, Guangyuan

0839-8723003

628017

广元皇泽寺博物馆
Guangyuan Huangze Temple Museum

广元市利州区上西坝
Shangxiba, Lizhou District, Guangyuan

0839-3607017

628017

广元千佛崖石刻摩崖造像
Guangyuan Qianfo (Thousand Buddha) Cliff Inscriptions & Reliefs

广元市利州区工农镇千佛村
Qianfo Village, Gongnong Town, Lizhou District, Guangyuan

0839-3231480

628000

天曌山旅游景区
Tianzhao Mountain Tourism Area

广元市利州区
Lizhou District, Guangyuan

0839-3272099

628000

朝天明月峡景区
Chaotian Bright Moon Canyon Scenic Area

广元市朝天区朝天镇
Chaotian Town, Chaotian District, Guangyuan

0839-8623656

628017

曾家山旅游景区
Zengjia Mountain Tourism Area

广元市朝天区曾家镇
Zengjia Town, Chaotian District, Guangyuan

0839-8675129

628017

龙门阁景区
Longmenge(Dragon Gate Pavilion) Scenic Area

广元市朝天区朝天镇
Chaotian Town, Chaotian District, Guangyuan

628017

水磨沟旅游景区
Shuimogao Tourism Area

广元市朝天区青林乡
Qinglin Town, Chaotian District, Guangyuan

628017

旺苍鼓城山—七里峡景区
Wangcang Gucheng Mountain—Qili Canyon Scenic Area

广元市旺苍县东河镇
Donghe Town, Wangcang County

628200

东河口地震遗址公园
East River Outlet Earthquake Ruins Park

广元市青川县红光乡
Hongguang Town, Qingchuan County

0839-7208975

628100

清溪古城旅游景区
Qingxi Ancient Town Tourism Area

广元市青川县清溪镇
Qingxi Town, Qingchuan County

0839-7802024

628100

唐家河自然保护区
Tangjia River Natural Reserve

广元市青川县青溪镇
Qingxi Town, Qingchuan County

628100

翠云廊景区
Cuiyunlang Scenic Area

广元市剑阁县剑门关镇北街
North Street, Jianmenguan Town, Jiange County

0839-6750978

628300

苍溪红军渡—西武当山景区
Cangxi Red Army's Ferry—West Wudang Mountain Scenic Area

广元市苍溪县陵江镇
Lingjian Town, Cangxi County

0839-5281001

628400

中国观音故里旅游区
China Bodhisattva Guanyin's Hometown Tourism Area

遂宁市城西船山区
Chuanshan District, West of Suining

0825-5808253

629000

龙凤古镇景区
Longfeng (Dragon & Phoenix) Ancient Town Scenic Area

遂宁市船山区龙凤镇
Longfeng Town, Chuanshan District, Suining

0825-2932275

629000

观音湖湿地公园旅游景区
Guangyin Lake Wetland Park Tourism Area

遂宁市船山区河东新区
Hedong New Area, Chuanshan District, Suining

[illegible]

629000

安居区七彩明珠景区
Anju District Colorful Pearls Scenic Area

遂宁市安居区玉丰镇鸡头寺村
Jitousi Village, Yufeng Town, Anju District, Suining

629000

子昂故里文化旅游区
Chen Zi'ang's Hometown Cultural Tourism Area

遂宁市射洪县金华镇
Jinhua Town, Shehong County

0825-6831647

629200

中华侏罗纪探秘旅游区
China Jurassic Period Secrets Exploring Tourism Area

遂宁市射洪县明星镇龙凤村
Longfeng Village, Mingxing Town, Shehong County

0825-6761333

629200

遂宁市中国死海旅游度假区
Suining China Dead Sea Tourist Resort

遂宁市大英县蓬莱镇江南路
Jiangnan Road, Penglai Village, Daying County

629300

石牌坊旅游区
Stone Gateway Tourism Area

内江市隆昌县
Longchang County

0832-3954070

642150

隆昌古宇湖景区
Longchang Guyu Lake Scenic Area

内江市隆昌县金鹅镇古宇村
Guyu Village, Jine Town, Longchang County

0832-3954070

642150

乌木珍品文化博物苑
Black Wood Works Museum

乐山市市中区苏稽镇乐峨西路 768 号
No.768 West Le'e Road, Suji Town, Shizhoung District, Leshan

0833-2568598

614000

乐山东方佛都
Leshan Oriental Capital of Buddhism

乐山市市中区凌云路 362 号
No.362 Lingyun Road, Shizhong District, Leshan

0833-2301177

614003

乐山郭沫若故居
Leshan Guo Moruo's Former Residence

乐山市沙湾区沫水街 96 号
No.96 Moshui Street, Shawan District, Leshan

0833-3432444

614900

大佛禅院佛教文化旅游区
Great Buddha Temple Buddhist Culture Tourism Area

乐山峨眉山市光明大道 2 号
No.2 Guangming Avenue, Emeishan

0833-5484866

614200

仙芝竹尖生态园旅游景区
Xianzhi Zhujian Ecotourism Area

乐山峨眉山市胜利镇名山路东段 105 号
No.105 East Part of Mingshan Road, Shengli Town, Emeishan

0833-5499515

614200

乐山市旅博天地旅游景区
Leshan Lübotiandi Tourism Area

乐山峨眉山市名山路东段
East Part of Mingshan Road, Meishan

614200

嘉阳 · 杪椤湖景区
Jiayang Shaluo Lake Scenic Area

乐山市犍为县玉津镇凤凰路 652 号
No.652 Fenghuang Road, Yujin Town, Jianwei County

0833-4233098

614400

夹江天福观光茶园
Jiajiang Tenfu Sightseeing Tea-garden

乐山市夹江县青州乡
Qingzhou Town, Jiajiang County

0833-5910666

614100

桃园山居景区
Taoyuan Shanju Scenic Area

乐山市沐川县
Muchuan County

614500

黑竹沟风景区
Hezhugou (Black Bamboo Valley) Scenic Area

乐山市峨边县黑竹沟镇
Hezhugou Town, Ebian County

0833-5222137

614300

南充西山风景区
Nanchong West Mountain Scenic Area

南充市顺庆区新建乡玉屏路 6 号
No.6 Yuping Road, Xinjian Town, Shunqing District, Nanchong

0817-2585291

637000

南充凌云山旅游文化风景区
Nanchong Linyun Mountain Culture Tourism Area

南充市高坪区和平东路 103 号
No.103 East Heping Road, Gaoping District, Nanchong

637100

天宫院风水文化景区
Tiangongyuan (Heaven Palace) Geomantic Culture Scenic Area

南充阆中市天宫乡天宫街 1 号
No.1 Tiangong Street, Tiangong Town, Langzhong

0817-6516729

637400

升钟湖旅游景区
Shengzhong Lake Torism Area

南充市南部县升水镇
Shengshui Town, Nanbu County

0817-5906123

637300

嘉陵第一桑梓旅游区
Jialing the First Hometown Tourism Area

南充市蓬安县滨江路
Binjiang Road, Peng'an County

0817-8628808

637800

张澜故里景区
Zhan Lan's Hometown Scenic Area

南充市西充县莲池镇观音堂村
Guanyintang Village, Lianchi Town, Xichong County

637200

三苏祠博物馆景区
Sansuci Museum Scenic Area

眉山市东坡区纱縠行南段 72 号
No.72 South Part of Shahuxing, Dongpo District, Meishan

028-38221651

620010

黑龙滩旅游景区
Heilongtan Tourism Area

眉山市仁寿县黑龙滩镇
Heilongtan Town, Renshou County

028-36301126

612560

柳江古镇景区
Liujiang Ancient Town Scenic Area

眉山市洪雅县柳江镇
Liujiang Town, Hongya County

620360

江湾神木园景区
Jiangwan Magic Wood Garden Scenic Area

眉山市青神县
Qingshen County

028-38829999

620460

青神国际竹艺城
Qingshen International Bamboo Art Town

眉山市青神县南城镇
Nancheng Town, Qingshen County

028-38850168

620460

宜宾市李庄古镇
Yibin Lizhuang Ancient Town

宜宾市翠屏区李庄古镇
Lizhuang Town, Cuiping District, Yibin

644000

流杯池公园景区
Liubeichi Park Scenic Area

宜宾市翠屏区岷江东路 4 号
No.4 East Minjiang Road, Cuiping District, Yibin

0831-3520329

644000

南溪古街景区
Nanxi Ancient Street Scenic Area

宜宾市南溪区
Nanxi District, Yibin

0831-3184304

644100

蜀南花海景区
Shunan(South Sichuan) Flower Sea Scenic Area

宜宾市长宁县古河镇和乐村
Hele Village, Guhe Town, Changning County

644000

宜宾市夕佳山民居
Yibin Xijia Mountain Folk House

宜宾市江安县夕佳山镇坝上村
Bashing Village, Xijiashan Town, Jiangan County

0831-2520111

644200

宜宾蜀南竹海风景名胜区
Yibing Shunan(South Sichuan) Zhuhai(Bamboo Sea) Scenic Area

宜宾市长宁县万岭镇
Wanling, Changning County

0831-8885199

644000

七洞沟景区
Qidonggou(Seven Caves Valley) Scenic Area

宜宾市长宁县
Changning County

644300

兴文石海洞乡旅游区
Xingwen Shihaidongxiang Scenic Area

宜宾市兴文县兴宴乡
Xingyan Village, Xingwen County

0831-8622128

644400

僰王山景区
Bowang Mountain Scenic Area

宜宾市文兴县僰王山镇
Bowangshan Town, Wenxing County

644400

神龙山巴人石头城景区
Shenlongshan Baren Stone City Scenic Area

广安市广安区城南公园街 188 号
No.188 Chengnan Gonyuan Street, Guang'an District, Guang'an

0826-2336558

638000

天下情山——华蓥山旅游区
Huaying Mountain Scenic Area

广安华蓥市瓦店乡广安华蓥山旅游区
Wadian Village, Huaying

638601

广安宝箴塞民俗文化村
Guang'an Baojiansai Folk Custom Village

广安市武胜县宝箴塞乡方家沟村
Fangjiagou Village, Baojiansai Town, Wusheng County

0826-6492303

638400

武胜县现代农业园（白坪—飞龙旅游区）
Wusheng County Modern Agriculture Garden (Baiping Feilong Tourism Area)

广安市武胜县沿口镇
Yankou Town, Wusheng County

638400

天意谷国家地质公园
Tianyi Valley National Geological Park

广安市邻水县甘坝乡
Ganba Town, Linshui County

0826-3442555

638500

达州达川区真佛山景区
Dazhou Dachuan District Zhenfo Mountain Scenic Area

达州市达川区福善乡
Fushan Village, Dachuan District

0818-3310025

635000

洋烈水乡景区
Yanglie Water Town Scenic Area

达州市宣汉县君塘镇洋烈社区
Yanglie Community, Juntang Town, Xuanhan County

636150

宣汉县巴山大峡谷旅游景区
Xuanhan County Bashan Mountain Great Valley Tourism Area

达州市宣汉县龙泉乡
Longquan Town, Xuanhan County

0818-5816001

636150

峨城山旅游景区
Echeng Mountain Tourism Area

达州市宣汉县
Xuanhan County

636150

賨人谷旅游景区
Congrengu(Valley) Tourism Area

达州市渠县临巴镇龙潭乡
Linba Town, Longtan Town, Quxian County

0818-7327891

635200

五峰山旅游景区
Wufeng(Five Peaks) Mountain Tourism Area

达州市大竹县竹林经营所
Dazhu County

0818-6930318

635100

雅安万贯碧峰峡
Ya'an Wanguan Bifeng Canyon

雅安市碧峰镇
Bifeng Town, Ya'an

0835-2318017

625007

飞仙关旅游景区
Feixian Pass Tourism Area

雅安市东北部
Northeast of Ya'an

625000

雅安市上里古镇
Ya'an Shangli Ancient Town

雅安市雨城区上里镇
Shangli Town, Yucheng District, Ya'an

0835-2327119

625000

金凤山景区
Jinfeng(Golden Phoenix) Mountain Scenic Area

雅安市雨城区金凤街附近
Near Jinfeng Street, Yucheng District, Ya'an

625000

蒙顶山旅游区
Mengding Mountain Scenic Area

雅安市名山区蒙阳镇
Mengyang Town, Mingshan District Ya'an

0835-3232021

625100

周公山温泉公园
Zhougongshan Hot Spring Park

雅安市雨城区孔坪乡、李坝乡
Kongping Town, Liba Town, Yucheng District, Ya'an

0835-2312009

625000

云峰山景区
Yunfeng Mountain Scenic Area

雅安市荥经县青龙乡
Qinglong Town, Yingjing County

0835-7730101

625200

花海果乡景区
Flower Sea & Fruit Town Scenic Area

雅安市汉源县
Hanyuan County

625300

安顺场旅游景区
Anshunchang Tourism Area

雅安市石棉县安顺乡
Anshun Town, Shimian County

0835-8871508

625400

雅安二郎山 · 喇叭河森林公园
Ya'an Erlang Mountain Laba River Forest Park

雅安市天全县紫石乡
Zishi Town, Tianquan County

625500

龙门古镇景区
Longmen Ancient Town Scenic Area

雅安市芦山县龙门乡
Longmen Town, Lushan County

0835-6526669

625600

汉姜古城旅游景区
Hanjiang Ancient Town Tourism Area

雅安市芦山县老城区
Old Downtown of Lushan County

625600

东拉山大峡谷旅游景区
Dongla Mountain Great Canyon Tourism Area

雅安市宝兴县陇东镇
Longdong Town, Baoxing County

625700

熊猫古城景区
Panda Ancient Town Scenic Area

雅安市宝兴县穆坪南街 21 号
No.21 South Muping Street, Baoxing County

0835-6823112

625700

硗碛藏寨 · 神木垒景区
Qiaoqi Tibetan Stockaded Village—Shenmulei Scenic Area

雅安市宝兴县
Baoxing County

625700

蜂桶寨邓池沟旅游景区
Fengyongzhai Dengchi Valley Tourism Area

雅安市宝兴县蜂桶寨乡
Fengyongzhai Town, Baoxing County

625700

灵关石城旅游景区
Lingguan Stone City Tourism Area

雅安市宝兴县灵关镇
Lingguan Town, Baoxing County

625700

山水化湖旅游景区
Shanshui Huahu Scenic Area

巴中市巴州区化成镇
Huacheng Town, Bazhou District, Bazhong

0827-5830149

636500

巴中市南龛山景区
Bazhong Nankan Mountain Scenic Area

巴中市巴州区巴州镇
Bazhou Town, Bazhou District, Bazhong

0827-5223681

636500

恩阳古镇旅游景区
Enyang Ancient Town Tourism Area

巴中市恩阳区
Enyang District, Bazhong

636064

空山天盆旅游景区
Kongshan(Empty Mountain) Tianpen(Natural Basin) Tourism Area

巴中市通江县空山乡将军路
Jiangjun Road, Kongshan Town, Tongjiang County

0827-7694001

636700

王坪红军烈士陵园
Wangping Cementery of Revolutionary Martyrs

巴中市通江县沙溪乡王坪村
Wangping Village, Shaxi Town, Tongjiang County

0827-7551099

636700

诺水河风景名胜区
Nuoshui River Famous Scenic Area

巴中市通江县诺水河镇
Nuoshuihe Town, Tongjang County

0827-7646001

636780

光雾山风景名胜区
Guangwu Mountain Famous Scenic Area

巴中市南江县光雾山镇
Guangwushan Town, Nanjiang County

636688

米仓山国家森林公园
Micang Mountain National Forest Park

巴中市南江县南江镇米仓山大道
Micangshan Avenue, Nanjiang Town, Nanjiang County

0827-8269310

636600

最美玉湖—七彩长滩景区
The Most Beautiful Jade Lake—Colorful Long Beach Scenic Area

巴中市南江县
Nanjiang County

636600

云顶茶乡旅游景区
Yunding Tea Town Tourism Area

巴中市南江县南部
South of Nanjiang County

636600

佛头山旅游区
Fotou Mountain Tourism Area

巴中市平昌县江口镇
Jiangkou Town, Pingchang County

0827-6235818

636400

巴灵台景区
Balingtai Scenic Area

巴中市平昌县灵山乡民意村
Minyi Village, Lingshan Town, Pingchang County

636400

驷马水乡景区
Sima Shuixiang(Water Town) Scenic Area

巴中市平昌县驷马镇
Sima Town, Pingchang County

636400

南天门旅游景区
Gate of South Haven Tourism Area

巴中市平昌县五木镇
Wumu Town, PIngchang County

636400

三十二梁旅游景区
Sanshierliang Tourism Area

巴中市平昌县云台镇龙尾村
Longwei Village, Yutai Town, PIngchang County

636400

陈毅故里景区
Chen Yi's Former Residence Scenic Area

资阳市乐至县劳动镇
Laodong Town, Lezhi County

641500

安岳石刻・圆觉洞旅游区
Anyue Stone Sculpture—Yuanjue Cave Tourism Area

资阳市安岳县岳阳镇顺成街
Shuncheng Street, Yuyang Town, Anyue County

028-24536626

642350

卓克基嘉绒藏族文化旅游区（卓克基官寨景区）
Zhuokeji Jiarong Tibetan Culture Tourism Area

阿坝州马尔康县卓克基镇
Zhuokeji Town, Ma'erkang County

0837-2829316

624000

大禹文化旅游区
Dayu's Culture Tourism Area

阿坝州汶川县威州镇
Weizhou Town, Wenchuan County

0837-6222651

623000

毕棚沟自然生态旅游景区
Bipenggou Nature Ecotourism Area

阿坝州理县朴头乡梭罗沟
Suoluogou, Putou Town, Lixian County

0837-6824845

623100

桃坪羌寨・甘堡藏寨旅游景区
Taoping Qiang Nationality Village & Ganbao Tibetan Nationality Stockaded Village Tourism Area

阿坝州理县桃坪乡桃坪羌寨
Taoping Qiang Nationality Stockaded Village, Taoping Town, Lixian County

0837-6828588

623100

中国古羌城旅游景区
China Ancient Qiang Nationality Town Tourism Area

阿坝州茂县凤仪镇
Fengyi Town, Maoxian County

623200

叠溪・松坪沟旅游景区
Diexi Songpinggou Tourism Area

阿坝州茂县叠溪镇新磨村
Xinmo Village, Diexi Town, Maoxian County

0837-7422007

623200

川主寺景区
Chuanzhusi Scenic Area

阿坝州松潘县川主寺镇
Chuanzhusi Town, Songpan County

0837-7252222

623300

观音桥风景区
Guanyinqiao Scenic Area

阿坝州金川县观音桥镇
Guanyinqiao Town, Jinchuan County

0837-2535222

624100

小金四姑娘山风景区
Xiaojin Siguniang Mountain Scenic Area

阿坝州小金县日隆镇
Rilong Town, Xiaojin County

624201

达古冰山风景名胜区
Dagu Iceberg Landscape Famous Scenic Area

阿坝州黑水县芦花镇马桥
Maqiao, Luhua Town, Heishui County

0837-6729999

623500

黄河九曲第一湾景区
The First Bend of the Yellow River Scenic Area

阿坝州若尔盖县达扎寺镇麦溪路
Maixi Road, Dazhasi Town, Nuoergai County

0837-2291558

624500

月亮湾景区
Moon Bay Scenic Area

阿坝州红原县安曲镇下哈拉玛村
Xiahalama Village, Anqu Town, Hongyuan County

624400

红原花海景区
Hongyuan Flower Sea Scenic Area

阿坝州红原县壤口乡壤口村
Rangkou Village, Rangkou Town, Hongyuan County

624400

泸定桥旅游景区
Luding Bridge Tourism Area

甘孜州泸定县开湘路 2 号
Kaixiang Road, Luding County

0836-3125432

626100

甘孜州康定情歌（木格措）风景区
Ganzi Kangding Qingge(Muge Lake)Tourism Area

甘孜州康定县雅拉乡木格措
Mugecuo, Yala Town, Kangding County

0836-2822928

626000

甲居藏寨景区
Jiaju Tibetan Village Scenic Area

甘孜州丹巴县巴旺乡扎科村
Zhake Village, Bawang Town, Danba County

626300

稻城亚丁景区
Daocheng Yading Tourism Area

甘孜州稻城县亚丁乡香格里拉镇
Shangrila Town, Daocheng County

0836-5727276

626000

凉山州邛海泸山国家风景名胜区
Liangshan Qionghai Lushan Mountain National Famous Scenic Area

凉山州西昌市
Xichang

0834-3950716

615000

螺髻山旅游景区
Luoji Mountain Tourism Area

凉山州西昌市螺髻山镇
Luoji Mountain Town, Xichang

0834-4779369

615000

安哈彝寨仙人洞旅游景区
Anha Yi Nationality Village Fairy Cave Tourism Area

凉山州西昌市安哈镇
Anha Town, Xichang

615000

泸沽湖旅游景区
Lugu Lake Tourism Area

凉山州盐源县泸沽湖镇落水村
Luoshui Village, Luguhu Town, Yanyuan County

0834-6390302

615700

会理古城景区
Huili Ancient Town Scenic Area

凉山州会理县
Huili County

615100

凉山冕宁县灵山旅游景区
Lingshan Mountain Scenic Area

凉山州冕宁县
Mianning County

615600

文昌故里景区
Wenchang's Hometown Scenic Area

凉山州越西县中所镇
Zhongsuo Town, Yuexi County

616650

四川

贵州

GUIZHOU

这里是中国古文化的发源地之一。战国、秦汉时期崛起的夜郎国的中心就在这里。贵州地处云贵高原，山地居多，重峦叠嶂，绵延纵横，山高谷深。北部有大娄山，中南部苗岭横亘，东北境有武陵山，西部高耸乌蒙山。贵州素有“八山一水一分田”之说。

贵州喀斯特岩溶地貌发育非常典型，形态类型齐全，地域分异明显。虽然这里气候多样，“一山分四季，十里不同天”，但这里的气候总体温暖湿润，冬暖夏凉，舒适宜人。

贵州旅游资源丰富，有名闻天下的黄果树瀑布，有神奇的喀斯特龙宫，有花开时节灿若烟霞的百里杜鹃，有著名的弥勒菩萨道场梵净山，有红色景区遵义会议会址……

多彩贵州，为生活添彩。

青岩古镇旅游区
Qingyan Ancient Town Tourism Area

青岩古镇因附近多青色岩峰而得名，古为屯田驻兵之地。青岩古镇历史悠久，人文荟萃，文化氛围极为浓郁。古镇始建于明洪武十年（1378年），建筑依山就势，布局合理。设计精巧、工艺精湛的明清古建筑交错密布，寺庙、楼阁画栋雕梁、飞角重檐。古镇的石雕、木雕工艺精湛，蕴含着许多神话传说和浓郁的地方特色，悠悠古韵，被誉为中国最具魅力小镇之一。

贵阳市花溪区青岩镇交通路
Jiaotong Road, Qingyan Town, Huaxi District, Guiyang

0851-83200031

550027

http://www.qygztour.com

203路、210路公交车可到景区。龙洞堡国际机场有机场大巴直达青岩古镇西门。花溪乘青岩1路、青岩2路公交车可达景区。

龙宫风景名胜区
Loong Palace Famous Scenic Area

龙宫风景名胜区集溶洞、峡谷、瀑布、峰林、绝壁、溪河、石林、漏斗、暗河等多种喀斯特地质地貌景观于一体，是喀斯特地貌形态展示最为集中、全面的景区，被誉为“天下喀斯特，尽在龙宫”。

龙宫风景名胜区由龙潭秘境和通漩田园两大主题片区组成，这里有中国最长最美水溶洞——一进、二进龙宫，有中国最大洞中佛堂——观音洞，有中国最大洞中岩溶瀑布——龙门飞瀑；这里有世界最大的水旱溶洞集群，有世界上最大单体汉字“龙”字田；这里是中国原子能机构测定的世界天然辐射剂量率最低的地方。龙宫风景名胜区自然风光奇特，人文资源也极为丰厚，以布依族、苗族为主的多样民族文化、独特的龙文化、淳朴的宗教信仰与清新的田园气息交相辉映，绘就一幅怡然自得的人间仙境画卷。

安顺市西秀区龙宫镇
Longgong Town, Xixiu District, Anshun

0851-33661049

561021

http://www.china-longgong.com

安顺市客车东站有到龙宫旅游大巴车。

黄果树风景名胜区
Huangguoshu Famous Scenic Area

黄果树风景名胜区以黄果树大瀑布为中心，分布着雄、奇、险、秀、风格各异的大小瀑布18个，形成一个庞大的瀑布群，被世界基尼斯总部评为世界上最大的瀑布群。黄果树大瀑布是黄果树瀑布群中最为壮观的瀑布，享有“中华第一瀑”之盛誉，是贵州第一胜景，中国第一大瀑布，是世界上唯一可以从上、下、前、后、左、右六个方位观赏的瀑布，也是世界上有水帘洞自然贯通且能从洞内外听、观、摸的瀑布。

黄果树瀑布群，是祖国秀丽山川中一道美丽的独特风景。黄果树风景名胜区内风景秀丽、环境优美、空气清新、气候宜人，有着悠久的历史文化，设施完善，是休闲、度假、观光、疗养、吸氧“洗肺”的理想胜地。

安顺市镇宁县黄果树镇
Huangguoshu Town, Zhenning County

0851-33592136

561022

http://www.hgscn.com

安顺南站有到黄果树的班车。安顺汽车西站可乘坐安顺—关岭的客车至黄果树停车场下车。

百里杜鹃风景名胜区
Hundred Miles Azalea Famous Scenic Area

百里杜鹃风景名胜区位于毕节试验区中部，辖区面积700余平方公里，其中杜鹃花面积达125.8平方公里，是世界上最大的天然花园，被誉为“地球彩带、杜鹃王国”。景区内冬无严寒、夏无酷暑，森林覆盖率达80%，是得天独厚的天然氧吧，有“养生福地、清凉世界”的美称。

百里杜鹃风景名胜区内旅游资源丰富，原始杜鹃林带，杜鹃花品种众多，其中树龄1000余年的“千年花王”，花开时节繁花万朵、独树成春，是迄今为止地球上发现的最大杜鹃花树。这里的百里杜鹃大草原，植被生长奇特，天坑星罗棋布。这里的百里杜鹃湖，青山如黛，岛屿萦回。这里巍峨的九龙山，直指苍穹，仿若神剑。见证杜鹃花与杜鹃鸟爱情奇缘结晶的千年一吻，传承着“杜鹃啼血唤春归”的传说……

毕节市大方县普底乡
Pudi Town, Dafang County

0857-4666999

551614

http://bldj.bijie.gov.cn

大方老客站有到普底的班车。

荔波樟江风景名胜区
Libo Zhangjiang Famous Scenic Area

荔波樟江风景名胜区位于黔南布依族苗族自治州荔波县境内，山川秀美，自然风光旖旎而神奇。樟江风景名胜区由小七孔景区、大七孔景区、水春河景区和樟江沿河风光带组成，以丰富多样的喀斯特地貌、秀丽奇特的樟江水景和繁盛茂密的原始森林、各类珍稀品种动植物为特色，集奇特的山水自然风光与当地布依族、水族、瑶族等民族特色于一身，是贵州首个世界自然遗产地。

黔南州荔波县樟江东路 33 号
No.33 Zhangjiang East Road, Libo County

0854-3619810

558400

荔波到麻尾的班车可达景区。

梵净山旅游景区
Fanjing Mountain Tourism Area

梵净山位于贵州铜仁地区，是武陵山脉主峰。梵净山山形复杂，环境多变，原始洪荒是梵净山的景观特征，全境山势雄伟，层峦叠嶂，溪流纵横，飞瀑悬泻。梵净山旅游景区标志性景点有红云金顶、月镜山、万米睡佛、蘑菇石、万卷经书、九龙池、凤凰山等。

梵净山自古就被佛家辟为“弥勒道场”，是中国第五大佛教名山。梵净山佛教开创于唐，鼎盛于明。明万历所立《敕赐碑》将梵净佛山誉为“立天地而不毁，冠古今而独隆”的“天下众名岳之宗”。佛光是梵净山最奇特的天象奇观之一，在旭日东升或夕阳西下时分，经常可以看到七色光彩组合成的巨大光环，里面佛影端坐，庄严肃穆，其景奇异之极，其光绚丽之极！

铜仁市江口县太平镇梵净山村
Fanjingshan Village, Taiping Town, Jiangkou County

0856-6720000

554400

http://www.fjsfjq.com

江口汽车站有至梵净山景区的班车。

AAAA

贵阳市黔灵公园
Guiyang Qianling Park

贵阳市枣山路 187 号
No.187 Zaoshan Road, Guiyang

550003

阿哈湖湿地公园景区
Aha Lake Wetland Park Scenic Area

贵阳市南明区小车河路 6 号
No.6 Xiaochehe Road, Nanming District, Guiyang

0851-85162161

550002

多彩贵州城旅游综合体
Colorful Guizhou City Comprehensive Tourism Unit

贵阳市双龙区龙洞堡老里坡 1 号
No.1 Laolipo, Longdongbao, Shuanglong District, Guiyang

0851-86888888

550005

天河潭风景名胜区
Tianhetan Famous Scenic Area

贵阳市花溪区石板镇
Shiban Town, Huaxi District, Guiyang

0851-83308222

550009

花溪区湿地公园景区（孔学堂）
Huaxi District Wetland Park Scenic Area(Confucius' Academy)

贵阳市花溪区清溪路 212 号
No.212 Qingxi Road, Huaxi District, Guiyang

550025

贵阳市保利国际温泉景区
Guiyang Poly International Hot Spring Scenic Area

贵阳市乌当区顺海中路 88 号
No.88 Middle Shunhai Road, Wudang Distirct, Guiyang

0851-85267777

550018

贵御温泉旅游区
Guiyu Hot Spring Tourism Area

贵阳市乌当区新添寨温泉路 555 号
No.555 Wenquan Road, Xintianzhai, Wudang District, Guiyang

0851-86461111

550018

蓬莱仙界·白云休闲农业旅游景区
Penglai Fairyland Baiyun(White Cloud) Leisure Agriculture Tourism Area

贵阳市白云区牛场乡蓬莱村
Penglai Village, Niuchang Town, Baiyun District, Guiyang

0851-84619082

550014

时光贵州景区
Time Guizhou Scenic Area

贵阳清镇市金清快速通道与百花大道交会处
Intersection of Jinqing Expressway & Baihua Avenue, Qingzhen

0851-82538332

551400

南江峡谷风景名胜区
Nanjiang Canyon Famous Scenic Area

贵阳市开阳县南江乡龙广村
Longguang Village, Nanjiang Town, Kaiyang County

0851-87524258

550300

白马峪旅游景区
Baimayu Tourism Area

贵阳市开阳县双流镇白马村
Baima Village, Shuangliu Town, Kaiyang County

0851-88410977

550300

贵阳野生动物园
Guiyang Wildlife Zoo

贵阳市修文县扎佐镇
Zhazuo Town, Xiuwen County

550200

桃源河旅游景区
Taoyuan River Tourism Area

贵阳市修文县六屯乡
Liutun Town, Xiuwen County

0851-82374009

550200

中国阳明文化园旅游景区
China Yangming Culture Tourism Area

贵阳市修文县阳明大道 306 号
No.306 Yangming Avenue, Xiuwen County

550200

息烽集中营革命历史纪念馆
Xifeng Concentration Camp Revolutionary History Memorial Museum

贵阳市息烽县永靖镇猫洞村
Maodong Village, Yongjing Town, Xifeng County

0851-87700529

551100

贵安新区车田景区
Gui'an New District Chetian Scenic Area

贵阳（安顺）贵安新区百马大道 99 号
No.99 Baima Avenue, Gui'an New District, Guiyang(Anshun)

0851-88901528

550029

哒啦仙谷旅游景区
Dala Fairy Valley Tourism Area

六盘水市盘县滑石乡岩脚村
Yanjiao Village, Huashi Town, Panxian County

0858-3129996

553524

妥乐古银杏旅游景区
Tuole Ancient Gingko Tourism Area

六盘水市盘县石桥镇妥乐村
Tuole Village, Shiqiao Town, Panxian County

0858-3127666

553503

娘娘山旅游景区
Niangniang Mountain Tourism Area

六盘水市盘县普古乡舍烹村
Shepeng Village, Pugu Town, Panxian County

553522

玉舍国家森林公园
Yushe National Forest Park

六盘水市水城县玉舍镇海坪村
Haiping Village, Yushe Town, Shuicheng County

553000

赤水大瀑布景区
Chishui Great Waterfall Scenic Area

赤水市复兴镇长江村
Changjiang Village, Fuxing Town, Chishui

564700

燕子岩国家森林公园
Yanziyan(Swallow Rock) National Forest Park

赤水市两河口乡风溪河西岸
West Bank of Fengxi River, Lianghekou Town, Chishui

564700

遵义会议会址纪念馆
Memorial Museum of the Zunyi Meeting Site

遵义市红花岗区子尹路 96 号
No.96 Ziyin Road, Honghuagang District, Zunyi

563000

贵州酒文化博物馆
Guizhou Museum of Wine Culture

遵义市红花岗区凤凰山少年科技大厦
Phoenix Mountain Juvenile Technology Building, Honghuagang District, Zunyi

0851-28229975

563000

水上大天门旅游景区
Datianmen(Great Heaven Gate) Over the Water Tourism Area

遵义市红花岗区三渡镇花桥村
Huaqiao Village, Sandu Town, Honghuagang District, Zunyi

0851-26581988

563100

娄山关景区
Loushan Pass Scenic Area

遵义市汇川区板桥镇
Banqiao Town, Huichuan District, Zunyi

0851-27693090

56300

海龙屯旅游景区
Hailongtun Tourism Area

遵义市汇川区高坪镇
Gaoping Town, Huichuan District, Zunyi

563000

佛光岩景区
Foguang (Buddha Light) Rock Scenic Area

遵义赤水市复兴镇长江村
Changjiang Village, Fuxing Town, Chishui

0851-22863700

564700

赤水竹海旅游景区
Chishui Bamboo Sea Tourism Area

遵义市赤水市葫市镇
Hushi Town, Chishui

0851-22863700

564700

四洞沟旅游景区
Sidonggou Tourism Area

遵义赤水市大同镇
Datong Town, Chishui

564700

中国酒文化城
China Alcoholic Culture City

遵义仁怀市茅台镇
Maotai Town, Renhuai

564500

贵州茅台酒镇旅游区
Guizhou Maotai Alcohol Town Tourism Area

遵义怀仁市茅台镇
Maotai Town, Huairen

564500

杉坪旅游景区
Shanping Tourism Area

遵义市桐梓县娄山关镇
Loushanguan Town, Tongzi County

563200

双河洞旅游景区
Shuanghedong Tourism Area

遵义市绥阳县温泉镇双河村
Shuanghe Village, Wenquan Town, Suiyang County

563300

红果树生态旅游景区
Hongguo(Red Fruit) Tree Ecotourism Area

遵义市绥阳县大路槽乡文星村
Wenxing Village, Dalucao Town, Suiyang County

0851-23102888

563300

凤冈茶海之心景区
Fenggang Heart of Tea Sea Scenic Area

遵义市凤冈县永安镇田坝村
Tianba Village, Yong'an Town, Fenggang County

0851-25223857

564200

湄潭县茶海生态园
Meitan County Tea Sea Ecological Garden

遵义市湄潭县湄江镇核桃坝村
Hetaoba Village, Meijiang Town, Meitan County

564100

湄潭县天下第一壶茶文化公园
Meitan County the Number One Tea Culture Park

遵义市湄潭县塔坪街
Taping Street, Meitan County

0851-24028888

564100

余庆县飞龙寨景区
Yuqing County Flying Dragon Stockaded Village Scenic Area

遵义市余庆县大乌江镇
Dawujiang Town, Yuqing County

0851-24629000

564400

习水中国丹霞谷旅游度假区
Xishui Chinese Danxia Valley Tourism Resort

遵义市习水县三岔河乡
Sanchahe Town, Xishui County
0851-22520784
564600

遵义市四渡赤水纪念馆
Memorial Museum for Red Army Crossed Chishui River Four Times

遵义市习水县土城镇长征街
Changzheng Street, Tucheng Town, Xishui County
0851-22661958
564600

务川县仡佬文化旅游景区
Wuchuan County Gelao Nationality Culture Tourism Area

遵义市务川县大坪镇龙潭村
Longtan Village, Daping Town, Wuchuan County
0851-25621729
564300

贵州多彩万象旅游综合体
Guizhou Colorful Scenes Tourism Comprehensive Unit

安顺市西航大道
Xihang Avenue, Anshun
0851-38121166
561000

安顺市兴伟石博园
Anshun Xingwei Expo Garden of Stone

安顺市西秀区迎宾路
Yingbin Road, Xixiu District, Anshun
400-8779277
561000

云峰八寨文化旅游区
Yunfeng Eight Stockaded Villages Culture Tourism Area

安顺市西秀区七眼桥镇云山村
Qiyanqiao Town, Xixiu District, Anshun
0851-32226887
561000

安顺市旧州生态文化旅游古镇
Anshun Jiuzhou Ancient Town Ecotourism Area

安顺市西秀区旧州镇
Jiuzhou Town, Xixiu District, Anshun
0851-33762011
561000

天台山、天龙屯堡文化旅游区
Tiantai Mountain, Tianlong Tunbu Cultural Tourism Area

安顺市平坝区天龙镇
Tianlong Town, Pingba District, Anshun
0851-34295548
561107

夜郎湖省级风景名胜区
Yelang Lake Provincial Famous Scenic Area

安顺市普定县城关镇
Chengguan Town, Puding County
0851-38226896
562100

夜郎洞景区
Yelang Cave Scenic Area

安顺市镇宁县扁担山乡上硐村
Shangdong Village, Biandanshan Town, Zhenning County
0851-36823366
561200

紫云格凸河省级风景名胜区
Ziyun Grid Convex River Provincial Famous Scenic Area

安顺市紫云县松山镇城墙路
Chengqiang Road, Songshan Town, Ziyun County
550800

古彝文化产业园—慕俄格古城景区
Ancient Yi Nationality Industry Garden—Mu'ege Ancient Town Scenic Area

毕节市大方县城东北
Northeast of Dafang County
0857-7151199
551600

织金洞国家重点风景名胜区
Zhijin Cave National Famous Scenic Area

毕节市织金县官寨乡
Guanzhai Town, Zhijin County
0857-7812018
552100

阿西里西韭菜坪风景区
Oresearch Jiucaiping Scenic Area

毕节市赫章县珠市镇
Zhushi Town, Hezhang County
553200

草海国家自然保护区
Caohai National Nature Reserve

毕节市威宁县草海镇渔市路 130 市
No.130 Yushi Road, Caohai Town, Weining County

0857-6239599

553100

大明边城景区
Daming Paradise Scenic Area

铜仁市碧江区寨桂村
Zhaigui Village, Bijiang District, Tongren

0856-5211511

554300

万山区国家矿山公园
Wanshan National Mine Park

铜仁市万山区万山镇土坪社区
Tuping Community, Wanshan Town, Wanshan District, Tongren

554200

九丰农业博览园
Jiufeng Agriculture Expo Garden

铜仁市万山区高楼坪乡
Gaolouping Town, Wanshan District, Tongren

554200

江口云舍土家民俗文化村
Jiangkou Yunshe Tujia Folk Culture Village

铜仁市江口县太平乡云舍村
Yunshe Village, Taiping Village, Jiangkou County

0856-6623718

554400

亚木沟生态旅游区
Yamu Valley Ecotourism Area

铜仁市江口县太平镇寨抱村
Zhaibao Village, Taiping Town, Jiangkou County

0856-6623718

554400

夜郎古泉旅游区
Yelang Ancient Hot Spring Tourism Area

铜仁市石阡县汤山镇温泉社区
Wenquan Community, Tangshan Town, Shiqian County

0856-3928111

555100

佛顶山旅游景区
Foding Mountain Tourism Area

铜仁市石阡县汤山镇
Tangshan Town, Shiqian County

0856-3928111

555100

尧上旅游景区
Yaoshang Tourism Area

铜仁市石阡县坪山乡尧上村
Yaoshang Village, Pingshan Town, Shiqian County

0856-7628299

555100

温泉—石林旅游景区
Hot Spring & Stone Forest Tourism Area

铜仁市思南县长坝镇龙门村
Longmen Village, Changba Town, Sinan County

565100

苗王城省级风景名胜区
Miaowangcheng Provincial Famous Scenic Area

铜仁市松桃县正大乡苗王城村
Miaowangcheng Village, Zhengda Town, Songtao County

554100

马岭河峡谷风景区
Maling River Valley Scenic Area

黔西南州兴义市桔山镇
Jushan Town, Xingyi

0859-3646118

562400

万峰林景区
Wanfeng Forest Scenic Area

黔西南州兴义市下五屯镇
Xiawutun Town, Xingyi

562400

史迪威 · 24 道拐旅游景区
Stilwell — 24 Turns Tourism Area

黔西南州晴隆县城南 1 公里
1km South of Qinglong County

561400

双乳峰景区
Shuangru Peak Scenic Area

黔西南州贞丰县者相镇
Zhexiang Town, Zhenfeng County

0859-6611999

562400

凯里云谷田园生态农业旅游综合体
Kaili Yungu Field Ecological Agriculture Tourism Comprehensive Unit

黔东南州凯里市舟溪镇星光村
Xingguang Village, Zhouxi Town, Kaili

0855-3830506

556000

施秉杉木河景区
Shibing Shanmu River Scenic Area

黔东南州施秉县
Shibing County

0855-4221521

556200

施秉云台山旅游景区
Shibing Yuntai Mountain Toursm Area

黔东南州施秉县城关镇百垛乡
Baiduo Town, Shibing County

0855-4227488

556200

镇远国家历史文化名城
Zhenyuan Notional Historical and Cultural Famous Town

黔东南州镇远县阳镇西门街 26 号
No.26 Ximen Street, Wuyang Town, Urban Area of Zhenyuan County

0855-5721096

557700

黎平肇兴侗寨文化旅游景区
Liping Zhaoxing Dong Nationality Culture Tourism Area

黔东南州黎平县肇兴乡
Zhaoxing Town, Liping County

557300

雷山西江千户苗寨景区
Leishan Xijiang Miao Nationality Thousand Households Village Scenic Area

黔东南州雷山县西江镇西江村
Xijiang Village, Xijiang Town, Leishan County

0855-3348829

557106

福泉古城文化旅游区
Fuquan Ancient City Culture Tourism Area

黔南州福泉市金山北路与葛境路交会处
Intersection of North Jinshan Road & Gejing Road, Fuquan

0854-2222787

550500

瓮安草塘千年古邑旅游区
Weng'an Caotang Ancient Town With Thousand Years History Tourism Area

黔南州瓮安县猴场镇
Houchang Town, Weng'an County

550400

平塘掌布“藏字石”景区
Pingtang Zhangbu Hiding Words Stone Scenic Area

平塘县掌布乡桃坡村
Taopo Village, Zhangbu Town, Pingtang County

558300

巫山峡谷景区
Wushan Valley Scenic Area

黔南州龙里县双龙镇
Shuanglong Town, Longli County

551200

云南
YUNNAN

这里有天天是春天的“春城”昆明，这里有“南丝绸之路”的要冲、素有“锁钥南滇，咽喉西蜀”之称的神奇昭通，这里有珠江之源曲靖，这里有“滇中粮仓”玉溪，这里有风光旖旎、彝族风情浓厚的楚雄，这里有红河州的云上梯田，这里有文山的世外桃源，这里有普洱的“茶马古道”，这里有神奇美丽的西双版纳，这里有保山温润的美玉和沸腾的神汤，这里有秘境临沧的“西南丝茶古道”，有德宏的浪漫和大理的风花雪月，有丽江的雪山和怒江的峡谷，更有迪庆永远的香格里拉……

这里就是七彩云南！

昆明世界园艺博览园

Kunming the Garden of the World Horticultural Exposition

昆明世界园艺博览园（世博园）位于昆明市区东北部，是1999年昆明世界园艺博览会会址。园区整体规划依山就势、错落有致，气势恢宏，集庭院建筑和科技成就于一园，体现了“人与自然和谐发展”的时代主题，塑造了“云南特色、中国气派、世界一流”的园林园艺精品大观园。

昆明市盘龙区世博路10号
No.10 shibo Road, Panlong District, Kunming

0871-65012284

650224

47路、69路、71路、95路、182路、A1路、A12路公交车可达。

云南石林风景名胜区

Yunnan Stone Forest Famous Scenic Area

被誉为“天下第一奇观”和“阿诗玛故乡”的石林风景名胜区位于石林彝族自治县境内，是世界上唯一处于亚热带高原地区的喀斯特地质地貌奇观。石林风景名胜区景观类型多样，面积广大，溶岩发育独特，地质演化复杂，科教价值、美学价值极高，享有“世界喀斯特的精华”“造型地貌天然博物馆”的美誉。

石林风景名胜区包括“二林、二湖、二洞、一瀑、一园”，分别是大小石林、长湖和月湖、奇风洞和芝云洞、大叠水瀑布以及圭山国家森林公园。石林风景名胜区融雄、奇、险、秀、幽、奥、旷为一体，奇山怪石，惟妙惟肖，气势恢宏，令人惊叹。同时，这里的还有举世闻名的阿诗玛民族文化：长诗《阿诗玛》成为中国少数民族叙事长诗经典，电影《阿诗玛》享誉海内外，舞剧《阿诗玛》成为中国经典舞蹈。

昆明市石林县
Shilin County

652211

www.chinastoneforest.com

石林县城客运站乘5路公交车可到石林风景名胜区。昆明东部汽车客运站也有直达石林风景名胜区的班车。

腾冲火山热海景区

Tengchong Valcano Atami Tourism Area

腾冲，与缅甸山水相连，是中国陆路通向南亚、东南亚的重要门户，是中缅贸易的重要前沿。这座古老而又神秘的城池被徐霞客誉为“极边第一城”。海拔5000米的高黎贡山西侧，大大小小高高矮矮的火山，构成了一个庞大的火山群景观。这里有中国最密集的火山群和地热温泉。腾冲火山国家地质公园以古火山地质遗迹及相伴生的地热泉为特色。公园内各种类型的火山锥、火山口、熔岩台地、熔岩流堰塞湖泊等火山地貌十分醒目，构成壮丽的火山旅游景观。

腾冲热海是中国的三大地热区之一，有“地热博物馆”之美誉，热海温泉水被誉为最具养生价值温泉和最具原生态温泉，热海景区以奇特而壮观的地热景观著称，这里有日夜沸腾的大滚锅、热箭四射的万年蛤蟆嘴、令人浮想联翩的珍珠泉、怀胎井、美女池……种种奇观妙景展现出热海景区的百态千姿和无穷奥妙。

保山腾冲市城南12公里清水乡
Qingshui Town, 12km South of Tengchong

0875-5868888

679100

http://www.chinaspa.cn

腾冲旅游客运站有至火山国家地质公园的专线公交车。乘坐2路公交可达热海景区。

玉龙雪山旅游度假区

Snow Capped Yulong Mountain Tourist Resort

绵延30多公里、最高峰海拔5596米的玉龙雪山从海拔2400米的丽江坝子拔地而起，显得尤为神圣与威武。在丽江境内的几乎每个角落，都能看到那白皑皑的雪山一角。玉龙雪山在纳西语中被称为“欧鲁”，意为银色的山岩。玉龙雪山是纳西族人民心中的神山，传说是纳西族保护神“三多”的化身。纳西族人民都对绵延的玉龙雪山有着崇高的敬意。

玉龙雪山自然资源丰富，以险、奇、美、秀著称于世，其最具观赏价值的是高山雪域景观、水域景观、森林景观和草甸景观，目前已经开发的旅游景区主要有冰川公园、甘海子、蓝月谷、云杉坪、牦牛坪、玉水寨、东巴谷、玉柱擎天、东巴万神园、东巴王国、玉峰寺和白沙壁画等。

丽江市大研镇福慧路
Fuhui Road, Dayan Town, Lijiang

0888-5161501

674100

丽江古城

Lijiang Ancient Town

丽江古城又名大研镇，坐落在丽江坝中部，是中国"保存最为完好的四大古城"之一。丽江古城是一座没有城墙的城池，光滑洁净的青石板路、完全手工建造的土木结构的房屋、无处不在的小桥流水，处处都能入诗入画。丽江古城的街道依山傍水修建，铺的大多都是红色角砾岩，雨季不会泥泞、旱季也不会飞灰，石上花纹图案自然雅致，与整个古城环境相得益彰。

丽江市五一街文智巷 72 号
No.72 Wenzhi Lane, Wuyi Street, Lijiang

0888-5101974

674199

中科院西双版纳热带植物园

Chinese Academy of Science Xishuangbanna Tropic Botanical Garden

中国科学院西双版纳热带植物园（以下简称"版纳植物园"）是在我国著名植物学家蔡希陶教授的领导下于 1959 年创建的。版纳植物园是我国面积最大、收集物种最丰富、植物专类园区最多的植物园，也是世界上户外保存植物种数和向公众展示的植物类群数最多的植物园。版纳植物园是集科学研究、物种保存和科普教育为一体的综合性研究机构和国内外知名的风景名胜区。

西双版纳州勐腊县勐仑镇
Menglun Town, Mengla County

666303

http://www.xtbg.ac.cn

在景洪汽车客运站乘坐到勐仑、勐腊的班车到勐仑下车即可。

大理崇圣寺三塔

Dali Three Pagodas of Chongsheng Monastery

大理崇圣寺三塔是大理胜景之一，是大理古文化

的象征。崇圣寺三塔的主塔名千寻塔，为方形 16 层密檐式塔，与西安大小雁塔同是唐代的典型建筑。塔的基座呈方形，分三层，下层四周有石栏，栏的四角柱头雕有石狮；上层东面正中有石照壁，上有"永镇山川"四个大字，庄重雄奇，颇有气魄。南北小塔均为 10 层，为八角形密檐式空心砖塔。三座塔鼎足而立，千寻塔居中，二小塔拱卫。塔下仰望，只见塔矗云端，云移塔驻，似有倾倒之势。

大理州大理市大理古城北郊
North Suburb of Dali Ancient Town, Dali

0872-2670469

671000

从下关可乘班车至崇圣寺三塔。

普达措国家公园

Pudacuo National Park

普达措国家公园位于滇西北"三江并流"世界自然遗产中心地带，公园核心资源由"三江并流"世界自然遗产红山片区之属都湖及国际重要湿地碧塔海构成，是中国大陆第一个国家公园，是香格里拉旅游的主要景点之一。普达措国家公园经过几年的开发，已初步建成了一条集观光旅游、科研考察与高原植被知识普及于一体的精品旅游线路。

普达措国家公园借鉴、吸收了国外国家公园成功的管理模式，结合迪庆州实际情况，创造性地把公园打造成具有香格里拉地域、民族特色的国家公园。

迪庆州香格里拉市
Shangrila

0887-8227568

674400

http://www.pdcuo.com/

香格里拉客运站每天一班去普达措的班车。

AAAA

昆明大观公园
Kunming Grand View Park

昆明市西滇池湖畔
Lakefront Xidian Lake, Kunming

650228

七彩云南景区
Colorful Yunnan Scenic Area

昆明经济技术开发区石安公路 12 公里处
12km of Anshi Road, Economic & Technology Development Area, Kunming

0871-67426816

650501

昆明金殿风景区
Kunming Golden Hall Scenic Area

昆明市盘龙区金殿风景区
Jindian Scenic Area, Panlong District, Kunming

0871-65018306

650224

云南野生动物园
Yunnan Wild Zoological Garden

昆明市盘龙区金殿
Jindian, Panlong District, Kunming

0871-65013618

650011

昆明西山森林公园
Kunming West Hill Forest Park

昆明市西山区高晓镇
Gaoxiao Town, Xishan District, Kunming

0871-68426668

650111

官渡古镇
Guandu Ancient Town

昆明市官渡区官渡镇
Guandu Town, Guandu District, Kunming

0871-67273379

650000

螺蛳湾国际商贸城
Luoshiwan International Trade Center

昆明市官渡区彩云北路
North Caiyun Road, Guandu District, Kunming

650200

云南民族村
Yunnan Ethnic Village

昆明市西山区滇池路 1310 号
No.1310 Dianchi Road, Xishan District, Kunming

650228

宜良九乡风景区
Yiliang Jiuxiang Scenic Area

昆明市宜良县九乡风景名胜区
Jiuxiang Famous Scenic Spot, Yiliang County

0871-67511966

652114

沾益县珠江源风景区
Zhanyi County Zhujiangyuan Scenic Area

曲靖市沾益区炎方乡
Yanfang Town, Zhanyi District, Qujing

655331

九龙瀑布群风景区
Jiulong Waterfalls Scenic Area

曲靖市罗平县城东北 22 公里处
22km Northeast of Luoping County

0874-8754137

655800

师宗凤凰谷
Shizong Fenghuang(Phoenix) Valley

曲靖市师宗县丹凤镇漾月雨路 11 号
No。11 Yangyueyu Road, Danfeng Town, Shizong County

0874-5762268

655700

陆良彩色沙林景区
Luliang Colorful Sand Forest Scenic Area

曲靖市陆良县彩色沙林
Colorful Sand Forest, Luliang County

0874-6228777

655600

大海草山景区
Dahai Caoshan Scenic Area

曲靖市会泽县大海乡
Dahai Town, Huize County

654200

汇龙生态园
Huilong Ecological Park

玉溪市红塔区大营街镇玉泉路 1 号
No.1 Yuquan Road, Dayingjie Town, Yuxi

0877-2771068

651300

Chengjiang Tourism
澄江旅游

云南省玉溪市澄江县，地处滇中腹地，位于滇中一小时经济圈核心区内，是三湖生态城市群、昆玉红旅游文化产业经济带的关键节点，是承接昆明政治、经济、文化和对外开放交流的重要门户，被誉为昆明的大花园、云南的会客厅和云南最美的县城。

澄江化石地有保存完整的寒武纪早期古生物化石群。这里发现了 5.3 亿年前的动物化石群，共涵盖 16 个门类、200 余个物种，是迄今为止地球上发现的分布集中、保存完整、种类丰富的“寒武纪生命大爆发”例证。这里发现的极古老的脊索动物——云南虫，被专家认为是所有脊椎动物包括人类的祖先，所以澄江被誉为地球生命的摇篮。

澄江历史文化悠久，是古滇国发源地之一，拥有金莲山墓葬群、学山遗址、新街下石山遗址等多处文化古迹，清晰反映了新石器时代、春秋战国时期、秦汉时期古滇文化的发展和演变脉络，境内有云南省第二大文庙、云南龙化石、国家非物质文化遗产戏剧活化石关索戏、神秘的抚仙湖湖底古城等多种特殊的历史人文资源景观。

澄江县先后荣获全国休闲农业与乡村旅游示范县、国家卫生县城、中国（云南）极具投资价值文化旅游县和省级园林城市称号。

抚仙湖国家旅游度假区

抚仙湖国家旅游度假区区位优势明显，自然资源、文化旅游资源丰富。其核心资源抚仙湖，水域面积 216 平方公里，湖岸线 108 公里，水质清澈纯净，是中国内陆淡水湖中水质极好的湖泊之一，也是我国较大的深水型淡水湖泊。目前，度假区范围内有世界自然遗产 1 处，国家旅游生态示范区 1 个，国家 A 级旅游景区 4 家，省级旅游小镇 2 个，省级特色旅游村 5 个，省级民族特色旅游村 1 个，旅行社 4 家，国际度假型酒店 3 家，星级饭店 3 家，乡村旅游星级接待单位 19 家。

仙湖色似碧醍醐，万顷烟波际绿芜，只少楼台相掩映，天然图画胜西湖！

抚仙湖欢迎您的到来！

抚仙湖景区

纯净抚仙湖 梦开始的地方
玉溪的眼睛、云南的名片、全国的财富

抚仙湖位于云南省玉溪市澄江县，自然资源独具优势，生态环境良好，历史文化底蕴浑厚，旅游资源丰富，幽蓝深邃的万顷碧水，丰富的海底蕴藏，天下罕见的抗浪鱼，实属灵山秀水中一缕飘忽灵动的“仙气”。因湖水清澈见底、晶莹剔透，抚仙湖被古人称为“琉璃万顷”。

抚仙湖是我国超大的深水型淡水湖泊，湖岸线总长 100.8 公里，平均水深 95.2 米，最大水深 158.9 米，平均透明度为 5～6 米，蓄水量达 206.2 亿立方米，相当于 13 个滇池、7 个洱海、4 个太湖、6.4 个巢湖，占云南省九大高原湖泊总蓄水量的 68.2%，相当于为全国 13 亿人每人储备了 15.8 吨优质淡水资源。

抚仙湖禄充风景区
Fuxian Lake Luchong Scenic Area

玉溪市抚仙湖
Fuxian Lake, Yuxi

0877-6610184

652500

玉溪映月潭修闲文化中心
Yingyue Pond Leisure Cultural Center

玉溪市红塔区大营街
Daying Street, Hongta District, Yuxi

0877-2770666

653100

通海秀山公园
Tonghai Xiushan Park

玉溪市通海县秀山镇
Xiushan Town, Tonghai County

0877-3012193

652700

磨盘山国家森林公园
Mopan Mountain National Forest Park

玉溪市新平县
Xinping County

0877-7013863

653400

和顺古镇
Heshun Ancient Town

保山腾冲市和顺镇
Heshun Town, Tengchong

0875-5150010

679100

西部大峡谷温泉旅游区
West Valley Hot Spring Tourism Area

昭通市水富县新滩坝
Xintan Dam, Shuifu County

0870-8633019

667800

丽江束河古镇
Lijiang Shuhe Ancient Town

丽江市束河镇
Shuhe Town, Lijiang

0888-5174770

674100

丽江观音峡景区
Lijiang Guanyin Valley Scenic Area

丽江市古城区七河乡
Qihe Town, Gucheng District, Lijiang

0888-5369688

674100

丽江黑龙潭公园
Lijiang Heilong Pond Park

丽江市大研镇黑龙潭
Heilong Pond, Dayan Town, Lijiang

0888-5120080

674100

丽江古城博物院（木府）
Ancient Lijiang City Museum(Mu's Mansion)

丽江市大研镇古城
Ancient City of Dayan Town, Lijiang

0888-5181468

674100

东巴谷生态民族村
Dongba Valley Ecological Nationality Village

丽江市玉龙县
Yulong County

0888-5131705

674100

玉水寨景区
Yushuizhai Scenic Area

丽江市玉龙县白沙乡玉龙村
Yulong Village, Beisha Town, Yulong County

674100

宁蒗县泸沽湖景区
Ninglang County Lugu Lake Scenic Area

丽江市宁蒗县永宁乡落水村
Luoshui Village, Yongning Town, Ninglang County, Lijiang

0888-5521228

674300

墨江北回归线标志园
Mojiang Symbol Garden of Tropic of Cancer

普洱市墨江县城
Mojiang County

0879-4235020

654800

楚雄州彝人古镇
Chuxiong Yi Nationality Ancient Town

楚雄市永安路
Chuxiong

675000

楚雄州博物馆
Chuxiong Prefecture Museum

楚雄市鹿城南路南门坡
Nanmenpo, South Lucheng Road, Chuxiong

0878-3018866

675000

姚安光禄古镇
Yao'an Guanglu Ancient Town

楚雄州姚安县光禄镇
Guanglu Town, Yao'an County

675300

元谋土林风景区
Yuanmou Earth Forest Scenic Area

楚雄州元谋县物茂乡
Wumao Town, Yuanmou County

0878-8352020

651311

武定狮子山景区
Wuding Lion Mountain Scenic Area

楚雄州武定县狮子山
Shizi Mountain, Wuding County

0878-8714066

651600

禄丰世界恐龙谷
Lufeng World Dinosaur Valley

楚雄州禄丰县川街乡阿纳村
Ana Village, Chuanjie Town, Lufeng County

0878-4608322

651200

燕子洞风景名胜区
Swallow Cave Famous Scenic Area

红河州建水县
Jianshui County

0873-7821068

654316

建水县朱家花园
Jianshui County Zhu Familiy's Garden

红河州建水县临安镇建新街 133 号
No.133 Jianxin Street, Lin'an Town, Jianshui County

0873-7653028

654300

建水团山古村景区
Jianshui Tuanshan Ancient Village Scenic Area

红河州建水县西庄镇团山村
Tuanshan Village, Xizhuang Town, Jianshui County

654300

建水县文庙
Jianshui County Confucius' Temple

红河州建水县临安镇建中路 319 号
No.319 Jianzhong Road, Lin'an Town, Jianshui County

0873-7617065

654300

可邑小镇景区
Keyi Little Town Scenic Area

红河州弥勒市西三镇
Xisan Town, Mile

0873-6264001

652300

弥勒湖泉生态园
Mile Lake & Spring Ecological Garden

红河州弥勒市温泉路
Wenquan Road, Mele

0873-6388000

652300

元阳哈尼梯田
Yuanyang Hani Terraced Field

红河州元阳县
Yuanyang County

0873-5620163

652300

泸西阿庐古洞风景区
Luxi Alu Ancient Cave Scenic Area

红河州泸西县泸源洞村
Luyuandong Village, Luxi County

0873-6621800

652400

丘北普者黑风景区
Qiubei Puzhehei Scenic Area

文山州丘北县旅游局
Qiubei County Tourism Bureau

0876-4123043

663200

西双版纳原始森林公园
Xishuangbanna Virgin Forest Park

西双版纳州昆洛国道距景洪城 8 公里
8 Kilometers of Jinghong City of Kunluo National Highway

0691-2759898

666100

西双版纳傣族园
Xishuangbanna Dai Nationality Garden

西双版纳州景洪市勐罕镇橄榄坝
Ganlan Bay, Menghan Town Jinghong

666108

西双版纳热带花卉园
Xishuangbanna Tropic Flower Garden

西双版纳州景洪市景洪西路 28 号
No.28 West Jinghong Road, Jinghong

666100

景洪曼听公园
Jinghong Manting Park

西双版纳州景洪市曼听路 1 号
No.1 Manting Road, Jinghong

666106

野象谷景区
Wild Elephant Valley Scenic Area

西双版纳州景洪市勐养镇
Mengyang Town, Jinghong

0691-2431040

666106

勐泐大佛寺景区
Mengle Great Buddha Temple Scenic Area

西双版纳州景洪市勐泐大道顶端 4 路 1 号
No.1, the Forth Road, End of Mengle Avenue, Jinghong

0691-8998555

666100

茶马古道景区
Ancient Tea-horse Road Scenic Area

西双版纳州勐海县勐海乡
Menghai Town, Menghai County

0691-5170168

666201

望天树森林公园
Wangtianshu (Skytree) Forest Park

西双版纳州勐腊县补蚌保护区
Buwa Reserve, Mengla County

666300

大理古城风景区
Dali Ancient Town Scenic Area

大理州大理市大理镇
Dali Town, Dali

0872-2681333

671000

水目山景区
Shuimu Mountain Scenic Area

大理州祥云县云南驿镇
Yunnanyi Town, Xiangyun County

0872-3354086

672100

宾川鸡足山景区
Binchuan Jizu Mountain Scenic Area

大理州宾川县金牛镇
Jinniu Town, Binchuan County

0872-7153208

671600

大理南诏风情岛
Dali Nanzhao Customs Island

大理州洱源县双廊乡
Shuanglang Town, Eryuan County, Dali

0872-5371506

671300

石宝山风景名胜区
Shibao Mountain Famous Scenic Area

大理州剑川县石宝山
Shibao Mountain, Jianchuan County

0872-4521762

671300

鹤庆县银都水乡新华民族村
Heqing County Yindu Water Town Xinhua Ethnic Village

大理州鹤庆县草海镇新华村
Xinhua Village, Caohai Town, Heqing County

0872-4138071

671500

漾濞县石门关景区
Yangbi County Shimen Pass Scenic Area

大理州漾濞县金牛村
Jinniu Village, Yangbi County

0872-7529128

672500

巍山古城—巍宝山旅游区
Weishan Ancient Town—Weibao Mountain Tourism Area

大理州巍山县城南 10 公里
10 Kilometers South of Weishan County

0872-6123574

672400

勐巴娜西大花园
Mengba Naxi Great Garden

德宏州芒市青年路 13 号
No.13 Qingnian Road, Mangshi

0692-2137666

678400

莫里热带雨林风景旅游区
Moli Tropic Rain Forest Scenic Area

德宏州瑞丽市莫里乡
Moli Town, Ruili

0692-4143929

678600

梁河县南甸宣抚司署景区
Lianghe County Nandian the Government Office of Xuanfusi Scenic Area

德宏州梁河县南甸路
Nandian Road, Lianghe County

0692-6161612

679200

迪庆虎跳峡景区
Hutiaoxia(Jumping Tiger Valley) Scenic Area

迪庆州香格里拉市桥头镇
Qiaotou Town, Shangrila

674400

香格里拉蓝月山谷景区
Shangrila Blue Moon Valley Tourism Area

迪庆州香格里拉市西南部
Southwest of Shangrila

674400

香格里拉松赞林景区
Shangrila Songzanlin (Temple) Scenic Area

迪庆州香格里拉市以北 5 公里
5km North of Shangrila

674400

香格里拉大峡谷 · 巴拉格宗景区
Shangrila Canyon Balagezong Scenic Area

迪庆州香格里拉市康珠大道
Kangzhu Ave., Shangrila

0887-8288619

674400

梅里雪山景区
Meili Snow Mountain Scenic Area

迪庆州德钦县城升平镇西
West of Shengping Town, Deqin County

674500

西藏

TIBET

这里是世界上海拔最高的地方，素有“世界屋脊”和“地球第三极”之称。这里海拔超过 8000 米的高峰有 5 座，其中的世界第一高峰珠穆朗玛峰就耸立在中尼交界处。喜马拉雅山脉、喀喇昆仑山一唐古拉山脉、昆仑山脉、冈底斯一念青唐古拉山脉和横断山脉在这里纵横交错，独特的高原地理环境和历史文化，给这里带来了数量众多、类型丰富、品质优异、典型性强、保存原始的旅游资源。

这里有世界文化遗产、西藏现存最大、最完整的古堡建筑群布达拉宫（大昭寺、罗布林卡），这里有世界海拔最高的“天湖”纳木错和神山之首念青唐古拉山，这里有地球上最深的峡谷雅鲁藏布大峡谷……这里的一切，神奇又神秘，这里是离天最近的地方，这里就是“雪域圣地，高原明珠”——西藏。

AAAAA

布达拉宫

Tibet Potala Palace

“高原圣殿”布达拉宫始建于7世纪，是藏王松赞干布为迎娶远嫁西藏的唐朝文成公主而建。布达拉宫建于海拔3700多米的红山之上，共有999间房屋，全部为石木结构，5座宫顶覆盖镏金铜瓦，金光灿烂，气势雄伟，是藏族古建筑艺术的精华。布达拉宫主体建筑为白宫和红宫，其中的白宫是达赖喇嘛的冬宫，也曾是原西藏地方政府的办事机构所在地。白宫是布达拉宫最大的殿堂，是达赖喇嘛坐床、亲政大典等重大宗教和政治活动场所。布达拉宫因其悠久的历史，独特的建筑特征以及对研究藏民族社会历史、文化、宗教所具有的特殊价值，而成为举世闻名的名胜古迹。

拉萨市北京中路贡觉巷1号
No.1 Gongjue Lane, Beijing Middle Road, Lhasa

0891-6834362

850000

http://www.potalapalace.cn

布达拉宫位于市中心，大巴、中巴，或者包车都可到达。

大昭寺

Tibet Jokhang Temple

大昭寺又名“祖拉康”“觉康”，由藏王松赞干布建造，距今已有1300多年的历史。大昭寺是一座藏传佛教寺院，位于拉萨老城区中心，寺庙最初称“惹萨”，后来惹萨又成为这座城市的名称，并演化成当下的“拉萨”。大昭寺是西藏现存最辉煌的吐蕃时期的建筑，也是西藏最早的土木结构建筑，并且开创了藏式平川式的寺庙市局规式。大昭寺融合了藏、唐、尼泊尔、印度的建筑风格，成为藏式宗教建筑的千古典范。

拉萨市城关区八廓西街28号
No.28 West Bakuo Street, Lhasa

0891-6321398

850000

乘5路、9路、15路、18路、19路公交车在鲁固站下车即可。

日喀则扎什伦布寺

Xigaze Tashilhunpo Temple

扎什伦布寺位于日喀则市城西的尼色日山坡上，全名为“扎什伦布白吉德钦曲唐结勒南巴杰瓦林”，意为“吉祥须弥聚福殊胜诸方州”，因此也称“吉祥须弥寺”，是西藏日喀则地区最大的寺庙，为四世班禅之后历代班禅喇嘛驻锡之地。扎什伦布寺与拉萨的“三大寺”甘丹寺、色拉寺、哲蚌寺合称格鲁派的“四大寺”。寺内最宏伟的建筑是大弥勒殿和历代班禅灵塔殿。大弥勒殿藏语为“强巴康”，中间供奉着弥勒佛坐像。

日喀则市几吉郎卡路1号
No.1 Jijilangka Road, Xigaze

857000

林艺巴松措旅游区

Linzhi Bassongcuo Tourism Area

巴松措又名错高湖，藏语中是“绿色的水”的意思，湖面海拔3700多米，位于工布江达县50多公里处巴河上游的高峡深谷里，是藏传佛教宁玛派的一处著名神湖和圣地。巴松措旅游区以其林木繁茂和群山耸立中的那一池碧水而广为外界所知，集雪山、湖泊、

森林、瀑布、牧场、文物古迹、名胜古刹于一体，景色殊异，四时不同，各类野生珍稀植物会集，胜似人间天堂，有“小瑞士”之美誉。

林芝地区工布江达县
Gongbujiangda County

0894-5901311

850000

罗布林卡
Tibet Norbu Lingka

拉萨市罗布林卡路 21 号
No.21 Norbu Lingka Road, Lhasa

0891-6826274

850000

哲蚌寺景区
Zhebang Temple Scenic Area

拉萨市北京西路 276 号
No.276 West Beijing Road, Lhasa

0891-6860011

850000

西藏牦牛博物馆
Tibet Yak Museum

拉萨市柳梧新区
Liuwu New District, Lhasa

850000

珠穆朗玛峰国家自然保护区
Qomolangma Mountain National Nature Reserve

日喀则市定日县白坝乡白坝村
Baiba Village, Baiba Township, Dingri County

0092-0202000

858200

桑耶寺
Sangye Monastery

山南市扎囊县桑耶镇
Sangye Town, Zhanang County

0893-7362267

850800

鲁朗风景区
Lulang Scenic Area

林芝市巴宜区鲁朗镇
Lulang Town, Bayi District, Linzhi

13308948858

860100

南伊沟景区
Nanyigou Scenic Area

林芝地区米林县南伊珞巴民族乡
South Yiluoba Town, Milin County

13308948858

850500

雅鲁藏布大峡谷
Yarlung Zangbo Great Canyon

林芝地区米林县
Milin County

0894-5833361

855300

陕西

SHAANXI

这里的每一处，都是历史。

陕西是中华民族重要的发祥地之一，其历史厚重绵长，文化辉煌灿烂。5000多年前生活在姬水流域的黄帝部落和姜水流域的炎帝部落，为炎黄子孙开启了中华民族五千年文明历史。先后共有西周、秦、汉、隋、唐等 14 个朝代在陕西建都。

悠久的历史、璀璨的文化，为陕西聚集了得天独厚的旅游资源。这里有历朝古都西安，有佛教名刹法门寺、道教圣地楼观台、唐僧玄奘翻译佛经和讲授经典的大慈恩寺，有一出土就震惊世界的秦始皇兵马俑，有中国现存规模最大、保存最完整的古代城垣——西安城墙……

陕西山川秀丽，景色壮观。境内有以险峻著称的西岳华山，有气势恢宏的黄河壶口瀑布，有古朴浑厚的黄土高原，有一望无际的八百里秦川，有婀娜清秀的陕南秦巴山地，有充满传奇色彩的骊山风景区，还有六月积雪的秦岭主峰——太白山……

这里的每一处，都值得细细品读，回味无穷。

西安市城墙 · 碑林历史文化景区

Xi'an City Wall—Stele Forest History Culture Scenic Area

西安城墙是中国历史最悠久、规模最宏大、保存最完整的古代城垣，也是西安的形象“代言人”之一。西安城墙建于明洪武七年到十一年（1374～1378年），是在唐代皇城长安城和元代奉元城基础上扩建而成。轮廓呈封闭长方形。墙高12米，底宽18米，顶宽15米，总周长11.9公里。西安城墙包括护城河、吊桥、闸楼、箭楼、正楼、角楼、敌楼、女儿墙、垛口等一系列军事设施，构成严密完整的军事防御体系。东、西、南、北四面均开设城门，东名“长乐”，西名“安定”，南名“永宁”，北名“安远”。

被称为“历史文化宝库、书法艺术殿堂”的西安碑林博物馆，是我国古代碑石时间最早、名碑最多的首批“国家一级博物馆”。西安碑林始建于宋哲宗元祐二年（1087年），经金、元、明、清、民国历代的维修及增建，规模不断扩大，藏石（碑）日益增多，现收藏自汉代至今的碑石、墓志4000余件，数量为全国之最，藏品时代系列完整，时间跨度达2000多年。

城墙之于西安人，那是老城完整轮廓的记忆。碑林之于西安人，那是文化的根基所在。

城墙：西安市曲江新区；碑林：西安市碑林区三学街15号
Qujiang New District, Stele Forest: No. 15 Sanxue Street, Beilin District, Xi'an

710002　710001

西安大雁塔 · 大唐芙蓉园

Xi'an Dayan Pagoda—Datang Lotus Garden

西安曲江大雁塔·大唐芙蓉园景区位于曲江新区核心区域，汇聚了“六园一城一塔”精品景观。六园即大唐芙蓉园、曲江池遗址公园、唐城墙遗址公园、唐大慈恩寺遗址公园、寒窑遗址公园、秦二世陵遗址公园；一城即大唐不夜城；一塔即大慈恩寺大雁塔。

“驱山晚照光明显，雁塔晨钟在城南。”作为关中八景之一的大雁塔高高耸立在西安市南郊大慈恩寺内。大慈恩寺的首任住持就是被称为“法门领袖，民族脊梁”的玄奘法师，大雁塔是由玄奘亲自设计并督建的，是我国现存最早、规模最大的唐代四方楼阁式砖塔，是佛塔这种古印度佛寺的建筑形式随佛教传入中原地区并融入华夏文化的典型物证，是凝聚了中国古代劳动人民智慧结晶的标志性建筑。

大唐芙蓉园与大雁塔遥遥相望。它是在原唐代芙蓉园遗址上建造的，是中国第一个全方位展示盛唐风貌的大型皇家园林式文化主题公园。

西安市曲江新区芙蓉西路99号
No.99 West Furong Road, Qujiang New District, Xi'an

710061

5路、21路、22路、23路、27路、30路、41路、224路、320路、401路、500路、501路、527路、601路等多路公交车可达

华清池景区

Huaqing Pool Scenic Area

“春寒赐浴华清池，温泉水滑洗凝脂。”唐代诗人白居易的一曲《长恨歌》让唐玄宗和杨贵妃的爱情故事流传千古，也让华清池声名鹊起。华清池景区位于西安城东30公里处的骊山北麓，与“世界第八大奇迹”兵马俑相毗邻。这里不仅是唐明皇与杨贵妃“缓歌慢舞凝丝竹”之地，也曾是“周幽王烽火戏诸侯”和“西安事变”发生地，华清池景区内有唐御汤遗址博物馆、西安事变旧址——五间厅、九龙湖与芙蓉湖风景区、唐梨园遗址博物馆等文化区和飞霜殿、万寿殿、长生殿、环园和禹王殿等标志性建筑群，是中国唐宫廷文化旅游标志性景区。

西安市临潼区华清路38号
No.38 Huaqing Road, Lintong District Xi'an

710600

http://www.hqc.cn

游5路、101路、306路、914路、915路公交车可达。

秦始皇帝陵博物院

Emperor Qinshihuang's Mausoleum Site Museum

20世纪70年代，在中国西安临潼区骊山北麓，一个庞大的地下军队出土，震惊了全世界，这就是秦始皇

兵马俑。秦始皇兵马俑以其严密的军事组织，雄伟壮观的气势，精美的雕刻艺术，深厚的文化内涵征服了世界，被誉为“世界第八大奇迹”“20 世纪最伟大的考古发现之一”。1987 年秦始皇兵马俑被列入世界文化遗产名录。

秦始皇帝陵博物院就建在出土了这地下军队的遗址之上，是以秦始皇兵马俑博物馆为基础，以秦始皇陵遗址公园为依托的一座大型遗址博物院，包括秦兵马俑博物馆、秦始皇陵、秦始皇陵遗址公园、百戏俑坑博物馆和石铠甲俑坑博物馆。秦始皇兵马俑博物馆共有一、二、三号 3 个兵马俑坑。这是一座庞大的地下军阵，也是一座重要的古代艺术宝库。秦始皇陵布局缜密、规模宏大，具有重大的历史、科学和艺术价值。秦始皇陵遗址公园主要景点包括秦始皇陵封土、已探明的主要建筑遗址、陪葬坑等。

西安市临潼区
Lintong District, Xi’an

710600

www.bmy.com.cn

在火车站东广场乘坐游 5（306）路、307 路、914 路、915 路公交旅游专线车可达景区。

法门寺佛文化旅游区
Famen Temple Buddha Culture Tourism Area

法门寺佛文化旅游区始建于东汉末年，至今约有 1700 多年的历史，有“关中塔庙始祖”之称。法门寺因安置释迦牟尼佛指骨舍利而成为举国仰望的佛教圣地。

法门寺佛文化旅游区整体规划依托佛文化资源和地域文化资源，佛文化展示区以佛家千年传承之佛、法、僧“三宝”为总纲，将佛、法、僧三区成“品”字形布局。安奉佛祖真身指骨舍利的合十舍利塔，塔高 148 米，庄严肃穆，气势恢宏，供奉着世界唯一的释迦牟尼佛真身指骨舍利。供僧俗四众瞻礼朝拜的 10 万人广场象征着和谐安康、国泰民安的旷古盛世。以当代法门学研究和科技发展成果为基础的法区，全面展现世界佛教 2500 年、中国佛教 2000 多年的历史文化及唐代地宫珍宝之精华。以大唐法门寺瑰琳宫二十四院为蓝本的僧区，再现唐代法门寺的壮丽景观。

宝鸡市扶风县法门镇
Famen Town, Fufeng County

722201

http://famensi.fengjingqu.com.cn

扶风汽车站有前往法门寺景区的班车。

太白山国家森林公园
Taibai Moutain National Forest Park

太白山是秦岭山脉主峰，以高、寒、险、奇、秀、富饶和神秘的特点闻名于世。太白山国家森林公园因太白山而得名，公园共有 8 大景区 180 多个景点，是我国海拔最高的国家森林公园。太白山国家森林公园以森林景观为主体，以苍山奇峰为骨架，以清溪碧潭为脉络，以人文景观为内涵，构成了一幅静态景观与动态景观相协调、自然景观与人文景观浑然一体、风格独特的生动画卷，这里山峦叠翠，山清水秀，湖光山色恬静瑰丽，曲流溪涧晶莹碧透，烟雾浩渺，吐珠溅玉，奇峰怪石，如塑似画。置身其中，石径萦回，古枫垂阴，沟壑幽深，令人陶醉与神往。

宝鸡市眉县汤峪镇
Tangyu Town, Meixian County

722305

www.tbpark.com

眉县汽车站乘 203 路公交车可达景区。

华山风景名胜区
Hua Mountain Famous Scenic Area

华山为五岳之西岳，南接秦岭，北瞰黄渭，自古以来就是“奇险天下第一山”。千百年来，华山以它的雄姿吸引了众多的游客。北魏地理学家郦道元在《水经注》中对华山有“其高五千仞，削成而四方，远而望之，又若花状”的描绘。华山留下了无数名人的足迹，也留下了无数故事和古迹。“吹箫引凤”“博台对弈”“劈山救母”“观棋烂柯”的传说丰富多彩，美丽动人。自隋唐以来，李白、杜甫等文人墨客咏华山的诗歌、碑记和游记不下千余篇，摩岩石刻多达上千处。道教文化在华山源远流长。华山是道教主流全真派圣地，为“第四洞天”。华山有道观 20 余座，其中玉泉院、都龙庙、东道院、镇岳宫被列为全国重点道教宫观。

渭南华阴市玉泉路
Yuquan Road, Huayin

714200

http://www.huashan16.com

华阴市乘 603 路公交车可达华山。在西安火车站乘游 1 路旅游专线车可直达华山景区。西安城东客运站也有长途汽车到达华山。

延安黄帝陵旅游区
Yan’an Emperor Huang Mausoleum Tourism Area

黄帝是中华民族的祖先，出生于陕北黄土高原。黄帝一生打败了榆罔，降服了炎帝，诛杀蚩尤，结束了战争，统一了三大部落，建立起世界上第一个有共主的国家，中华文明从此开始。所以后世人都尊称黄帝是“人文初祖”“文明之祖”。黄帝逝世后安葬于今黄陵县桥山之巅，这便是天下第一陵——黄帝陵。

黄帝陵旅游区景色迷人，山麓有建于汉代的轩辕庙，庙东侧碑廊珍藏历代帝王御制祭文碑57通，现又新增香港、澳门“回归纪念碑”。陵、庙所在地桥山现有千年古柏8万余株，是我国最大的古柏群。每年清明节、重阳节，海内外炎黄子孙都会聚集于此，举行隆重的祭祀大典。

延安市黄陵县东关街前区179号
No.179 Front Block of Dongguan Street, Huangling County

727300

延安汽车站有班车开往景区。西安城东客运站也有去黄帝陵的班车。

金丝大峡谷国家森林公园
Jinsi Great Canyon National Forest Park

金丝大峡谷国家森林公园地处秦岭南麓，连接巴山北坡，居长江流域汉江水系丹江中游地区。景区内有白龙峡、黑龙峡、青龙峡、石燕寨和丹江源五大景区，一百多个景点。金丝大峡谷总长度20.5公里，纵深10多公里，是国内最窄的嶂谷，有发育完整、国内罕见的溶洞，是国家地质遗迹洋壳残片存留和商丹断裂的命名地。金丝大峡谷以窄、幽、秀、奇而闻名，河流密布、森林茂密、野生动物、植物繁多，原始生态保存完好。“一日历三季，十里兰花香”，金丝大峡谷是休闲度假、寻觅探幽的旅游胜地。

商洛市商南县金丝峡镇
Jinsixia Town, Shangnan County

0914-6566888

726300

http://www.sxjsx.cn

AAAA

西安世博园
Xi’an Expo Park

西安市浐灞生态区浐灞大道1号
No.1 Chanba Avenue, Chanba Ecological Area, Xi’an

029-83596983

710024

西安浐灞国家湿地公园景区
Xi;an Chanba National Wetland Park Scenic Area

西安市浐灞生态区滨河西路9号
No.9 West Binhe Road, Chanba Ecological Area, Xi’an

029-62815501

710014

西安汉城湖旅游景区
Xi’an Hancheng Lake Tourism Area

西安市未央区朱宏路与凤城二路十字路口北
North of the Intersection of Zhuhong & 2nd Fengcheng Road, Weiyang District, Xi’an

710014

大明宫国家遗址公园
Daming Palace National Relics Park

西安市新城区自强东路585号
No.585 East Ziqiang Road, Xincheng District, Xi’an

710015

西安博物院—小雁塔
Xi’an Museum—Xiaoyan Pagoda

西安市碑林区友谊西路72号
No.72 West Youyi Road, Beilin District, Xi’an

710068

西安大唐西市文化景区
Xi’an Tang King Market Culture Scenic Area

西安市碑林区劳动南路118号
No.118 South Laodong Road, Beilin District, Xi’an

710075

西安半坡博物馆
Xi’an Banpo Museum

西安市灞桥区半坡路155号
No.155 Banpo Road, Baqiao District, Xi’an

710038

陕西历史博物馆
Shaanxi History Museum

西安市雁塔区小寨东路91号
No.91 Xiaoqian East Road, Yanta District, Xi’an

710061

陕西自然博物馆
Shaanxi Nature Museum

西安市雁塔区长安南路88号
No.88 Chang’an South Road, Yanta District, Xi’an

710061

西安曲江海洋极地公园
Xi’an Qujiang Polar Ocean Park

西安市雁塔区曲江二路1号
No.1 Second Qujiang Road, Yanta District, Xi’an

029-85533555

710061

www.xaoceanpark.cn

骊山国家森林公园
Lishan Mountain National Forest Park

西安市临潼区环城东路 3 号
No.3 East Ring Road, Lintong District, Xi'an

710600

乐华城 · 乐华欢乐世界景区
Yuehua City — Yuehua Happy World Scenic Area

西安市西咸新区
Xixian New District, Xi'an

710086

关中民俗艺术博物院
Guangzhong(Central Shaanxi)Folk Custom Art Museum

西安市长安区五台镇南五台山路 1 号
No.1 South Wutaishan Road, Wutai Town, Chang'an District, Xi'an

710107

西安秦岭野生动物园
Xi'an Qinling Wildlife Park

西安市长安区滦镇
Luanzhen Town, Chang'an District, Xi'an

029-85670015

710100

西安翠华山旅游风景区
Xi'an Cuihua Mountain Scenic Area

西安市长安区太乙宫镇
Taiyi Palace Town, Chang'an District, Xi'an

029-85891750

710105

西安沣东现代都市农业博览园景区
Xi'an Fengdong Modern Agriculture Expo Garden Scenic Area

西安市长安区斗门镇张村
Zhangcun Village, Doumen Town, Chang'an District, Xi'an

710100

西安汤峪旅游度假区
Xi'an Tangyu Tourism Resort

西安市蓝田县汤峪镇塘子村
Tangzi Village, Tangyu Town, Lantian County

710516

王顺山森林公园
Wangshun Mountain Forest Park

西安市蓝田县蓝桥乡
Lanqiao Township, Lantian County

029-82825070

710500

西安楼观中国道教文化展示区
Xi'an Louguan China Taoist Culture Exhibition Area

西安市周至县楼观镇
Louguan Town, Zhouzhi County

710404

黑河森林公园
Heihe (Black River) Forest Park

西安市周至县厚畛子镇
Houzhenzi Town, Zhouzhi County

029-85102008

710402

周至水街沙沙河景区
Zhouzhi Shuijie Shasha River Scenic Area

西安市周至县周城公路西 50 米
50m West of Zhoucheng Way, Zhouzhi County

710400

陕西太平森林公园
Shaanxi Taiping Forest Park

西安市鄠邑区沣京路 26 号
No.26 Fengjing Road, Huyi District, Xi'an

710300

玉华宫风景区
Yuhua Palace Scenic Area

铜川市印台区金锁关镇玉华村
Yuhua Village, Jinsuoguan Town, Yintai District, Tongchuan

0919-7586011

727015

铜川药王山
Yaowang(God of Medicine) Mountain

铜川市耀州区
Yaozhou District, Tongchuan

0919-6581215

727100

照金香山景区
Zhaojin Xiangshan Scenic Area

铜川市耀州区柳林镇田家咀村
Tianjiazui Village, Liulin Town, Yaozhou District, Tongchuan

0919-6188881

727100

中华石鼓园景区
China Shi-ku (Stone Drum) Garden Scenic Area

宝鸡市滨河大道
Binhe Avenue, Baoji
0917-2769006
721000

大水川景区
Dashuichuan Scenic Area

宝鸡市陈仓区香泉镇
Xiangquan Town, Chencang District, Baoji
721300

陕西岐山周公庙风景名胜区
Shaanxi Qishan Zhougong Temple Famous Scenic Area

宝鸡市岐山县凤鸣镇
Fengming Town, Qishan County
0917-8110075
722400

红河谷森林公园
Honghegu Forest Park

宝鸡市眉县营头镇
Yingtou Town, Meixian County
722307

关山草原景区
Guanshan Grassland Scenic Area

宝鸡市陇县关山镇
Guanshan Town, Longxian County
0917-4589819
721200

宝鸡碑亭景区
Baoji Beiting(Stele & Pavilion) Scenic Area

宝鸡市麟游县西大街
West Street, Linyou County
721500

宝鸡凤凰湖景区
Baoji Phoenix Lake Scenic Area

宝鸡市凤县县城
Downtown of Fengxian County
0917-4806939
721700

通天河国家森林公园
Tongtian River National Forest Park

宝鸡市凤县大庆路 99 号
No.99 Daqing Road, Fengxian County
0917-3417192
721006

消灾寺景区
Xiaozai Temple Scenic Area

宝鸡市凤县凤州镇凤州村
Fengzhou Village, Fengzhou Town, Fengxian County
0917-4801111
721700

青峰峡森林公园
Qingfeng Valley Forest Park

宝鸡市太白县桃川镇
Taochuan Town, Taibai County
0917-4951244
721600

杨凌现代农业示范园创新园
Yangling Modern Agriculture Demonstration Park Innovation Area

咸阳市杨凌示范区杨扶路
Yangfu Road, Yangling District, Xianyang
712100

杨凌农业博览园
Yangling Agricultural Exposition Garden

咸阳市杨凌区邰城路 3 号
No.3 Taicheng Road, Yangling District, Xianyang
712100

汉阳陵博物馆
Hanyangling Museum

咸阳市渭城区正阳镇张家湾村
Zhangjiawan Village, Zhengyang Town, Weicheng District, Xianyang
712000

陕西张裕瑞那城堡酒庄景区
Shaanxi Zhangyu Ruina Castle Chateau Scenic Area

咸阳市渭城区渭城镇坡刘村
Poliu Village, Weicheng Town, Weicheng District, Xianyang
029-32085276
712000

咸阳马嵬驿民俗文化体验园
Xianyang Maweiyi Folk Culture Experience Garden

咸阳兴平市马嵬街道李家坡村
Lijiapo Village, Mawei Community, Xingping
713100

茂陵博物馆
Maoling Museum

咸阳兴平市西吴镇道常村
Daochang Village, Xiwu Town, Xingping
029-38456140
713100

乾陵博物馆
Qianling Museum

咸阳市乾县乾陵城关镇西金村
Xijin Village, Chengguan Town, Qianxian County

029-35510222

713300

袁家村关中印象体验地
Yuanjia Village Guangzhong(Central Shaanxi) Experience Park

咸阳市礼泉县烟霞镇袁家村
Yuanjia Village, Yanxia Town, Liquan County

029-35767888

713200

马栏革命旧址景区
Malan Revolutionary Site Scenic Area

咸阳市旬邑县马栏镇
Malan Town, Xunyi County

029-34616097

711300

石门山国家森林公园
Shimen Mountain National Forest Park

咸阳市旬邑县清塬镇石门关村
Shimenguan Village, Qingyuan Town, Xunyi County

711300

渭南老街景区
Weinan Old Street Scenic Area

渭南市朝阳大街与滨河大道交叉处
Intersection of Chaoyang Street & Binhe Avenue, Weinan

714000

汉太史司马迁祠
Han Dynasty Historian Sima Qian's Temple

渭南韩城市芝川镇
Zhichuan Town, Hancheng

715409

韩城市博物馆
Hancheng City Museum

渭南韩城市金城区学巷 45 号
No.45 Xue Lane, Jincheng District, Hancheng

0913-5212821

715400

韩城党家村民居
Hancheng Dangjia Village Residential Area

渭南韩城市西庄镇党家村
Xizhuang Town, Dangjia Village, Hancheng

0913-5322544

715403

少华山森林公园
Shaohua Mountain Forest Park

渭南市华县莲花寺镇
Lianhuasi Town, Huaxian County

0913-4810160

714100

同州湖景区
Tongzhou Lake Scenic Area

渭南市大荔县城南 1.2 公里
1.2km South of Dali County

0913-3637666

715100

卤阳湖景区
Luyang Lake Scenic Area

渭南市蒲城县党睦镇北 3 公里处
3km North of Dangmu Town, Pucheng County

715500

洽川风景名胜区
Qiachuan Famous Scenic Area

渭南市合阳县洽川镇
Qiachuan Town, Heyang County

715301

尧头窑文化旅游生态园区
Yaotou Kiln Culture Ecotourism Area

渭南市澄城县尧头镇
Yaoyou Town, Chengcheng County

715200

富平陶艺村
Fuping Pottery Art Village

渭南市富平县乔山路 1 号
No.1 Qiaoshan Road, Fuping County

711700

延安革命纪念馆
Yan'an Revolution Memorial Museum

延安市宝塔区王家坪
Wangjiaping, Baota District, Yan'an

0911-8213678

716000

延安枣园革命旧址
Yan'an Zaoyuan Revolution Site

延安市宝塔区枣园镇
Zaoyuan Town, Baota District, Yan'an

0911-2852223

716000

延安宝塔山旅游区
Yan'an Baota Mountain Scenic Area

延安市宝塔区城区东南
Southast of Downtown, Baota District, Yan'an
0911-2113735
716000

黄河壶口瀑布风景区
Huanghe Hukou Watrefalls Scenic Area

延安市宜川县壶口乡
Hukou Town, Yichuan County
716200

延安黄陵国家森林公园
Yan'an Huangling National Forest Park

延安市黄陵县双龙镇索洛湾村
Suoluowan Village, Shuanglong Town, Huangling County
0911-5217627
727300

石门栈道风景区
Stone Gate Plank Road Scenic Area

汉中市汉台区河东店镇
Hedongdian Town, Hantai District, Hanzhong
723000

黎坪国家森林公园
Liping National Forest Park

汉中市南郑县黎坪镇
Liping Town, Nanzheng County
0916-8625099
723100

华阳景区
Huayang Scenic Area

汉中市洋县华阳镇
Huayang Town, Yangxian County
0916-8372587
723300

陕西朱鹮自然保护区 · 梨园景区
Shaanxi Crested Ibis Nature Reserve—Pears Garden Scenic Area

汉中市洋县洋州镇周家坎村
Zhoujiakan Village, Yangzhou Town, yangxian County
0916-8319567
723300

武侯墓景区
Wuhou Tomb Scenic Area

汉中市勉县定军镇
Dingjun Town, Mianxian County
0916-3316803
724207

武侯祠博物馆景区
Wuhou Temple Museum Scenic Area

汉中市勉县武侯镇
Wuhou Town, Mianxian County
0916-3296212
724200

汉中宁强青木川景区
Hanzhong Ningqiang Qingmuchuan Scenic Area

汉中市宁强县青木川镇
Qingmuchuan Town, Ningqiang County
0916-4341725
724400

略阳五龙洞国家森林公园
Lueyang Wulong Cave National Forest Park

汉中市略阳县
Lueyang County
0916-4828130
724300

张良庙 · 紫柏山风景区
Zhangliang Temple—Zibai(Purple Cypress) Mountain Scenic Area

汉中市留坝县留侯镇庙台子街
Miaotaizi Street, Liuhou Town, Liuba County
724100

二郎山景区
Erlang Mountain Scenic Area

榆林市神木县
Shenmu County
719300

红碱淖景区
Hongjiannao Scenic Area

榆林市神木县尔林兔镇
Erlintu Town, Shenmu County
719300

白云山景区
Baiyun Mountain

榆林市佳县城南 5 公里处
5km South of Jiaxian County
719200

香溪洞风景区
Xiangxi Cave Scenic Area

安康市汉滨区香溪路 58 号

No.58 Xiangxi Road, Hanbin District, Ankang
725000

瀛湖风景区
Yinghu Scenic Area

安康市汉滨区瀛湖镇
Yinghu Town, Hanbin District, Ankang
0915-3012154
725000

安康双龙生态旅游景区
Ankang Shuanglong Ecotourism Area

安康市汉滨区双龙镇
Shuanglong Town, Hanbin District, Ankang
725000

汉江燕翔洞生态景区
Hanjiang River Yanxiang Cave Ecotourism Area

安康市石泉县熨斗镇
Yundou Town, Shiquan County
0915-6320181
725200

中坝大峡谷景区
Zhongba Grand Canyon Scenic Area

安康市石泉县中坝乡
Zhongba Town, Shiquan County
0915-6315916
725200

简车湾风景区
Jianchewan Scenic Area

安康市宁陕县简车湾镇许家城村
Xujiacheng Village, Jianchewan Town, Ningshan County
0915-6961666
711600

南宫山国家森林公园
Nangong Mountain Nantional Forest Park

安康市岚皋县溢河镇、花里镇
Yihe & Huali Town, Langao County
0915-25109992510005
725400

天书峡景区
Tianshu Valley Scenic Area

安康市平利县八仙镇
Baxian Town, Pingli County
0915-8711698
725500

棣花古镇文化旅游景区
Dihua Ancient Town Culture Tourism Area

商洛市丹凤县棣花镇
Dihua Town, Danfeng County
726200

木王国家森林公园
Muwang National Forest Park

商洛市镇安县杨泗镇桂林村
Guilin Village, Yangsi Town, Zhen'an County
711508

柞水溶洞
Zhashui Limestone Cave

商洛市柞水县石瓮镇
Shiweng Town, Zhashui County
0914-4329208
711400

牛背梁国家森林公园
Niubeiliang National Forest Park

商洛市柞水县营盘镇朱家湾村
Zhujiawan Village, Yingpan Town, Zhashui County
711400

天竺山景区
Tianzhu Mountain Scenic Area

商洛市山阳县法官镇僧道关
Sengdaoguan, Faguan Town, Shanyang County
726400

漫川古镇景区
Manchuan Ancient Town Scenic Area

商洛市山阳县漫川关镇
Manchuanguan Town, Shanyang County
726400

甘肃

GANSU

它像一块瑰丽的宝玉，镶嵌在中国中部的黄土高原、青藏高原和内蒙古高原上。它东接陕西，南控巴蜀青海，西倚新疆，北扼内蒙古、宁夏，是古丝绸之路的锁匙之地和黄金路段。它的四周为群山峻岭所环抱：北有六盘山、合黎山和龙首山，东为岷山、秦岭和子午岭，西接阿尔金山和祁连山，南壤青泥岭。它的境内地势起伏、山岭连绵、江河奔流，有直插云天的皑皑雪峰，有一望无垠的辽阔草原，有莽莽漠漠的戈壁瀚海，有郁郁葱葱的次生森林，有神奇碧绿的湖泊佳泉，有江南风韵的自然风光。更为神奇的是，这里以精美的壁画和塑像闻名于世的敦煌莫高窟，展现了千百年前人们的飞天梦想，而酒泉卫星发射基地则将这飞天梦想变成了现实。

这就是甘肃。

AAAAA

嘉峪关长城文化旅游景区

Jiaguguan Pass Great Wall Culture Tourism Area

嘉峪关是明代万里长城最西端的关口，历史上曾被称为河西咽喉，因地势险要，建筑雄伟，被称为“天下第一雄关”“连陲锁钥”。嘉峪关是古代“丝绸之路”的交通要塞，是长城的“天然博物馆”。嘉峪关由内城、外城、城壕三道防线组成重叠并守之势，形成五里一燧，十里一墩，三十里一堡，一百里一城的军事防御体系。内城有东西两门，东为光化门意为紫气东升，光华普照；西为柔远门意为以怀柔而致远，安定西陲。在两门外各有一瓮城围护，嘉峪关内城墙上还建有箭楼、敌楼、角楼、阁楼、闸门楼共十四座。嘉峪关关城是长城众多关城中保存最为完整的一座。

嘉峪关市峪泉镇
Yuquan Town, Jiayuguan

735100

4 路、6 路公交车可直达嘉峪关。

麦积山风景名胜区

Maiji Mountain Famous Scenic Area

麦积山风景名胜区地处秦岭、贺兰山、岷山三大山系交会处，包括麦积山、仙人崖、石门、曲溪四大景区和一个古镇街亭温泉景区。其中麦积山石窟是核心景区，其与敦煌莫高窟、龙门石窟、云冈石窟并列为中国四大石窟。

麦积山是小陇山中的一座孤峰，因山形酷似麦垛而得名。麦积山石窟始建于后秦（384 ~ 417 年），现存有 221 座洞窟、10632 座泥塑石雕、1300 余平方米壁画，以其精美的泥塑艺术闻名世界，被誉为东方雕塑艺术陈列馆。

仙人崖由三崖、五峰、六寺所组成。仙人崖三崖中，以西崖面积和佛殿数量为最，14 座殿宇内有唐、宋、明、清各代佛像 100 多尊，艺术价值极高。石门壁立千仞，四周峭崖，只有一条小路连接南北两峰，且南北峰之间的聚仙桥下石壁上，有一大方形黑浑圈，状若门楣，故名石门。曲溪景区深藏在小陇山林区茫茫的林海里，人迹罕至，景色佳妙。石门景区以西，就是街亭温泉景区，泉水温度 40℃左右，出水量大，水质优良，有极好的保健作用。

天水市麦积区泉湖路 2 号
No.2 of Quanhu Road, Maiji District, Tianshui

741022

天水火车站有定点旅游公交车通往景区。1 路、6 路、34 路、37 路、38 路公交车可达景区。

平凉崆峒山风景名胜区

Pingliang Kongtong Mountain Famous Scenic Area

崆峒山自古以来就是一座仙山。相传广成子修炼得道于此山，人文始祖轩辕黄帝问道于广成子亦在此山，因此崆峒山亦被称为“天下道教第一山”。

崆峒山峰峦叠嶂，崖壁峭立，平台幽寂，怪石嶙峋，洞穴深邃，林木葱郁，湖光野岚，相映成趣，既有北方山势之雄，又有南方山色之秀，不愧为“西镇奇观”“神州西来第一山”。

崆峒山后来发展为道、儒、佛三教合一、共尊共荣的宗教摇篮。崆峒山集奇险灵秀的自然景观和古朴精湛的人文景观于一身，具有极高的观赏、文化和科考价值，是丝绸之路旅游热线上的一个亮点。

平凉市崆峒区西郊 12 公里
12 Killometres of Western Suburb, Kongdong District, Pingliang

744021

9 路、13 路、21 路公交车可达。

敦煌鸣沙山月牙泉风景名胜区

Dunhuang Mingsha Mountain Crescent Moon Spring Famous Scenic Area

这里沙山与泉水共处，历来以“沙漠奇观”著称于世，是敦煌的名片之一。这里沙峰起伏，人们顺坡滑落，沙子便会发出轰鸣声，似敲锣打鼓，让人胆战心惊又颇感刺激，鸣沙山因此得名。月牙泉位于鸣沙山下，处在沙丘环抱之中，其形酷似一弯新月，因而得名月牙泉。因为地势的关系，刮风时沙子不往山下走，而是往山上流动，所以月牙泉永远不会被沙子埋没。在这里你可以爬上鸣沙山，俯瞰月牙泉，还能在山顶上欣赏大漠日落，感受西北大漠的苍凉广阔。

酒泉敦煌市鸣沙山月牙泉村
Crescent Moon Spring of Mingya Mountain, Dunhuang

0937-8882074

736200

在敦煌市区可乘坐 3 路公交车到达景区。

甘肃

兰州水车博览园
Lanzhou Waterwheel Expo Garden

兰州市城关区雁宁路中立桥西黄河南岸
Yanning Road, South Bank of the Yellow River, West Zhongli Bridge, Chengguan District, Lanzhou

0931-8587111

730030

兰州吐鲁沟国家森林公园
Lanzhou Tulugou National Forest Park

兰州市永登县连城自然保护区
Yongdeng County

0931-6530015

730333

什川古梨园景区
Shichuan Ancient Pears Garden Scenic Area

兰州市皋兰县什川镇上车村
Shangche Village, Shichuan Town, Gaolan County

0931-5727903

730206

兴隆山自然护区
Xinlong Mountain Natural Protection Area

兰州市榆中县西南隅
Southwest of Yuzhong County

0931-5251081

730117

榆中青城古镇景区
Yuzhong Qingcheng Ancient Town Scenic Area

兰州市榆中县青城镇校场路
Jiaochang Road, Qingcheng Town, Yuzhong County

730121

嘉峪关市东湖生态旅游景区
Jiaguguan East Lake Ecotourism Area

嘉峪关市南市区
Nanshi District, Jiayuguan

735100

嘉峪关市紫轩葡萄酒庄园
Jiaguguan Zixuan Wine Village

嘉峪关市机场路嘉东工业园区北侧 5396 号
No.5396 North of Jiadong Factory Area, Airport Road, Jiayuguan

735100

中华孔雀苑景区
China Peacock Garden Scenic Area

嘉峪关市峪泉镇
Yuquan Town, Jiayuguan

735100

嘉峪关市方特欢乐世界
Jiayuguan Fangta World

嘉峪关市方特大道 4111 号
No.4111 Fangte Avenue, Jiayuguan

4001660006

735100

金昌金水湖景区
Jinchang Jinshui Lake Scenic Area

金昌市金川区
Jinchuan District, Jinchang

737100

金昌市紫金花城景区
Jinchang Zijin Flower City Scenic Area

金昌市金川区紫金花卉种植基地
Zijin Flower Planting Base, Jinchuan District, Jinchang

737100

骊靬古城景区
Liqian Ancient City Scenic Area

金昌市永昌县焦家庄乡骊靬村 1 号
No.1 Liqian Village, Jiaojiazhuang Town, Yongchang County

737200

会宁县红军会宁会师旧址
Site of Red Army Joined Forces in Huining

白银市会宁县会师镇会师南路 7 号
No.7 South Huishi Road, Huishi Town, Huining County

0943-3633885

730700

景泰黄河石林风景旅游区
Jingtai Yellow River Stone Forest Tourism Area

白银市景泰县中泉乡龙湾村
Longwan Village, Zhongquan Town, Jingtai County

0943-5523080

730400

天水市伏羲庙景区
Tianshui Fuxi's Temple Scenic Area

天水市秦州区伏羲路 110 号
No.110 Fuxi Road, Qinzhou District, Tianshui

0938-8230242

741000

天水市南郭寺景区
Tianshui Nanguo Temple Scenic Area

天水市秦州区南郭路寺院内
Inside of Nanguo Temple, Qinzhou District, Tianshui

0938-8623147

741000

天水市玉泉观公园
Tianshui Yuquanguan Park

天水市秦川区上庵沟
Shang'an Ditch, Qinzhou District, Tianshui
0938-8213957
741000

凤山景区
Fengshan Mountain Scenic Area

天水市秦安县兴国镇先农街 38 号
No.38 Xiannong Street, Xingguo Town, Qin'an County
0938-6521733
741600

甘谷县大象山
Gangu County Daxiang Mountain

天水市甘谷县五里铺
Wulipu Village, Gangu County
0938-3325315
741200

武山县水帘洞石窟景区
Area Wushan County Shuiliandong Grotto Scenic

天水市武山县榆盘乡钟楼村
Bell Tower Village, Yupan Town, Wushan County
0938-3423808
741300

张家川回乡风情园
Zhangjiachuan Hui Nationality Custom Garden

天水市张家川县阿阳大道 2 号
No.2 Ayang Avenue, Zhangjiachuan County
741500

武威雷台公园
Wuwei Leitai Park

武威市凉川区北关中路 257 号
No.257 Middle Beiguan Road, Liangzhou District, Wuwei
0935-2215852
733000

武威市沙漠公园
Wuwei Desert Park

武威市凉州区清源镇王庄村
Wangzhuang Village, Qingyuan Town, Liangzhou District, Wuwei
733000

武威文庙（武威市博物馆）
Wuwei Confucius' Temple (Wuwei Museum)

武威市凉州区东大街新青年巷 43 号
No.43 New Youth Lane, East Street, Liangzhou District, Wuwei
733000

武威神州荒漠野生动物园
Wuwei Shenzhou Safari Park in Desert

武威市凉州区西大街西环路 80 号
No.80 Xihuan Road, West Street, Liangzhou District, Wuwei
0935-2516381
733000

凉州百塔寺
Liangzhou Baita(Hundred Towers) Temple

武威市凉州区武南镇
Wunan Town, Liangzhou District, Wuwei
0935-2736599
733000

天祝冰沟河景区
Tianzhu Binggou River Scenic Area

武威市天祝县
Tianzhu County
733200

张掖国家湿地公园
Zhangye National Wetland Park

张掖市甘州区张靖公路 4 公里处
4km From Zhangjing Highway, Ganzhou District, Zhangye
0936-6922184
734000

张掖甘州大佛寺旅游景区
Ganzhou Buddhist Temple Tourism Area

张掖市甘州区民主西街大佛寺巷
Dafosi Lane, West Minzhu Street, Ganzhou District, Zhangye
0936-8212049
734000

张掖市玉水苑景区
Zhangye Yushuiyuan Scenic Area

张掖市甘州区滨河新区
Binhe New Area, Ganzhou District, Zhangye
734000

平山湖景区
Pingshan Lake Scenic Area

张掖市甘州区平山湖乡
Pingshanhu Town, Ganzhou District, Zhangye
734000

扁都口景区
Biandukou Scenic Area

张掖市民乐县南丰乡
Nanfeng Town, Minle County
734500

张掖丹霞地质公园
Zhangye Danxia Geological Park

张掖市临泽县倪家营乡
Nijiaying Town, Linze County
734200

大湖湾水利风景区
Dahuwan(Big Lake Bay) Water Conservancy Area

张掖市高台县宣化镇上庄村
Shangzhuang Village, Xuanhua Town, Gaotai County

0936-6682580

734308

西路军纪念馆
Memorial Museum for Red Army West Branch

张掖市高台县城关镇人民东路 47 号
No.47 East Renmin Road, Chengguan Town, Gaotai County

0936-6622136

734300

高台县月牙湖公园
Gaotai County Yueya Lake Park

张掖市高台县县府街 31 号
No.31 Xianfu Street, Gaotai County

0936-6621837

734300

山丹焉支山森林公园
Shandan Yanzhi Mountain Forest Park

张掖市山丹县大马营乡中河村
Zhonghe Village, Damaying Town, Shandan County

0936-2851037

743115

山丹大佛寺景区
Shandan Buddhist Temple Scenic Area

张掖市山丹县清泉镇南湾村
South Bay Village, Spring Town, Shandan County

0936-2760106

743100

肃南马蹄寺风光旅游区
Sunan Horse's Hoof Temple Tourism Area

张掖市肃南县马蹄寺旅游区管理委员会办公室
Horse's Hoof Temple Tourism Area Management Office, Sunan County

0936-8891610

734020

肃南文殊寺石窟群景区
Sunan Wenshu Temple Grottoes Scenic Area

张掖市肃南县祁丰藏族乡
Qifeng Tibetan Nationality Village, Sunan County

734400

肃南裕固风情走廊
Sunan Yugu Nationality Custom Corridor

张掖市肃南县康乐乡
Kangle Town, Sunan County

0936-6280030

734404

肃南裕固族民俗度假区
Sunan Yugu Nationality Folk Custom Resort

张掖市肃南县
Sunan County

734100

肃南冰沟丹霞景区
Sunan Binggou(Ice Valley) Danxia Scenic Area

张掖市肃南县康乐乡
Kangle Town, Sunan County

734400

泾川县田家沟水土保持生态景区
Jingchuan County Tianjiagou Soil & Water Conservation Ecotourism Area

平凉区泾川县北
North of Jingchuan County

0933-3321281

744300

泾川大云寺王母宫景区
Jingchuan Dayun Temple & Wangmu Palace Scenic Area

平凉市泾川县城西 1 公里
1 Killometres West of Jingchuan County

0933-3321348

744300

古灵台 · 荆山森林公园
Ancient Lingtai—Jingshan Forest Park

平凉市灵台县荆山路
Jingshan Road, Lingtai County

0933-3621982

744400

崇信龙泉寺
Chongxin Longquan Temple

平凉市崇信县城南 1.5 公里
1.5 Killometres South of Chongxin County

0933-6123479

744200

华亭莲花台景区
Huating Lianhuatai(Lotus Platform) Scenic Area

平凉市华亭县西华镇草滩村
Caotan Village, Xihua Town, Huating County

744106

云崖寺景区
Yunya Temple Tourism Area

平凉市庄浪县
Zhuanglang County

0933-6913135

744609

西汉酒泉胜迹景区
Jiuquan Site of West Han Dynasty Scenic Area

酒泉市肃州区公园路 100 号
No.100 Gongyuan Road, Suzhou District, Jiuquan

735000

赤金峡水利风景区
Chijinxia Irrigation Scenic Area

酒泉玉门市赤金镇金峡村赤金峡水库
Chijinxia Reservoir, Jinxia Village, Chijin Town, Yumen

735207

阳关文物景区
Yangguan Relic Scenic Area

酒泉敦煌市鸣沙山路 36 号
No.36 Mingshashan Road, Dunhuang

0937-8601264

736200

敦煌雅丹国家地质公园
Dunhuang Yadan National Geological Park

酒泉敦煌市西北 180 公里处
180 Kilometres Northwest of Dunhuang

0973-8841885

736200

金塔沙漠胡杨林景区
Jinta Desert Populus Diversifolia Forest Scenic Area

酒泉市金塔县县城西北 8 公里
8km Northwest of Jinta County

735300

草圣故里——张芝纪念馆
Zhang Zhi's Memorial Museum

酒泉市瓜州县渊泉镇
Yuanquan Town, Guazhou County

736100

瓜州锁阳城景区
Guazhou Suoyangcheng Scenic Area

酒泉市瓜州县锁阳城镇南坝村
Nanba Village, Suoyangcheng Town, Guazhou County

736100

天富亿生态民俗村景区
Tianfuyi Ecological Folk Custom Village Scenic Area

庆阳市西峰区温泉乡黄官寨村
Huangguanzhai Village, Wenquan Town, Xifeng District, Qingyang

745000

庆阳周祖陵森林公园
Qingyang Zhouzuling Forest Park

庆阳市庆城县城
Qingcheng County

745100

华池南梁红色旅游景区
Huachi Nanliang Red Tourism Area

庆阳市华池县南梁镇荔园堡村
Liyuanpu Village, Nanliang Town, Huachi County

0934-5371001

745614

贵青山遮阳山旅游区
Guiqing Mountain & Zheyang Mountain Tourism Area

定西市漳县武阳路 75 号
No.75 Wuyang Road, Zhang County

748300

渭河源景区
Source of Weihe River Scenic Area

定西市渭源县城南 25 公里
25km South of Weiyuan County

748200

武都万象洞
Wudu Vientiane Hole

陇南武都区汉王镇
Hanwang Town, Wudu District, Longnan County

0939-8528414

746041

金徽酒文化生态旅游景区
Jinhui Alcoholic Culture Ecotourism Area

陇南市武都区
Wudu District, Longnan

746000

成县“西峡颂”风景区
Chengxian County *Xixia Ode* Scenic Area

陇南市成县抛沙镇
Paosha Town, Chengxian County

0939-3292185

742500

官鹅沟自然风景区
Guan'e Valley Nature Scenic Area

陇南市宕昌县城关镇官鹅村
Guan'e Village, Chengguan Town, Dangchang County

0939-6229138

748500

康县阳坝自然风景区
Kangxian County Yangba Natrue Scenic Area

陇南市康县城南阳坝镇
Yangba Town, Kangxian County
0939-5141088
741600

花桥村景区
Huaqiao Village Scenic Area

陇南市康县长坝镇花桥村
Huaqiao Village, Changba Town, Kangxian County
741600

西和晚霞湖景区
Xihe Sunset Glow Lake Scenic Area

陇南市西和县姜席镇
Jiangxi Town, Xihe County
742100

秦文化博物馆景区
Qin Dynasty Culture Museum Scenic Area

陇南市礼县城关镇
Chengguan Town, Lixian County
742200

云屏三峡旅游景区
Yunping Three Gorge Tourism Area

陇南市两当县城东南 36 公里处
36km Southeast of Liandang County
742400

两当兵变红色景区
Liangdang Mutiny Red Tourism Area

陇南市两当县
Liandang County
742400

康乐莲花山景区
Kangle Lianhua(Lotus) Mountain Scenic Area

临夏州康乐县
Kangle County
731500

黄河三峡风景名胜区
Yellow River Three Gorges Scenic Area

临夏州永靖县刘家峡镇川东路
Chuandong Road, Liujiaxia Town, Yongjing County
0930-8836108
731600

松史鸣岩风景名胜区
Songshi Mingyan Famous Scenic Area

临夏州和政县吊滩乡
Diaotan Town, Hezheng County
0930-5580181
731200

和政古动物化石博物馆
Hezheng Ancient Animals Fossil Museum

临夏州和政县城关镇梁家庄村
Liangjiazhuang Village, Chengguan Town, Hezheng County
731200

合作市当州草原风景区
Hezuo Dangzhou Grassland Scenic Area

甘南州合作市
Hezuo
0941-8232226
747000

冶力关风景区
Yeli Pass Scenic Area

甘南州临潭县城北大街 160 号
No.160 Chengbei Avenue, Lintan County
747506

大峪沟生态旅游景区
Dayu Ditch Ecological Tourism Area

甘南州卓尼县柳林镇
Liulin Town, Zhuoni County
747600

舟曲拉尕山景区
Zhouqu Laga Mountain Scenic Area

甘南州舟曲县立节乡
Lijie Town, Zhouqu County
0941-5121580
746300

碌曲则岔石林旅游景区
Luqu Zecha Stone Forest Torism Area

甘南州碌曲县拉仁关乡则岔村
Zezha Village, Larenguan Town, Luqu County
0941-6621670
747200

拉卜楞寺
Labuleng Temple

甘南州夏河县拉卜楞镇
Labuleng Town, Xiahe County
0941-7121774
747300

青海

QINGHAI

这里是长江、黄河、澜沧江的发源地，被称为“江河源头”，又称“三江源”，素有“中华水塔”之美誉。青海，雄踞世界屋脊青藏高原的东北部，境内有国内最大的内陆咸水湖——青海湖。

青海地大物博、山川壮美、历史悠久、民族众多、文化多姿多彩。李白的诗句：“登高壮观天地间，大江茫茫去不还。黄云万里动风色，白波九道流雪山。”正是青海大美山河的生动写照。

AAAAA

塔尔寺旅游区
Ta'er Temple Tourism Area

塔尔寺是中国藏传佛教格鲁派（黄教）六大寺院之一，是青海省和中国西北地区的佛教中心和黄教的圣地，至今已有400多年历史。塔尔寺因先有塔，而后有寺，故名塔尔寺。寺内的酥油花、壁画和堆绣，被称为“塔尔寺三绝”，具独特的民族风格和很高的艺术价值。塔尔寺主要建筑依山傍塬，分布于莲花山的一沟两面坡上，殿宇高低错落，布局严谨，风格独特，气势壮观。主要建筑有大金瓦寺、大经堂、弥勒殿、九间殿、花寺、小金瓦寺、居巴扎仓、丁科扎仓、曼巴扎仓、大拉浪、大厨房、如意宝塔等9300余间（座），是集汉藏技术于一体的庞大建筑群。

西宁市湟中县鲁沙尔镇金塔路3号
No.3 Jinta Road, Lusha'er Town, Huangzhong County

0971-2232103

811600

http://www.kumbum.org

西宁汽车站有直达塔尔寺的班车。

互助土族故土园旅游区
Huzhu Tu Nationality Homeland Park Tourism Area

互助县是我国唯一的以土族为主体民族的自治县，被称为“土族之乡”，土族民族风情又是青海省最具吸引力的民族文化旅游资源，因而互助的旅游景区统称为互助土族故土园。互助土族故土园旅游区内自然环境原始纯朴，生态环境雄奇独特，文化遗迹古老神秘，民族风情风格迥异。极具特色土族民族文化，发育完好的高原生态系统，历史悠久的宗教文化和青稞酒文化构成了互助旅游的四大品牌。旅游区共有5个核心景区，分别是彩虹部落土族园、纳顿庄园、小庄民俗文化村、西部土族民俗文化村、天佑德中国青稞酒之源。互助土族故土园旅游区是集游览观光、休闲度假、体验民俗、宗教朝觐于一体的综合旅游景区。

海东市互助县威远镇北大街1号
No.1 North Street, Weiyuan Town, Huzhu County

0972-8322109

810500

http://www.hztzgty.com

乘西宁到互助的班车即可到达景区。

青海湖景区
Qinghai（Blue）Lake Scenic Area

青海湖地处青海高原东北部，是我国第一大内陆湖泊，也是我国最大的咸水湖。青海湖远处四周被巍巍高山所环抱：北面是崇高壮丽的大通山，东面是巍峨雄伟的日月山，南面是逶迤绵延的青海南山，西面是峥嵘嵯峨的橡皮山。湖区有大小河流近30条，主要有布哈河、巴戈乌兰河、倒淌河等，其中以布哈河最大。湖东岸有两个子湖，一名尕海，系咸水；一名耳海，为淡水。青海湖近处周围是茫茫草原，地势开阔平坦，是水草丰美的天然牧场。夏秋季的大草原，绿茵如毯，金黄色的油菜花，迎风飘香，牧民的帐篷，星罗棋布，成群的牛羊，飘动如云。日出日落的迷人景色，更充满了诗情画意，使人心旷神怡。

海北州刚察县南部
South of Gangcha County

0971-8212516

812300

http://www.qhhly.cn

青海藏医药文化博物馆
Qinghai Tibetan Medicine Culture Museum

西宁市生物产业园
Biology Industrial Garden, Xining

810000

西宁市动物园
Xining Zoo

西宁市胜利路 72 号
No.72 of Victory Road, Xining

0971-6146648

810001

青海省博物馆
Qinghai Province Museum

西宁市西关大街新宁广场
Xinning Square, Xiguan Avenue, Xining

0971-6118672

810001

青藏高原野生动物园
Qinghai-Tibet Plateau Safari Park

西宁市城西区行知路 9 号
No.9 Xingzhi Road, Chengxi District, Xining

0971-6146648

810001

老爷山风景名胜区
Laoye Mountain Famous Scenic Area

西宁市大通县桥头镇
Qiaotou Town, Datong County

0971-2734973

810100

湟源丹噶尔古城旅游区
Dangar Ancient Town Tourism Area

西宁市湟源县
Huangyuan County

0973-8795001

812100

青海藏文化馆
Qinghai Tibetan Culture Museum

西宁市湟中县迎宾路 A1 号
No.A1 Yingbin Road, Huangzhong County

0971-2734973

811600

彩虹部落土族园景区
Rainbow Tribe Tu Nationality Garden Scenic Area

海东市互助县威远镇振兴大道西路口
West End of Zhenxing Avenue, Weiyuan Town, Huzhu County

810500

循化撒拉族绿色家园
Xunhua Green Garden of Sala Nationality

海东市循化县积石镇
Jishi Town, Xunhua County

0972-8815559

811100

青海金银滩景区
Qinghai Golden & Silver Beach Scenic Area

海北州海晏县西海镇西北
Nothwest of Xihai Town, Haiyan County

0970-8643029

812200

祁连山风光旅游景区
Qilian Mountain Scenic Area

海北州祁连县八宝镇
Babao Town, Qilian County

810400

百里油菜花海景区
Hundred Miles Cole Flower Sea Scenic Area

海北州门源县东街
East Street, Menyuan County

0970-8610333

810300

同仁县热贡国家历史文化名城旅游区
Tongren County Regong National History & Culture Town Tourism Area

黄南州同仁县隆务镇
Longwu Town, Tongren County

0973-8722739

811300

青海

Qilian County
祁连县

青海省祁连县广电大厦三楼文体旅游广电局
0970-8672109

祁连县位于青海省海北藏族自治州境内，因地处祁连山中段而得名。祁连因其历史悠久、境域辽阔、风光旖旎而素有“天境祁连”之美誉，境内集雪山、峡谷、冰川、森林、草原、丹霞地貌等原始生态于一体，是一个旅游资源十分富集的地区，是青藏高原自然风光的浓缩版、精华版，更是众多游客理想的避暑胜地。

阿咪东索景区 /Amidongsuo Scenic Area

位于祁连县八宝镇境内，主要由高原牧场、草原花海体验基地、林海露营体验基地、盆景湾、万佛崖、经幡祈愿台六个观景点组成。景区内景色宜人、气候凉爽，苍松翠柏、绿野如荫，原始生态保存完整，是一处天然的生态旅游福地。

卓尔山景区 /Zhuo'er Mountain Scenic Area

位于祁连县八宝河北岸，是“音乐家采风基地”和“摄影家创作基地”，与藏区神山阿咪东索（牛心山）隔河相望。景区主要由民族团结祥和塔、西夏烽燧、情人崖、天境之眼、千兵崖、丹碧花海等景点组成。

峨堡古城遗址及遗址博物馆 /Ebao Acient Town Site & Museum

历史上峨堡是青海通往河西走廊的首要通道，是丝绸南路上的重要节点、茶马互市及军事要塞；如今亦是祁连北出甘肃、东至门源、西宁的必经之地，素有“青海北大门”之称。现存峨堡古城约始建于公元1206～1279年，为夯土筑，北城墙正中及城四角各有一个马面，有东、西、南三个城门，北因临山而无门，均有瓮城。

阿柔大寺 /Arou Great Temple

阿柔大寺为阿柔部落的部署寺院。清顺治年间，阿柔部落迎请五世达赖喇嘛，并请求建立寺院，经五世达赖允准，建成阿柔寺。因牧民流动游牧，寺院也随之多次搬迁，定居祁连县后，经过多年的发展，现今阿柔大寺已成为祁连县最具规模的藏传佛教寺院。

祁连山草原 /Qilian Mountain Prairie

是中国美丽的六大草原之一，具有面积大、草质好、类型多、产草量高等特点，有罕见的林中草场。海拔 4000 米以上还有高山积雪形成的硕长而宽阔的冰川地貌，奇丽壮观。进入祁连境内，放眼望去，满目尽是草原旖旎的风光。夏季的草原像是广袤无垠的绿毯，满山的白藏羊恰似散落的珍珠；黑色的牛毛帐篷、袅袅升起的炊烟、牧人悠扬的歌声，这一幕如画风景却是草原最寻常的景色。

黑河大峡谷 /Black River Grand Valley

黑河是全国第二大内陆河，全长 900 多公里，被誉为“河西走廊的母亲河”。黑河一路劈山凿谷，开凿出气势恢宏的黑河大峡谷。峡谷内山高谷深，峰谷落差巨大，形成了峡谷内丰富的地理垂直景观。谷内万仞峥嵘，怪石林立，景致独特而不类同。时而狭窄河急，峭壁裸露，如至绝境；时而豁然开朗，坡缓滩阔，别有洞天。这里奇花异草密布，宛如仙境，是鲜有游客涉足的神秘境地。

祁连鹿场 /Qilian Deer Farm

位于县城以西 40 公里处，背依托勒南山，前临黑河，风景优美，交通便利。鹿场饲养有近千只的马鹿、白唇鹿和梅花鹿。鹿既可观赏又具有药用价值，祁连鹿场现已开发生产鹿茸片、鹿血酒、鹿鞭、鹿胎、鹿尾等系列纯天然强身滋补品，深受广大消费者的青睐。

坎布拉森林公园
Kanbula Forest Park

黄南州尖扎县西北部黄河南岸
South Bank of Yellow River, Northwest of Jianzha County

0973-8739025

811200

贵德高原养生休闲区
Guide Plateau Health Care & Leisure Area

海南州贵德县
Guide County

0974-8550939

811700

久治县年宝玉则景区
Jiuzhi County Nianbaoyuze Scenic Area

果洛州久治县智青松多镇
Zhiqingsongduo Town, Jiuzhi County

0975-8332311

624700

玛多黄河源旅游区
Maduo Source of Yellow River Tourism Area

果洛州玛多县扎陵湖乡
Zhalinghu Town, Maduo County

0975-8345916

813500

称多县拉布民俗村
Chengduo County Labu Folk Village

玉树州称多县拉布乡
Labu Town, Chengduo County

0973-8795001

815100

格尔木昆仑旅游区
Golmud Kunlun Tourism Area

海西州格尔木市八一中路 60 号
No.60 Middle Bayi Road, Germu

0979-8498299

816000

茶卡盐湖旅游景区
Chaka Yanhu (Salt Lake) Tourism Area

海西州乌兰县茶卡镇盐湖路 9 号
No.9 Yanhu Road, Chaka Town, Ulan Coutny

0977-8240129

817101

宁夏

NINGXIA

宁夏是中华民族远古文明发祥地之一。境内灵武市“水洞沟遗址”表明早在3万年前的旧石器时代，就有人类在此生息繁衍。公元前3世纪，秦始皇统一六国后，在这里设北地郡，派兵屯垦，兴修水利，开创了引黄灌溉的历史。1028年，党项族首领李元昊在此建立了西夏王朝，并形成了独特的西夏文化。

宁夏地处我国版图几何中心，多样丰富的地形地貌，造就了多姿多彩的独特自然风光，被誉为“中国旅游的微缩盆景”。这里有翠岚接天的高山，有浩瀚无垠的大漠，有水网交错的平原，有碧波万顷的湖泊。九曲黄河从西南向东北滋养着宁夏平原。

古老的黄河文明，神秘的西夏历史，雄浑的大漠风光，交织成色彩斑斓、雄奇秀丽的“塞上江南 · 神奇宁夏”。

AAAAA

宁夏华夏西部影视城

China Western Studio Ltd. of Ningxia

"远山卧佛梦初醒，白云出岫空如洗。古堡虽孤辟蹊径，无限风光皆从此。"镇北堡原是明代沿长城西北线所建的众多军事要塞之一，1738年，镇北堡兵营毁于地震。1740年，乾隆皇帝下旨又在此夯筑了另一个兵营"清城"。20世纪60年代初著名作家张贤亮偶遇了镇北堡，不但把它写进了自己的小说中，同时又积极向电影界推介，注定了古代兵营废墟有繁华的今天。

荒凉、粗犷、原始、自然的镇北堡遗址上，产生了《牧马人》《老人与狗》《红高粱》等著名电影，另外，《黄河谣》《大话西游》《越光宝盒》等百余部影视片在这里留下了近200处景点。因为在这里拍摄的影片多、走出的明星多、获得的国内外大奖多，所以宁夏华夏西部影视城享有"中国电影从这里走向世界"的美誉。

银川市西夏区镇北堡西部影城
Zhenbeipu, Xixia District Town

750021

http://www.chinawfs.com

17路旅游专线可达景区。

银川市水洞沟旅游区

Yinchuan Shuidonggou(Stream, Cave & Valley) Tourism Area

水洞沟是中国发掘的最早的旧石器时代文化遗址，被誉为"中国史前考古的发祥地""中西方文化交流的历史见证"。独特的雅丹地貌，鬼斧神工地造就了魔鬼城、旋风洞、卧驼岭、摩天崖、断云谷、怪柳沟等20多处奇绝景观，记录了3万年来人类生生不息的活动轨迹，使这里充满了玄远、雄浑的旷古神韵。水洞沟还是我国明代长城、烽燧、城堡、沟堑、藏兵洞、大峡谷、墩台等军事防御建筑大观园，是中国目前唯一保存最为完整的长城立体军事防御体系。

水洞沟是一个神奇的地方，一步一景，绝无类同，或原始、古朴、纯净，或苍凉、怪诞、孤独，或美丽、安然、闲逸、悠远、宁静，或险峻、奇绝、神秘，"步步有亮点，处处有惊险"。

银川灵武市临河镇
Linhe Town, Lingwu

0951-5014338

750004

http://www.shuidonggou.com

银川北门旅游汽车站、银川南关汽车站、银川新月广场、银川火车站游客集散中心均有直达水洞沟的大巴。

沙湖生态旅游区

Sand Lake Ecological Tourism Area

宁夏沙湖生态旅游区镶嵌在贺兰山下、黄河岸边，22.52平方公里的沙漠与45平方公里的水域毗邻而居，融江南水乡之灵秀与塞北大漠之雄浑为一体，被誉为"丝路驿站"上的旅游明珠。这里烟波浩渺的湖水，金沙如画的沙漠，婀娜多姿的芦苇，成千上万的候鸟，种类繁多的游鱼，加上远山、彩荷，使这里成为鸟的天堂、鱼的世界、游人的乐园。

沙湖生态旅游区四季皆宜游，早晚景俱奇。春季踏春观鸟，夏季沙水冲浪，秋季渔歌唱晚，冬季冰雪狂欢。"早观芦荡日出，晚听驼铃叮当"，是沙湖美景和游客体验的生动写照。

石嘴山市平罗县沙湖旅游区
Sand Lake Tourism Zone, Pingluo County

753402

http://www.nxshahu.com

银川北门旅游汽车站有沙湖旅游专线车。石嘴山大武口区汽车站乘坐前往银川的班车可途经沙湖。

沙坡头旅游区

Shapotou Tourism Area

沙坡头旅游区位于宁夏、内蒙古、甘肃三省（区）的交接点，黄河第一入川口，是欧亚大通道，古丝绸之路的必经之地。这里南靠山峦叠嶂、巍峨雄奇的祁连山余脉香山，北连沙峰林立、绵延万里的腾格里大沙漠，中间被奔腾而下，一泻千里的黄河横穿而过。旅游区以沙坡头黄河两岸山水田园以及北部的腾格里沙漠为核心。浩瀚无垠的腾格里大沙漠、蕴灵孕秀的黄河、横亘南岸的香山与世界文化遗产战国秦长城、秦始皇长城、秦代陶窑遗址、新旧石器遗址、黄河两岸的史前岩画以及滴翠流红的河湾园林在这里交会，谱写了一曲大自然瑰丽的交响曲。其多元融合的历史流光溢彩，其独具特色的景观使人流连忘返。丰富独特的旅游资源，悠久厚重的历史文化，享誉世界的治沙成果，确立了沙坡头在中国乃至世界旅游界的独特地位。

“九曲黄河万里沙，浪淘风簸自天涯。”沙坡头，是一片钟灵毓秀的宝地，是一片永远在创造着奇迹的沃土，是一部与日俱新、永远也没有结尾且充满深邃韵味的旅游宝典。

中卫市沙坡头区迎水桥镇
Shapotou District, Zhongwei

0955-7681481

755000

http://www.spttour.com

2 路。

西夏王陵旅游区
Xixia King's Cemetery Tourism Area

银川市西夏区平吉堡
Pingjibu, Xixia District, Yinchuan

0951-5668967

750001

银川黄河军事文化博览园
Yinchuan Yellow River Military Culture Expo Garden

银川市滨河新区
Binhe New District, Yinchuan

0951-6077111

750004

宁夏张裕摩塞尔十五世酒庄
Ningxia Zhangyu Mosel 15th Chateau

银川市高新技术产业开发区
Hightec Industry Development Zone, Yinchuan

0951-8506616

750004

银川市黄沙古渡原生态旅游区
Yinchuan Yellow Sand Ancient Port Original Ecotourism Area

银川市兴庆区月牙湖乡
Yueyahu Township, Xingqing District, Yinchuan

0951-6119999

750001

黄河横城国际休闲度假旅游区
The Yellow River Hengcheng International Leisure Tourism Resort

银川市兴庆区黄河大桥北侧
North Side of Yellow River Bridge, Xingqing District, Yinchuan

750001

银川市鸣翠湖景区
Yinchuan Mingcui Lake Scenic Area

银川市兴庆区掌政镇
Zhangzheng Town, Xingqing District, Yinchuan

750005

中华回乡文化园
China Hui Nationality Culture Garden

银川市永宁县城西高速公路出口处
Near the Exit of Highway, West Yongning County

750100

苏峪口国家森林公园
Suyukou National Forest Park

银川市贺兰县苏峪口
Suyukou, Helan County

0951-9682488

750021

贺兰山岩画景区
Helan Mountain Rock Paintings Scenic Area

银川市贺兰山县
Helan County

0951-9682488

750021

青铜峡黄河大峡谷旅游区
Qintongxia(Copper Canyon) Yellow River Canyon Tourism Area

吴忠青铜峡市青铜峡镇黄河大坝内
Yellow River Dam, Qingtongxia

751600

固原博物馆
Guyuan Museum

固原市原州区政府街
Government Street, Yuanzhou District, Guyuan

0954-2032751

756000

固原须弥山石窟
Guyuan Xumi Mountain Grotto

固原市原州区石窟管理所
Caves Administrative Office, Yuanzhou District, Guyuan

0954-2616587

756000

六盘山风景旅游区
Liupan Mountain Tourism Area

固原市西城路 135 号
No.135 of West City Road, Guyuan

0954-2088036

756400

火石寨国家地质公园
Huoshizhai National Geological Park

固原市西吉县火石寨乡
Huoshizhai Town, Xiji County

0954-3016692

756200

腾格里沙漠 · 金沙岛休闲度假区
Tengger Desert—Golden Sand Island Leisure Resort

中卫市沙坡头区
Shapotou District, Zhongwei

0955-7656446

755000

新疆
XINJIANG

新疆，是我国面积最大、交界邻国最多、陆地国界线最长的省级行政区。新疆，地处祖国西北边陲，总面积 166 万平方公里，约占全国陆地总面积的 1/6。新疆古称西域，是古“丝绸之路”的重要通道，是各民族迁徙融合的走廊，是“多元一体”文化和东西方文明交融的地区，自古以来就是祖国不可分割的一部分。

新疆面积辽阔，自然景观神奇独特，这里有高山湖泊——天山天池，有人间仙境——喀纳斯，有绿色长廊——吐鲁番葡萄沟，有空中草原——那拉提，有地质奇观——可可托海以及喀什泽普金胡杨景区、乌鲁木齐天山大峡谷等。在 5000 多公里古“丝绸之路”的南、北、中三条干线上，分布着为数众多的古文化遗址、古墓葬、石窟寺等人文景观，交河故城、楼兰故城遗址、克孜尔千佛洞等享誉中外。

天山大峡谷景区
Tianshan(The Heaven Mountain) Grand Canyon Scenic Area

天山大峡谷景区三面环山，是天山北坡最完整、最具观赏价值的原始雪岭云杉林，囊括了除沙漠以外的新疆所有自然景观，是人类农耕文明之前游牧文化的活博物馆，具有极高的旅游欣赏、科学考察和历史文化价值。天山大峡谷景区内有八大独特景点，即天山坝休闲区、照壁山度假游乐区、加斯达坂观光区、天鹅湖自然风景区、牛牦湖林海松涛观光区、哈萨克民族风情园区、高山草原生态区、雪山冰川观光区。天山大峡谷景区同时兼有"泰山之雄伟、峨眉之秀丽、雁荡之巧石、华山之险峻"，有"百里黄金旅游走廊，休闲度假户外天堂"的赞誉。

乌鲁木齐市乌鲁木齐县板房沟乡
Banfanggou Township, Urumqi County

830063

http://www.wlmqtsdxg.com

乌鲁木齐县乡村公交 8031 旅游专线车直达大峡谷景区。

吐鲁番葡萄沟风景区
Turpan Grape Valley Scenic Area

吐鲁番葡萄沟风景区位于著名的火焰山中，是火焰山下的一处峡谷。沟内有布依鲁克河流过，主要水源为高山融雪，葡萄沟因盛产葡萄而得名，是新疆吐鲁番地区的旅游胜地。在这里，不仅能认识不同种类的葡萄、亲自采摘并品尝不同种葡萄的美味，还能参观杏园、阿凡提故居、巴依豪宅、葡萄晾房、千米葡萄长廊、斗鸡场、古县长办公点等。葡萄节期间还能尝到大馕坑里烤出来的美味新疆大馕。

吐鲁番市高昌区葡萄乡
Grape Township, Gaochang District, Turpan

838000

吐鲁番客运站对面椿树路有开往葡萄沟的乡村班车。

喀什噶尔老城景区
Kashgar Ancient Town Scenic Area

喀什噶尔老城景区位于喀什市城北的高崖上，以江库尔干巷和布拉克贝希巷为主线，是一处保存完整的"迷宫式"城市街区。喀什噶尔老城景区是 2000 年多前西域三十六国之一古疏勒国的国都所在地，留下众多厚重的历史文化遗存，主要有老城街巷、维吾尔民居、九龙泉等，景区涵盖老城核心区、艾提尕尔清真寺、高台民居等 18 个景点，其中老城是世界上现存规模最大的生土建筑群之一，街巷纵横交错，建筑高低错落，宛如迷宫。

喀什市亚瓦格路 10 号
No. Yawage Road, Kashi

844000

2 路、7 路、8 路、22 路、28 路公交车到艾提尕尔站下车即可。

天山天池风景区
Tianshan Tianchi Scenic Area

西王母与周穆王瑶池相会的神话，极具浪漫色彩。唐代诗人李白有"请君赎献穆天子，犹堪弄影舞天池"的名句。天山天池位于博格达峰北坡半山腰，是一个湖面呈半月形天然的高山湖泊，传说这里即是西王母沐浴之所。天池湖面海拔 1900 多米，一泓碧波高悬半山，就像一只玉盏被岩山的巨手高高擎起。沿岸苍松翠柏，怪石嶙峋，环山绿草如茵，羊群游移，更有千年冰峰，银装素裹，神峻异常，整个湖光山色，美不胜收。天山天池风景区以天池为中心，以完整的 4 个垂直自然景观带和雪山冰川、高山湖泊为主要特征，以远古瑶池西王母神话以及宗教和独特的民族民俗风情为文化内涵，融森林、草原、雪山、人文景观为一体，风光别具一格。

昌吉州阜康市准葛尔路 501 号
No.501 Zhungeer Road, Fukang

831500

阜康客运站有小巴前往天池风景区。

巴音布鲁克景区
Bayin Buluke Scenic Area

这里是梦中草原，骏马天堂，天鹅故乡，东归故里。巴音布鲁克景区是天山山脉中段的高山间盆地，四周为雪山环抱。景区因自然生态景观和人文景观独具特色，被称为"绿色净土"，是我国最大高寒草甸草原所在地。巴音布鲁克蒙古语意为"丰富的泉水"。这里草原地势平坦，水草丰盛，不但有雪山环抱下的世外桃源，有"九曲十八弯"的开都河，更有优雅迷人的天鹅湖。巴音布鲁克天鹅湖是亚洲最大、我国唯一的天鹅自然保护区，栖息着我国最大的野生天鹅种群。

巴音郭楞州和静县巴音布鲁克镇
Bayin Buluke Town, Hejing County

841300

http://www.byblk.cn

和静县长途汽车站有开往巴音布鲁克的班车。

博斯腾湖旅游景区
Bositeng Lake Tourism Area

博斯腾湖旅游景区境内有全国最大的内陆淡水湖——博斯腾湖。博斯腾湖古称“西海”，水域面积为1646平方公里，分为大湖区和小湖区，拥有丰富的渔业、芦苇、食盐、蒲草等自然资源。湖内有全国最大的野生睡莲群、种类数量众多的候鸟和湖泊景观。博斯腾湖旅游景区现已开发建设大河口（西海渔村）、莲花湖、阿洪口、扬水站、银沙滩、白鹭洲（双湾竞秀、海龙度假村、白鹭园、白鹭洲头、金海湾）等13个旅游景点，是“新疆十大风景名胜旅游区”之一。

巴音郭楞州博湖县团结西路11号
No.11 West Tuanjie Road, Bohu County

0996-6625902

841400

一般游客均是从库尔勒包车前往。库尔勒州邮电局门口有班车发往博斯腾湖。

那拉提旅游风景区
Nalati Tourism Area

那拉提意为“最先见到太阳的地方”。那拉提旅游风景区地处天山腹地，在被誉为“塞外江南”的伊犁河谷东端，三面环山，巩乃斯河蜿蜒流过，可谓是“三面青山列翠屏，腰围玉带河纵横”。风景区自南向北由高山草原观光区、哈萨克民俗风情区、旅游生活区组成。这里河谷草原与高山草甸贯通交叠，蜿蜒河流与涓涓山溪纵横交错。它独特神奇的自然景观、内涵丰富的人文景观、悠久的历史文化和浓郁的民族风情构成了独具特色的边塞风光，向世人展示天山深处一道宛如立体画卷般的风景长廊。

伊犁州新源县
Xinyuan County

835800

https://www.nalati.com

新源县有直达那拉提的公交车。

喀拉峻国际生态旅游区
Kalajun International Ecotourism Area

“喀拉峻”是哈萨克语，意思是“山脊上的莽原”。喀拉峻山是一条东西向绵延的山岭，它的两侧是沟壑梳状密布的山地，山原起伏跌宕，生长着茂密的原始云杉林。喀拉峻国际生态旅游区地处天山中部的比依克山北麓，东至阿克布拉克（白泉），西至阔克苏河谷，南至中天山雪峰，北至喀甫萨朗村委会，由阔克苏大峡谷、西喀拉峻、东喀拉峻、中天山雪峰和天籁之林五大景区构成。喀拉峻大草原是哈萨克牧民的夏牧场，生长着104种天然优质牧草，属典型的“高山五花天然草甸”草原，是“世界上少有的高山天然优质大草原”。草原尽头是阔克苏大峡谷，极为险峻，峡谷内森林密布、溪水潺潺、松涛鸟鸣，远处蓝天白云、雪山皑皑，与博大、辽阔、俊美的草原美景形成极大的反差。喀拉峻山峦连绵起伏，雪山云杉相映成辉，犹如一幅大气磅礴的天然画卷。

伊犁州特克斯县喀拉峻大草原
Kalajun Prairie, Tekesi County

835500

http://www.xjkalajun.com

新疆生产建设兵团第十师白沙湖景区
Xinjiang PCC the 10th Division Baisha Lake Scenic Area

沙漠奇景白沙湖藏在第十师185团3连的沙漠深处，离185团的团部有25公里。白沙湖位于沙漠之中，海拔650米，南北长约2100米，东西宽1300米。无论春秋冬夏，湖水始终不增不减，不凝不浊，此水来自何处，又为何能常年保持常态，至今是谜，这也正是白沙湖充满魅力的一个重要原因。白沙湖湖中四周生长着密密丛生的芦苇、菖蒲、野荷花等水生植物，湖周围是高大茂密的银灰杨、白杨、白桦混生的林带，林带之外的沙丘上，则生长着额河杨、山楂、白杨、绣线菊等植物。远处的金色鸣沙山倒映在碧绿的湖水中，湖边各类树木层层叠叠，交相辉映，犹如一个完美无缺的自然大盆景，人称“塞北小江南”。

阿勒泰地区新疆生产建设兵团十师185团3连
3rd Group, 185 Regiment, 10th Division, Xinjiang PCC

836500

http://www.baishahu.net

喀纳斯风景名胜区
Kanas Famous Scenic Area

喀纳斯是世界的净土。喀纳斯是“人间仙境”“神的花园”。喀纳斯，蒙语意指“美丽又神秘”，位于中国西北角边缘，布尔津县北部。喀纳斯风景名胜区共有大小景点50余处，主要包括喀纳斯国家自然保护区、喀纳斯国家地质公园、白哈巴国家森林公园、贾登峪国家森林公园、喀纳斯河谷、禾木河谷、那仁草原、禾木草原及禾木村、白哈巴村、喀纳斯村等国内外享有盛名的八大自然景观区和三大人文景观区。喀纳斯湖是喀纳斯风景名胜区的核心景区，是中国最美湖泊，是中国最深的冰碛堰塞湖，是一个坐落在阿尔泰深山密林中的高山湖泊、内陆淡水湖。喀纳斯湖雪峰耸峙，湖光山色美不胜收。喀纳斯湖中央有变色湖，湖水会随着季节和天气的变化而变换颜色。禾木村、白哈巴村、喀纳斯村是仅存的三个图瓦人村落，充满了原始的味道。

阿勒泰地区布尔津县友谊峰路 2 号
No.2 Youyifeng Road, Buerjin County

836600

http://www.kns.gov.cn

从布尔津到喀纳斯有 120 多公里，旅游旺季时有班车前往。

富蕴县可可托海景区
Fuyun County Keketuohai Scenic Area

可可托海景区由额尔齐斯大峡谷、可可苏里、伊雷木特湖、卡拉先格尔地震断裂带四部分组成。额尔齐斯大峡谷全长约 8 公里，额尔齐斯河从中流过。两岸分列着神钟山、飞来峰、骆驼峰、神象峰、神鹰峰、小石门、人头马面等无数个极具个性的奇峰怪石，俱是裸露的花岗岩，石壁陡峻。可可苏里又称野鸭湖，是一片湿地，远远望去，水边绿草如盖，蓝天、白云、苇丛倒影如画，湖面颜如玉、明如镜，是额尔齐斯河散落在大地上的一颗珍珠。伊雷木特湖是额尔齐斯河和喀依尔特河交汇储水而成的水库型湖泊。东西两侧雄峰屹立，南北两侧绿树环绕，良田万顷，村舍镶嵌，倒影于水中，形成两幅重叠相连的画面。伊雷木特湖近看似长江三峡，登高俯视，则宛如巨大无比的海蓝宝石。卡拉先格尔地震断裂带是 1931 年 8 月 11 日发生的里氏 8 级大地震遗迹，是世界上罕见的地震断裂带之一，也是世界上最典型、保存最完好的地震遗迹，素有“地震博物馆”之称。

阿勒泰地区富蕴县赛尔江西路
West Sairjiang Road, Fuyun County

836100

http://www.keketuohai.com.cn

富蕴县有到可可托海的专线出租车（富蕴客运站处）。在乌鲁木齐市可乘到可可托海镇专线长途汽车抵达可可托海镇。

金湖杨国家森林公园
Jinhuyang(Golden Diversiform-leaved Poplar) National

金湖杨国家森林公园位于泽普县城西南 40 公里的戈壁深处，坐落在叶尔羌河冲积扇上缘，三面环水，景色宜人。景区内天然胡杨林面积广达 12 平方公里，夏季浓荫蔽日，杂花生树间；入秋黄叶如染，如诗如画。“胡杨、水、绿洲、戈壁”四位一体的独特自然风貌向人们展示了一副塞外边疆独有的画卷，堪称塔里木盆地西边缘不可多的的一处旅游胜地。

喀什地区泽普县奎依巴格乡亚斯墩林场
Yasidun Forest Center, Kuiyibage Town, Zepu County

844800

乌鲁木齐水磨沟公园
Urumqi Shuimogou Park

乌鲁木齐市水磨沟路 46 号
No.46 Shuimogou Road, Urumqi

830002

红山公园
Hongshan Park

乌鲁木齐市水磨沟区红山路 40 号
No.40 Hongshan Road, Shuimogou District, Urumqi

830002

新疆民街民俗博物馆
Xinjiang Minjie Folk Custom Museum

乌鲁木齐市龙泉街 349 号
No.349 Longquan Street, Urumqi

830002

乌鲁木齐西山老君庙
Urumqi West Mountain Laojun's Temple

乌鲁木齐市西山路 104 团团场机关西侧
Xishan Road, Urumqi

830002

红光山生态园
Hongguang(Red Light) Mountain Ecological Garden

乌鲁木齐市米东南路 2 号
No.2 South Midong Road, Urumqi

830002

新疆国际大巴扎
Xinjiang International Dabazha

乌鲁木齐市天山区
Tianshan District, Urumqi

830002

农十二师九龙生态园
Agriculture 19th Division Jiulong(Nine Dragons) Ecological Garden

乌鲁木齐市沙依巴克区
Shayibak District, Urumqi

830009

乌鲁木齐市丝绸之路国际度假区
Urumqi Silk Road International Resort

乌鲁木齐市
Urumqi

830002

新疆维吾尔自治区博物馆
Xinjiang Uygur Autonomous Region Museum

乌鲁木齐市西北路 581 号
No.581 Xibei Road, Urumqi

830000

乌鲁木齐市天山野生动物园
Urumqi Tianshan Mountain Wildlife Garden

乌鲁木齐达坂城区西部
West of Dabancheng District, Urumqi

830039

乌鲁木齐县苜蓿台生态公园
Uramqi County Muxutai Ecotourism Park

乌鲁木齐市乌鲁木齐县托里乡
Tuoli Township, Urumqi County

830063

克拉玛依河景区
Karamay River Scenic Area

克拉玛依市克拉玛依区滨河南路 125 号
No.125 South Binhe Road, Karamay District, Karamay

834000

世界魔鬼城
The World Devil's Town

克拉玛依市乌尔禾区乌尔禾乡
Wurhe District, Karamay

834012

吐鲁番坎儿井乐园
Turpan Kan'erjing Amusement Park

吐鲁番市高昌区亚尔乡亚尔村
Ya'er Village, Ya'er Town, Gaochang District, Turpan

838000

坎儿井民俗园
Kan'erjing Folk Park

吐鲁番市高昌区新城路 1618 号
No.1618 Xincheng Road, Gaochang District, Turpan

838000

吐鲁番火焰山景区
Turpan Huoyan(Fire) Mountain Scenic Area

吐鲁番市高昌区三堡乡
Sanbao Town, Gaochang District, Turpan

838000

吐鲁番市博物馆
Turpan Museum

吐鲁番市高昌区木纳尔路 1268 号
No.1268 Munaer Road, Gaochang District, Turpan

838000

库木塔格沙漠风景区
Kumutage Desert Scenic Area

吐鲁番市鄯善县公园路 999 号
No.999 Gongyuan Road, Shanshan County

838200

哈密东天山风景名胜区
Hami East Tianshan Mountain Famous Scenic Area

哈密市伊州区天山西路 2 号
No.2 Tianshan West Road, Yizhou District, Hami

839000

哈密雅尔丹风景旅游区
Hami Yaerdan Scenic Area

哈密市伊州区五堡乡
Wupu Town, Yizhou District, Hami

839000

哈密王府景区
Hami King's Palace Scenic Area

哈密市伊州区环城路 8 号
No.8 Huancheng Road, Yizhou District, Hami

839000

伊吾胡杨林生态园
Yiwu Diversiform-leaved Poplar Forest Ecological Garden

哈密市伊吾县
Yiwu County

839300

巴里坤县古城景区
Balikun County Ancient City Scenic Area

哈密市巴里坤县城南街榆树巷 5 号
No.5 Yushu Lane, Balikun County

839200

阿克苏市多浪河景区
Aksu Duolang River Scenic Area

阿克苏地区阿克苏市西大街
West Street, Aksu

843000

阿克苏天山神木园
Aksu Tianshan Shenmu Park

阿克苏地区温宿县
Wensu County

843100

龟兹绿洲生态园
Qiuci Green Island Ecological Garden

阿克苏地区库车县塔化路东 19 号
N0.19 East of Tahua Road, Kuche County

842000

库车王府
Kuche Prince's Palace
阿克苏地区库车县老城林基路街
Linjilujie, Kuche County
842000

阿克苏天山神秘大峡谷景区
Aksu Tianshan Mysterious Grand Canyon Scenic Area
阿克苏地区库车县阿格乡
Age Town, Kuche County
842000

新和县沙漠花海景区
Xinhe County Flower Sea on Desert Scenic Area
阿克苏地区新和县塔什艾日克乡乔勒潘巴格村
Qiaolepanbage Village, Tashiairike Town, Xinhe County
842100

沙棘林湿地公园
Sea-buckthorn Forest Wetland Park
阿克苏地区乌什县
Wushi County
843400

乌什燕泉山景区
Wushi Yanquan Mountain Scenic Area
阿克苏地区乌什县城西
West of Wushi County
843400

阿瓦提刀郎部落
Awati Daolang Tribe
阿克苏地区阿瓦提县洋瓦力克镇
Yangwalike Town, Awati County
843200

喀什市艾提尕尔民俗文化旅游区
Kashi Aitige'er Folk Cultural Tourism Area
喀什地区喀什市市中心
Centre of Kashi
844000

南湖旅游度假区
Nanhu（South Lake）Tourism Resort
喀什地区英吉沙县
Yingjisha County
844500

刀郎画乡
Daolang Painting Town
喀什地区麦盖提县库尔库萨尔乡
Kurkusar Town, Maigalti County
844600

岳普湖县达瓦昆沙漠旅游风景区
Yuepuhu County Dawakun Desert Tourism Area
喀什地区岳普湖县
Yuepuhu County
844400

巴楚县红海湾景区
Bachu County Honghaiwan(Red Sea Bay) Scenic Area
喀什地区巴楚县红海水库
Honghai Reservior, Bachu County
843800

石头城景区
Stone City Scenic Area
喀什地区塔什库尔干县
Taxkorgan County
845250

和田乌鲁瓦提风景区
Hetian Wuluwati Scenic Area
和田地区和田县朗如乡
Langru Town, Hetian County
845150

昌吉杜氏旅游度假村
Changji Dushi Tourism Resort
昌吉州昌吉市六工镇
Liugong Town, Changji
831100

呼图壁县世纪公园
Hutubi County Century Garden
昌吉州呼图壁县乌伊路 14 号
No.14 Wuyi Road, Hutubi County
831200

中华碧玉园
China Green Jade Garden
昌吉州玛纳斯县玛纳斯镇
Manasi Town, Manasi County
832200

一万泉旅游度假村
Yiwanquan Tourism Resort
昌吉州奇台县农六师奇台农场哈拉萨依沟
Halasayi, Qitai Farm, Qitai County
831800

江布拉克景区
Jiangbulake Scenic Area
昌吉州奇台县天山东部物流园
Logistics Garden East Tianshan Mountain, Qitai County
831800

千佛洞景区
Thousand Buddha Cave Scenic Area

昌吉州吉木萨尔县
Jimusar County

831700

博州怪石峪旅游风景区
Bortala Guaishi Valley Tourism Area

博尔塔拉州博乐市卡浦牧尕依沟
Kapumuga Valley, Bole

833400

博州赛里木湖风景区
Bortala Sailimu Lake Scenic Area

博尔塔拉州博乐市北京路
Beijing Road, Bole

833400

阿拉山口边境旅游区
Alashankou Border Tourism Area

博尔塔拉州阿拉山口市
Alashankou

833400

圣泉景区
Shengquan(Saint Spring) Scenic Area

博尔塔拉州温泉县
Wenquan County

833500

天鹅河景区
Swan River Scenic Area

巴音郭楞州库尔勒市南市区
Nanshi District, Kuerle

841000

塔里木胡杨林公园
Talimu Diversiform-leaved Poplar Forest Park

巴音郭楞州轮台县轮南镇
Lunnan Town, Luntai County

841600

罗布人村寨
Luobu Village

巴音郭楞州尉犁县墩阔坦乡
Kuotan Township, Weili County

841500

巩乃斯景区
Gongnaisi Scenic Area

巴音郭楞州和静县巩乃斯林场
Gongnaisi Forest Center, Hejing County

841300

和硕县金沙滩旅游度假区
Heshuo County Golden Beach Tourism Resort

巴音郭楞州和硕县
Heshuo County

841200

阿克陶县冰川公园
Aketao County Glacier Park

克孜勒苏柯尔克孜州阿克陶县奥依塔克镇皮拉勒村
Pilale Village, Oyitake Town, Aketao County

845550

伊犁河景区
Yili River Scenic Area

伊犁州伊宁市郊 16 公里
10km Suburb of Yining

835000

伊宁县托乎拉苏景区
Yining County Tuohulasu Scenic Area

伊犁州伊宁县喀拉亚尕奇乡
Kalayagaqi Town, Yining County

835100

霍城县大西沟福寿山景区
Huocheng County Daxigou Fushou Mountain Scenic Area

伊犁州霍城县大西沟乡
Daxigou Town, Huocheng County

835200

惠远古城景区
Huiyuan Ancient Town Tourism Area

伊犁州霍城县东南 5 公里处
5km Southeast of Huocheng County

835200

巩留县库尔德宁生态旅游区
Gongliu County Kuerdening Ecological Tourism Area

伊犁州巩留县
Gongliu County

835400

巩留县野核桃沟景区
Gongliu County Wild Walnuts Valley Scenic Area

伊犁州巩留县城东南部
Northeast of Gongliu County

835400

西域天马文化园景区
Western Region Tianma Culture Garden Scenic Area

伊犁州昭苏县
Zhaosu County

835600

圣佑庙景区
Shengyou Temple Scenic Area

伊犁州昭苏县
Zhaosu County

835600

伊犁州湿地古杨风景区
Yili Wetland Ancient Poplar Scenic Area

伊犁州尼勒克县
Nileke County

835700

尼勒克县唐布拉景区
Nileke County Tangbula Scenic Area

伊犁州尼勒克县
Nileke County

835800

吉林台亲水旅游区
Jilintai Water Loving Tourism Area

伊犁州尼勒克县
Nileke County

835800

察布查尔锡伯自治县锡伯民俗风情园
Qapqal Xibe Autonomous County Xibe Folk Customes Park

伊犁州察布查尔锡伯县孙扎齐牛录乡
Sunzhaqi Niulu Town, Chabuchar Xibo County

835300

乌苏佛山国家森林公园
Wusu Foshan National Forest Park

塔城地区乌苏市和平路 9 号
No.9 Heping Road, Wusu

833000

巴尔鲁克旅游风景区
Barlook Tourism Area

塔城地区裕民县
Yumin County

824800

布尔津五彩滩景区
Buerjin Colorful Sand Beach Scenic Area

阿勒泰地区布尔津县也格孜托别乡
Yegezituobie Township, Buerjin County

836600

草原石人哈萨克民族文化产业园
Prairie Shiren(Stoneman) Kazakh Nationality Culture Industry Garden

阿勒泰地区布尔津县阿贡盖提草原
Agonggaiti Prairie, Buerjin County

836600

乌伦古湖景区
Wulun Ancient Lake Tourism Area

阿勒泰地区福海县人民东路 175 号（管理处）
No.175 East Renmin Road(Management office), Fuhai County

836400

哈巴河县白桦树景区
Habahe County Birch Forest Scenic Area

阿勒泰地区哈巴河县团结路
Tuanjie Road, Habahe County

836700

新疆生产建设兵团军垦博物馆
Xinjiang Production and Construction Corps Millitry Museum

石河子市北子午路
North Ziwu Road, Shihezi

832000

驼铃梦坡沙漠
Camel Bell & Dream Slope Desert

石河子市北 110 公里处
110km North of Shihezi

832000

石河子市屯垦第一连景区
Shihezi Construction and Cultivation 1st Group Scenic Area

石河子市二十号小区 249 号
No.249 Ershihao District, Shihezi

832002

农一师三五九旅屯垦纪念馆
Agriculture 1st Division 359 Brigade Construction & Cultivation Memorial Museum

阿拉尔市市政府北面
North of Government Building, Alaer

843300

新疆五家渠青格达湖旅游风景区
Xinjiang Wujiaqu Qinggeda Lake Toueism Area

五家渠市青湖管理处
Qinghu Management Office, Wujiaqu

831300

后记

《中国旅游景区纵览》是一部反映我国旅游景区基本信息的资料性图书。该书自 2005 年首版以来（原名《中国旅游景区黄页》《中国旅游景区资讯通览》），至今已出版 12 期，以其资料准确、信息量大、覆盖面广、便于查询的特点，受到业内外人士的广泛好评。本书的出版既满足了广大旅游者对旅游景区信息的需要，又为入刊宣传版的旅游城市及景区带来了良好的经济效益和社会效益。

《中国旅游景区纵览》共有两大模块，其中一个模块为彩页宣传版，分别设置了“国家旅游名片”“全域旅游精品目的地”等专版，旨在为旅游城市、旅游景区提供充分展示自身形象和产品的平台，将特色旅游精品推向国际市场，为旅游企业创造新的、更多的商机。

第二个模块为文字资料，内容共分两部分，第一部分为旅游景区发展概况，收录业界专家学者多篇综述性文章，为业界提供有价值的参考信息。第二部分为旅游景区基本资讯，全面详实地收录了全国 31 个省区市高 A 级旅游景区的基本信息。

本书按各省、自治区、直辖市顺序编排，以方便读者检索与查找。本书未收录我国港澳台地区的相关资料。另外，由于图书出版时间限制，本书基本信息截至 2018 年年底，景区等级情况、公交线路情况可能有变，请以景区及当地交通部门的实时信息为准，特此说明。

本书在编写过程中，得到了各方的大力支持，在此一并表示感谢！

联系方式：

中国旅游出版社有限公司美丽中国编辑部

地址：北京建国门内大街甲 9 号文化和旅游部 2 号楼 713 室

电话：010-85166713 85166731

联系人：王军、张旭

传真：010-85166711

邮编：100005

中国旅游出版社有限公司

美丽中国编辑部

2019 年 10 月

责任编辑：王　军
责任印制：冯冬青

图书在版编目（CIP）数据

中国旅游景区纵览 . 2018–2019 : 汉、英 / 美丽中国编辑部编 . –– 北京 : 中国旅游出版社 , 2019.11
ISBN 978-7-5032-6367-5

Ⅰ . ①中…　Ⅱ . ①美…　Ⅲ . ①旅游区 – 经济发展 – 概况 – 中国 – 汉、英 ②旅游区 – 介绍 – 中国 – 汉、英　Ⅳ . ① F592.3 ② K928.70

中国版本图书馆 CIP 数据核字 (2019) 第 220471 号

书　　名：中国旅游景区纵览 . 2018~2019

作　　者：美丽中国编辑部编
出版发行：中国旅游出版社
（北京建国门内大街甲 9 号　邮编：100005）
http://www.cttp.net.cn　E-mail:cttp@mct.gov.cn
营销中心电话：010-85166536
排　　版：北京中文天地文化艺术有限公司
印　　刷：北京工商事务印刷有限公司
版　　次：2019 年 11 月第 1 版　2019 年 11 月第 1 次印刷
开　　本：787 毫米 × 1092 毫米　1/16
印　　张：24
字　　数：720 千
定　　价：88.00 元
I S B N　978-7-5032-6367-5